Lisa Unger

Après avoir travaillé dans l'édition à New York, Lisa Unger a décidée de se consacrer à l'écriture et vit en Floride avec son mari et sa fille. Son premier roman, *Cours, ma jolie* (Belfond, 2007; Pocket, 2008), s'est placé en tête des listes de best-sellers aux États-Unis, a été traduits dans dix-sept langues et a connu un immense succès international. Elle est également l'auteur de *Sans issue* (Belfond, 2008 ; Pocket, 2009), et *Et surtout ne te retourne pas...* (2010) son quatrième roman publié chez Belfond.

MÉMOIRE TROUBLE

DU MÊME AUTEUR
CHEZ POCKET

COURS, MA JOLIE
SANS ISSUE
MÉMOIRE TROUBLE

LISA UNGER

MÉMOIRE TROUBLE

Traduit de l'américain
par Françoise Rose

BELFOND

Titre original :
BLACK OUT

publié par Shaye Areheart Books, an imprint of the Crown Publishing Group, a division of Random House Inc., New York

Ce livre est une œuvre de fiction. Les noms, les personnages, les lieux et les événements sont le fruit de l'imagination de l'auteur ou utilisés fictivement. Toute ressemblance avec des personnes réelles, vivantes ou mortes, des événements ou des lieux serait pure coïncidence.

Le papier de cet ouvrage est composé de fibres naturelles, renouvelables, recyclables et fabriquées à partir de bois provenant de forêts plantées et cultivées durablement pour la fabrication du papier.

ISBN : 978-2-266-20054-7

Pour Ocean Rae, ma fille, Sophie,
Lucy, Matilda, Zoé et Josie,
les filles de femmes que j'aime et admire...

Aimons nos filles, et aimons-les bien. Préservons leur esprit, aidons-les à découvrir leurs propres forces, leurs propres capacités, et gardons-les aussi belles et radieuses qu'au jour de leur naissance.

Prologue

Aujourd'hui, il m'est arrivé quelque chose d'intéressant. Je suis morte. *C'est affreux*, diront les gens. *Quelle tragédie ! Elle était si jeune, elle avait toute la vie devant elle.* Il y aura un article dans le journal sur ma disparition précoce. Mes funérailles se dérouleront dans l'intimité… Quelques amis éplorés, voisins et connaissances, qui, en reniflant, assureront mon malheureux époux, Gray, de leur soutien et promettront d'être toujours là pour notre fille, qui va grandir sans moi. *Comme c'est triste*, murmureront-ils entre eux. *À quoi donc pensait-elle ?*

Et puis, au bout de quelque temps, cette tristesse s'estompera, la vie reprendra son cours, et je ne serai plus qu'un souvenir. Un souvenir qui éveillera en eux une légère nostalgie, parce qu'il leur rappellera la fragilité de notre existence, mais qui amènera également un sourire sur leurs lèvres parce qu'ils se souviendront des bons moments que nous avons passés ensemble – toutes ces soirées où nous avons trop bu, partagé des fous rires et des steaks grillés.

Moi aussi, je me souviendrai d'eux, et ils me manqueront. Mais pas de la même manière, car ma vie avec eux n'était qu'un écran de fumée, un mensonge minutieusement construit. Et, même si j'ai appris à connaître certains d'entre eux et à les aimer, aucun d'eux en revanche ne me connaissait vraiment. Ils ne savaient de moi que ce que j'avais choisi de leur montrer, des choses parfois montées de toutes pièces. Je me souviendrai d'eux comme on se souvient de son film préféré : les instants les plus beaux, les phrases les plus fortes me reviendront, pour m'émouvoir de nouveau. Mais en fin de compte, je saurai que ma vie auprès d'eux était une fiction, aussi fragile et chimérique que les pages d'un livre.

En ce moment même, je me tiens à la proue d'un cargo qui fend la nuit à une vitesse surprenante pour sa taille et dévore les hautes vagues en soulevant bruyamment de grandes gerbes d'écume. Autour de moi, l'océan est noir. Mon visage est mouillé d'embruns et tellement brûlé par le vent qu'il commence à s'engourdir. Il y a une semaine encore, j'avais une telle phobie de l'eau que je n'aurais même pas imaginé l'approcher autant. Mais il y a tant d'autres dangers à redouter maintenant qu'il m'a bien fallu surmonter cette peur-là.

L'homme qui est à la barre m'a déjà signifié à deux reprises, d'un large mouvement du bras, que je devrais rentrer dans la cabine. Je lève une main pour lui indiquer que tout va bien. Exposée aux éléments qui me flagellent sans pitié, j'ai mal, et c'est ce que je désire. Mais surtout, la proue de ce bateau représente le point le plus éloigné de la vie que j'ai laissée derrière moi. Et c'est seulement quand j'aurai mis encore plus de distance entre cette vie et moi que je pourrai regagner ma cabine et peut-être dormir.

Je sens dans mon cou le souffle de mon poursuivant. Pour lui, je ne serai jamais un simple souvenir. Je serai toujours une proie, une cible hors de portée – et j'espère le rester, si cela ne dépend que de moi. Mais je connais sa faim, sa patience, son acharnement. Son cœur bat dix fois moins vite que le mien, et je suis si fatiguée… Dans le froid glacial, je me demande si cette traque prendra fin ce soir et qui de nous deux sera mort, vraiment mort, quand elle s'achèvera.

Debout à la proue, je m'agrippe au bastingage. Je me rappelle que la mort est mon issue de secours ; je peux l'emprunter à tout moment. Il me suffit de me pencher, de basculer par-dessus bord, et je m'enfoncerai dans les ténèbres. Mais je ne le ferai pas, pas ce soir. Nous nous accrochons à la vie, n'est-ce pas ? Même les plus pathétiques d'entre nous, ceux qui ont le moins de raisons de le faire… Néanmoins, cela me réconforte un peu de savoir que la mort représente une solution commode et à portée de main.

Le froid et le vent finissent par avoir raison de moi. Je me retourne pour me diriger vers ma minuscule cabine, et c'est alors que je le vois – l'œil rond et blanc d'un projecteur derrière nous, les petits feux de navigation rouge et vert au-dessous. Le navire est encore trop loin pour que j'entende son moteur. Je ne vois que ce point blanc tressautant dans l'obscurité. Je me tourne pour le signaler au capitaine, mais il n'est plus à la barre. Je songe à monter le prévenir, mais cela ne servira sans doute pas à grand-chose. J'hésite un instant, puis je décide que je ferais mieux de me cacher. S'il m'a retrouvée, personne ne pourra rien pour moi. Je me rends compte que je ne suis pas surprise, non, aucunement surprise qu'il m'ait retrouvée. Je m'y attendais.

Mon cœur bat à grands coups dans ma poitrine, et ce bruit familier résonne dans mes oreilles tandis que je contemple l'immensité de la mer et que j'éprouve de nouveau cette obscure tentation. Ce serait mon dernier geste de défi, le priver de la seule chose qu'il ait toujours désirée, lui montrer que ma vie n'appartient qu'à moi et à personne d'autre. Mais un petit visage rond, avec de grands yeux marron encadrés d'une masse de boucles dorées et une minuscule bouche en cœur, me retient sur le pont. Elle ne sait pas que sa maman est morte aujourd'hui. J'espère qu'elle n'aura pas à me pleurer, qu'elle ne restera pas à jamais meurtrie par mon décès prématuré. C'est pour cela que je dois rester en vie, pour pouvoir un jour, le plus proche possible, revenir auprès d'elle et lui dire pourquoi je lui ai donné le prénom qu'elle porte, pour pouvoir la prendre dans mes bras et être pour elle la mère que j'ai toujours voulu être.

Mais d'abord, je dois livrer un combat, et le remporter. Je ne sais pas s'il me reste encore beaucoup de combativité, mais je vais me battre. Pas tant pour la femme brisée, vidée, que je suis devenue, que pour ma fille, Victory.

PREMIÈRE PARTIE

Fêlée

« Voici la belle Ophélia… Nymphe, dans tes oraisons
Souviens-toi de tous mes péchés. »

Hamlet, acte III, scène I
(Dans la traduction de François-Victor Hugo)

1

En me prénommant Ophelia, ma mère voulait se faire passer pour une littéraire. Elle ne se rendait pas compte que c'était tout simplement tragique. Mais sans doute ne comprenait-elle pas le concept de tragédie, de la même manière que les gens nés riches n'ont pas conscience de l'être et ne savent même pas qu'il est possible de vivre différemment. Elle trouvait ce prénom joli, il lui faisait penser à une fleur. Elle savait qu'il provenait d'un texte célèbre – une pièce, un roman, elle n'aurait pas été capable de le dire. Je présume que je devrais m'estimer heureuse, puisqu'elle avait également envisagé de m'appeler Lolita ou Gypsy Rose. Ophelia possédait au moins une certaine dignité.

J'y songe en poussant mon chariot dans le rayon primeurs du supermarché, entre les pyramides de pommes vertes luisantes et de laitues croquantes, de grosses oranges brillantes et de poivrons rouges à la peau ferme et tendue. Le vendeur de la boucherie, avec ses manières un peu trop familières, me fait signe et m'adresse un sourire qu'il imagine conquérant, mais qui me donne en fait la chair de poule. « Salut, mon chou », va-t-il me dire. Ou bien : « Salut, ma belle. » Et je me demanderai ce que j'ai fait pour l'inciter à se montrer si empressé. Je n'ai rien d'une personne ouverte et chaleureuse ; je ne peux pas me permettre d'être trop amicale. Bien entendu, je ne peux pas non plus me permettre de me montrer trop hostile. Je regarde mon reflet sur le rebord métallique de la vitrine frigorifique, pour m'assurer que j'ai l'air hautaine et distante, mais pas au point toutefois de sembler bizarre. Mon reflet est déformé par les bosses et les éraflures sur le métal.

« Salut, chérie », me lance le vendeur, avec un ample geste de la main et une petite courbette.

Je réponds par un sourire froid et forcé. Il s'écarte pour me laisser passer avec une galanterie exagérée.

Je suis devenue le genre de femme qui aurait intimidé ma mère. La plupart du temps, je tire mes cheveux blonds fraîchement lavés et encore humides en une stricte queue-de-cheval. Cette coiffure me plaît par sa simplicité. Je porte des vêtements tout aussi pratiques et confortables – un pantalon de toile coupé à mi-jambe et une large blouse de coton blanc sous un blouson bleu marine. Rien de spécial, sinon que mon sac et mes chaussures m'ont coûté davantage que ce que ma mère gagnait en deux mois. Elle n'aurait pas manqué de le remarquer et elle aurait mal réagi, en se montrant hargneuse et méchante. Tant pis. C'est un fait, voilà tout. Un simple fait, comme il y en a tant, même s'ils ne sont pas tous aussi simples. Mais c'est elle que je vois dans mon propre reflet, son teint de pêche, ses pommettes hautes, ses yeux marron foncé. C'est elle que je vois en regardant ma fille.

« Annie ? Hou ! hou ! »

Je suis revenue au rayon des fruits, même si je ne sais plus bien pourquoi. Je tiens une nectarine mûre dans ma main. Sans doute étais-je en train de la scruter comme une boule de cristal, pour tenter d'y lire mon avenir. Je lève les yeux et j'aperçois ma voisine Ella Singer, qui m'observe avec un mélange d'amusement et d'inquiétude. J'ignore depuis combien de temps elle essayait d'attirer mon attention, depuis combien de temps je fixais cette nectarine. Nous sommes davantage que des voisines, des amies. Tout le monde ici m'appelle Annie, même Gray, qui sait pourtant à quoi s'en tenir.

« Où étais-tu ? me demande-t-elle.

— Excuse-moi, dis-je en souriant. J'avais l'esprit ailleurs.

— Tu vas bien ?

— Mais oui. Très bien. »

Elle hoche la tête et palpe à son tour quelques nectarines avant de reprendre : « Où est Vicky ? »

Toutes les femmes du voisinage, les enseignantes, les mères de ses amis, appellent ma fille Vicky. Je ne les reprends pas, mais cela m'agace toujours. Ce n'est pas son nom. Je l'ai baptisée Victory parce que cela avait une signification pour moi, et j'espère qu'avec le temps cela en aura une pour elle également. C'est vrai, je lui ai donné ce prénom dans un accès de confiance excessive, mais Gray a compris mon choix et l'a accepté. Nous étions tous les deux trop présomptueux ce jour-là. Je m'accroche toujours à ce sentiment, même si, dernièrement, pour des raisons que je n'arrive pas à expliquer, cette confiance a commencé à diminuer.

« Elle prend des leçons de natation avec sa grand-mère », dis-je en déposant le fruit dans un sac en plastique. Les nectarines dégagent un parfum frais et suave. Elles sont presque trop mûres, sur le point d'éclater. Une vieille femme passe près de nous, en s'appuyant lourdement sur un déambulateur. « Don't Stand So Close to Me », de Police, version musique de supermarché, se déverse de haut-parleurs invisibles dans un bruit de friture.

« C'est bien, déclare Ella. Tu as le temps de prendre un cappuccino ? »

Je regarde ma montre, comme pour évaluer si je peux ou non m'accorder une pause dans mon emploi du temps surchargé, bien que nous sachions toutes deux que je n'ai rien d'autre à faire et que Victory ne rentrera pas avant des heures ; après la leçon de natation, on lui servira son repas préféré, puis elle jouera avec les gosses du quartier. Des garçons, tous plus grands et plus âgés qu'elle, mais sur lesquels elle exerce une autorité de reine et qui la vénèrent comme telle.

« Bien sûr.

— Super, on se retrouve là-bas quand tu auras fini, dit-elle en souriant, “là-bas” désignant le petit café sur la plage où nous avons nos habitudes.

— À tout de suite. »

Elle s'éloigne en poussant son chariot. J'aime beaucoup Ella. Elle est si facile à vivre, si chaleureuse et ouverte, si confiante, et d'une gentillesse à toute épreuve ; à côté d'elle, j'ai l'impression d'être une garce, froide comme la glace. Je lui souris en agitant la main. Mon cœur bondit dans ma poitrine. Je me dis que j'ai déjà abusé de la caféine, et qu'il proteste à l'idée d'en recevoir une dose supplémentaire. Peut-être me contenterai-je d'une camomille.

En me dirigeant vers les caisses, j'aperçois une adolescente à l'air renfrogné qui se tient près de sa mère devant le rayon traiteur. Elle est si maigre que les os de ses hanches saillent sous son jean. Ses lèvres sont humides et luisantes de gloss rose. Elle tient un portable contre son oreille en mordillant l'ongle de son pouce droit.

« Taylor, arrête », lui ordonne sa mère en tirant sur sa main pour l'éloigner de sa bouche. Elles se défient du regard, comme des membres de deux gangs rivaux. Je me demande si Victory et moi en arriverons un jour à cette bagarre sanglante. D'une certaine manière, j'en doute. J'ai toujours peur de ne jamais connaître ce luxe – me battre avec ma fille adolescente.

Je sors pour ranger les provisions dans le coffre de ma voiture. Je vois Ella quitter le parking et lever une main en écartant les doigts pour m'indiquer que nous nous retrouverons dans cinq minutes. Elle va d'abord passer chez elle pour déposer ses achats, et je vais en faire autant, puisque nous n'habitons qu'à quelques minutes d'ici. Ainsi, nous n'aurons pas à redouter que le poulet ne prenne un coup de chaud ou que les glaces ne fondent, ces préoccupations des femmes au foyer de banlieue que j'apprécie tellement pour leur insignifiance et leur relative sécurité. Et c'est au moment où je rabats le hayon que cela me prend.

On dirait que le soleil s'est soudain caché derrière une épaisse couverture nuageuse et que le ciel est devenu noir. Seulement, il ne s'agit pas de cela. C'est une belle journée de printemps, inhabituellement fraîche pour la Floride. Le parking est bondé de mamans et de nounous accompagnées d'enfants de tous âges, car ce sont les vacances de Pâques. J'entends des rires, le cri d'une mouette ; je respire l'odeur saline du golfe du

Mexique. Mais en moi-même, je grelotte. Dans mes veines coule une encre sombre et froide.

Je me glisse à bord de mon 4 × 4, verrouille la portière, j'empoigne le volant et je m'exhorte au calme. J'ai déjà connu de telles crises de panique. D'habitude, ce sont des incidents isolés, violents mais brefs comme les orages d'été. Au cours des derniers jours, cependant, ils se sont succédé sans relâche, me surprenant par leur intensité. De fausses alertes, prétend Gray. Moi, je les ai toujours considérés comme des signes prémonitoires.

Cette crise est plus forte et plus inquiétante que les autres. Je suis vraiment terrifiée, je transpire, je pâlis. Ma respiration devient difficile ; je regarde dans les rétroviseurs, mais ne vois rien d'insolite. Le contraste me donne le vertige et j'en veux presque au jour d'être si lumineux, aux gens sur le parking de leurs vies si tranquilles.

Au bout d'un moment, je démarre, toujours secouée de tremblements, et parcours en roulant au pas la faible distance qui me sépare de la maison. Je franchis la barrière de sécurité en adressant un signe au gardien, passe devant des demeures d'une opulence extravagante, nichées sous des bouquets de palmiers, avec leurs toits de tuiles incurvées et leurs boîtes à lettres colorées en forme de lamantins, de dauphins, de flamants ou de version miniature de la maison. Des véhicules de luxe dernier cri sont garés dans les allées dallées.

Comme je m'engage dans la mienne, une voisine qui arrose ses fleurs lève une main amicale dans ma direction. Je lui rends son salut et m'efforce de sourire en ouvrant la porte du garage au moyen de la commande sur mon rétroviseur. Pour échapper à un bavardage inepte, je referme la porte sans sortir de la voiture. Je coupe le contact et reste immobile pendant une minute ; les battements de mon cœur ralentissent. *Je suis en sécurité*, me dis-je. *Cette maison est sûre*. Mes tremblements commencent à s'estomper. Ma respiration s'apaise. J'appuie sur un bouton du tableau de bord, et une tonalité se fait entendre.

« Appelle grand-mère, dis-je.

— *J'appelle grand-mère* », acquiesce la voix désincarnée du téléphone de voiture. Victory adore ce gadget, qui la fait chaque fois hoqueter de rire.

Dès la première sonnerie, une voix masculine et onctueuse répond : « Allô ?

— C'est Annie », dis-je, consciente de ma voix tremblante. Un silence ; il s'en est rendu compte, lui aussi. Rien ne lui échappe.

« Bonjour, Annie. » Le timbre immuablement calme de mon beau-père, Drew. Je l'imagine assis derrière son bureau de chêne, dans son cabinet de travail, entouré de tous ses diplômes et ses décorations, des photos de ses camarades des Navy SEAL[1] – des images troublantes, au grain apparent, d'hommes trop jeunes et trop heureux pour tenir des armes. « Elles sont dans la piscine.

— Tout va bien ? » Je profère ces mots presque malgré moi et les regrette aussitôt.

« Tout va pour le mieux ici », répond-il d'une voix ferme. Son ton posé et rassurant m'apaise, bien que je déteste lui montrer mes faiblesses.

1. SEAL : Seal, qui signifie phoque en anglais, est ici l'acronyme de Sea, Air and Land (Mer, air et terre). Les Navy SEAL sont des commandos de l'US Navy chargés des opérations spéciales. *(N.d.T.)*

« Est-ce que tout va bien pour vous ? » reprend-il après une pause. J'essaie d'ignorer la note de mépris que contient cette question.

« Oui », dis-je, trop vite. Puis il me faut le répéter, plus lentement, plus négligemment, pour contrebalancer l'effet. « Oui. Tout va bien. Inutile de les déranger. Je viendrai chercher Victory vers deux heures. »

Sans lui laisser le temps de poser d'autres questions, je mets fin à la conversation et commence à décharger les provisions. Tout en les rangeant, j'allume la télé dans la cuisine, et découvre l'image d'une blonde émaciée à l'air triste. *Le corps d'une femme retrouvé dans le centre de la Floride*, indique la légende sous cette photo ; *le sixième en cinq ans.* En fond sonore, une voix d'homme à l'épais accent floridien parle de l'absence d'indices, de la similarité entre les différentes affaires. J'éteins en hâte ; c'est bien la dernière chose que j'ai envie d'entendre.

J'essaie de chasser le malaise qui s'est emparé de moi et de reprendre le cours normal de mes occupations – retrouver Ella pour boire un café, faire quelques courses, puis aller chercher Victory chez Drew et Vivian. Quand j'arrive chez mes beaux-parents et embrasse ma fille, la crise est presque passée. Mais pas oubliée pour autant ; elle me suit comme une ombre.

« Ça va, ma chérie ? » me demande Vivian tandis que je soulève ma petite et la cale contre ma hanche. (*Elle est trop grande pour que tu la portes, Annie*, affirme Gray. *Tu la dorlotes trop.*) Victory se laisse aller de tout son poids contre moi tant elle est épuisée. Son odeur a quelque chose de magique – un mélange de crème solaire, de chlore et de shampooing pour bébé.

Je me retourne et lui explique, en essayant de sourire : « Fausse alerte. » C'est le code que nous employons.

« Tu es sûre ? » dit-elle. Je remarque qu'elle semble fatiguée, que ses yeux sont gonflés et cernés de gris. Elle arbore une expression mi-tendre mi-inquiète qui me donne envie de pleurer dans ses bras. Ce ne serait pas la première fois.

Derrière elle, je vois le golfe lécher paresseusement le rivage. Tout l'arrière de la maison est fait de verre. Dehors, une piscine à débordement semble se déverser dans l'océan qu'elle surplombe, mais ce n'est qu'une illusion savamment construite. Dans la famille, nous sommes très doués pour ça.

« Maman a des soucis, murmure Victory dans mon cou. Il ne faut pas. » Elle resserre ses petits bras autour de moi, et je réponds par une pression.

« Non, je n'ai pas de soucis, ma chérie, dis-je, me sentant fautive. Je suis juste un peu fatiguée. »

Je suis sûre qu'elle ne me croit pas. On ne peut pas tromper les enfants. On ne devrait même pas essayer de le faire, car ils finissent par douter d'eux-mêmes en grandissant.

« As-tu appelé Gray ? » reprend Vivian, en plissant le front. Elle embaume la verveine citronnée. Elle pose une main sur mon bras et le masse doucement.

Je lui offre un sourire qui se veut désinvolte et empli d'autodérision. « Ce n'était pas la peine. »

Elle me lance un regard sceptique, mais, sans rien ajouter, plante un baiser sur ma joue, un autre sur celle de Victory, puis nous étreint toutes deux dans ses bras chaleureux. En démarrant, j'aperçois Drew qui m'observe par la fenêtre de l'étage.

L'après-midi, pendant que Victory fait sa sieste, je m'assieds sur la véranda, face à l'océan, et me mets à réfléchir aux diverses façons de mourir.

Gray est en retard ce soir, et Victory est déjà profondément endormie dans sa chambre, au premier. Je suis assise sur un canapé en cuir que je n'ai pas choisi et que je n'aime pas vraiment, à contempler les flammes dansant dans la cheminée, quand il franchit la porte. L'espace d'une seconde, ce n'est qu'une ombre démesurément allongée dans le vestibule ; ce pourrait être n'importe qui. Mais il s'avance dans la lumière, et c'est bien mon mari, les traits tendus, la mine lasse. Il ne sait pas que je le regarde. Mais quand il me voit, il sourit et paraît un peu moins accablé.

« Salut, dis-je en me levant pour aller à sa rencontre.

— Salut. » Ses bras me prennent dans leur puissante étreinte et je m'y engloutis, me presse étroitement contre son torse. Il n'y a aucune mollesse en lui ; ses muscles sont durs et bien dessinés. Je viens m'amarrer à lui, et le bouillonnement de la journée s'apaise.

« Tu veux un verre ? » dis-je en m'écartant. Il me retient une seconde et essaie de capter mon regard, avant de me libérer.

« Que bois-tu ?

— Une vodka avec glaçons.

— Ça me va. »

Je me dirige vers le bar qui, dans la lumière du jour, donne sur la terrasse de derrière. Le soir, tout ce que je vois, c'est mon reflet dans les portes vitrées, pendant que je remplis de glace un verre avant d'y verser la vodka sortie du congélateur. Encore un meuble que je n'ai pas choisi moi-même, ce bar rempli d'alcools auxquels nous touchons rarement. Il y a tant de choses dans cette maison, dispendieux cadeau de mariage de mon beau-père, meublé et décoré par Vivian, qui n'ont rien à voir avec moi, ni avec Gray. Il est difficile de témoigner suffisamment de gratitude devant pareille générosité et impossible de se plaindre de ce qui ne vous plaît pas. Parfois, j'ai l'impression de vivre dans une maison témoin, où tout est parfait et étincelant, mais légèrement différent de ce que nous aurions choisi nous-mêmes.

Je reviens vers lui, lui tends son verre, et nous nous asseyons ensemble. J'étends mes jambes sur ses genoux et je reprends mon verre laissé sur la table. La glace a fondu, la vodka est tiède et aqueuse. Je la bois quand même, trop paresseuse pour m'en verser une autre.

J'ai ouvert une des portes vitrées, et l'air salin inhabituellement frais pour la saison s'engouffre à l'intérieur, réchauffé par le feu. Je vois Gray lancer un regard en direction de la porte. Je sais qu'il pense qu'elle devrait être fermée et verrouillée, mais il ne dit rien. J'aperçois une profonde cicatrice en croissant entre son œil droit et sa tempe, et je prends conscience que c'est à peine si je remarque ses blessures désormais. Au début, elles me faisaient peur, elles lui donnaient l'air dur et distant. Je me demandais quelle sorte de violence pouvait laisser tant de marques. À présent, je connais la réponse. Et je connais son cœur.

« Ça recommence », dis-je, au bout d'une minute de silence. Une annonce qui sonne de manière mélodramatique à mes propres oreilles, avant même que je n'ajoute : « Et c'est pire que jamais. »

Il réagit à peine, mais je vois un muscle de sa mâchoire se crisper sous l'ombre de barbe noire. Il fixe les flammes, ferme et rouvre lentement les yeux, prend une profonde inspiration. Nous sommes déjà passés par là.

Il pose une main sur mon bras, tourne les yeux vers moi. Je ne distingue pas leur couleur dans la pénombre, mais ils sont gris acier, ils le sont depuis le jour de sa naissance, d'où son nom, Gray.

« Il est mort, dit-il. Mort depuis longtemps. »

Il me parle toujours avec douceur, bien que nous ayons déjà eu cette conversation un nombre incalculable de fois. Je replie mes jambes et me blottis au creux de son bras.

« Comment peux-tu en être sûr ? » J'ai posé cette question des milliers de fois, rien que pour entendre la réponse.

« Parce que je l'ai tué, Annie, dit-il en tournant son visage vers moi pour témoigner de sa conviction absolue. Je l'ai regardé mourir. »

Je me mets à pleurer, parce que je sais qu'il croit dire la vérité. Et que je veux désespérément le croire, moi aussi.

« Tu veux reprendre tes médicaments ? »

Pas question. Il se penche pour poser son verre sur la table, puis je me pelotonne de nouveau contre lui. Il m'entoure de ses bras et me laisse pleurer tout mon saoul, jusqu'à ce que je me calme. Cela peut prendre du temps, mais il fait toujours preuve d'une infinie patience.

2

Je descends un escalier étroit et rouillé et parcours rapidement la longue coursive en me tenant aux murs. L'éclairage est faible, vacillant. J'essaie de me rappeler le numéro de ma cabine – 203, je crois. Il y a cinq hommes à bord, en plus du capitaine, et je n'en vois aucun.

J'arrive à ma cabine et je me bats un bref instant contre la serrure, puis je pénètre dans la pièce, au fond de laquelle se niche une petite couchette. En dessous se trouve un tiroir dans lequel j'ai rangé mes affaires. Je m'agenouille, je sors mon sac, je tire la fermeture à glissière et farfouille à l'intérieur jusqu'à ce que j'aie trouvé ce que je cherche : mon pistolet. Un Glock 9 mm, noir mat, froid au toucher. Je vérifie le chargeur, en prends un autre dans le sac et le glisse dans une poche de mon blouson. Je passe l'arme sous la ceinture de mon jean. Je me suis entraînée un million de fois à l'en extraire d'un geste prompt, et mon bras saura ce qu'il faut faire, même si mon cerveau est paralysé. La mémoire musculaire. C'est ainsi qu'on entraîne les soldats, et c'est ainsi que mon mari, qui l'a été et l'est toujours, d'une certaine manière, m'a entraînée.

J'examine les choix qui se présentent à moi. Une fois de plus, le suicide vient en tête de liste, en raison de sa facilité et de son caractère définitif. Attaquer la première est mon second choix : ce ne serait qu'une façon détournée de me suicider. Me cacher et attendre, voilà la troisième solution. Qu'il se donne un peu de mal. Qu'il vienne à bout des hommes chargés de me protéger avant de trouver ma cachette. Où je l'attendrai avec mon pistolet.

Le tambourinement dans ma poitrine s'est apaisé, et je tends l'oreille, guettant les bruits qui m'annonceraient que la bataille a commencé, mais je ne perçois que le silence et le vrombissement lointain des moteurs. Je n'ai absolument pas peur – ou alors, la peur fait désormais tellement partie de moi qu'elle a fini par ressembler à la sérénité.

3

Mon père est artiste en tatouages et mythomane. C'est presque la seule chose dont je puisse être sûre à son sujet : que chaque mot qui sort de sa bouche est un mensonge. Il ne peut vraiment pas s'en empêcher.

Si je lui demande : « Comment vas-tu, papa ? », il va me répondre d'un ton enthousiaste : « On ne peut mieux. Je suis en train de faire mes bagages.

— Pour aller où ?

— En croisière sur la Méditerranée. Je pars dès demain. »

Ou bien :

« T'ai-je déjà dit que j'ai fait partie des Navy SEAL ?

— C'est vrai, papa ? répondrai-je distraitement. Quand cela ?

— Quand je servais au Vietnam.

— Waouh ! Raconte-moi.

— Non, c'est trop douloureux. Je préfère oublier. »

Voilà comment ça marche. Cela ne me dérange même plus, parce que, généralement, il ne ment jamais sur les sujets importants. Ce sont seulement des trucs bizarres qui semblent lui échapper, un peu comme des hoquets, involontaires et impossibles à arrêter. La plupart du temps j'entre dans son jeu, parce que, en dépit de tous ses mensonges, il y a en lui quelque chose de vrai. Même s'il n'a pas été un bon père, il m'aime et je le sais, je l'ai toujours su.

Quand il décroche, j'entends un bourdonnement de colibri en fond sonore, le bruit de l'aiguille à tatouer. Son atelier, Body Art, se trouve sur Great Jones Street, à NoHo, au nord de Houston Street. Et bien qu'il soit minuscule, un peu plus de quarante-cinq mètres carrés, il a vu défiler des gens du monde entier : rock stars, top models et même, à en croire la rumeur, de jeunes membres rebelles de la famille royale saoudienne. C'est ce que mon père m'a affirmé pendant des années, mais naturellement, je ne le croyais pas. Il a fini par m'envoyer un article sur lui paru dans le *Village Voice,* et j'ai alors compris qu'il ne mentait pas. Qu'est-ce que vous dites de ça ?

« Tout va bien ? me demande-t-il, baissant le ton quand il se rend compte que c'est moi.

— Très bien. Nous allons tous très bien. »

Il demeure un instant silencieux, et je sais qu'il a perçu le mensonge dans ma voix. Après tout, c'est un spécialiste dans ce domaine. J'écoute sa respiration, pendant qu'il réfléchit à ce qu'il va dire. Je me rappelle ces innombrables et pesants silences, durant nos conversations à longue distance – moi, désespérée, lui, impuissant à me venir en aide, ou ne le voulant pas. Finalement, je demande : « Raconte-moi encore, papa.

— Oh, ma chérie, répond-il, après avoir lentement exhalé, arrête ! Je croyais que tu avais dépassé ce stade. »

Je soupire, en écoutant le babillage de Victory qui joue avec sa poupée dans la pièce voisine. « Comme tu es jolie ! lui dit-elle. Dehors comme dedans. Et tu es forte et intelligente. » Elle répète ce que je lui ai dit à propos d'elle-même, et ça me fait sourire.

« Opie, tu es là ? »

Mon père a toujours trouvé mon prénom ridicule ; il m'appelle « O », ou « Opie », parfois simplement « Ope ». Comme si ces diminutifs n'étaient pas ridicules eux aussi. Je crois qu'il faisait ça pour contrarier ma mère. Et ça la contrariait terriblement, en effet. Mais ces surnoms stupides me sont restés, ou du moins lui continue à les utiliser.

J'insiste, en essayant de réprimer mon agacement. « Raconte-moi. »

En fermant les yeux, je vois le visage de mon père, basané et ridé d'avoir passé trop de temps au soleil sur sa Harley. Quand il était plus jeune, il portait une longue crinière noire lui descendant jusqu'au milieu du dos. Je n'ai jamais vu son visage en entier, car il a toujours été caché derrière une épaisse barbe. La dernière fois que je l'ai rencontré, il y a maintenant des années de ça, ses cheveux et sa barbe commençaient à grisonner. Il est invariablement vêtu d'un T-shirt et d'un jean, avec des bottes de moto. Sa voix est éraillée par les cigarettes et le whisky.

« Vous n'étiez que des gosses quand vous avez débarqué ici, toi et lui, dit-il, parce qu'il sait que je veux qu'il commence son histoire ainsi. Il m'a déplu dès le début. Il y avait quelque chose de pas net dans son regard. Et je n'aimais vraiment pas la façon dont tu le couvais des yeux, ajoute-t-il avec un grognement irrité. Ça me rendait jaloux. Je savais que tu étais dans le pétrin, même si tu soutenais le contraire. Mais je t'ai laissée tomber, mon chou, et je ne me le suis toujours pas pardonné. »

J'écoute et je me souviens.

« J'aurais dû régler son compte à ce type immédiatement. Ou bien appeler la police, faire quelque chose, mais je n'ai rien fait. Un de mes plus graves manquements au devoir paternel : j'essayais d'être pour toi un ami avant tout. »

Des « manquements au devoir paternel », il en a commis beaucoup, à commencer par le mensonge et l'abandon. Essayer d'être mon ami n'est pas ce qu'il a de pire à se reprocher, selon moi, mais je m'abstiens de tout commentaire.

« Je vous ai autorisés à vous cacher chez moi pendant quelque temps. J'ignorais la gravité de la situation. Sincèrement, je n'en avais pas la moindre idée. »

J'entends le hululement bredouillant d'une sirène dans le lointain. Quelqu'un entre dans la pièce et tousse. Mon père met sa main sur le combiné et murmure quelque chose comme : « Attends une minute, bordel ! »

Je souffle d'une voix impatiente : « Tu n'as jamais fait un tatouage pareil. Jamais avant cela, et jamais depuis.

— C'est vrai, s'empresse-t-il d'acquiescer. J'ai offert un tatouage à ce salopard. Un tatouage unique au monde. Un dessin qu'il avait lui-même conçu, gravé dans sa chair par mes soins.

— Personne n'aurait pu le reproduire, dis-je.

— Aucun de ceux que je connais dans le métier, en tout cas, approuve-t-il avec un soupir de dédain. Et je connais tout le monde. C'est le genre de travail que j'aurais aimé accomplir pour toi. Mais tu n'as jamais voulu. »

Non, je n'ai jamais voulu. La vie est suffisamment dure comme cela, elle vous laisse suffisamment de cicatrices… Pourquoi offrir volontairement sa chair à la piqûre d'une aiguille ? Le piercing est une chose que j'ai également réussi à éviter. Je ne comprends pas les gens qui prennent plaisir à souffrir.

« Parle-moi du tatouage. »

Il soupire avant de poursuivre son récit, comme s'il regrettait de m'avoir cédé. « Je n'avais jamais rien vu de pareil. C'est une des raisons pour lesquelles j'ai accepté de le faire. C'était un chouette dessin ; une mer démontée, des vagues se brisant sur ces rochers pareils à des dents de requin, beaucoup de traits et d'ombres, beaucoup de petites images cachées à l'intérieur et même l'esquisse d'un visage féminin. Le tien, Opie. C'est comme ça que je sais. »

Il n'a pas besoin de me le décrire, je le revois clairement dans mon esprit. C'est une image qui revient sans cesse dans mes rêves – parfois même quand je suis éveillée.

« Et quand ils t'ont montré le dessin, il n'y avait plus aucun doute. »

Un silence. « Non, ma fille. Plus aucun doute. » Puis : « Il est mort, Opie.

— Appelle-moi Annie. »

Je sais qu'il déteste ce prénom encore plus que celui d'Ophelia. Il le trouve trop ordinaire. Il ne l'est pourtant pas davantage que son nom à lui, Teddy March. Tout le monde l'appelle Nounours[1]. Quoi qu'il en soit, je donnerais mon bras droit pour être quelqu'un d'ordinaire.

« Il est mort, Annie. Il ne te fera plus jamais de mal. Ni à toi ni à personne d'autre. Il ne t'a pas tuée, autrefois. Tu t'es battue et tu as gagné. » J'aime

1. *Teddy Bear* : ours en peluche, nounours, en anglais. *(N.d.T.)*

entendre ces mots ; j'essaie de m'en pénétrer, pour qu'ils deviennent ma vérité. Mythomane ou pas, il possède une sorte de bon sens qui a le don de me calmer.

« Ne gâche pas ta vie pour lui maintenant, reprend-il. Tu te fais du mal, et tu en fais à Victory. Ainsi qu'à ton mari. Va de l'avant, ma petite. »

Voilà mes petits rituels, les choses que je fais et que j'ai besoin d'entendre pour me rassurer. Au cours des deux ou trois dernières années, sachant ce que je sais, il suffisait d'un ou deux de ces rites pour m'apaiser, me convaincre que je pouvais vivre ma vie en toute sécurité. Mais cette fois, rien ne marche, et je me demande pourquoi. J'ai l'impression de voir des signes que personne d'autre ne voit : le chien courant en rond parce qu'une vibration dans le sol l'a prévenu d'un tremblement de terre imminent, une centaine de corbeaux se posant sur la pelouse. Je me dis que ce n'est pas réel, que tout se passe dans ma tête. Mais bien sûr, cette hypothèse est la pire de toutes. Peut-être devrais-je vraiment retourner voir le médecin.

Esperanza, qui est à la fois notre bonne et la nounou de Victory, sort les assiettes, les bols et l'argenterie du lave-vaisselle et les range avec son efficacité habituelle, rapidement et silencieusement. Elle a allumé la télévision, et la photo de cette femme morte s'affiche à nouveau sur l'écran, comme si c'était le seul sujet d'actualité. Je me surprends à contempler la victime, ses cheveux mous, ses clavicules affaissées et ses yeux las. Quelque chose dans son expression, sur cette image – peut-être une vieille photo de classe –, donne l'impression qu'elle *savait* qu'elle allait connaître une mort horrible, que son corps mutilé serait retrouvé immergé dans l'eau. On sent en elle un morne désespoir.

« Terrible, non ? dit Esperanza, voyant que je regarde. Les gens sont malades, ajoute-t-elle en se tapotant la tempe.

— Oui, c'est terrible. » J'acquiesce en hochant la tête, puis me force à détacher mon regard de l'écran et sors de la cuisine. En gravissant l'escalier, j'entends Esperanza fredonner.

À l'étage, Victory joue tranquillement dans sa chambre. Elle continuera pendant un moment avant de réclamer ma compagnie ou mon attention. Pour l'instant, elle est perdue dans le monde qu'elle s'est créé avec ses poupées, Claude et Isabel. Ses bébés, comme elle les appelle.

De ma chambre, je l'entends qui leur parle tout bas, grâce au moniteur de surveillance qui est toujours installé dans sa chambre, bien qu'elle ne soit plus un bébé. Le bruit de sa respiration la nuit me sert de berceuse. Je me demande quand elle m'obligera à l'enlever. Quel âge aura-t-elle, quand elle ne voudra plus que j'entende chacun de ses souffles ? Lorsqu'elle me dira : *Maman, tu n'as vraiment rien de mieux à faire ?*

Quand j'avais seize ans, ma mère nous a fait déménager d'une HLM du Lower East Side de Manhattan vers un lotissement de mobile homes en Floride, afin de se rapprocher d'un homme avec lequel elle avait noué une relation. Ils échangeaient depuis des mois une correspondance torride – de volumineuses lettres écrites à l'encre rouge – et, de temps à autre, un appel en PCV. Ma mère roucoulait alors dans le téléphone, en tenant le combiné contre sa bouche de manière si intime que je m'attendais plus ou moins à ce qu'elle se mette à le sucer. Après quelques déclarations larmoyantes et promesses ferventes, nous avons entassé nos maigres biens à l'arrière d'une Chevy Citation marron achetée sept cents dollars, et nous avons pris la direction du sud pour commencer une nouvelle existence.

« Nous serons bien mieux en Floride, m'avait affirmé ma mère. La vie est moins chère là-bas. Et puis, c'est tellement joli ! »

Je regardais le Lower East Side défiler derrière la vitre en me demandant comment il pouvait exister un endroit plus beau que New York. Bien sûr, c'était aussi une ville froide et dangereuse, un lieu effrayant où l'on pouvait se sentir très seul malgré le nombre d'habitants. Mais l'architecture grandiose, les bruits de la rue, l'énergie des millions de gens qui y vivaient... C'est une ville qui ne ressemble à aucune autre ; son rythme est unique au monde. Prenez les beautés célèbres – Cléopâtre, la *Joconde*, Ava Gardner –, aucune d'elles ne possédait cette joliesse mièvre et banale qui passe pour de la beauté de nos jours. Elles étaient belles à cause de ce qu'il y avait d'unique en elles, des traits qui auraient pu être laids sur toute autre qu'elles. Si vous ne savez pas la regarder, voir ses impasses cachées, ses minuscules et précieuses ruelles, son côté espiègle, sa vie nocturne palpitante, New York risque de vous intimider ; ses bruits et ses odeurs peuvent même vous repousser, voire vous faire fuir, parce qu'elle est trop exubérante, trop arrogante. Et ce serait tant pis pour vous.

Je croyais que mon père s'opposerait à ce déménagement. Mais il semblait au contraire penser que cela me serait bénéfique. J'avais des problèmes à l'école, à cause de mon insolence, de mes retards et de mon absentéisme. La métropole offrait trop de tentations à une adolescente laissée sans surveillance. De toute façon, mes besoins étaient toujours la dernière chose qui entrait en ligne de compte quand mes parents avaient à prendre une décision. Ma mère ne s'intéressait qu'aux hommes. Mon père faisait passer son art avant tout le reste. Il y avait quand même une petite place pour moi dans leur vie, enfin, je crois. Je ne veux pas dire par là qu'ils ne m'aimaient pas.

« Ne t'en fais pas, mon chou. La Floride n'est pas si loin que ça, nous nous verrons souvent », me rassura mon père tandis que je sanglotais contre sa poitrine.

Mais il ne vint pas une seule fois en Floride. Et je ne le revis que lorsque je m'enfuis de chez moi, près de deux ans plus tard. Mais je vais trop vite.

Nous nous sommes donc installées dans un mobile home, et ma mère a trouvé un boulot de serveuse dans un petit restaurant non loin de là, ce qui tombait bien, parce que le moteur de la Chevy avait trop chauffé au cours du trajet et rendu l'âme à notre arrivée.

« Il y a une raison à tout, déclara ma mère, avec l'optimisme tordu dont elle était coutumière, pendant que la voiture agonisait dans un râle. Au moins, on peut faire toutes les courses à pied et, en cas d'urgence, on appellera un taxi. Et moi, je prendrai le bus pour aller voir Frank. Comme ça, on économisera sur l'essence et l'assurance auto. » Pourtant, s'il existait au monde une seule personne avec moins de motifs qu'elle de se montrer optimiste, je n'aurais pas voulu la rencontrer. Rien n'a *jamais* marché pour ma mère. Et s'il y avait une raison à tout ce qui lui arrivait, on ne me l'a jamais expliquée.

Prenez l'homme pour qui elle avait déménagé jusqu'en Floride. C'était un type correct, qui parlait d'une voix douce et se montrait plutôt gentil envers moi durant nos visites. Le problème, c'est que c'était un violeur et un meurtrier qui attendait son exécution dans le couloir de la mort de la prison d'État. Ma mère l'avait connu à l'occasion d'une campagne lancée par son église. L'opération avait pour objectif de porter la parole du Seigneur à ces brebis égarées, les condamnés à mort, afin de les « sauver » avant qu'ils ne subissent leur châtiment terrestre pour le mal qu'ils avaient commis. Ma mère, manifestement, avait pris sa mission un peu trop à cœur.

Je n'oublierai jamais notre premier mois d'août en Floride. Je ne savais même pas qu'il pouvait faire si chaud ; l'humidité me collait à la peau comme une bande de gaze mouillée, elle s'insinuait dans mes poumons et se propageait. De violents orages illuminaient le ciel pendant des heures, et la pluie transformait la rue bordant le lotissement en rivière. Quant aux blattes des palmiers, à côté d'elles, les cafards new-yorkais ressemblaient à des coccinelles. La seule chose qui rachetait la Floride à mes yeux, c'était le spectacle de la pleine lune au-dessus des palmiers oscillants et le parfum de fleur d'oranger qui embaumait parfois l'air. Mais d'une manière générale, c'était un endroit dégueulasse. Je le haïssais et je haïssais ma mère pour m'y avoir amenée.

La Floride où je vis aujourd'hui avec Gray et Victory est bien différente. C'est la Floride des riches, des décapotables étincelantes et des villas somptueuses, des vues sur la mer et des plages de sable blanc, des margaritas et de Jimmy Buffett[1]. C'est la Floride de

1. Jimmy Buffett : chanteur et compositeur de country-rock, très populaire aux États-Unis. *(N.d.T.)*

l'air conditionné et des polos en coton impeccables par-dessus les pantalons de treillis, des journées au country-club et des yachts de quinze mètres. À vrai dire, je la hais tout autant. Elle est tellement artificielle, tellement vulgaire et parvenue, tellement fière de ses Barbie décolorées et siliconées…

Parlez-moi plutôt du béton et des bruits de la rue. Parlez-moi des taxis jaunes et des marchands de hot-dogs. Parlez-moi des SDF culs-de-jatte se propulsant dans les compartiments du métro sur leur chariot à roulettes, en agitant avec aplomb leur sébile emplie de monnaie.

Voilà à quoi je pense tout en m'accroupissant sur le plancher près du lit, pour plonger ma main sous le sommier à ressorts dans lequel j'ai découpé une large ouverture. À l'intérieur, j'ai dissimulé des choses qui susciteraient de la part de Gray et de mon médecin autant de mécontentement que d'incompréhension. Je palpe à l'aveuglette, et tout d'abord mes doigts ne rencontrent rien. Peut-être Gray les a-t-il trouvées, me dis-je, au bord de la panique. Peut-être les a-t-il confisquées, pour voir combien de temps s'écoulerait avant que je les reprenne ? Et puis, à mon grand soulagement, je sens la surface lisse et froide de l'une d'elles.

« Maman. » C'est Victory, chuchotant dans le micro du moniteur de surveillance. Je peux l'entendre, mais elle ne m'entend pas et elle comprend le principe. « Maman, répète-t-elle, plus fort. Viens dans ma chambre. Il y a un drôle de monsieur sur la plage. »

Elle n'a pas terminé sa phrase que j'accours déjà. Dans mon affolement, le couloir semble s'étirer à mesure que j'avance. Mais quand je me rue enfin dans la pièce, essoufflée et apeurée, il n'y a personne sur la bande de sable devant la maison. Par la fenêtre, on ne voit que le ciel maussade, presque noir, et l'océan vert ourlé d'écume blanche.

Nous habitons près de l'extrémité d'une longue plage, juste avant une réserve naturelle. Il y a à peu près cinq autres maisons à proximité, et trois d'entre elles sont inhabitées la majeure partie de l'année. Leurs propriétaires n'y viennent que pendant les week-ends ou les vacances d'hiver. Nous vivons donc pratiquement seuls ici, parmi les grands hérons bleus et les aigrettes neigeuses, les perroquets sauvages et les tortues de mer qui viennent y pondre. Le silence n'est troublé que par le golfe et les mouettes. Des gens se promènent sur la plage pendant la saison touristique, mais très peu s'y attardent, car tous les restaurants, les bars et les hôtels se trouvent à près de deux kilomètres au sud.

Je demande, trop fort : « Où est-il, Victory ? » Elle s'est remise à jouer à la dînette avec ses poupées. Elle relève la tête, étudie mon expression parce qu'elle ne comprend pas pourquoi je lui parle sur ce ton. J'essaie de dissimuler ma peur et j'y réussis peut-être. Elle s'approche de la fenêtre et hausse les épaules.

« Parti », constate-t-elle d'un ton insouciant, avant de retourner s'asseoir sur le sol près de ses bébés.

« Que faisait-il ? » dis-je, scrutant l'herbe haute et les oyats séparant notre propriété de la plage. Je ne détecte aucun mouvement, mais j'imagine quelqu'un rampant vers notre maison. Nous ne l'apercevrions pas avant qu'il n'ait atteint la piscine. Nous avons un peu négligé la sécurité ces derniers temps, bercés par l'illusion trompeuse que le danger était passé. J'aurais dû me méfier.

« Il regardait », répond-elle. Mon cœur se glace.

« Il regardait la maison, Victory ?

— Non, les oiseaux. Il regardait les oiseaux », explique-t-elle, en penchant la tête de côté.

Elle commence à verser du thé imaginaire dans les petites tasses. Esperanza fredonne toujours dans la cuisine. Il n'y a personne sur la plage. Le soleil émerge des nuages et peint tout le paysage en or. Je décide qu'il est temps d'appeler mon psy.

4

Quelques mois après notre déménagement, alors que j'avais, à contrecœur, repris les cours dans ma nouvelle école, ma mère commença à se comporter bizarrement. Ses accès maniaco-dépressifs habituels firent place à une sorte de calme étrange et même un peu inquiétant.

Au début, cela se traduisit par des changements à peine perceptibles. La première chose qui me frappa, ce fut qu'elle avait cessé de se maquiller. C'était une jolie femme, avec une ossature délicate et de longs cheveux blonds, fins et soyeux. Tout comme ses cils et ses sourcils, qui auraient été invisibles sans l'aide du mascara et du crayon. Quand elle ne portait pas de maquillage, elle semblait pâle et fatiguée. Elle avait toujours été très soucieuse de son apparence. « La beauté, c'est le pouvoir », me disait-elle, même si je n'en ai jamais vu la moindre preuve.

C'était un samedi matin, et nous étions dans la cuisine. Je mangeais des céréales en regardant des dessins animés sur le petit téléviseur en noir et blanc posé sur le comptoir. Elle se préparait à se rendre au travail – elle faisait partie de l'équipe de jour, au restaurant.

L'antique climatiseur sous la fenêtre avait du mal à lutter contre la chaleur d'août, et, malgré tous ses efforts, je sentais des gouttes de sueur perler sur mon front et mes lèvres.

Je jetai un regard en direction de ma mère qui buvait du café dans un mug rouge, adossée au comptoir, son sac en bandoulière. Elle regardait dans le vide, l'air rêveur, complètement ailleurs.

« M'man, tu ne vas pas te "faire une beauté"? m'enquis-je, en imitant méchamment sa façon de parler.

— Non, répondit-elle, l'air toujours aussi absent. Je ne mets plus de maquillage.

— Pourquoi ?

— Parce que c'est vulgaire. Frank dit que ça me donne l'air d'une putain. »

Je sentis mon estomac se nouer en entendant ces mots, même si, à l'époque, j'aurais été incapable d'en expliquer la cause.

« Il a dit ça ?

— Il a dit qu'il n'arrivait pas à dormir la nuit, sachant que je me promenais maquillée ainsi et que les autres hommes me lorgnaient avec concupiscence, en pensant qu'ils pouvaient m'avoir à bas prix. Il a dit que je devais montrer mon visage tel que Dieu l'avait fait. Et il a raison. »

Sur le moment, j'en demeurai sans voix. Même à seize ans, presque dix-sept alors, je me rendais compte que c'était tellement dingue, et à plus d'un titre, qu'aucune réponse ne paraissait appropriée. Je finis cependant par objecter :

« M'man, c'est des conneries.

— Surveille ton langage, Ophelia, riposta-t-elle sèchement, en dardant sur moi un regard courroucé. Je ne t'ai pas appris à parler ainsi. Quand Frank rentrera à la maison, il sera hors de question d'employer des gros mots. »

Au bout d'un instant, elle se détourna et regarda par la fenêtre, comme si elle attendait quelqu'un.

« M'man, Frank va être exécuté. Il ne risque pas de "rentrer à la maison".

— Ne dis pas ça ! me lança-t-elle en se retournant.

— C'est vrai, m'man. Tu le sais.

— Et toi, tu ne sais pas de quoi tu parles, déclara-t-elle en élevant le ton. On a découvert de nouvelles preuves. Des preuves qui démontreront que Frank n'a pas pu faire ce dont on l'accuse. Il est innocent. Dieu ne laissera pas un innocent périr pour des crimes qu'il n'a pas commis. »

Sa voix était devenue stridente, et elle avait les larmes aux yeux. Elle reposa bruyamment sa tasse vide sur le comptoir et s'en alla, sans ajouter un mot.

Nous en avons parlé une centaine de fois au moins, mon psy et moi. De cette scène entre ma mère et moi, quand j'ai commencé à prendre conscience que quelque chose n'allait pas.

« Et que ressentiez-vous ce matin-là, après son départ ?

— J'en étais malade. Et effrayée.

— Pourquoi ?

— Parce qu'elle paraissait… différente. Et que je ne voulais pas que Frank "rentre à la maison". Je me suis dit que c'était juste une phase qu'elle traversait, que ça allait foirer comme toutes ses liaisons précédentes et que nous rentrerions à New York.

— Vous aviez peur de lui ? »

Quelle question stupide ! « Il avait été condamné pour viol suivi de meurtre », dis-je d'une voix lente. Il hoche la tête avec déférence, sans rien dire, et attend que je poursuive. Comme je garde le silence, il reprend : « Votre mère le croyait innocent. Était-ce vraiment impossible ? Beaucoup de gens ont été condamnés pour des crimes qu'ils n'avaient pas commis. » C'est sa tactique : il joue l'avocat du diable pour m'encourager à défendre ma position. Mais cela me contrarie bien plus que cela ne m'aide.

« Ma mère le croyait innocent, oui », admets-je. Je me rappelle combien j'étais gênée, durant les visites, quand ils posaient leurs mains sur la vitre qui les séparait, jusqu'à ce que l'un des gardes leur ordonne de cesser. Je me rappelle comment il me regardait, me posait des questions sur l'école. Je me rappelle son regard froid et sa voix douce. Quelque chose en lui me donnait envie de m'enfuir en hurlant. « Ses yeux semblaient morts, dis-je. Même quand il souriait, il y avait quelque chose… qui *manquait*. Et puis, tous ces changements chez ma mère… S'il avait une telle influence sur elle alors qu'il était derrière les barreaux, jusqu'où cela pourrait-il aller s'il vivait avec nous ? »

Le médecin reste un instant silencieux.

« Que croyez-vous que vous auriez pu faire, à ce stade, pour modifier le cours des événements ? » demande-t-il enfin.

Je fais une fixation là-dessus. Ce matin-là, dans la caravane, avec ma mère. J'ai le sentiment d'avoir raté ma dernière chance. Le sentiment que les choses auraient pu tourner différemment si j'avais couru après ma mère, pour la forcer à s'expliquer. Si je lui avais dit que je crevais de trouille, que Frank était bel et bien coupable, et qu'il ne pouvait pas, qu'il ne devait *jamais* venir vivre avec nous, elle m'aurait peut-être écoutée. C'est ce que j'explique à mon psy.

« Pensez-vous vraiment qu'elle vous aurait écoutée, Annie ?

— Je suppose que je ne le saurai jamais. »

Un silence s'ensuit. Nous avons tous deux entendu ces mots une centaine de fois, et j'ai toujours autant de mal à les prononcer.

« Et qu'avez-vous fait, au lieu de cela ? reprend-il.

— J'ai fini mes céréales, regardé encore un peu la télé. Je me suis dit qu'elle était cinglée, complètement idiote, et j'ai fait de mon mieux pour chasser ces idées de mon esprit.

— C'est une chose que vous savez faire.

— Chasser de mon esprit tout ce qui m'ennuie ? Oh oui ! »

Son cabinet n'est pas confortable. Le canapé recouvert de chenille, moelleux mais assez miteux, semble me repousser plutôt que m'inviter à la détente. Il fait beaucoup trop froid, comme souvent en Floride à l'intérieur des maisons, avec leur atmosphère réfrigérée. Le bout de mon nez est glacé alors qu'il règne une chaleur torride au-dehors et que je peux voir le soleil se refléter sur les eaux vertes de l'Intracoastal Waterway, la voie d'eau navigable qui relie la Floride à la Virginie.

Je ne m'allonge pas sur le divan mais m'assois dans un angle, les jambes croisées ; lors de ma première visite, il m'a dit que je pouvais m'étendre, si je me sentais plus à l'aise ainsi, mais j'ai refusé. Il est assis face à moi dans un énorme fauteuil qu'il remplit sans problème, une table basse couverte de livres d'art – Picasso, Rembrandt, Georgia O'Keeffe – disposée entre nous. L'endroit s'efforce de ressembler à une pièce à vivre plutôt qu'à un cabinet médical. Tout est faux ici : la table, les étagères remplies de livres, son bureau bas de gamme en bois plaqué, le genre de mobilier livré dans un carton – un tas de planches, des vis dans une pochette, et une notice de montage incompréhensible. Il en émane une sensation de provisoire qui n'a rien de très rassurant. Selon moi, le mobilier devrait être en chêne massif, quelque chose de lourd, de solide. Par la fenêtre, on devrait voir un paysage automnal de Nouvelle-Angleterre, avec des rafales de vent, des feuilles jaunissantes, peut-être un soupçon de neige. Et lui, il devrait porter un pull. Un pull marron.

Il ne prend pas de notes ; il n'a jamais enregistré nos séances. Je me suis montrée intransigeante sur ce point. Je ne veux pas que mes pensées soient retranscrites sous quelque forme que ce soit. Il n'y voit pas d'inconvénient, il m'a affirmé qu'il fera tout pour que je me sente à l'aise. Mais je me suis toujours demandé s'il ne griffonnait pas ses réflexions juste après mon départ. Il se souvient toujours de façon très précise de ce dont nous avons discuté la fois précédente.

Même si je lui ai révélé un grand nombre de choses, j'ai gardé aussi beaucoup de secrets. Il y a plus d'un an maintenant que je viens le voir, irrégulièrement, depuis qu'il m'a été recommandé par Vivian. (« C'est un ami de Martha, m'a-t-elle dit. Martha ? Oh, tu te souviens forcément d'elle. La soirée pour la collecte de fonds, en août dernier ? Peu importe. J'ai entendu dire qu'il était fantastique. ») Pendant nos séances je lui dévoile mes sentiments, mais je modifie les noms des protagonistes. Il y a quantité de choses à mon sujet qu'il ne pourra jamais savoir.

« Annie, reprend-il. Pourquoi en sommes-nous revenus ici ?

— Parce que je le sens près de moi », dis-je en me frottant les yeux avec force, comme si je pouvais ainsi chasser la tension.

Je lève mon regard vers lui et rencontre le sien, chaleureux, bienveillant. J'aime son allure, même sans pull marron – un homme d'un certain âge, aux cheveux presque blancs, au visage si hâlé et ridé qu'il ressemble à un vieux gant de base-ball… mais d'une manière plaisante. Il porte un pantalon de toile et une chemise en chambray, il est chaussé d'espadrilles. Il ressemble moins à un psy qu'à votre oncle préféré ou à un voisin aimable avec lequel vous aimez bavarder devant la boîte aux lettres.

« Vous ne le sentez pas, Annie, déclare-t-il d'une voix douce mais ferme. Vous croyez le sentir, mais ce n'est pas vrai. Vous devez faire attention aux termes que vous employez, même en votre for intérieur. Appelez les choses par leur nom. C'est une angoisse, une crise de panique, ce que vous voudrez. Ne vous imaginez pas que vous possédez une espèce de sixième sens vous avertissant qu'un homme est revenu d'entre les morts pour se venger de vous. »

Je hoche la tête. Je sais qu'il a raison.

« Pourquoi est-ce si difficile ? Ç'a l'air tellement réel, c'est mille fois pire que ça ne l'a jamais été…

— Quel jour sommes-nous ? » me demande-t-il. Je réfléchis, je réponds, puis je comprends où il veut en venir et secoue la tête.

« Ce n'est pas ça.

— En êtes-vous certaine ? »

Je me tais, parce que, évidemment, je n'en suis pas *certaine* – ni de ça, ni de quoi que ce soit, à vrai dire.

Peut-être a-t-il raison. « Mais je ne m'en souviens pas.

— Une partie de vous-même s'en souvient, Annie. Même si votre esprit conscient refuse de se rappeler certains événements, leur souvenir subsiste en vous. Il veut se faire reconnaître, se faire comprendre. Il profitera de la moindre occasion pour refaire surface. Quand vous serez assez forte pour les affronter, tous vos souvenirs vous reviendront, je crois. Et vous êtes plus forte à présent que vous ne l'avez jamais été depuis que je vous connais, Annie. Peut-être est-il temps de tenir tête à quelques-uns de ces démons. Peut-être est-ce pour cela que ces sensations sont si fortes en ce moment. »

En le regardant, je me crois presque capable d'y arriver, capable de sonder ces lieux obscurs au tréfonds de moi, d'affronter et de vaincre ce qui les habite.

« Il est mort, Annie. Mais tant que vous garderez enfoui en vous-même le souvenir de ce qu'il vous a fait, il restera en vie. Et nous nous retrouverons toujours confrontés à la même situation. Vous ne serez jamais libre. »

Je crois entendre l'écho des paroles de mon père, de celles de Gray. Sur le plan intellectuel, je sais qu'ils disent vrai. Mais mon cœur et mon sang savent à quoi s'en tenir, comme la gazelle dans le Serengeti, le mulot dans les bois. Je suis la proie. Je connais ma place dans la chaîne alimentaire, et je dois demeurer vigilante, attentive à chaque odeur, à chaque ombre.

5

Je suis tapie dans ma cabine ; je serai cachée dans l'angle, derrière la porte, quand elle s'ouvrira. Ma respiration s'est ralentie, et mes jambes commencent à s'ankyloser, à force de rester dans cette position. Je n'entends que la vibration du moteur, et rien d'autre. Je commence à me demander s'il se passe vraiment quelque chose d'anormal. Peut-être n'y a-t-il même pas d'autre bateau, me dis-je. Peut-être est-ce un tour joué par la nuit, ou par mon imagination paranoïaque, ou une combinaison des deux. Alors que je suis prête à admettre cette possibilité, on frappe à la porte. Cela me cause une telle frayeur que je rejette violemment la tête en arrière, heurtant le mur.

« Annie, s'enquiert une voix sourde. Vous êtes là ? »

Je reconnais cet accent australien ; c'est la voix d'un des hommes qui ont été recrutés pour assurer ma protection. Je lui ouvre la porte. Ses yeux se portent immédiatement vers le pistolet à ma ceinture, et il approuve de la tête.

« Il y a un bateau qui nous suit », m'informe-t-il. Son regard est vif et perçant, ses muscles noueux. Je cherche son nom dans ma mémoire. Ils ont tous des noms durs et concis, qui résonnent comme des directs à la mâchoire. Dax, je crois que c'est ce qu'il m'a dit. Oui, c'est ça, Dax. « Ça peut être un bateau de pêche, des braconniers ou même des pirates. Nous les avons hélés, et ils n'ont pas répondu. »

Il inspecte la pièce. Il va vérifier la fermeture du hublot et semble convaincu que je suis autant en sécurité dans cette cabine que possible. Il est ainsi. Ils sont tous ainsi, ces hommes, le regard perçant toujours à l'affût du point vulnérable. C'est ce qui me plaît en eux. « Bon, éteignez la lumière et tirez le verrou. Je viendrai vous chercher quand je serai certain qu'il n'y a plus de danger.

— Entendu », dis-je, en essayant d'avoir l'air aussi calme et assurée que lui.

Il s'en va, en me lançant un regard compatissant, et je verrouille la porte derrière lui. Elle semble aussi fragile que du carton. J'éteins la lumière et reprends ma position accroupie.

6

Le lendemain de ma séance avec le psy, je me sens un peu mieux. C'est peut-être seulement l'effet résiduel du comprimé que Gray m'a incitée à prendre hier soir pour dormir. Quoi qu'il en soit, en buvant mon café avec lui dans la cuisine inondée de soleil, je ne ressens plus d'appréhension.

« Cela t'a fait du bien de voir le Dr Brown ? » me demande Gray. C'est assez déroutant d'entendre Gray prononcer ce nom. Je me donne tant de mal pour bien séparer ces différentes parties de moi-même. Ici, je suis Annie, la femme de Gray, la mère de Victory. Là-bas, je suis une patiente, hantée par un passé traumatisant. Je ne veux pas que ces deux aspects de ma personnalité se mélangent.

« Oui, ça va, dis-je avec un geste négligent de la main. D'après lui, c'est seulement la mauvaise période de l'année, tu sais… »

Il pose une main sur mon épaule. Il doit s'absenter quelques jours. Je ne sais ni où il va, ni quand il reviendra. Cela fait partie de notre vie.

« Vivian peut venir ici. Ou bien vous pourriez aller là-bas, Victory et toi ? suggère-t-il, en prenant soin que sa voix ne trahisse aucune inquiétude, son regard, aucune anxiété.

— Non, non, dis-je d'un ton désinvolte. Ce n'est pas la peine. Je l'appellerai si j'ai besoin d'elle. »

J'adore Vivian, la belle-mère de Gray. Mais je déteste la façon dont elle me regarde parfois, comme si j'étais une babiole précieuse entre les mains d'un bambin, sur le point de tomber et de se fracasser en mille morceaux. Je me demande si elle pense que je suis une mauvaise mère, si elle se fait du souci pour Victory. Mieux vaut ne pas poser de questions quand on ne veut pas connaître la réponse.

Gray et moi bavardons un moment de sujets plus prosaïques – le jardinier est vraiment nul, la pelouse, affreuse, mais il est trop gentil pour qu'on le renvoie, les tuyaux émettent un drôle de bruit quand on fait couler l'eau chaude, il faudrait peut-être appeler un plombier, la nouvelle institutrice de Victory, à l'école maternelle, a l'air sympathique… Puis Gray se lève, il me prend dans ses bras et me serre contre lui. Je l'étreins avec force et l'embrasse. Je ne dis pas : *sois prudent*. Je ne dis pas : *appelle-moi dès que tu le pourras*. Je dis simplement : « Je t'aime. À bientôt. » Et puis il s'en va.

« C'est vraiment pas la peine que j'aille à l'école aujourd'hui, maman », déclare Victory, assise à l'arrière de la voiture. Nous suivons la route côtière. Son école n'est qu'à dix minutes de la maison. Une ancienne maison de planteur transformée en maternelle progressiste où des petits garçons et des petites filles chanceux peignent, chantent, sculptent l'argile, apprennent l'alphabet et les chiffres.

« Ah non ? dis-je.

— Non. Tu peux avoir besoin de moi, aujourd'hui », répond-elle, en me lançant un regard dans le rétroviseur – son regard innocent, plein de bonne volonté.

Mon cœur chavire. Je suis réellement une mauvaise mère. Ma fille de quatre ans a perçu mon agitation, et elle ne veut pas me laisser seule.

« Pourquoi, Victory ? »

Dans le rétroviseur, je la vois hausser les épaules. Elle se met à tripoter le liseré de son sac à dos rose. « Je ne sais pas, répond-elle, avec sa façon si mignonne d'étirer les mots. Esperanza m'a dit qu'elle allait faire des gâteaux aujourd'hui. Elle aura peut-être besoin que je l'aide.

— Oh, dis-je, soulagée. Et, à ton avis, je ne peux pas l'aider, moi ?

— Eh bien, quelquefois, quand tu l'aides, les gâteaux sont tout noirs en dessous. Et ils n'ont pas bon goût. »

Je suis très mauvaise cuisinière, tout le monde le sait.

« Dans ce cas, je suppose que nous attendrons que tu rentres de l'école pour faire les gâteaux. »

Elle lève les yeux vers le rétro et me sourit en hochant vigoureusement la tête. « D'accord, dit-elle. Très bien. »

La question est réglée. Je la dépose devant l'école, papote avec les autres mamans sur le trottoir. Avant de regagner ma voiture, je regarde par la fenêtre et vois Victory enfiler une blouse rouge : aujourd'hui, elle va faire de la peinture avec les doigts. J'ai un petit pincement au cœur, comme chaque fois que je la laisse quelque part, même dans un endroit aussi agréable et sûr que cet établissement.

Quand je rentre à la maison, Esperanza est sortie. Faire des courses, sans doute, ou chercher ce que j'ai oublié de prendre au magasin l'autre jour – j'oublie toujours quelque chose, même si j'emporte une liste. Je hume son fameux chili en train de mijoter dans la cocotte ; elle est probablement partie acheter des tortillas fraîches à l'épicerie mexicaine du centre-ville. Je réchauffe le reste du café au micro-ondes et monte au premier. Arrivée devant la porte du bureau de Gray, je tape le code sur le clavier au-dessus de la poignée et me faufile à l'intérieur.

Il fait sombre ; les volets à l'ancienne sont fermés. C'est une pièce très masculine, tout en cuir et en chêne, avec d'imposantes étagères remplies de livres, un énorme globe terrestre monté sur pied dans un angle, un sabre de samouraï dans un étui au mur. Je contemple ce sabre pendant une minute, en songeant que cela ne ressemble pas du tout à Gray d'avoir une arme accrochée comme une espèce de trophée. Une autre des lubies de Drew. Les seuls objets que Gray ait choisis lui-même dans cette pièce, ce sont les photos de Victory et de moi, sur le bureau.

Je me laisse choir dans son vaste fauteuil en cuir et allume l'ordinateur. Je fixe le large écran tandis qu'il fait entendre sa petite musique d'accueil et que se déroule la procédure de mise en route. Quand il est prêt, j'entre le code et clique sur le navigateur.

Mon psy m'a demandé de consacrer du temps à essayer de me souvenir des choses que j'ai enfermées au-dedans de moi, d'explorer ces espaces vides et béants qui constituent mon passé. Et c'est ce que j'ai décidé de faire, sitôt que j'aurai vérifié une dernière chose, sacrifié à un dernier rite pour m'assurer que tout va bien.

J'entre son nom dans le moteur de recherche et passe les deux heures qui suivent à lire le récit de ses crimes, de sa traque et enfin de sa mort. Puis j'ouvre le dossier de Gray, lis les notes qu'il a rédigées au cours d'une enquête qui s'est déroulée sur deux ans et dans cinq États. Je contemple les photos des scènes de crime, m'imprègne de tout ce sang, toute cette horreur. Quand j'ai terminé, je ressens un soulagement presque total. Je vais jusqu'au canapé pour m'y étendre, je ferme les yeux et essaie de me relaxer en inspirant profondément. Mais plus je m'efforce de saisir mes souvenirs, plus ils se dérobent. Bientôt, frustrée et furieuse contre moi-même, je décide d'aller faire un jogging.

Je cours le long de la plage, passant devant des résidences secondaires vides qui ressemblent davantage à de luxueuses maisons d'hôtes qu'à des demeures privées. De bleu limpide, le ciel est en train de virer au gris, et j'entends au loin le grondement de l'orage qui approche. Les cumulus gigantesques ressemblent à des montagnes molles, noir et blanc sur le fond argenté du ciel, superbes et menaçants. Je cours vite, de toutes mes forces. Je veux la douleur, l'épuisement, m'effondrer quand ce sera fini, avoir la migraine tant je serai exténuée.

Je dépasse la dernière maison et j'arrive dans la réserve naturelle. Devant moi, la plage est déserte ; à l'est, des herbes hautes et des oyats qui ondulent, de grands palmiers de différentes variétés. À intervalles réguliers, de petites pancartes avertissent les promeneurs qu'ils doivent rester au bord de l'eau et ne pas s'aventurer dans la végétation car des oiseaux et des tortues nichent sur ce territoire protégé. Difficile de croire qu'il puisse exister un lieu aussi désert, aussi préservé, dans la Floride surdéveloppée d'aujourd'hui, où les immeubles en copropriété se dressent chaque jour plus nombreux à l'horizon, comme jaillis du sol par magie. Les gens du coin disent pour plaisanter que l'oiseau qui sert d'emblème à l'État, ici, c'est la grue de chantier. Je chéris le calme et la solitude qui nous entourent, en me demandant combien de temps cela va durer. À la pointe de l'île, épuisée et hors d'haleine, je fais demi-tour. Je ralentis un peu, songeant que je dois ménager mes forces pour réussir à parcourir la distance qui me sépare de la maison.

Le golfe est une étendue d'eau relativement paisible, et ses vagues chaudes et anémiques déçoivent ceux qui sont habitués au rugissement des déferlantes sur le littoral atlantique. Aujourd'hui toutefois, les lames sont hautes et puissantes, et l'eau bouillonnante prend une étrange teinte gris métallisé. Le ciel s'assombrit de plus en plus, et je me rends compte que je ne serai peut-être pas rentrée avant que l'orage n'éclate. Mieux vaut ne pas se trouver seul sur la plage quand la foudre menace. Pourtant, il fait beaucoup trop frais, et il est encore trop tôt pour un temps pareil. J'accélère de nouveau, bien que mon corps proteste.

Le vent commence à souffler quand j'aperçois quelque chose sur la plage, quelque chose qui ne s'y trouvait pas lors de mon premier passage, me semble-t-il. De loin, c'est une grosse masse noire et informe à demi immergée. Un sac-poubelle, peut-être. Un tas d'algues. Un gros poisson mort, tarpon ou mérou. Mon instinct me souffle de ralentir, de ne pas m'en approcher. Mais il n'y a pas d'autre itinéraire pour rentrer chez moi, et le roulement du tonnerre se fait plus fort à présent, je vois luire des éclairs. Je continue.

Les herbes et les oyats se sont mis à danser et à murmurer dans le vent. La forme devant moi – je viens de la voir bouger ! C'est peut-être le vent, je n'en sais rien… Malgré l'orage qui menace, je ralentis le pas.

En arrivant à hauteur de la chose, j'oblique afin de décrire un large détour. Je ne m'arrête pas pour voir de quoi il s'agit, comme le ferait Victory. Elle insiste pour remettre à l'eau toutes les créatures échouées ou verse des pleurs inconsolables sur celles qu'elle ne parvient pas à sauver. Je n'éprouve plus ce genre de compassion depuis longtemps. Nous sommes tous échoués sur le rivage nous aussi et nous nous débattons violemment, cherchant à regagner notre élément naturel. « Chacun pour soi », telle est maintenant ma devise.

Mon cœur fait un bond quand je suis suffisamment près pour constater que la forme est celle d'un homme qui me tourne le dos. Ses vêtements noirs sont imbibés d'eau ; son corps est drapé d'algues des épaules jusqu'aux genoux. Je vois l'une de ses mains, d'un blanc cadavérique, toute maculée de sable. Je m'arrête, j'inspecte la plage ; personne. Le ciel est presque noir à présent, le tonnerre, plus proche. Je devrais me remettre à courir, je le sais bien. Me dépêcher, trouver un téléphone, appeler les secours. Mais je m'approche de l'homme d'un pas lent. Je me souviens que j'ai cru le voir bouger de loin. Mais ce pouvait être le vent soulevant ses vêtements. Pourtant, je me surprends à penser : *Peut-être est-il encore en vie. Peut-être puis-je le sauver.*

« Bonjour », dis-je d'une voix forte à cet homme qui n'est vraisemblablement qu'un cadavre que la mer a rejeté sur le rivage. Je ne ressens pas la peur que je devrais légitimement ressentir, rien qu'une profonde curiosité. « Est-ce que ça va ? »

C'est alors que je l'entends pousser un gémissement sourd, terrifiant. Un éclair mince et blanc fend le ciel à plusieurs kilomètres de distance. Rapidement, sans réfléchir, je m'avance vers lui et pose ma main sur son épaule froide et mouillée pour le retourner sur le dos. Et je découvre son visage, ce visage que je revois sans cesse, blanc et terrible, avec une profonde entaille à la joue, la bouche béante, son regard mort qui me fixe.

D'une voix caverneuse, il rugit : « Tu m'appartiens. »

Je me réveille sur le canapé, l'orage se déchaîne au-dehors, il pleut à verse. Ma poitrine se soulève par saccades, et je transpire abondamment.

« Madame Annie ! » Esperanza frappe à la porte. Je me lève et vais lui ouvrir. Elle recule et regarde ses pieds, comme si elle était gênée. C'est une femme d'une quarantaine d'années, mais qui paraît plus jeune, avec un visage large et joli, une peau café-au-lait, et des yeux d'un brun profond, où plus d'un homme à dû se noyer. Quand elle les relève vers moi, ils sont emplis d'inquiétude : elle m'a déjà vue au sortir de rêves semblables. C'est moi qui devrais être gênée. J'ai dû crier, ce qui l'a sans doute fait accourir. Je n'en sais rien, et je ne pose pas la question. Nous faisons toutes deux comme si rien ne s'était passé.

« Plus qu'une demi-heure avant d'aller chercher Mlle Victory », me dit-elle d'un ton calme.

J'acquiesce et regarde ma montre, résistant à l'envie de répliquer sèchement : *Vous croyez que je ne le sais pas ?* Elle adore ma fille et prend soin de nous, pendant que je somnole sur le canapé, en plein après-midi. Je ne pourrai jamais éprouver envers elle autre chose que de la gratitude.

« Merci, Esperanza. »

7

Chose incroyable, je me suis assoupie dans cette posture inconfortable, accroupie derrière la porte. C'est dire à quel point je suis épuisée. Je ne sais pas exactement combien de temps s'est écoulé depuis que Dax est venu me voir. Peut-être des minutes, peut-être des heures. À travers le hublot, je constate que le soleil n'est pas encore levé, qu'il n'y a dans le ciel pas la moindre lueur annonçant le matin.

J'ai des fourmis dans les pieds et les jambes, endoloris d'avoir supporté trop longtemps le poids de mon corps. Je me relève péniblement et m'étire, puis j'essaie de me dégourdir en arpentant la cabine étroite. Tout en tournant ainsi en rond, je suis gagnée peu à peu par un sentiment de malaise. Il se passe quelque chose d'anormal. Ce n'est qu'au bout d'une minute supplémentaire de va-et-vient fébrile que je finis par comprendre ce qui me perturbe : je n'entends plus le moteur. Le bateau s'est immobilisé.

J'ignore ce que cela signifie au juste mais, brusquement, j'ai l'impression d'être un renard pris au piège, coincée comme je le suis dans cet espace exigu. Quand il me trouvera, je n'aurai nulle part où me cacher.

C'est presque comme s'il l'avait voulu ainsi, comme s'il avait chorégraphié d'avance ce pas de deux que nous dansons ensemble depuis toujours. Mais pour la première fois depuis que je le connais, je ne me laisserai pas guider par lui, je ne le laisserai pas décrire des cercles autour de moi avant de me renverser dans la figure finale. Ce soir, c'est moi qui mènerai la danse.

J'entrouvre la porte et jette un regard dans la coursive déserte. Au même moment, j'entends le bruit sec du disjoncteur. Le courant est coupé, et je me retrouve dans le noir total. Pas le plus petit rayon de lumière ; c'est comme si j'étais brusquement devenue aveugle. Je prends mon pistolet, sors dans le couloir, plaque mon dos contre la paroi, puis avance à tâtons vers l'escalier menant au pont.

8

Après avoir avalé de bonne heure un dîner des plus diététiques – croquettes de poisson, macaronis au fromage et fleurettes de brocoli, auxquelles personne n'a touché, Esperanza, Victory et moi confectionnons des cookies aux pépites de chocolat. Ou plutôt Esperanza et Victory préparent les gâteaux et je les observe avec fascination, assise sur un tabouret face au bar séparant la cuisine de la salle à manger. Cela me ravit toujours de regarder Victory marcher, faire des choses comme tenir le batteur électrique, juchée sur son escabeau. C'est une vraie petite personne, à tel point qu'il est déjà impossible d'imaginer qu'elle est sortie de mon corps.

« Je ne crois pas que tu aies mis assez de vanille, dis-je pour essayer de me rendre utile.

— Oh, maman », répond-elle en soupirant. Je souris à ma tasse de camomille. Vu mon état ces derniers temps, j'ai décidé de supprimer la caféine. Je n'ai manifestement aucun besoin d'excitant.

Le soleil se couche, colorant l'horizon en mauve et rose. J'ai repoussé mon rêve le plus loin possible et je m'efforce de profiter au maximum de ce moment passé près de ma fille. Quand les gâteaux sont prêts, nous les mangeons sur la terrasse toutes les trois. J'ai fait du feu dans la cheminée extérieure, et nous aidons Esperanza à pratiquer son anglais pendant que le soleil tire sa révérence. Quand l'air devient trop froid, nous regagnons le séjour.

« Quand est-ce que papa va rentrer ? demande Victory, tandis que je l'emmène à l'étage pour lui donner son bain.

— Bientôt.

— C'est quand, bientôt ? insiste-t-elle, peu satisfaite de cette réponse.

— Bientôt », dis-je de nouveau, en caressant ses cheveux.

Elle hoche la tête, l'air un peu triste. Je me sens fautive de ne pouvoir lui en dire plus. Mais la vérité, c'est que j'ignore la réponse à sa question, et que, même si je la connaissais, je ne pourrais pas davantage lui dire où son père est allé.

Une fois savonnée, elle s'amuse avec ses jouets pour le bain, et je suis tirée d'affaire ; Victory a tout oublié de ce pauvre Gray. Elle est beaucoup trop absorbée par le débat très animé qui se déroule entre M. Canard et M. Grenouille, chacun prétendant être le plus rapide des deux. Tandis que j'encourage M. Grenouille, Esperanza surgit.

« Quelqu'un vous demande au téléphone, madame Annie, m'annonce-t-elle, en prenant ma place près de la baignoire.

— Qui est-ce ? »

Elle hausse les épaules, l'air embarrassé. Elle cherche ses mots en anglais, et finit par renoncer. « *No sé. Pero pienso que es importante.* »

« Elle dit qu'elle ne sait pas, mais elle croit que c'est important », traduit Victory, ma petite interprète bilingue.

J'acquiesce et je vais prendre l'appel dans ma chambre. Pendant que je traverse le couloir, mon cœur cogne contre mes côtes. J'ai toujours peur quand le téléphone sonne, lorsque Gray part « en voyage ». J'attends toujours l'appel fatidique. Mais je me rappelle que, si c'était vraiment grave, ils viendraient me l'annoncer en personne.

« Allô ?

— Annie ? » C'est mon père. Sa voix est tendue, pressante. Il n'est pas censé me téléphoner. Moi non plus, je ne dois pas l'appeler, en théorie. Mais de temps en temps, comme l'autre jour, je ne peux pas m'en empêcher. Ces dernières années, je suis devenue quelque peu imprudente, parce que je traversais une phase d'optimisme excessif.

« D'où m'appelles-tu ?

— De chez un ami.

— Que se passe-t-il ?

— Quelqu'un est venu à la boutique aujourd'hui et m'a posé des questions sur Ophelia. Il a essayé de se faire passer pour un flic, mais ce n'en était pas un. Un type chauve et costaud, cherchant à m'impressionner avec son gros flingue dans un holster.

— Je vois. » Je ne sais jamais s'il ment ou pas, voilà le plus difficile.

« C'est sérieux, reprend-il, dans le silence qui suit. Je ne te raconte pas de conneries.

— Que lui as-tu dit ?

— Je lui ai dit que ma fille était morte depuis cinq ans.

— Je vois. » La seule formule qui me vienne à l'esprit, semble-t-il. Je prends conscience que tout mon corps s'est raidi, que mes doigts serrent le combiné avec trop de force.

« Il ne m'a pas cru. Il ne cherchait pas simplement à pêcher des renseignements ; il *savait* quelque chose. Il a ensuite essayé de m'amadouer en me racontant qu'il y avait une grosse récompense pour toute information te concernant. Je me suis mis en rogne, j'ai commencé à gueuler que tu étais morte et que c'était une honte de harceler un vieillard ainsi, et il a détalé à toute allure.

— Mais ce n'était pas un flic.

— Certainement pas. On les reconnaît toujours, même les ripoux. Ils croient qu'ils ont la loi de leur côté. Ce type était trop pourri, même pour un flic véreux.

— Je vois. » Je me borne à répéter ces mots, de crainte d'en dire trop.

« Fais attention », ajoute-t-il, avant de raccrocher.

Je reste assise une seconde, le combiné à la main. Je ne sais que penser. Ophelia est morte depuis si longtemps que j'en suis venue à croire que tout le monde l'avait oubliée, sauf moi. Je remets le combiné en place avant de décrocher de nouveau et de composer un numéro que je connais par cœur.

« Allô ? fait la voix de Drew.

— Pourriez-vous passer ce soir ? C'est Annie.

— Bien sûr, répond-il, après une imperceptible hésitation. Quelque chose ne va pas ?

— Je ne sais pas trop. »

Drew me regarde toujours comme si j'étais une visiteuse importune venue solliciter un don pour une organisation caritative à laquelle il ne croit pas. Je n'aime pas la femme que je vois se refléter dans son regard. Une personne méprisable, à qui l'on ne peut pas faire confiance. Mais peut-être ne fais-je que projeter sur Drew mes propres sentiments, comme dirait mon psy.

Il est assis à la table de la salle à manger, une bouteille de Corona disparaissant presque entièrement dans sa grande main épaisse. Des plis profonds se creusent sur son front quand je lui raconte ce que mon père m'a appris. Il ressemble à une version plus massive et plus dure de Gray. Il a les mêmes yeux couleur d'orage, sans aucune trace de la sagesse et de la gentillesse que je lis dans ceux de son fils.

« C'était peut-être simplement un type en quête d'informations », dit-il en haussant les épaules. Il boit une longue gorgée de bière et repose lourdement la bouteille sur la table. « Malheureusement, les circonstances de la mort d'Ophelia ne résisteraient pas à un examen approfondi. Nous ne nous attendions pas à ce que quelqu'un vienne y mettre le nez. »

J'éprouve un léger choc en l'entendant prononcer ce nom. Je n'aime pas la façon dont il sonne dans sa bouche, dont il rebondit sur les murs de cette maison.

« Mais il existe peut-être quelques personnes qui ne l'ont pas oubliée », reprend-il, devant mon silence. Il pose les yeux sur moi, et je réprime une forte envie de me détourner pour échapper à son regard. J'entends la télévision dans la chambre d'Esperanza ; elle regarde une de ses *novelas*. Je le devine au staccato de la langue espagnole, aux accents mélodramatiques de la musique. (« *¡ Ay, Dios !* s'exclame invariablement Esperanza, à propos d'un des personnages. Comme elle est méchante ! ») Dehors, un vent violent courbe les palmiers, chuchotant dans leurs frondaisons. Je regrette d'avoir appelé Drew.

« Je vais demander à quelqu'un d'enquêter là-dessus », déclare-t-il enfin.

Je me rends compte que je n'ai pas vraiment pris part à la conversation, même s'il ne semble pas l'avoir remarqué. « Merci, dis-je.

— En attendant, poursuit-il après avoir bu le reste de sa bière, renforcez les mesures de sécurité. Branchez l'alarme en permanence, ne laissez aucune porte ni aucune fenêtre ouverte. Plus d'appels au père d'Ophelia ni à quiconque l'ayant connue. Vous avez commis une imprudence en lui téléphonant. Le coup de fil que vous lui avez passé la semaine dernière pourrait bien être la cause de la visite de ce fouineur.

— C'est compris », dis-je, contrite. Je sais qu'il a entièrement raison.

Comme il s'apprête à partir, je demande : « Des nouvelles de Gray ?

— Pas de nouvelles, bonnes nouvelles », répond-il en me tapotant l'épaule, d'un geste amical dont il n'est pas coutumier. Je me demande s'il faut y voir le signe que notre relation est en train de s'améliorer.

Il y avait de l'orage le jour où le fils de Frank est arrivé chez nous. Forcément. Un de ces orages venus de la côte, qui font virer d'un seul coup un ciel d'azur au noir, comme si l'on avait tiré un rideau. Le vent se met de la partie et retourne les feuilles. La pression barométrique dégringole, et le ciel commence à gronder. Nous étions seules, maman et moi. Elle avait travaillé dans l'équipe du matin, je n'avais eu qu'une demi-journée d'école parce que les professeurs tenaient une réunion. Assises sur son lit, nous regardions une série télé sur le minuscule poste en noir et blanc installé dans la cuisine, tout en mangeant des sandwiches à la bolognaise. C'était un rituel que nous observions tous les après-midi, d'aussi loin que je puisse m'en souvenir. Et même depuis plus longtemps que ça, très probablement. Aujourd'hui encore, il m'arrive d'allumer la télé en pleine journée, avec un sentiment de culpabilité, et de disparaître un moment pour me replonger dans mes souvenirs, me rappeler comment je me blottissais contre elle, respirant son parfum et tenant sa main blanche et délicate.

Je fus la première à l'entendre.

« On dirait que quelqu'un a frappé à la porte.

— Qui ? répondit ma mère distraitement, les yeux rivés à l'écran. Je ne crois pas. »

Les coups résonnèrent de nouveau. « Mais si, écoute.

— Bon, va voir qui c'est, dit-elle en me tapotant les fesses. J'ai été debout toute la matinée. »

J'allai jusqu'à la porte et je regardai par l'imposte. Il était planté là, dans les tourbillons de pluie et de feuilles, les cheveux ébouriffés. Il avait un gros sac à l'épaule et portait un sweater bleu usé par-dessus un T-shirt et un jean. Quelque chose dans son visage, dans toute son attitude, me serra le cœur. Je n'avais jamais vu quelqu'un d'aussi beau, des traits si parfaits, si doux, comme ceux d'une figurine en verre soufflé. S'il se retourne, me dis-je, je verrai une paire d'ailes se déployer dans son dos. Il leva une main pour frapper encore et aperçut mon visage à travers la vitre.

« C'est Frank qui m'envoie ! » hurla-t-il par-dessus le mugissement du vent. Ses yeux étaient si sombres qu'ils paraissaient presque noirs ; ses longs cheveux, du même noir d'encre, contrastaient de façon saisissante avec sa peau très blanche.

« Pourquoi ? » demandai-je. Il y avait en lui quelque chose de terrifiant également. La vraie beauté est ainsi : elle effraie autant qu'elle fascine. Je n'avais pas envie de lui ouvrir. Je voulais m'appuyer de tout mon poids contre la porte pour l'empêcher d'entrer.

« Il m'a dit d'aller voir Carla », reprit-il en ajustant son pesant bagage sur son épaule. Sa main était pareille à une pierre, large et ronde, avec des doigts longs et épais.

Je le regardai, examinant sa bouche mince et droite comme un trait, sa mâchoire carrée. J'étais incapable de deviner son âge. « C'est ma mère », dis-je.

Il abaissa les yeux vers ses pieds, les releva, et je sentis peser son regard sur moi. « Je n'ai pas d'autre endroit où aller.

— Laisse-le entrer, ordonna ma mère, surgissant derrière moi, sans esquisser un geste pour lui ouvrir elle-même.

— Qui c'est ?

— Le garçon de Frank, répondit-elle en me lançant un regard penaud, avant de se tourner vers lui.

— Tu savais qu'il allait venir ?

— Je savais qu'il allait *peut-être* venir, rectifia-t-elle, tournant la tête vers moi, sans cesser d'observer le garçon, comme si elle ne pouvait pas en détacher les yeux.

— Et ? repris-je, l'estomac noué.

— Et il se peut qu'il reste avec nous quelque temps.

— Où ça ? Il n'y a pas de place. »

Du menton, elle indiqua le canapé. Il était petit, sale, et inconfortable, même pour s'asseoir, alors, pour dormir… « Là. Ça sera juste pour quelques nuits. Ne t'inquiète pas. Je ne vais pas lui donner ta chambre.

— Hou ! hou ! appela-t-il du dehors. Il pleut à verse, vous savez.

— Alors, qu'est-ce que tu attends ? » me lança ma mère.

Je me retournai et le regardai par la vitre. Même si je savais, tout au fond de moi, que je ne devais pas lui ouvrir, je le fis cependant. Il entra, tout ruisselant et imprégné de l'odeur de la pluie, apportant l'orage avec lui. Il était grand, plus grand qu'il ne l'avait paru à l'extérieur. Il dut presque se baisser pour franchir la porte. Il laissa tomber son sac sur le sol, où il atterrit avec un bruit sourd.

Ma mère lui prépara un sandwich à la bolognaise, et encore un autre. Je le regardai les dévorer comme s'il n'avait pas mangé depuis plusieurs jours. Son cou était large et épais, ses épaules puissamment musclées. Il entourait son assiette de son bras libre, en levant les yeux sans cesse, comme s'il craignait qu'on ne vienne lui dérober sa nourriture.

« Il ne reste que six mois avant mon émancipation », déclara-t-il d'un ton laissant entendre qu'il considérait l'enfance comme une sorte d'esclavage. Il n'avait pourtant pas l'air d'un « garçon », comme ma mère l'avait appelé. À près de dix-huit ans, c'était davantage un homme qu'un enfant, je suppose. Il y avait en lui quelque chose de féroce, d'affamé, de rusé.

Je restai dans mon coin, boudeuse et fâchée, mais l'observant avec un secret intérêt. L'expression niaise et empressée sur le visage de ma mère me rendait malade. Elle se comportait toujours ainsi avec les hommes.

« Et ensuite, je m'enrôlerai dans le corps des marines, poursuivit-il. Plus personne ne pourra m'emmerder.

— Waouh, les marines ! s'extasia ma mère, en tortillant une mèche de ses cheveux autour de son doigt. Frank ne m'avait pas dit ça.

— Combien de temps vous comptez rester ici ? » m'enquis-je, sans chercher à cacher ma contrariété.

Il haussa les épaules et tourna vers ma mère des yeux de chien battu. Quel faux jeton ! Comment pouvait-elle ne pas s'en rendre compte ? pestai-je en moi-même.

Elle lui donna une tape sur l'épaule, en me lançant un regard d'avertissement par-dessus sa tête. « Tu peux rester aussi longtemps que tu le voudras, Martin.

— Je m'appelle Marlowe », répliqua-t-il vivement, d'un air courroucé. L'espace d'une seconde, il m'apparut hideux, un chien montrant les crocs. Puis il se radoucit et adressa à ma mère un sourire irrésistible. « Je vous en prie, appelez-moi Marlowe.

— Bien sûr, mon chéri, répondit-elle, en lui tapotant une nouvelle fois le bras. Marlowe. Tu veux manger autre chose ?

— Oui, s'il vous plaît », répondit-il, avant de diriger son regard vers moi.

Le souvenir que j'ai gardé de l'arrivée de Marlowe est devenu un peu flou, comme une vieille photo sépia. Je me rappelle certains détails bizarres et incroyablement précis, tels que les cuticules de ma mère, toutes rongées, et l'étiquette qui dépassait de l'encolure de sa chemise. Je me rappelle que j'entendais des voix aux accents dramatiques brailler dans le téléviseur, dans la pièce d'à côté. Mais c'est comme si je me souvenais d'images aperçues sur un écran, à travers une vitre épaisse. Je n'ai pas l'impression d'avoir vécu cette scène, d'en avoir été une des protagonistes – seulement une spectatrice observant les événements se dérouler devant elle, muette et impuissante. Encore un de ces épisodes que j'ai disséqués sans fin avec mon psy. Un autre de ces moments-clés où j'aurais pu modifier le cours des choses.

« N'oubliez pas, dit le Dr Brown, que vous n'étiez qu'une enfant et votre mère, l'adulte. Vous n'aviez aucun pouvoir. C'était votre mère la responsable, c'est elle qui a fait entrer ces hommes, le père et le fils, dans votre vie.

— C'est moi qui ai ouvert la porte.

— Si vous ne l'aviez pas fait, elle s'en serait chargée. »

Il avait raison. Ma mère n'était pas maligne, elle ne possédait ni intelligence, ni intuition. Elle vivait dans un monde à part, elle ne s'est pas méfiée de lui un seul instant.

9

Le lendemain soir, je me force à me rendre au cocktail donné par Ella. En dépit de mes efforts pour m'isoler de la foule et apparaître d'une manière générale comme une asociale, une femme d'un certain âge, toute vêtue de blanc, s'avance nonchalamment vers moi et me demande ce que je fais dans la vie. On dirait que quelqu'un l'a aspergée de vernis, tant les différentes parties de sa personne – sa peau, ses cheveux coupés au carré, ses muscles faciaux – sont immobiles et figés. Elle est si maigre que je vois les os minuscules de ses poignets.

« Je suis femme au foyer et mère de famille », dis-je, sans prendre le ton penaud qu'un si grand nombre de femmes se croient obligées d'adopter en donnant cette information. Ce que je ne dis pas, c'est que je suis une femme au foyer qui ne fait guère la cuisine ni le ménage. Et que ma fille se trouve à l'école maternelle la plupart du temps. Ma vie se compose de grandes plages de temps libre, durant lesquelles j'attends que Victory en ait terminé avec les multiples activités qui remplissent sa petite existence. C'est dangereux, pour quelqu'un comme moi ; je devrais vraiment songer à trouver un emploi. L'oisiveté est mère de tous les vices, affirmait ma mère, dans sa période bigote. Ou, dans mon cas, de tous les fantasmes morbides.

« Merveilleux ! s'exclame la femme en blanc avec un grand sourire – sincère ou factice, qui peut le dire ? C'est le plus beau métier du monde. » Tout en elle est impeccable : ses ongles carrés et roses, ses lèvres ourlées au crayon et brillantes de gloss, ses sourcils épilés en forme d'arc. Un énorme diamant scintille à sa main. Sa tenue est simple mais très étudiée : une jupe fluide en lin et un haut assorti, des tongs en cuir.

La conversation tourne court, essentiellement parce que je n'y participe pas, et elle s'éloigne en levant son verre et en marmonnant une excuse. Je suis venue à cette soirée parce que j'ai promis à Gray de m'y rendre, « pour sortir un peu de la maison et ne pas être tout le temps seule avec Victory », mais en fait, j'aurais préféré rester chez moi avec Esperanza et elle, et regarder pour la centième fois *Les Indestructibles* en DVD.

Je m'appuie contre la clôture entourant la piscine et fixe le jardin obscur qui s'étend jusqu'au golfe. Je ne peux pas voir l'océan, à cause de l'éclairage sophistiqué et de l'aménagement du terrain, mais je peux l'entendre et sentir le sel dans l'air humide. Mon esprit est rempli de pensées que je tente de repousser – mes crises de panique, mon rêve, Gray, l'homme qui cherche Ophelia. Je ne devrais pas être ici. Même dans mes bons jours, je déteste les mondanités. Je ne fais que subir les choses que d'autres personnes trouvent divertissantes.

Mon regard se pose sur une jeune fille solitaire, non loin de moi. Elle s'adosse à la palissade, elle aussi, et contemple l'obscurité, perdue dans ses pensées. Elle a dû sentir mon regard, car elle se retourne vers moi, et je la reconnais alors, sans parvenir à la situer. Je ressens soudain un urgent besoin de me rappeler son nom ; mon cœur se met à battre plus vite, tant cette nécessité me paraît vitale. Elle est jolie et beaucoup trop maigre, vêtue seulement d'un jean et d'un T-shirt, d'une vieille paire de tennis miteuses. Elle n'est pas du genre à fréquenter les soirées d'Ella – trop jeune, pas assez d'argent. S'agit-il de la nouvelle bonne, celle dont Ella s'est plainte auprès de moi ? Nous nous dévisageons ; aucune de nous deux ne se résout à baisser les yeux. Enfin, elle sourit. Mais son sourire n'a rien d'amical ; j'y perçois un mélange de malveillance et de pitié. Une angoisse viscérale me prend, et je me détourne vivement.

« T'a-t-on déjà dit que tu n'étais pas très sociable ? » demande Ella, surgissant derrière moi. Je sursaute, et elle fait entendre un rire surpris. « Un autre verre te fera du bien, déclare-t-elle en me tapotant le dos. Tu es beaucoup trop tendue.

— Qui est cette fille ? » dis-je, me retournant en direction de l'inconnue. Mais elle a disparu.

« Qui cela ? » s'enquiert Ella, qui a suivi mon regard.

Je scrute la foule, sans réussir à l'apercevoir parmi les invités élégamment vêtus.

« Elle portait un jean et un T-shirt. Jeune, jolie, trop mince ? » Je continue à la chercher des yeux. J'éprouve un besoin désespéré de la revoir.

« S'il y a une fille comme ça ici, nous devrions la jeter dehors, plaisante Ella, feignant la jalousie.

— Ta nouvelle bonne, peut-être ? dis-je avec espoir.

— Non, c'est son soir de congé. »

Je sens la curiosité d'Ella se muer en inquiétude.

« Tu vas bien ? demande-t-elle au bout d'un moment.

— Oui, dis-je avec un grand sourire factice. J'ai cru la reconnaître, c'est tout. »

Elle m'effleure de nouveau l'épaule, puis me rend mon sourire. « Quand ton mari rentre-t-il ? Tu es perdue sans lui, dans ce genre de réunion.

— À la fin de la semaine prochaine, dis-je d'un ton vague, tout en continuant à chercher la fille des yeux.

— Je ne savais pas que les cadres des compagnies d'assurances voyageaient autant », reprend-elle. Je redeviens aussitôt attentive et tente de déceler dans sa voix des traces de scepticisme. Mais elle parle de son ton habituel, pensif et désinvolte, et son visage n'exprime que la franchise.

« Il faut évaluer les risques des clients, enquêter sur les sinistres importants. » Je murmure cette réponse en haussant les épaules, comme si cela expliquait tout. Elle hoche la tête.

« Quand même, il te laisse trop souvent seule. »

Elle ne me regarde pas. Elle fixe l'obscurité. Je n'arrive pas à déterminer si elle dit ça pour meubler la conversation.

« Tu peux parler. Tu pars en voyage aussi souvent que lui.

— C'est vrai. Mais c'est pour des raisons importantes : faire du shopping à New York, une cure de détoxication à Canyon Ranch, bronzer aux Fidji.

— Hum », fais-je. Elle rit.

« Où est-il, cette fois-ci ?

— À Cleveland.

— Tu vois ? Que peut-il y avoir d'important à Cleveland ? »

Elle rit de nouveau. Rirait-elle encore si elle savait combien les mensonges me viennent facilement à la bouche ?

« Veux-tu que j'aille t'en chercher un autre ? propose-t-elle en montrant mon verre vide, après une minute de silence. J'ai l'impression que tu en as besoin, ma petite.

— Non, merci. Je vais m'éclipser discrètement et rentrer chez moi par la plage. »

Elle sait qu'il ne servirait à rien d'insister pour que je reste, que je reprenne un verre. Elle a raison : sans Gray je suis perdue dans des soirées comme celle-ci. Je ne sais pas comment me comporter, ni bavarder de tout et de rien avec les voisins ou des inconnus, ni établir un réseau de contacts, ni me mêler aux autres, ni rien de ce qu'on est censé y faire. J'ai trop de choses en tête pour en être capable.

Je sais que je ne devrais pas faire ça, je sais que je désobéis aux consignes de Drew – « renforcer les mesures de sécurité » –, cependant je me faufile par la porte de derrière et descends l'allée bordée de palmiers et d'éclairages encastrés qui mène à la plage. Je me retourne et jette un dernier regard en direction de la foule sans apercevoir la jeune fille.

Marlowe dormait sur le canapé, les pieds dépassant du bord, le bruit de sa respiration sonore emplissant toute la pièce. Pas pendant quelques jours, comme ma mère l'avait promis, mais pendant des semaines, sans manifester la moindre intention de partir. Mon ressentiment envers lui n'avait d'égal que la fascination qu'il exerçait sur moi. Il n'allait pas en classe, il avait arrêté l'école et obtenu l'équivalence du diplôme de fin d'études secondaires, prétendait-il. Il passait ses journées à écrire et à dessiner dans de vieux carnets froissés et tachés. Mais bizarrement, il avait toujours de l'argent et achetait des provisions, de petits cadeaux pour ma mère. Il prépara le dîner une ou deux fois, ce qui remplit ma mère d'émerveillement. Elle le complimenta sur ses côtes de porc et son riz sauté sorti d'un sachet comme s'il avait été un grand chef ; tant de considération et de gentillesse la transportaient de gratitude. Moi, en revanche, je cuisinais cinq jours sur sept (les deux autres, nous mangions de la pizza ou des sandwiches à la bolognaise) depuis je ne sais combien de temps, sans obtenir la moindre reconnaissance. Ça me mettait en rage.

« Tu es jalouse, voilà tout, dit ma mère en me tapotant l'épaule. Il est tellement gentil ! Et il n'a que nous, pour le moment. Essaie de te montrer un peu plus aimable. »

Seigneur, elle était pathétique. Elle aurait fait n'importe quoi pour un homme, ou même un adolescent, qui lui montrait un semblant d'attention. Et il n'avait rien de gentil. Le numéro qu'il jouait devant ma mère, il ne se donnait pas la peine de l'exécuter pour moi. Moi, j'avais droit à ses regards furtifs – de menace ou de désir, je n'aurais su le dire. Mais ses yeux, ses regards, me tenaient éveillée la nuit, à penser à lui, à l'écouter respirer sur le canapé.

Je vivais dans un état permanent d'anxiété. Je m'inquiétais pour ma mère, je redoutais que ce tueur ne vienne s'installer à la maison, je haïssais son fils qui squattait notre canapé et, oui, j'éprouvais une secrète fascination à son égard, aussi.

Il éveillait dans mon corps des sensations nouvelles et excitantes. En sa présence, je devenais empotée, maladroite, encline à des accès d'humeur ou des ricanements gênés. Je m'en voulais de ne pas réussir à me contrôler davantage. Et il s'en rendait compte – le demi-sourire qu'il arborait quand nous étions ensemble en était la preuve.

Le soir, le parc de caravanes résonnait de toutes sortes de bruits : le chant des grenouilles rivalisant avec la télé et la musique rock, nos voisins s'engueulant à tue-tête, et plus tard rentrant chez eux, saouls et braillards, en faisant claquer les portes. Je restais éveillée certaines nuits à les écouter, me demandant pourquoi j'avais été condamnée à un tel exil. J'en savais assez pour avoir la conviction que ma place n'était pas ici, parmi ces gens pauvres et en colère, qui menaient une vie aussi horrible. Mais cette conviction ne suffisait pas à me permettre d'y échapper.

« Viens me sortir de là, papa », suppliai-je durant l'une de nos conversations téléphoniques hebdomadaires. C'était un dimanche soir ; ma mère travaillait tard. Le téléphone collé à l'oreille, je tournais le dos à Marlowe, dont la présence dans notre caravane semblait aussi inéluctable et déplaisante que celle des cafards. Il était tout le temps là, à épier, à écouter.

« Tiens bon, Opie, répondit tranquillement mon père. Tout va s'arranger, tu verras.

— D'accord », dis-je d'un ton malheureux, croyant qu'il faisait allusion à un plan de sauvetage qu'il était en train de concocter et dont il ne pouvait discuter au téléphone.

J'étais encore assez jeune pour espérer qu'il allait débarquer un jour pour exiger ma garde. Je ne comprenais pas, à l'époque, que mon père, même s'il m'aimait, n'avait pas la fibre paternelle. Il n'avait ni la force ni l'altruisme nécessaires. Ma mère non plus, d'ailleurs. Mais au moins elle voulait me garder près d'elle – une partie du temps, en tout cas.

La communication prit fin et j'allai dans ma chambre, pour pleurer dans mon oreiller.

« Il ne viendra pas te chercher, tu sais. »

Je me retournai, surprise et embarrassée de découvrir Marlowe dans l'embrasure de la porte s'appuyant au chambranle, les mains dans les poches de son jean délavé et sale. Il ne souriait pas et arborait une expression sévère.

« Je suis désolé, poursuivit-il, baissant les yeux vers ses pieds avant de les relever vers moi. Je me rends bien compte que tu t'accroches à cet espoir. Mais il ne viendra pas. » Il parlait d'une voix de gorge, basse et teintée d'un accent bizarre, différent de l'accent sudiste. Il venait d'une famille de « crackers », m'avait expliqué ma mère, de pauvres Blancs tous issus de ce marécage torride et misérable qu'était la Floride.

« La ferme, répliquai-je. Qu'est-ce que tu en sais ? »

Ma voix tremblait. Ses paroles m'avaient fait l'effet d'un coup dans la poitrine et la douleur s'étendait, me coupant le souffle. Tout au fond de moi, je craignais qu'il n'ait raison, et je le haïssais pour ça.

« S'il devait venir, il l'aurait déjà fait. C'est pas l'argent qui lui manque, non ? Ni le temps ? Depuis que je suis ici, il ne t'a pas appelée une seule fois. C'est toujours toi qui lui téléphones. Ça fait combien de temps que tu attends sa venue ?

— Ta gueule ! » Les mots jaillirent de ma bouche à la façon d'une éructation, dans un véritable hurlement de rage. Je me levai, le bousculai au passage et me ruai hors de la caravane.

Je courus gauchement dans l'obscurité en pleurant, jusqu'à ce qu'un point de côté m'oblige à m'arrêter sous le vieux figuier étrangleur qui se trouvait au bout du terrain. Je posai ma main contre son écorce granuleuse et me reposai un instant, tentant de reprendre mon souffle. Sa vaste frondaison m'enveloppait. Le tapis de feuilles mortes et décomposées à son pied exhalait une odeur putride. Au-delà s'étendait une végétation dense de palmiers et de fougères, de cyprès des marais et de pins taeda entourant un ruisseau. Je savais que la forêt grouillait de serpents et de rats noirs, de toute une horrible variété d'insectes et d'araignées. Une partie de moi avait envie de s'enfoncer sous son couvert, de se laisser absorber par elle. L'endroit paraissait sauvage, à peine maîtrisé, comme la plus grande partie de la Floride. On aurait dit qu'il attendait que nous cessions de nous agiter, de défricher et de creuser, de tailler et d'élaguer, ne serait-ce que pendant une minute, pour engloutir nos ridicules constructions sous sa verdure luxuriante et reconquérir sa place en ce monde. Je m'effondrai entre les racines épaisses de l'arbre et pleurai contre son tronc, ignorant l'humidité qui s'insinuait à travers mon jean et les moustiques se régalant de mon sang.

« Ce n'est pas en pleurant que tu vas te sortir de ce merdier. »

Il m'avait suivie.

« Si tu veux quitter cet endroit, cette vie, poursuivit-il, montrant le parc de caravanes derrière lui, tu ne dois compter que sur toi-même. »

Je relevai la tête et m'essuyai les yeux avec ma manche. Il se rapprocha jusqu'à ce que nos pieds se touchent presque et me tendit la main.

Le figuier étrangleur, une espèce indigène à la Floride, commence sa vie sous la forme d'un épiphyte – une plante qui se développe sur d'autres plantes. Ses graines se logent dans les fissures et les crevasses de l'arbre qui lui sert d'hôte. Au début, le figuier pousse lentement, s'insinuant petit à petit dans le système de l'autre. Au fil du temps, il recouvre le tronc de son hôte, lui disputant la lumière, l'air et l'eau. Et l'hôte finit par mourir. Mais l'étrangleur ne meurt pas avec lui, car il a déjà planté ses propres racines dans le sol, développé ses propres branches, formé autour de la carcasse creuse et desséchée de son hôte un entrelacs compliqué devenu un arbre à part entière.

Je donnai ma main à Marlowe, nouai mes doigts aux siens, et il m'aida à me relever de ce sol fangeux.

En sortant de chez Ella, je remonte la plage. J'aperçois les lumières de ma maison devant moi, à moins d'une centaine de mètres. Je vois que celle de la chambre de Victory est éteinte, et je souris en moi-même. Esperanza arrive toujours à la convaincre d'aller se coucher sans faire d'histoires, et je me demande comment elle s'y prend. Moi, je me retrouve généralement étendue sur le sol de sa chambre, bavardant à voix basse avec elle pendant que les poissons rouges de sa lampe de chevet tournante nagent en rond sur les murs et le plafond.

« Tu n'es pas fatiguée, Victory ?

— Non, maman, pas du tout », affirme-t-elle, avant de s'endormir quelques minutes plus tard.

Le problème, c'est que j'adore ces moments. Cela ne me dérange pas de rester près d'elle jusqu'à ce qu'elle s'assoupisse, et elle le sait très bien. Je la berçais dans mes bras pour l'endormir quand elle était bébé. On vous conseille de ne pas le faire, on affirme que, si vous commencez ainsi, vous n'en finirez jamais, qu'ils n'apprendront jamais à se consoler eux-mêmes. Mais je me dis qu'un jour viendra où je regretterai ces instants. Je me dis que si vous ne pouvez pas accorder une demi-heure à votre fille quand elle s'endort, si vous pensez qu'il vaut mieux qu'elle pleure toute seule dans son lit afin d'affirmer votre autorité parentale, alors peut-être est-il préférable de ne pas avoir d'enfants. Voilà à quoi je pense quand j'entends soudain :

« *Ophelia.* »

Surprise, je m'immobilise et me retourne vivement, mais la plage est déserte. Ce mot, mon nom, me transperce. Je scrute l'obscurité. Les herbes et les oyats bruissent doucement sous la caresse du vent, exactement comme dans mon rêve. Il n'y a personne, ni devant moi, ni derrière. Mon cœur bat la chamade. C'était une voix d'homme, très basse, qui ressemblait davantage à un grognement. Je prends une profonde inspiration et me mets à courir.

« Ophelia. » Je m'arrête et me retourne encore. À part mon père, l'autre jour, au téléphone, personne ne m'a appelée par mon vrai nom depuis des années. Drew lui-même l'a utilisé de façon distanciée, comme s'il parlait de quelqu'un disparu depuis longtemps. Personne, dans ma vie actuelle, n'en a jamais eu connaissance.

C'est alors que je la vois, la forme haute et massive d'un homme se dressant dans les herbes. Je ne distingue ni ses traits ni la couleur de son blouson. Ce n'est qu'une ombre noire émergeant de l'obscurité, comme un panache de fumée. Nous demeurons ainsi face à face pendant un moment. Le monde entier semble sur le point de basculer dans l'horreur.

Mon esprit tente désespérément d'appréhender la situation. Est-ce réel ? S'agit-il d'un nouveau rêve ?

Ou de cette terrible zone floue entre le vrai et l'imaginaire ?

Je décide d'analyser cela plus tard et me mets à courir de toutes mes forces vers la maison. Je ne tourne même pas la tête pour voir s'il me poursuit. Je ne pense qu'à une chose : rentrer chez moi, près de Victory.

Les poumons en feu, je gravis la passerelle de bois menant à la maison et pousse la barrière. Là, je m'arrête et j'aperçois fugitivement au loin la forme noire avançant silencieusement vers moi. Sa démarche ne trahit pas la moindre hâte.

« *Ophelia* », murmure le vent. Le mot semble venir de nulle part. Arrivée à la porte de derrière, je manie fébrilement mes clés, mes gestes sont rendus maladroits par l'affolement. Je regarde en arrière, mais je ne le vois pas. Quand je réussis enfin à ouvrir la porte, je la referme précipitamment et tire le verrou, puis j'active le système d'alarme de mes doigts tremblants. Je songe à baisser les volets anti-ouragans quand Esperanza apparaît derrière moi. Je me tourne vers elle.

« Madame Annie ! Que se passe-t-il ? » demande-t-elle, affolée ; elle a dû entendre la porte claquer. Elle referme sa robe de chambre sur son pyjama, me regarde, puis jette un coup d'œil par le carreau de la porte.

« Il y avait quelqu'un dehors. Sur la plage », dis-je dans un murmure. J'éteins les lumières et scrute l'obscurité à travers la vitre. Esperanza m'observe, avec une expression qui se situe quelque part entre la pitié et la peur.

« Madame Annie, reprend-elle d'une voix circonspecte, vous en êtes sûre ?

— Oui, Esperanza, j'en suis sûre. » À présent, toutefois, dans la sécurité de ma maison, je commence à avoir des doutes. Tout s'estompe déjà, comme si rien n'était arrivé. La vérité, c'est que je ne *peux pas* en être sûre. Mes expériences passées m'ont appris à me méfier de mes impressions.

Elle regarde de nouveau par la fenêtre et écarquille les yeux. Puis elle recule et me dévisage d'un air incrédule. « Il y a quelqu'un. »

J'aperçois la forme, immobile au bout de la passerelle. Une vague de terreur me submerge, mais je suis en même temps étrangement soulagée de constater que ce n'est pas mon esprit qui me joue des tours une fois de plus.

« Est-ce que tout est bien fermé ? » D'un seul coup, j'ai retrouvé mon sang-froid, je sais ce qu'il convient de faire. Les verrous et les systèmes d'alarme suffisent à écarter le danger physique… du moins pendant quelque temps.

Elle hoche vigoureusement la tête, sans cesser de fixer la silhouette.

« Vous en êtes sûre ? »

Elle acquiesce de nouveau, puis déclare : « Je vais vérifier. » Elle s'éclipse rapidement et je l'entends tirer sur les poignées des portes et des fenêtres. Je me rends dans la cuisine, en continuant à observer la forme par la fenêtre, décroche le téléphone et compose le numéro de Drew, tandis que les battements précipités de mon cœur résonnent dans mes oreilles. Je lui raconte ce qui s'est passé.

« Il est toujours là ?

— Oui. Et Esperanza l'a vu, elle aussi. » Je me sens obligée d'ajouter cette information, pour rendre les faits plus crédibles.

« N'appelez pas la police. J'arrive tout de suite. »

Je raccroche et reste à mon poste d'observation.

Esperanza revient, brandissant son portable. « J'ai prévenu la police », m'informe-t-elle. Mon cœur se serre. J'ai envie de lui dire qu'elle n'aurait pas dû le faire, mais ça lui paraîtrait suspect. Je vais devoir jouer le jeu.

Je reporte mon regard vers notre visiteur. Il est parfaitement immobile. Il émane de lui une impression de calme – celui d'un prédateur tellement sûr de capturer sa proie qu'il ne voit aucune raison de s'exciter. Quand j'entends au loin le hurlement des sirènes, il semble s'enfoncer d'un coup dans l'obscurité dont il a surgi et disparaît.

Ce soir, c'est le cinquième anniversaire de sa mort présumée. Mon psy a raison : même si je ne me rappelle rien de cette nuit-là, quelque chose que je garde enfoui dans ma mémoire revient à la surface avec la même régularité que les saisons. Je suis habitée à la fois par une terrible peur et une immense nostalgie. J'ai déjà connu cela, c'est vrai. Mais jamais avec autant d'intensité.

Les dépressifs, au sens clinique du terme, et les malades mentaux se livrent à une petite danse, une sorte de pas de deux avec leurs médicaments. J'ai besoin d'eux, je n'ai pas vraiment besoin d'eux. J'ai besoin d'eux, je n'ai pas vraiment besoin d'eux. Cha-cha-cha. Quand vous en avez pris pendant un certain temps et que les substances chimiques dans votre cerveau se sont plus ou moins normalisées, vous lisez un article sur les dangers de l'utilisation prolongée du médicament qu'on vous a prescrit, ou bien vous commencez à vous dire que toutes ces fois où vous n'avez pas réussi à sortir du lit, trois semaines d'affilée, n'étaient dues qu'à un manque d'autodiscipline. Vous vous persuadez que vous n'êtes pas aussi créatif, aussi productif, aussi vif d'esprit que lorsque vous n'en prenez pas. Alors, vous sautez une prise, puis deux. Et avant même de vous en être rendu compte, vous avez complètement arrêté de les prendre. Une fois de plus.

Bien entendu, certaines personnes n'ont pas vraiment besoin d'être continuellement sous médication. Peut-être ont-elles pris quelque chose pour les aider à traverser une mauvaise passe – la mort d'un être cher, un divorce, ou même une petite dépression. Ou bien un médecin irresponsable leur a conseillé un antidépresseur pour un mal-être dont elles auraient pu se débarrasser en posant un regard lucide sur leur existence. Quand des personnes comme celles-là choisissent de ne plus prendre le médicament qu'on leur a prescrit, ce n'est pas très grave. Mais pour d'autres, c'est tout le contraire. Je suppose que je ne sais pas très bien à quelle catégorie j'appartiens. Je sais une chose, toutefois : si Esperanza n'avait pas vu l'homme elle aussi, je n'aurais aucun moyen d'être certaine qu'il était réellement là.

Au cours de ma vie, j'ai traversé des phases pendant lesquelles, à cause de traumatismes violents et cumulés, je me suis dissociée de la réalité et j'ai disparu, au sens figuré comme au sens littéral. J'ai vu un certain nombre de médecins et fait l'objet d'autant de diagnostics différents sur ces « crises » que l'un qualifiait de fugues dissociatives, l'autre d'épisodes psychotiques aigus. Un des spécialistes était convaincu que j'étais atteinte de troubles bipolaires. Tous ces diagnostics se contredisaient, et aucun d'eux ne correspondait tout à fait à la nature de *mes* crises, si bien que j'ignore toujours ce qui ne va pas chez moi sur le plan clinique.

J'ai eu des rêves qui ressemblaient à la réalité et expérimenté des réalités qui auraient pu être des rêves. Je me suis retrouvée dans des bus en partance vers des destinations inconnues, sur des bancs publics dans des villes que je ne connaissais pas, sans avoir la moindre idée de la façon dont j'étais arrivée là. J'ai perdu d'énormes pans de ma vie ; il y a dans ma mémoire des trous noirs et béants qui ont englouti des mois entiers, et même des années entières. Je n'ai pas connu d'épisodes de cette sorte depuis la naissance de Victory, mais je sais qu'ils guettent toujours à la lisière de mon existence, tels des vautours tournoyant au-dessus d'un coyote estropié dans le désert.

Je regarde les flics sur la plage, qui, torche électrique en main, cherchent l'homme qui m'a suivie jusqu'à la maison, ou sa trace. Je suis assise sur le canapé, Victory sur mes genoux. Elle s'est recroquevillée en boule, à demi assoupie à présent, après avoir été réveillée par les sirènes et l'arrivée des hommes, et elle tète l'oreille de son chien en peluche. Je la serre contre moi ; elle est mon point d'ancrage à ce monde. Ella, assise sur l'autre canapé, se ronge la cuticule du pouce, l'air anxieux.

« Je n'arrive pas à le croire, murmure-t-elle d'un ton absent. Tu as l'air si calme. »

L'appel d'Esperanza a déclenché la venue de trois voitures de patrouille hurlantes et de deux policiers en civil – et attiré l'attention de tous les voisins. C'est une petite ville tranquille, où il ne se passe habituellement pas grand-chose, et tout le monde tenait donc à profiter des réjouissances. La plupart des voisins avaient téléphoné ou étaient passés pour demander si j'allais bien. Ella avait laissé son mari s'occuper des derniers invités qui s'attardaient chez elle pour accourir à mes côtés.

« Ce n'était sans doute rien, dis-je d'un ton léger. Un vagabond, quelqu'un de ce genre. »

Drew, installé dans un fauteuil près de la fenêtre, me lance un regard en coin. Il est tendu et le dissimule mal, ses articulations blanchies se crispent sur le bras du fauteuil. Vivian se tient debout derrière lui et fixe l'obscurité, le front plissé d'inquiétude.

« Je vous avais dit de ne pas appeler les flics », m'a-t-il chuchoté d'une voix âpre à son arrivée, en me prenant dans ses bras pour faire croire qu'il m'embrassait. Il empestait le cigare. « À quoi pensiez-vous donc ?

— C'est Esperanza qui les a prévenus.

— Je vous avais pourtant recommandé, à Gray et à vous, d'embaucher une immigrée clandestine. Ces gens-là, au moins, ne risquent pas d'appeler la police. »

Il m'a lâchée en me lançant un regard désapprobateur, et je me suis rappelé à quel point je le détestais. Drew est pareil à une montagne, aussi froid et lointain que le sommet de l'Everest, et à peu près aussi accessible. Même si l'on arrivait à l'atteindre, on aurait envie de repartir aussitôt.

« Annie, dit Ella en me regardant d'un air grave, quelqu'un t'a suivie jusqu'ici. Ce n'est pas rien. »

L'un des policiers en civil rentre par la porte qui donne sur la piscine. Je lui ai déjà expliqué que je n'avais pas pu identifier l'homme, que je n'avais jamais été suivie auparavant, à ma connaissance, et que je n'avais pas de problèmes avec un amant, un ex-petit ami ou un harceleur quelconque. Bien sûr, j'ai effectivement des problèmes – mais il m'est impossible de lui en faire part.

« Pour être franc, madame Powers, nous ne pouvons pas faire grand-chose », dit-il en refermant la porte derrière lui. Je m'aperçois qu'il me plaît, sans bien savoir pourquoi. Il a l'air calme, il m'apparaît comme quelqu'un de prudent, attentif et lent à réagir.

« J'ai bien vu des traces de pas sur la plage, et une autre série de pas plus petits allant jusqu'à votre porte. Les vôtres, je présume. Les autres s'arrêtent à la limite de votre terrain. Techniquement, celui qui vous a suivi n'a pas pénétré sur votre propriété. Et même s'il l'avait fait, ce ne serait pas une raison suffisante pour prendre des moulages et chercher à l'identifier en interrogeant tous les chausseurs de la ville, sauf si…

— Sauf s'il m'avait tuée. » Je complète sa phrase, en sentant le regard de Drew fixé sur moi. Voilà qui l'aurait sans doute vraiment réjoui, lui.

Le flic s'éclaircit la gorge et passe une main bronzée dans ses cheveux poivre et sel.

« C'est exact. À vrai dire, je ne serais même pas ici s'il ne s'était pas produit une série d'effractions au cours des dernières semaines. En temps ordinaire, les agents seraient simplement venus prendre votre déposition.

— Génial, déclare Ella d'un ton mordant. Tout simplement génial. » Elle possède une conscience aiguë de ce qui lui est dû, comme toutes les personnes riches et privilégiées. Mais chez elle, ce n'est pas de l'arrogance, juste de la naïveté. « Si vous croyez que cela va l'aider à dormir tranquille… »

Je la regarde, en me retenant de lui dire que je ne dors plus depuis des années.

« Cette maison est équipée d'un excellent système d'alarme, rétorque-t-il. Veillez à toujours fermer les portes à clé. Peut-être pourriez-vous envisager d'acheter un chien…

— Un chien ? s'exclame Ella. C'est tout ce que vous avez à lui conseiller ? »

Je lance au flic un regard d'excuse.

Drew garde le silence. Vivian vient s'asseoir près de moi, pose une main sur ma jambe. Je cherche sur son visage des signes de blâme, de réprobation, mais je ne lis que de la compassion et de l'anxiété. Ainsi que l'ombre de quelque chose que je n'arrive pas tout à fait à définir.

« Madame Powers », reprend le policier. Tout le monde me regarde. Il a posé une question que je n'ai pas entendue, perdue comme je l'étais dans mes pensées. « En êtes-vous certaine ?

— Excusez-moi, dis-je, en me frottant l'arête du nez de ma main libre. Certaine de quoi ? »

Une pause. « Que vous n'avez aucune idée de qui aurait pu avoir une raison de vous suivre.

— Oui, bien sûr. »

Son expression montre clairement qu'il ne me croit pas. Il a flairé quelque chose ; son regard se tourne vers Drew avant de revenir vers moi. Je sens mes épaules se raidir tant l'atmosphère est tendue.

« C'est bon, décrète Ella en se levant. Elle vous dit qu'elle en est sûre. Si vous ne pouvez rien faire de plus, vous n'avez qu'à la laisser tranquille. Elle a besoin de se reposer. »

Je concentre mon attention sur Victory, qui, malgré le bruit des conversations, s'est endormie entre mes bras. J'écoute sa respiration profonde et paisible.

Le policier dépose une carte sur la table basse, avec un nouveau regard en direction de Drew. « Si vous avez besoin de quoi que ce soit, madame Powers, appelez-moi. Je suis de permanence toute la nuit.

— Merci, dis-je. Vous m'avez été d'un grand secours. Réellement. »

Il me contemple d'un air incertain. Si ma remarque lui a semblé sarcastique, ce n'était pas intentionnel.

Après le départ des policiers, je mets ma fille au lit et persuade Ella de rentrer chez elle.

« As-tu appelé Gray ? me demande-t-elle, pendant que nous attendons sur le perron que son mari vienne la chercher.

— Oui, fais-je en mentant.

— Est-ce qu'il va revenir ?

— Il va essayer », dis-je en haussant les épaules.

Visiblement, cette réponse ne lui plaît guère, mais elle se garde de tout commentaire. Elle me prend dans ses bras et me serre très fort. « S'il y a quoi que ce soit, tu m'appelles. Je parle sérieusement. Quoi que ce soit.

— Promis. »

Je la regarde descendre majestueusement l'escalier pendant que son mari se gare. Il me salue sans sortir de sa voiture ; il garde toujours ses distances avec moi et me jette des regards bizarres. Il n'a pas l'air de m'aimer beaucoup, je ne sais pas pourquoi. Peut-être parce qu'il me sent sur la réserve, moi aussi, et qu'il se méfie. J'ai beau faire de mon mieux pour m'intégrer, je n'y arrive pas.

J'essaie de convaincre Drew de retourner chez lui, sans succès. Vivian va rentrer, mais lui a l'intention de dormir sur le canapé jusqu'au matin. Il se fiche pas mal de moi ; c'est pour Victory qu'il s'inquiète. Je suis sûre qu'ils tenteraient de l'emmener avec eux, s'il y avait une chance que je les laisse faire.

« Ce n'est pas nécessaire, Drew. » C'est comme si je m'adressais à une gargouille.

« Cela lui fait plaisir, m'assure Vivian en passant son sac sur son épaule. Ça lui donne une occupation, à ce vieux chien de garde. À moins que vous ne vouliez venir chez nous, toi, Victory et Esperanza ?

— Non, ça ira », dis-je. Elle me prend dans ses bras.

« Ne t'en fais pas pour Drew, chuchote-t-elle. Il a de l'affection pour toi, malgré les apparences. Beaucoup plus que tu ne crois. »

Je hoche la tête, en me demandant à quoi peut bien servir pareille affection. Elle s'en va, et je reste devant la porte pendant un bref instant, la main sur la poignée. Je sens sur moi le regard de Drew.

« Nous risquons de nous retrouver dans un sacré merdier. »

Je me retourne face à lui. D'ici, je ne distingue qu'une silhouette sombre et massive, je ne vois pas ses traits.

« Croyez-vous que c'était lui, Drew ? » La maison exhale un soupir quand le climatiseur se remet en marche, et je sens un souffle froid dans mon cou.

« Il est mort. Vous le savez bien, réplique Drew en croisant les bras sur son torse.

— Alors, qui était-ce ? Qui connaît ce nom ?

— Quelqu'un qui s'amuse avec vous, ma petite. Nous ne tarderons pas à le savoir, ne vous inquiétez pas. » Ses paroles sont bienveillantes, son ton, nettement moins. Il ne se rapproche pas de moi, ne s'avance pas dans la lumière.

« Entendu, dis-je.
— Allez dormir un peu. »

Dans la pénombre de ma chambre, je m'accroupis et passe la main dans le trou du sommier. Je fouille à tâtons jusqu'à ce que j'aie trouvé ce que je cherche : un petit écrin de velours. Je l'ouvre. À l'intérieur, il y a une chaîne en or, avec un pendentif représentant la moitié d'un cœur.

Il y a d'autres objets plus utiles dans ma cachette : un Glock 9 mm et des munitions, un passeport canadien avec ma photo et le nom d'une autre, vingt mille dollars en espèces – quatre liasses bien nettes, de cinq mille chacune. Il y a aussi un petit carnet noir renfermant des renseignements vitaux, dont le numéro et le code d'accès d'un compte en banque sur lequel j'ai déposé pas mal d'argent, ainsi que le nom et les coordonnées d'un homme qui m'a promis, il y a bien longtemps de cela, de m'aider à disparaître – pour de bon, si nécessaire.

10

Le jour n'est pas encore levé quand j'entends Gray au rez-de-chaussée. J'ai passé la nuit à monter la garde, postée devant ma fenêtre à observer la plage, attendant de voir la forme se dresser de nouveau dans les hautes herbes. Mais rien de tel ne s'est produit. Deux amoureux ont pris un bain de minuit avant de se peloter sur le sable et de remonter lentement le rivage, tendrement enlacés. Quelqu'un, un jeune homme ou une femme à la silhouette androgyne, je ne saurais le dire, a fait son jogging à quatre heures du matin. Je l'ai vu passer à petites foulées devant la maison et repasser vingt minutes après. Je suppose que cela devrait me faire plaisir, me procurer un certain soulagement. Mais, d'une certaine façon, je suis déçue par la trivialité de ces menus événements.

J'écoute le murmure de la conversation entre Gray et son père. J'imagine Drew l'informant des événements d'hier soir, j'imagine son ton supérieur, sa manière légèrement condescendante de rouler les yeux. Puis j'entends Gray monter les marches quatre à quatre. Il ralentit et ouvre la porte sans bruit, pensant me trouver endormie.

« Que s'est-il passé ? » demande-t-il en me découvrant assise dans le fauteuil. Sa vue suscite en moi autant de colère que de soulagement. Quelque chose dans son aspect – ou peut-être est-ce simplement à cause de ce qui est arrivé cette nuit ou parce que cet effroyable anniversaire coïncide également avec celui de notre rencontre – me rappelle la première fois que je l'ai aperçu.

« Il est revenu me chercher. » Je ne suis pas sûre de croire vraiment à ce que je viens de dire ; je lance ces mots en l'air comme un ballon d'essai. Il entre dans la pièce, referme la porte derrière lui, et allume la lumière. J'entends la porte d'entrée s'ouvrir et se refermer. Le 4 × 4 de Drew fait rugir son moteur dans l'allée, avant de s'éloigner.

« Annie, murmure-t-il tout bas.

— C'est différent, cette fois-ci. Je ne peux pas t'expliquer en quoi, mais c'est différent. »

Il s'assied sur le lit. Je vois une meurtrissure violette sous son œil droit. Sa lèvre inférieure est fendue et enflée. Il n'a pas besoin de nouvelles cicatrices : son corps entier n'est qu'un champ de bataille, couvert de blessures jamais tout à fait cicatrisées. En cela, nous nous ressemblons, même si ma peau ne porte pas de traces. C'est ma psyché qui est un champ de bataille.

Je lui raconte ce qui s'est passé sur la plage. Il écoute, les yeux fixés sur moi. Je n'arrive pas à déchiffrer son expression. Il tapote du pied sur le sol, comme chaque fois qu'il est stressé ou qu'il essaie de résoudre un problème. Quand j'ai fini, il reste un instant silencieux, comme s'il cherchait ses mots. Puis il me pose quelques questions : Ai-je vu son visage ? Comment était-il vêtu ? Y avait-il beaucoup de vent ?

« Drew t'a-t-il parlé du coup de fil de mon père ? » dis-je quand il se lève pour se diriger vers les portes-fenêtres ouvrant sur le balcon. Il regarde la plage ; les nuages se sont dissipés et le rivage est baigné par la lueur argentée et diaphane de la lune.

Il acquiesce. « C'est peut-être ce qui t'a mise dans un tel état, Annie. Ce qui rend ça différent des autres fois. » Il me tend la main, et je le rejoins.

« Regarde cette lumière ! reprend-il en tendant le doigt. Regarde ce couple qui se promène. »

Je vois une jeune fille en jean et sweater, tenant par la main un jeune homme grand et maigre. Ils déambulent lentement, en balançant les bras.

« Avec une lumière pareille, tu aurais dû le voir nettement.

— Il y avait *vraiment* quelqu'un. Esperanza l'a vu. La police a trouvé des traces de pas.

— Il y avait quelqu'un, je n'en doute pas. Mais ce n'était pas Marlowe Geary. » Il se retourne, me caresse le visage. « Se peut-il que tu aies vu quelqu'un, que tu aies pris peur et que ton imagination ait fait le reste ? »

Je ne réponds pas tout de suite. Puis je dis : « Il m'a appelée Ophelia. »

Il s'éloigne de moi, s'étend sur le lit en soupirant lourdement. Je reste près de la porte-fenêtre et je l'observe.

Gray n'est pas un bel homme au sens classique du terme. Mais il y a dans son maintien quelque chose qui fait que les filles oublient son aspect peu engageant. Il est mon aîné de douze ans. Il s'enferme parfois dans le mutisme comme dans une carapace que l'on hésite à briser. Je n'avais aucune raison de tomber amoureuse de lui. En fait, notre relation a débuté sous des auspices peu favorables. La première fois que je l'ai vu, il m'a passé les menottes avant de me jeter à l'arrière de sa voiture. Il ne savait pas très bien quoi faire de moi, et il ne pouvait pas me laisser comme il m'avait trouvée, c'est du moins ce qu'il m'a expliqué plus tard. J'étais une gamine complètement paumée, presque morte de faim et à moitié folle de peur et de chagrin. N'importe qui d'autre, à sa place, m'aurait laissée me débrouiller seule. Il aurait pu me livrer à la police ou me déposer dans un hôpital. Mais il ne l'a pas fait.

« Je t'ai aimée avant même de savoir que je t'aimais, m'a-t-il avoué un jour.

— Alors, pourquoi me menotter ?

— Je t'aimais, mais je ne te faisais pas confiance. On ne peut pas faire confiance à un chien battu. Pas avant que *lui* ait appris à vous faire confiance.

— La comparaison n'est pas très flatteuse. » Mais je présume que c'est effectivement ce que j'étais à l'époque – un chien tellement maltraité que j'aurais été incapable de distinguer une main qui se lève pour frapper d'une autre qui se lève pour caresser.

Pour atténuer la dureté de ses paroles, il se mit à m'effleurer doucement la nuque, de cette façon qui n'appartient qu'à lui, sa main descendant le long de mon menton avant de se poser sur ma joue. « Pardon. »

Nous n'avions aucune raison de nous mettre ensemble et toutes de ne plus jamais nous revoir, après qu'il m'eut procuré l'aide dont j'avais besoin, puis fait disparaître Ophelia complètement. Je suis tombée amoureuse de lui parce qu'il était la seule personne honnête que j'aie jamais connue. Mon tout premier refuge. Parce qu'il venait me voir chaque jour, même quand je ne pouvais ou ne voulais pas lui parler, même quand je l'injuriais et le maudissais et le jetais dehors. Il revenait toujours.

J'essaie de me souvenir de tout cela en regardant sa poitrine se soulever et s'abaisser. Je me rassieds dans le fauteuil. Au bout d'une minute, je me demande s'il s'est assoupi. Parfois il est tellement épuisé, au retour de ses expéditions, qu'il s'endort pendant que nous nous disputons ou que nous faisons l'amour. Je m'efforce de ne pas me sentir vexée.

« Annie », dit-il enfin dans un soupir. Il se lève et vient s'agenouiller près de moi. Il prend mes mains dans les siennes et les porte brièvement à ses lèvres. « Quoi qu'il se soit passé, je te le jure, Marlowe Geary est mort. »

Au cours des dernières heures, pendant que je montais la garde, j'ai fini par me persuader que Marlowe n'était pas mort cette nuit-là, que Gray m'avait menti pendant toutes ces années. J'ai envisagé au moins cinq manières dont il aurait pu survivre. Mon imagination tordue m'a prise dans sa toile, et j'étais fermement convaincue de détenir la vérité. Mais la présence de Gray m'oblige à revenir sur terre, et je suis à présent plus encline à croire que mon esprit me joue des tours, une fois de plus. Peut-être Drew a-t-il raison ; ou bien quelqu'un connaît mes secrets et essaie de me faire peur. Ou alors, comme Gray semble le penser, ce n'était qu'un inconnu se promenant sur la plage, et j'ai imaginé le reste.

« D'accord ? » reprend-il devant mon silence. Je lève une main vers son visage, effleure le coquard sous son œil, passe le bout d'un doigt sur sa lèvre fendue. De profondes rides encadrent sa bouche mais, bizarrement, elles ne lui donnent pas l'air vieux, seulement farouche et sage. Je l'aime, je l'aime sincèrement. Et je sais qu'il m'aime. Je le lis dans les profondeurs orageuses de ses yeux. Mon tout premier refuge.

« Il m'a appelée Ophelia, dis-je pour la seconde fois.

— Tu en es sûre ? »

Je n'en suis plus si sûre à présent. J'étais perdue dans mes pensées, à ce moment-là. Et il y avait effectivement beaucoup de vent. Peut-être devrais-je reprendre mon traitement, supporter ce brouillard chimique qui recouvre alors ma vie, cette léthargie mentale. Au moins, je saurais ce qui est réel ou pas, et ce serait déjà ça, non ?

« Je ne sais pas, finis-je par reconnaître.

— Nous allons tirer cela au clair, dit-il. Nous découvrirons qui est allé voir ton père, qui se trouvait sur la plage. En attendant, ne fais pas de bêtises », ajoute-t-il en tapotant le matelas.

Je le regarde sans comprendre.

« Tu crois que je ne sais pas ce que tu caches sous le lit, Annie ? »

Submergée de honte, je reste muette.

« Je sais que cela te donne un sentiment de sécurité. Je comprends. Mais garde ton sang-froid. »

Je me laisse glisser au sol près de lui, et il m'enveloppe dans son étreinte. Je veux éprouver de nouveau le bonheur d'être dans ses bras, pour m'en souvenir quand je ne serai plus là.

11

« Je sais ce que vous fabriquez, tous les deux », déclara ma mère d'un ton hargneux. Elle m'avait coincée dans la salle de bains et avait surgi derrière moi, collant sa bouche contre mon oreille. « Je vois bien la façon dont vous vous regardez. »

Il y avait du venin dans sa voix, celui de la jalousie. Je connaissais déjà cette facette de sa personnalité.

« Je ne sais pas de quoi tu parles », répondis-je en examinant mes dents dans le miroir du lavabo sans la regarder. Elle me saisit par le bras et m'attira à elle.

« C'est pratiquement de l'inceste, dit-elle, son souffle brûlant contre mon oreille. Il sera bientôt ton demi-frère. »

Ma mère et Frank projetaient de se marier à la prison. Une idée que je trouvais répugnante et qui me rendait malade. Elle me serrait le bras si fort que j'en avais les larmes aux yeux. Mais j'aurais préféré qu'elle le déboîte plutôt que de pleurer devant elle. Je battis des paupières avec force et me tournai vers elle.

« Je ne sais pas de quoi tu parles », répétai-je.

Ses yeux étaient deux points noirs et furieux. Quand elle était en colère, son joli visage se transformait en un masque hideux, avec ses dents jaunes dénudées, son front tout plissé. Je sentais l'odeur de café sur son haleine, celle de la Javel sur son uniforme de serveuse.

« Je ne laisserai pas ma fille se conduire comme une putain », dit-elle.

Déjà, à cette époque, je savais qu'elle ne se souciait pas de ma chasteté ou de ma moralité. Elle n'avait pas peur de voir sa fille de seize ans s'amouracher de quelqu'un qui avait manifestement de gros problèmes. Non, ce qu'elle ne supportait pas, c'était qu'on m'accorde plus d'attention qu'à elle. Cela lui donnait l'impression d'être vieille.

Je me forçai à conserver une expression neutre et à demeurer inerte sous sa poigne, tandis qu'elle me débitait des passages de la Bible. Elle ne les citait jamais de manière tout à fait exacte et finissait généralement par s'interrompre au beau milieu d'une phrase, avec l'air d'une parfaite idiote. Comme je restais sans réaction, elle me lâcha d'un air dégoûté et sortit de la pièce.

« Tu récolteras ce que tu as semé, fillette », me lança-t-elle d'une voix forte avant de s'éloigner. Je l'entendis remuer des objets avec fracas et finalement s'en aller en claquant la porte – trop mince pour faire beaucoup de bruit.

Nous récoltons tous ce que nous avons semé, pas vrai ?

J'étais mûre, il n'avait plus qu'à me cueillir. Il y avait en moi tellement de vides qu'il pouvait combler ! C'est un miracle que je n'aie pas disparu complètement.

« Elle est jalouse, Ophelia », déclara Marlowe, surgissant derrière moi. Comme j'aimais sa façon de prononcer mon prénom ! J'étais passée par différentes phases, détestant et aimant tour à tour ce prénom, le haïssant de nouveau quand on nous fit étudier *Hamlet*, pendant le cours facultatif de littérature. Dans la bouche de Marlowe, il reprenait vie. *O-feeel-ya*. Le *O*, bref et net, le *e* étiré voluptueusement, comme s'il le caressait avec la langue, et la dernière syllabe, douce et légère comme un soupir.

Je vis son visage à côté du mien dans le miroir. Il me massa les épaules puis me prit dans ses bras. Je cachai mes yeux derrière mes mains. Je n'ai jamais permis à personne de me voir pleurer ; je ne supporte pas de me sentir aussi vulnérable.

« Je la déteste », dis-je. Je le pensais vraiment, mais au sens où toutes les adolescentes détestent leur mère, rien de plus.

Quand je relevai les yeux, il continuait à me fixer dans le miroir, avec un sourire en coin. Je me rendis compte que la colère que je manifestais contre ma mère lui faisait plaisir, et cela me consola.

« Je voudrais qu'elle meure », ajoutai-je d'un ton forcé et qui sonnait faux à mes propres oreilles. Mais son sourire s'élargit, et son air approbateur me remplit de joie.

Quand la fureur de l'adolescence est contenue par des règles et des limites, endiguée par une présence parentale ferme et rassurante, elle s'embrase mais s'éteint vite. Quand on lui laisse libre cours, elle transforme tout en cendres.

Quelques jours après son sermon dans la salle de bains, ma mère m'obligea à l'accompagner pour choisir sa robe de mariée. Nous avons pris le bus jusqu'à un petit centre commercial en bordure d'autoroute et inspecté des rangées de robes d'occasion toutes plus ou moins abîmées – l'une présentant une tache de vin rouge, l'autre un ourlet déchiré. Elle était douce et de bonne humeur ce jour-là, excitée comme une gamine. Si elle se rappelait que, quelques jours seulement auparavant, elle m'avait meurtri le bras et traitée de putain en m'accusant de coucher avec mon futur demi-frère, elle n'en laissait rien paraître. Elle voulait être heureuse, ce jour-là ; elle ne voulait pas penser à moi.

Que penses-tu de celle-ci, Ophelia ? Oh, regarde ! Frank adorerait celle-là.

Assise dans la cabine d'essayage miteuse, je la regardai tournoyer devant le miroir, perdue dans ses fantasmes, fermement convaincue qu'une vie nouvelle s'ouvrait devant elle. Le temps l'avait marquée, mais elle était encore belle. Ses cheveux avaient perdu le brillant de la jeunesse, et sa peau semblait sèche comme du papier, avec des rides autour des yeux et de la bouche. Mais elle possédait cette beauté authentique qui ne s'efface pas avec l'âge. En la regardant, ce jour-là, je me disais qu'elle aurait pu avoir tous les hommes qu'elle voulait, autrefois, qu'elle aurait pu devenir tout ce qu'elle voulait. Au lieu de quoi, elle était devenue *ça* – cette femme désespérée dans une robe de mariée d'occasion se préparant à épouser un homme condamné pour meurtre. À croire que, avant sa naissance, Dieu lui avait accroché au cou une pancarte portant l'inscription : FLANQUEZ-MOI DES COUPS DE PIED, et que tous ceux qu'elle croisait s'empressaient de lui rendre ce service.

« Tu es obligée de me regarder comme ça ? » me demanda-t-elle.

Sortant de ma transe, je m'aperçus dans le miroir, affalée sur mon siège, la mine boudeuse et le regard noir.

« Maman, dis-je en me redressant, est-ce que tu vas vraiment faire ça ? »

Elle s'approcha de moi et s'assit dans la chaise voisine, en se massant le front d'une main.

« Pourquoi tu ne peux pas te réjouir pour moi, Ophelia ? murmura-t-elle. Tout ce que je veux, c'est que nous ayons une vie normale, tu vois ? Nous le méritons, non ? »

Elle se pencha pour prendre un mouchoir en papier dans son sac et essuya des larmes que je n'avais pas vues.

« Maman », soupirai-je. Elle avait l'air si lasse, si triste…

« S'il te plaît, Ophelia, reprit-elle, laissant tomber le mouchoir sur ses genoux pour s'emparer de mes mains, s'il te plaît. Je l'aime. »

Elle l'aimait. Quelle tristesse. Frank Edward Geary, son amoureux du couloir de la mort, avait été condamné pour le viol et le meurtre de trois femmes, dans le centre de la Floride, entre mars 1979 et août 1981. Il était également soupçonné de plusieurs autres meurtres, mais il n'existait pas de preuves permettant de les lui imputer. Ses victimes étaient toutes blondes et jolies, menues, avec des traits fins. Il y avait en elles quelque chose de fragile et l'on avait l'impression que, en les regardant de près, on les verrait trembler comme des chihuahuas. Toutes présentaient une ressemblance saisissante avec ma mère.

« Que lui avez-vous dit ? » me demanda mon psy d'un ton encourageant, même si nous étions déjà passés par là des dizaines de fois. C'était un autre de ces moments qui passaient en boucle dans mon esprit. Un autre de ces jalons sur la voie menant au point de non-retour.

« Je lui ai dit que j'étais heureuse pour elle. Que j'essaierais d'être plus optimiste.

— Mais ce n'était pas ce que vous ressentiez.

— Non, acquiesçai-je avec force. Pas du tout.

— Alors, pourquoi lui avoir dit cela ?

— Je n'en sais rien. »

Il abaissa les yeux sur ses mains. Ce n'était pas une réponse acceptable, dans son cabinet. *Je ne suis pas prête à en discuter*, ou *J'ai besoin d'y réfléchir*, ça, ça pouvait aller. *Je n'en sais rien* n'était qu'une manière de se défiler.

Au bout d'une minute, je repris : « Je souhaitais vraiment qu'elle soit heureuse. Et je ne voulais pas qu'elle se remette à délirer sur la nouvelle preuve qui allait permettre de le disculper, à proclamer que Dieu ne laisserait pas un innocent mourir pour des crimes qu'il n'avait pas commis. Je ne voulais pas l'entendre parler des prières qu'elle récitait, du détective privé qu'elle avait embauché, alors que nous mangions des sandwiches à la bolognaise et des restes qu'elle rapportait en douce du restaurant. Je suppose que, juste pour un après-midi, j'avais envie de partager son fantasme. Seigneur… Peut-être voulais-je être heureuse, moi aussi. »

Il laissa passer un silence, laissa ces mots flotter tout autour de la pièce pour revenir enfin à mes oreilles.

« C'est bien, Annie, dit-il. C'est vraiment bien. »

Je me réveille, l'écho des paroles de mon psy résonne encore dans ma tête. Ces derniers temps, je rêve de mes séances avec lui, un bizarre mélange d'événements de mon passé et d'entretiens que j'ai eus avec lui. Je ne sais pas trop pourquoi ; sans doute dirait-il que mon inconscient fait des heures supplémentaires.

Gray repose à mon côté. Il va dormir ainsi jusqu'en milieu de journée, tellement il est exténué. Impossible de dire quand il a dormi dans un lit pour la dernière fois, ou dormi tout court. J'enfile un jean et un sweat-shirt et me faufile silencieusement dans le couloir. Je sais que ma fille est réveillée, bien qu'elle ne fasse aucun bruit. Elle attend toujours ma venue, le matin. C'est notre moment privilégié, qui n'appartient qu'à nous deux.

Habituellement, nous descendons jusqu'à la plage. Nous l'avons fait dès qu'elle a su marcher. Je la laissais gambader aussi vite et loin qu'elle pouvait. Je la laissais s'éloigner de moi pour lui donner le goût de la liberté. Sur la plage, elle était en sécurité. Je ne pouvais pas la perdre de vue, elle ne pouvait pas se faire mal si elle tombait sur le sable mou, et elle pouvait garder tout ce qu'elle trouvait. Ses trésors garnissaient le rebord des fenêtres de sa chambre et ses étagères : morceaux de corail desséchés, coquillages de toutes tailles et de toutes formes, bouts de verre polis par la mer et cailloux aux couleurs de crèmes glacées.

Aujourd'hui il pleut à verse, et depuis cette nuit la plage ne me paraît plus aussi sûre. Je longe le couloir sur la pointe des pieds et me glisse dans sa chambre. J'aperçois le haut de son crâne sous la couverture qui se soulève à intervalles réguliers sous l'effet de sa respiration. J'essaie de ne pas faire de bruit au cas où elle dormirait encore. Mais quand je m'approche, elle repousse les couvertures et se dresse d'un bond.

« Bouh ! » crie-t-elle en riant, toute contente d'elle-même.

Je feins la surprise puis la soulève dans mes bras et la couvre de baisers.

« Chut, dis-je tandis qu'elle rit sans pouvoir s'arrêter, comme si je la chatouillais. Papa dort.

— Papa est rentré ? » Elle se tortille pour échapper à mes bras, et détale à toutes jambes. Je suis toujours éclipsée par Gray. De nous deux, c'est lui la vedette. Je ne suis que le larbin qui effectue les tâches quotidiennes : nettoyer le vomi, brûler les gâteaux, démêler les cheveux. Avec lui, c'est la fête, elle chahute, joue à cache-cache, grimpe sur son dos et lui fait relire cent fois la même histoire. Je n'arrive pas à la rattraper, elle a déjà escaladé notre lit, et Gray pousse un grognement quand elle atterrit de tout son poids sur sa poitrine. Puis elle disparaît sous les couvertures en hurlant de joie.

Après l'avoir laissée tourmenter affectueusement le pauvre Gray pendant quelques minutes, je la persuade de le laisser se reposer et d'aller prendre le petit déjeuner. Ce matin, elle exige des gaufres et rien d'autre. Nous nous asseyons ensemble à la table pour les déguster, accompagnées de beurre de cacahuètes et de gelée. Dehors, la pluie s'est arrêtée, et l'épaisse couverture nuageuse laisse entrevoir un ciel d'un bleu limpide. Le vent est déchaîné. Mes yeux se posent sur l'endroit où se tenait mon visiteur d'hier soir, et je n'écoute qu'à demi Victory me parler de la fille qui n'a pas voulu partager le rouge pendant la séance de peinture avec les doigts et du petit garçon qui refuse de venir en classe sans son doudou. Les événements de la veille ne semblent pas l'avoir affectée le moins du monde.

Nous nous couvrons chaudement et sortons. Le soleil a émergé, redonnant à notre plage son aspect familier. Arrivée au bout de l'allée de planches, Victory se met à courir en direction de l'océan, s'attendant à ce que je la poursuive. Mais quelque chose dans le sable près de la barrière accroche mon regard, un scintillement doré. Je me penche pour ramasser l'objet. C'est une chaîne en or avec un pendentif représentant la moitié d'un cœur.

J'avais vu des filles arborant le même, à l'école – ces filles aux cheveux de soie et au corps d'adulte dont les petits amis conduisaient des voitures de sport, les accompagnaient jusqu'à la salle de classe et leur apportaient des roses le jour de la Saint-Valentin.

Aujourd'hui, j'ai conscience de la vulgarité de ces bijoux de pacotille, de leur banalité et de leur mauvais goût. Mais à l'époque, j'éprouvais toujours un pincement au cœur quand j'en apercevais un autour du cou mince d'une autre fille – un sentiment qui ressemblait à de la jalousie, sans en être vraiment. Non, c'était plutôt une sorte de nostalgie : je me demandais comment c'était de faire partie d'un couple, d'être la moitié complémentaire de quelqu'un qui vous chérissait, de ne pas avoir à quémander l'attention ou à faire l'imbécile pour l'obtenir. C'était plutôt une douleur, un sentiment de manque.

Après cette soirée sous le figuier étrangleur, je suis tombée éperdument amoureuse de Marlowe, comme on ne peut l'être qu'une seule fois au cours d'une vie. J'étais en feu, je me consumais au point d'en être méconnaissable. J'ai honte à présent de la passion que je lui vouais. Et plus encore de me souvenir de cette passion avec autant d'acuité. Aujourd'hui, quand la pression atmosphérique descend, avant un orage, et que le ciel prend cette sinistre couleur de plomb, je continue de songer à l'été où il est entré dans ma vie, cet été où il pleuvait à torrents tous les après-midi. Je me rappelle comment c'était d'aimer sans limites, jusqu'à la déraison. Une fois adultes, nous apprenons à ne plus aimer ainsi. Mais quand on est jeune, on ne peut que se jeter à corps perdu dans cet amour fou. La chute est si douce qu'on ne se demande même pas où l'on atterrira.

Parfois, je n'arrive pas à me rappeler ce que j'ai mangé la veille, mais ces jours auprès de Marlowe sont gravés dans chaque cellule de mon corps, malgré tous mes efforts pour les oublier, malgré toutes les horreurs qui ont suivi. J'ai oublié quantité de choses, mais pas ça. Et je me rappelle avoir eu conscience, même dans les moments les plus passionnés, que jamais cela ne pourrait durer, comme ces orages qui transforment les rues en torrents et déclenchent des tornades meurtrières, mais s'apaisent en un instant.

Je m'imprégnais de chacune de ces minutes comme quelqu'un en train de perdre la vue, essayant de mémoriser chaque couleur, chaque petit détail : son odeur de savon Ivory et de charbon de bois, la façon dont sa barbe naissante me piquait les lèvres. La façon dont le vent hurlait à travers les parois minces de notre caravane, dont la pluie martelait le toit – et nous deux douillettement blottis à l'intérieur, pendant que ma mère était à son travail ou rendait visite à Frank.

C'était mon anniversaire ; je venais d'avoir dix-sept ans. Ma mère avait confectionné des crêpes ce matin-là, avant de partir travailler, et elle avait placé une bougie au sommet de la pile dressée dans mon assiette. Puis ils avaient chanté en chœur, Marlowe et elle. Ma mère m'avait offert un chemisier que j'avais admiré quand nous étions allées faire des courses chez Macy, une minuscule trousse rose pailletée contenant un flacon de vernis à ongles, un tube de rouge, quinze dollars et une carte portant l'inscription : *À ma ravissante fille.* Je crois que la carte représentait une princesse de conte de fées. Elle était d'une grande gentillesse ce jour-là, se comportait en mère aimante, me témoignant tellement d'attention que j'en avais la tête qui tournait.

Après le petit déjeuner, elle m'embrassa en hâte et partit, non sans m'avoir promis de la pizza pour le dîner, ainsi qu'un vrai gâteau d'anniversaire.

« Que souhaites-tu pour ton anniversaire, Ophelia ? » me demanda-t-il dès que nous nous sommes trouvés seuls, tandis que je débarrassais la table. Il me posa cette question d'un ton si grave que je me mis aussitôt sur mes gardes. Il était sujet à d'effrayantes sautes d'humeur, et j'avais déjà appris à les redouter. Pas parce qu'il me faisait du mal, ce n'était encore jamais arrivé, mais parce qu'alors il partait dans un lieu où je ne pouvais pas le suivre. Son regard devenait vide, son corps, flasque. Il pouvait disparaître ainsi pendant des heures, puis revenir à lui comme s'il sortait d'un somme. J'étais trop naïve pour me rendre compte que ce n'était pas normal. Du moins, c'est ce que je me dis.

« Être avec toi », répondis-je, parce que je savais que c'était la réponse qu'il attendait. Je me rappelle que le soleil, à cette heure de la journée, inondait la cuisine d'une lumière dorée, la faisant paraître moins minable que d'habitude.

« Pour toujours ? » s'enquit-il, en me tendant la main. Je la pris, et il m'attira sur ses genoux. Il me serra avec force et enfouit son visage dans mon cou. Je nouai mes bras autour de lui.

« Pour toujours », chuchotai-je à son oreille, respirant son odeur. Et je le pensais vraiment, comme toute adolescente croyant aux contes de fées.

Il me lâcha et sortit de sa poche une petite boîte noire. Je la lui arrachai des mains, avec un glapissement de joie qui le fit rire. En ouvrant la boîte, je découvris le demi-cœur en or chatoyant sur le velours sombre. Il ouvrit le col de sa chemise pour me montrer l'autre moitié pendue à son cou.

« Tu m'appartiens », dit-il en me passant le collier. Ces mots me parurent si étranges pendant un instant que j'en frissonnai. Mais quand je me tournai vers lui, il souriait. Personne ne m'avait jamais rien dit de tel. C'était comme une drogue – il m'en fallait toujours plus.

J'en ai parlé à mon psy. Je ne l'ai jamais raconté à personne d'autre, tant j'ai honte de l'amour que j'éprouvais pour lui et des choses que j'ai accepté de faire pour garder cet amour. Exactement comme ma mère. Pire, même.

Le psy a déclaré, de son ton apaisant : « Ce n'est pas le sentiment que nous éprouvons pour quelqu'un qui nous pousse à l'aimer, Annie, c'est le sentiment qu'il nous donne de nous-même. Pour la première fois, quelqu'un vous entourait d'attentions, faisait de vous l'objet exclusif de son amour. Vous n'aviez plus à attendre qu'une bribe de vérité vous apparaisse parmi tous les mensonges de votre père, ni que votre mère fasse passer vos besoins avant les siens. Vous étiez la seule qui comptait pour lui. Du moins était-ce l'impression qu'il vous donnait. »

Il y avait une part de vérité dans ce discours, mais le regard qu'il portait sur l'amour était un peu trop clinique. N'était-ce donc rien de plus ? Rien d'autre que deux individus brandissant chacun un miroir dans lequel l'autre pouvait se voir ? Je lui posai la question.

« Dans une relation saine, oui, il y a bien plus que cela. Le soutien, le respect, l'attirance, la passion. Il y a l'admiration pour l'autre, pour sa personnalité et ses qualités. » Puis il me demanda : « Qu'aimiez-vous en lui ? Parlez-moi de lui. »

Mais quand je pensais à Marlowe, ce n'était qu'un fantôme tapi dans les recoins obscurs de ma mémoire. L'adulte, la femme qui lui avait survécu, ne se souvenait pas de ce que, jeune fille, elle avait aimé.

Le collier de pacotille scintille au creux de ma main. Je me rappelle comment un bijou de mauvais goût, pendant quelque temps et pour la toute première fois, m'a donné le sentiment d'être aimée. Et j'entends l'écho d'une voix, la voix que j'ai entendue hier soir sur la plage :

Quand le moment sera venu, je te retrouverai et tu m'attendras. C'est notre karma, notre pacte, Ophelia. Je déposerai mon pendentif dans un endroit où tu n'auras aucun mal à le trouver, et tu sauras ainsi que je suis revenu te chercher.

Quand et dans quelles circonstances Marlowe a-t-il prononcé ces mots ? je ne m'en souviens plus, mais ils résonnent avec force dans mes oreilles, couvrant le bruit du ressac.

« Qu'est-ce qu'il y a, maman ? » Victory m'a rejointe et me contemple avec une expression inquiète. J'ai l'impression de flotter dans le vide. J'ai déjà enfoui le collier au fond de ma poche.

« Rien, ma chérie, dis-je en posant une main sur sa tête.

— Tu as l'air d'avoir peur, reprend mon bout de chou, ses cheveux dorés flottant au vent.

— Mais non. » Je me force à sourire et j'ajoute : « On fait la course ? »

Elle part au galop en hurlant de rire. Je cours derrière elle vers le bord de l'eau, la laisse me devancer. Quand je la rattrape, je la soulève dans mes bras et la fais tournoyer, puis la serre très fort contre moi avant de la libérer. Elle se remet à courir. Et moi, pendant tout ce temps, je fais comme si j'ignorais que ma dernière heure venait de sonner.

12

Je pense à ma fille tout en progressant à tâtons le long de la coursive. Elle est mon bouclier et mon arme. Tout ce que j'ai fait, tout ce que je ferai, a pour seul but de la protéger, afin que je puisse un jour revenir auprès d'elle. Je me force à respirer calmement malgré l'adrénaline qui court dans mes veines. La peur a toujours été un handicap pour moi, elle me rend gauche et négligente. J'ai commis tellement d'erreurs sous son emprise…

Maintenant que le moteur s'est arrêté, le bateau a commencé à tanguer sur la mer houleuse, et mon estomac se soulève. Je m'immobilise au pied de l'escalier montant vers le pont. J'entends le vent et les vagues cingler le flanc du navire. J'essaie de capter un bruit de voix, mais je ne perçois que celui de ma propre respiration, inégale et trop rapide.

Je gravis les marches, le dos plaqué contre la paroi. Ma paume est trempée de sueur, au point que je crains de laisser tomber le pistolet. Je resserre mes doigts sur la crosse en arrivant sur le pont, et suis immédiatement assaillie par le froid et une forte odeur saline. La mer n'est qu'un tourbillon noir. Le pont est désert de la proue à la poupe ; il n'y a plus d'éclairage, comme partout à bord.

Soudain, je suis paralysée. Je ne peux pas regagner ma cabine et je n'ose plus avancer. Je ne sais pas quoi faire. Je ferme les yeux une seconde et m'efforce de me calmer, de respirer régulièrement. L'océan m'appelle ; je me sens irrésistiblement attirée vers lui.

13

L'inspecteur Ray Harrison n'a rien de remarquable, du moins à première vue. C'est un homme sur lequel vous ne vous retourneriez pas si vous le croisiez à la supérette – taille et poids moyens, allure passable. Il vous tiendrait la porte, vous le remercieriez et l'oublieriez aussitôt. Toutefois, en le regardant s'approcher de la maison, depuis la fenêtre du premier étage, je sens mon cœur s'emballer. La chaîne en or dans ma poche me brûle la cuisse. Je descends lui ouvrir avant qu'Esperanza ne puisse me devancer.

Je n'ai pas oublié son visage depuis hier soir ; il m'avait paru agréable, bienveillant et franc. Il m'avait plu. Mais en lui ouvrant la porte, j'y aperçois autre chose, qui me plaît beaucoup moins : de la suspicion. Aujourd'hui, il ressemble à un loup déguisé un agneau.

« Inspecteur Harrison, dis-je en simulant un sourire. Vous venez prendre de nos nouvelles ? » Je reste sur le seuil, dans une posture peu accueillante.

Il me rend mon sourire en plissant les yeux. Je note certains détails : sa montre est une vieille Timex avec un bracelet en métal flexible, son haleine sent l'oignon, ses ongles sont rongés jusqu'au sang. « Tout s'est bien passé après notre départ ?

— Mais oui, dis-je avec un rire désinvolte et un petit geste de la main. Je crois qu'Esperanza a réagi de façon un peu excessive en appelant la police. »

Il hoche lentement la tête, tout en fouillant la maison des yeux par-dessus mon épaule. « Vous aviez l'air vous-même pas mal flippée. »

Flippée. L'expression me choque un peu, tant elle me semble peu professionnelle, voire irrespectueuse.

« Sur le moment, sans doute, mais aujourd'hui, avec ce soleil, tout ça me paraît assez stupide, à dire vrai. Je me sens gênée d'avoir fait autant d'histoires et de vous avoir dérangé pour si peu. J'en arrive presque à regretter qu'il ne soit rien arrivé. » J'en fais trop, je ne peux pas m'arrêter de parler.

« C'est notre métier », répond-il. Un silence gêné s'ensuit, puis il reprend : « J'aimerais toutefois vous poser quelques questions supplémentaires.

— À quel sujet ?

— Puis-je entrer ? »

Je m'agrippe fermement à la porte et j'entends le sang battre dans mes oreilles. « Je ne vois pas ce que je pourrais vous dire de plus. Je vous ai tout raconté hier soir.

— Je n'en ai que pour une minute, madame Powers. » Son ton badin et amical est devenu plus sérieux. Il a cessé de hocher la tête et de sourire, et me fixe avec insistance.

Je m'écarte pour le laisser passer, tout en sachant que j'ai tort. Mais je ne veux pas qu'il pense que j'ai quelque chose à cacher. Alors, je me force de nouveau à sourire et lui propose un verre d'eau, qu'il refuse. Il promène son regard autour de lui comme pour dresser un inventaire, tandis que je le conduis vers le séjour.

« Si vous me permettez de vous poser cette question, quelle est votre profession, et celle de votre mari ? » demande-t-il en prenant place sur le canapé. Il ne reste plus rien de ce qui me plaisait en lui hier soir. Plus la moindre trace de la bonté et de l'empathie que j'avais cru déceler. Ses yeux me semblent étroits et méfiants à présent, et il m'apparaît soudain suffisant et antipathique.

J'ai le sentiment de commettre une erreur en lui mentant, mais je le fais quand même. La force de l'habitude… « Je suis mère au foyer, et Gray est inspecteur dans une compagnie d'assurances. »

Les coins de sa bouche se relèvent dans une moue ironique. « Mais ce n'est pas la vérité, n'est-ce pas, Annie ? Vous permettez que je vous appelle Annie ? »

Je ne réponds pas et me contente de le fixer.

« Votre mari et son père sont propriétaires de la société Powers et Powers, exact ?

— Il est essentiel pour notre sécurité que personne ne le sache dans le quartier, dis-je en haussant les épaules.

— Je comprends. Dans ce métier, on n'est jamais trop prudent.

— Inspecteur, quel rapport cela peut-il avoir avec ce qui s'est passé hier ? » Je suis restée debout sur le seuil de la pièce. Je m'adosse contre le mur, les bras croisés autour de mon torse.

« Il pourrait y en avoir un. L'intrus d'hier soir a peut-être quelque chose à voir avec les activités de votre mari. » Il sort un petit calepin et se met à le feuilleter. « Ils se disent consultants en sécurité, mais ils sont davantage que cela, n'est-ce pas ?

— C'est une société militaire privée », déclare Gray en entrant dans la pièce. Il émerge tout juste du sommeil, mais cela ne se voit pas. Il a l'air parfaitement éveillé et alerte. L'inspecteur est visiblement surpris : sans doute me croyait-il seule. Il se lève vivement et tend la main à Gray.

« Inspecteur Ray Harrison. C'est moi qui ai répondu à l'appel, hier soir. »

Gray lui donne une poignée de main brève et vigoureuse. « Merci de vous être occupé du problème », dit-il d'un ton froid.

Il transperce le policier de son regard dur, implacable, et Harrison semble reculer imperceptiblement. Je remarque que ses yeux évitent de rencontrer ceux de Gray et sont fixés sur le mur, comme s'ils y observaient quelque chose de fascinant. Un bref silence embarrassé s'ensuit ; Gray croise les bras sans rien dire, se contentant de toiser ouvertement l'inspecteur.

Finalement, celui-ci s'éclaircit la gorge et reprend : « Quand j'ai découvert la nature de vos activités, je me suis demandé si elles pouvaient avoir un rapport avec cet incident. »

Il regarde en direction de la porte, à présent. Il ne s'est pas rassis, il se tient debout, les mains dans les poches, en se balançant légèrement d'avant en arrière. Il a perdu son air de chat du Cheshire. *C'est un lâche*, me dis-je. Le genre de brute qui terrorise les gamins plus petits dans la cour de récré et prend un air innocent quand le prof intervient.

« J'en doute fort, répond Gray avec un sourire patient. La plupart de mes missions concernent l'étranger. Et, dans le cas hautement improbable où quelqu'un chercherait à assouvir une vengeance personnelle, je peux vous assurer qu'il ne se contenterait pas de rôder dans les parages et que nous aurions de quoi nous faire vraiment du souci. »

Les deux hommes se défient du regard pendant un bref instant, puis l'inspecteur détourne les yeux pour les poser sur moi.

« Ma foi, ce n'était qu'une idée en l'air », bafouille-t-il. Je devine qu'il souhaiterait en dire plus, mais il ne le fera pas maintenant. « Désolé de vous avoir dérangés. »

Il se dirige vers la porte, suivi de Gray.

« Une dernière chose, dit-il quand Gray lui ouvre la porte. J'ai vu que Mme Powers était née dans le Kentucky, mais je jurerais que vous avez l'accent new-yorkais, m'dame. »

Il a vu ça où ? me dis-je. A-t-il effectué des recherches hier soir, consulté mon dossier de permis de conduire, ou quelque chose dans ce genre-là ?

« Je suis née dans le Kentucky, mais ma famille s'est installée à New York quand j'étais encore enfant. »

Le Kentucky, où l'on vous délivre si aisément des extraits de naissance. Il suffit de se procurer quelques renseignements – date de naissance, nom de jeune fille de la mère –, et une nouvelle vie s'ouvre à vous. S'il continue à poser des questions et à vérifier mes réponses, il aura vite fait de percer à jour ces mensonges. Mais il se borne à me lancer un long regard, en souriant à demi.

« Nous vous tiendrons au courant si l'on nous signale d'autres effractions et si nous apprenons quoi que ce soit sur l'individu qui vous a suivie, dit-il en descendant les marches. Bonne journée. »

Nous regardons sa voiture s'éloigner. Gray m'a pris la main et la serre avec force. Je me tourne vers lui, mais il continue à suivre des yeux le 4 × 4 du policier.

L'inspecteur Ray Harrison, le jour où il a commencé à me soupçonner de ne pas être celle que je prétendais être, s'est mis dans un sacré pétrin. Il n'était pas corrompu, pas entièrement en tout cas. Mais il n'était pas non plus intègre. C'était un homme qui avait fait de mauvais choix, dévié du droit chemin en certaines occasions, avant de finir par toucher le fond. Personne ne s'en serait douté en le voyant. Il conduisait une Ford Explorer du tout dernier modèle, remboursait ponctuellement les traites de sa maison et n'avait jamais pris un seul jour d'arrêt maladie. Mais il avait des dettes, et des grosses. En fait, il en était couvert. Il se couchait et se réveillait en y pensant, et n'arrivait même plus à regarder sa femme en face. Cela le rendait malade : il avait un ulcère et vomissait du sang. Ce n'était pas le genre de dette pour laquelle on peut toujours trouver un arrangement ; ce n'était pas à une banque ou à un organisme de crédit qu'il devait de l'argent. L'inspecteur était accro au jeu, et le problème, c'est qu'il perdait souvent des sommes exorbitantes. La veille du jour où Esperanza avait appelé la police, un de ses créanciers lui avait envoyé une photo de sa femme au centre commercial, en train d'attacher leur fille de neuf mois dans son siège pour bébé à l'arrière de la voiture. Au verso, l'homme avait griffonné : « Où est mon putain de fric ? »

Telle était l'impasse dans laquelle il se trouvait quand il se mit à concevoir de vagues soupçons à mon égard, à flairer que je dissimulais quelque chose. Il entreprit donc de fouiner un peu, sans avoir à se donner beaucoup de mal. Un rapport de solvabilité entièrement vierge renforça ses soupçons. Un permis de conduire émis seulement cinq ans auparavant les lui confirma, et un extrait de naissance délivré dans le Kentucky acheva de le persuader.

L'inspecteur Harrison était le genre d'homme qui connaissait le prix des choses : celui de notre maison sur la plage, celui de la bague à mon doigt, celui du secret que je voulais préserver. Il se livra à un petit calcul et décida, selon son habitude, de tenter un pari risqué.

Mais j'ignore encore tout cela, tandis que nous le regardons s'éloigner, Gray et moi. Pour le moment, sa visite m'apparaît seulement comme un mauvais présage.

14

Quand j'essaie de me représenter Marlowe tel qu'il était du temps de notre jeunesse, je n'arrive pas tout à fait à le cerner avec précision. Son souvenir se dérobe sans cesse. Je revois la blancheur de sa peau, le noir de jais de ses yeux, la forme carrée de ses mains, mais l'image d'ensemble est floue et changeante, comme si je le regardais évoluer sous l'eau.

Son visage m'échappe, en partie à cause de ma mémoire défaillante. Tant de choses y sont enfermées, comme dans une boîte noire… Mais en partie aussi à cause de lui. Parce que, comme tous les manipulateurs, Marlowe était protéiforme. Il se métamorphosait à volonté, en fonction des circonstances, pour mieux me contrôler : aimant ou distant, gentil ou cruel. Peut-être n'ai-je jamais vu le vrai Marlowe. Peut-être la conception que le psy se faisait de l'amour était-elle juste, après tout, du moins en ce qui nous concernait.

Au début, Marlowe ne tenait pas à parler de son père. Si je faisais allusion à Frank, il changeait de sujet. Ou alors, il en parlait de façon vague et toujours au passé, comme il aurait évoqué un parent lointain faisant partie de ses souvenirs d'enfance. Des commentaires saugrenus, tels que : « Mon père aimait l'odeur des fleurs d'oranger. Mon père avait un chapeau rouge comme celui-ci », ou : « Mon père m'a offert une batte de base-ball pour mes cinq ans ». Ses souvenirs semblaient lui revenir sous forme d'instantanés, avec des coloris vifs et en deux dimensions. La première fois que j'ai insisté pour en savoir plus, il s'est retranché dans ce lieu obscur où il allait parfois. La minute d'avant, nous bavardions sur mon lit en partageant une cigarette que j'avais piquée dans le sac de ma mère.

« Tu ne savais pas ce qu'il faisait ? lui demandai-je, avant de tirer sur la cigarette en essayant de ne pas tousser, puis de la lui passer.

— Bien sûr que non. Je n'étais qu'un gamin.

— Mais comment tu as pu ne pas t'en apercevoir ? repris-je en fixant mes cuticules, sèches et toutes rongées, comme celles de ma mère. Tu n'étais quand même plus un bébé. »

Comme il ne répondait pas, je finis par tourner mon regard vers lui. C'était une vision des plus étranges : il était adossé au mur, le mégot oublié se consumant entre ses doigts, les mains sur les hanches. Ses yeux vitreux fixaient le vide, comme s'il était perdu dans ses rêves.

« Marlowe ? »

Je lui pris le mégot et le jetai dans la canette de soda qui nous servait de cendrier, où il s'éteignit en grésillant. Je le saisis par les épaules et le secouai doucement, pensant qu'il me faisait une blague. Mais il s'affaissa lentement sur le côté, et sa tête alla se poser sur un vieil ours en peluche que j'avais depuis mon plus jeune âge. Il demeura ainsi pendant près d'une heure, tandis que, tour à tour, je chuchotais et criais, le rassurais et le cajolais, le caressais et le secouais, l'implorais et pleurais. J'étais sur le point d'appeler du secours quand il revint à lui, l'air ahuri et épuisé.

« Qu'est-ce qui s'est passé ? » s'enquit-il en découvrant mes joues striées de larmes et mon expression effrayée. Telle une personne sortant d'un long sommeil, il se frotta les yeux et se mit à bâiller.

« Tu étais, euh… dans les vapes, pour ainsi dire, répondis-je, soulagée de constater qu'il avait retrouvé la parole.

— Oh, fit-il en haussant les épaules. Ça m'arrive parfois. Une espèce d'attaque, ou un truc de ce genre.

— Ça m'a fait peur.

— C'est rien », répliqua-t-il d'un ton irrité. Je n'insistai pas.

Peu à peu, l'image sinistre de la vie qu'il avait menée avec Frank commença à m'apparaître. Ils se rendaient dans des églises, des parcs, des magasins d'alimentation, me raconta-t-il, à bord d'une vieille Eldorado noire qui tombait tout le temps en panne. Frank Geary était le veuf éploré et *tellement séduisant*, solitaire et travailleur, avec un bon boulot et une jolie maison. Marlowe était le bel adolescent qui n'avait plus de maman. À eux deux, m'expliqua Marlowe, ils constituaient le leurre idéal pour un certain type de femme.

« Il n'y avait pas seulement leur physique, ajouta-t-il, la couleur de leurs cheveux ou de leurs yeux. Elles étaient comme des chiens avides d'une raclée. Ce que mon père cherchait, c'étaient celles qui voulaient être punies, en quelque sorte. On pourrait dire qu'il cherchait celles qui le cherchaient. Il les flairait de loin. Et au bout d'un moment, moi aussi. Je repérais avant lui celles qui finiraient par revenir avec nous à la maison. »

Et ces femmes étaient toutes les mêmes : la quarantaine largement dépassée, autrefois jolies mais se fanant à toute allure, trop maigres, jamais mariées, souffrant de ne pas avoir trouvé ce que leurs amies et leurs sœurs avaient acquis avec une relative facilité. Inexplicablement, ça ne marchait jamais pour elles : celui-ci la battait, celui-là s'était enfui avec la voisine, et cet autre encore avait été condamné pour avoir falsifié des chèques. La liste de leurs échecs sentimentaux était longue comme le bras, et toutes traînaient derrière elles une histoire de maltraitance et de dépendance aux drogues. Elles étaient serveuses ou danseuses topless, caissières de supermarché ou femmes de ménage dans un motel. Frank Geary écoutait le récit de leurs tristes vies, les laissait pleurer sur son épaule, pleurait peut-être lui-même un peu en disant que sa femme lui manquait énormément et que ce n'était pas facile d'élever seul un jeune garçon.

À en croire Marlowe, les séduire ne leur demandait pas plus d'un après-midi. Si elles ne quittaient pas la maison avant le dîner, elles repartaient dans le coffre de l'Eldorado le lendemain matin. Il y en avait eu plus de trois, ça, il en était sûr. Combien exactement, il ne se rappelait plus. À ce moment-là, bien sûr, il prétendait ne s'être rendu compte de rien. Il n'avait jamais vu ou entendu quoi que ce soit d'anormal, jusqu'au jour où la police avait embarqué Frank. Je demeurais sceptique. Qu'arrivait-il donc, selon lui, à ces femmes qui passaient la nuit chez eux et qu'il ne revoyait jamais ? Mais je savais qu'il était préférable de ne pas chercher à approfondir.

Au cours des années qui s'écoulèrent entre l'arrestation de son père et le moment où il était arrivé chez nous, il avait été trimballé de proche en proche et finalement placé dans une famille d'accueil. Il ne me vint jamais à l'idée de me demander pourquoi il n'avait jamais trouvé de foyer stable, pourquoi il n'était jamais resté nulle part plus de quelques mois. Je me disais que ça devait se passer ainsi, avec un père en prison et une mère morte. Dans le grand ensemble où nous vivions à New York, j'avais connu suffisamment de gosses placés en foyer d'accueil pour comprendre qu'il était difficile d'en trouver un où ils seraient en sécurité, et pratiquement impossible de trouver une véritable famille qui leur donnerait de l'affection.

« Personne ne veut du fils d'un violeur assassin, me dit-il un soir. Même s'il est de votre famille. »

J'imagine toutefois qu'il y avait autre chose. On sentait en lui un calme inquiétant, une vigilance étrange, même à cette époque. Mais en ce temps-là, cette bizarrerie m'intriguait autant qu'elle m'effrayait. Son côté mystérieux avait quelque chose d'irrésistible.

Dans les premières semaines qui suivirent l'arrestation de Frank, Marlowe refusa d'abord, prétendait-il, de croire ce qu'on racontait sur son père. Mais avec le temps, libéré de son influence, il commença à se rappeler certaines choses. Un jour, il avait trouvé une collection de sacs à main dans l'armoire de son père, une autre fois, un soulier de femme – une sandale noire bon marché au talon cassé, en dessous de la véranda. Un matin, avant l'aube, il avait vu son père charger un gros paquet enveloppé d'un drap à l'arrière de sa voiture. De vieux vêtements pour l'Armée du Salut, avait-il expliqué à son fils.

« Ça me revenait brusquement, comme des cauchemars, me dit Marlowe. J'étais couché dans une chambre inconnue, seul et terrifié, et je me souvenais tout à coup de choses vues quand j'étais petit. Peut-être que j'étais trop jeune pour comprendre, à l'époque ; peut-être que j'avais besoin d'être loin de lui pour le voir tel qu'il était vraiment. J'en sais rien. »

Marlowe avait alors commencé à se poser des questions sur sa mère, qui s'était prétendument enfuie en les abandonnant. Bien que Frank se fît passer pour veuf, il avait raconté à Marlowe que sa mère les avait rejetés tous les deux, qu'elle était partie en pleine nuit avec un mécanicien. Marlowe gardait néanmoins une photo d'elle dans son portefeuille, une photo toute froissée et ramollie par le temps. C'était une blonde aux traits délicats, vêtue d'une robe bain de soleil à fleurs, debout sous un arbre dont les feuilles tombaient autour d'elle. Elle regardait quelque chose hors champ, son petit doigt posé à la commissure de sa bouche. Il portait constamment cette photo sur lui, bien que son père l'ait déjà battu à cause de ça.

Ce fut seulement plus tard que je pris conscience qu'il parlait de toutes ces choses avec très peu d'émotion et que son cœur semblait de glace. Je trouvais cette tragédie profondément romantique. C'était un oiseau blessé que j'avais trouvé, et je nourrissais le rêve adolescent de le soigner et de le consoler.

De son côté, naturellement, ma mère caressait ses propres rêves. Toutes les six semaines, elle prenait le bus pour se rendre à la prison d'État, où elle passait quelques instants avec son fiancé, séparée de lui par une vitre blindée. Elle n'avait jamais tenu dans ses bras ni embrassé l'homme qu'elle comptait épouser, ni même effleuré sa main – et peut-être ne le ferait-elle jamais. Elle s'en glorifiait comme d'une preuve de son courage. « Ni les barreaux, ni les gardiens armés ne peuvent empêcher les gens de s'aimer. Ils ne peuvent s'opposer à la volonté du Seigneur », affirmait-elle.

Elle consacrait tout son temps libre à faire campagne pour que Frank soit rejugé. Elle écrivait des lettres, contactait des associations qui fournissaient une aide juridique gratuite aux condamnés à mort et se chargeaient des recours en appel. Le détective privé qu'elle avait engagé lui avait rapporté que le policier qui avait procédé à l'arrestation de Frank avait fait l'objet de plusieurs plaintes pour brutalité, et que, dans l'une des dernières affaires, le jugement avait même été cassé parce que les aveux avaient été obtenus par la force. Cela paraissait lui redonner de l'espoir, encore que Frank n'ait jamais reconnu aucun des meurtres dont il était accusé. Il avait continué à proclamer son innocence tout au long du procès, malgré les dépositions accablantes de témoins oculaires.

Apparemment, quand son Eldorado avait définitivement rendu l'âme, Frank avait été obligé de vider le coffre de son chargement et de le porter le long d'une petite route déserte. Il faisait nuit, et il n'avait pas dû voir la femme qui l'observait depuis la fenêtre de sa maison, en retrait de la route. Sans doute n'avait-il même pas vu la maison quand il était passé devant celle-ci, son fardeau sur les épaules, pour se rendre au bord de la doline, l'entonnoir naturel que les plongeurs locaux appelaient le Petit Bleu.

« C'était une vieille femme, affirmait ma mère. Il faisait noir. Elle ne savait pas ce qu'elle avait vu au juste. Frank n'était pas le seul en Floride à conduire une Eldorado cette nuit-là. »

Ce témoin était mort d'un infarctus peu après le procès, et ma mère y voyait la preuve d'une punition méritée.

« Le Seigneur l'a châtiée pour avoir détruit la vie d'un homme », déclara-t-elle avec une tranquille conviction.

Même les preuves matérielles, pourtant irréfutables, ne parvenaient pas à la décourager : le sang et les cheveux blonds dans le coffre, le portefeuille de la morte avec son permis de conduire, retrouvé partiellement brûlé à l'intérieur d'un bidon métallique rouillé, dans l'arrière-cour de Frank, les empreintes digitales relevées dans sa maison et correspondant à celles de deux des femmes qu'on le soupçonnait d'avoir tuées.

« Les flics ont l'habitude de falsifier les preuves, disait-elle. Et celui qui l'a arrêté était un vrai ripou. On leur mettait la pression, il leur fallait une arrestation à tout prix, et Frank était un bouc émissaire idéal. »

J'avais renoncé à argumenter avec elle, mais quand elle m'envoyait poster des lettres destinées au gouverneur, aux avocats de l'aide juridique ou aux associations militant contre la peine de mort, je les jetais à la poubelle. Même si je ne croyais pas vraiment en Dieu, je priais tous les soirs pour que Frank Geary meure sur la chaise électrique avant d'avoir eu l'occasion de passer une alliance au doigt de ma mère, sous le regard de gardiens en armes, dans la chapelle de la prison, ou de me voir vêtue de l'affreuse robe rose de demoiselle d'honneur que ma mère m'avait achetée.

15

Les yeux fermés, paralysée de peur, je sens qu'on m'arrache soudain le pistolet de la main. Je rouvre brusquement les yeux, et me retrouve face à Dax.

« Vous n'avez donc pas compris mes instructions ? » chuchote-t-il d'une voix âpre, avant de m'empoigner par le bras pour m'entraîner vers la poupe.

« Où allons-nous ?

— Nous devons quitter le bateau », me répond-il.

C'est alors que je remarque que ses vêtements sont couverts de sang. Quand il se tourne vers moi, je constate que son visage en est également maculé.

« Quitter le bateau ? Pour aller où ? » dis-je en regardant la mer déchaînée. Tout autour de nous, ce ne sont que ténèbres.

« Il y a des îles, par là », dit-il avec un geste de la main. Je regarde dans la direction qu'il m'indique, mais je ne vois rien. Je cherche des yeux le navire que j'ai aperçu au loin, mais il a disparu, ou bien ses lumières sont éteintes et la nuit l'a englouti. Je ne comprends pas ce qui se passe, mais je suis tout entière habitée par la peur, comme si elle avait chassé de moi tout autre sentiment. Je m'immobilise, le forçant à s'arrêter aussi.

« Où sont les autres ? »

Il ne répond pas. Il descend une échelle jusqu'à une plate-forme où un canot attaché à un taquet s'agite et se cabre comme un taureau mécanique. L'embarcation est si minuscule que j'ai mal au cœur rien que de la voir. Du haut de l'échelle, je lui lance :

« Vous plaisantez ? Vous voulez nous noyer tous les deux ? »

Il me regarde, me tend la main. « Tous les autres sont morts. Nous avons complètement sous-estimé notre adversaire. Si vous ne venez pas avec moi, vous allez mourir ici.

— Je ne comprends pas. » Je répète ces mots d'un ton obstiné. Une sorte de brouillard m'a envahi le cerveau ; toute cette situation m'apparaît irréelle.

« Morts, répète-t-il d'une voix forte, me ramenant brutalement à la réalité. Ça signifie qu'ils ont cessé de respirer. À tout jamais. »

Ces mots me font l'effet d'un coup de poing dans la mâchoire, et je chancelle sous l'impact. Les quatre autres hommes, tous des paramilitaires professionnels, comme Gray, morts... Je regarde le pont derrière moi : tout est sombre, pas le moindre mouvement, le moindre bruit. Un vaisseau fantôme. La panique commence à miner ma santé mentale.

« Qui a fait ça ? »

Dax gravit quelques barreaux. « Je l'ignore, répond-il sans me regarder. Ils étaient toute une équipe, bien entraînée. Ils m'ont cru mort et m'ont abandonné sur place. » Le vent souffle de plus en plus fort, il élève la voix pour se faire entendre. L'eau gifle furieusement la coque, le canot se cogne contre la poupe. « Je pensais qu'ils s'étaient emparés de vous, je m'attendais à vous retrouver morte ou envolée. Leur bateau est reparti.

— Dans ce cas, faisons redémarrer celui-ci », dis-je. Ces eaux doivent grouiller de requins, et ce canot ressemble à un plateau de hors-d'œuvre. D'un seul coup, périr en mer me paraît beaucoup moins séduisant.

Il remonte sur le pont, passe sa main dans ses cheveux d'un geste rageur. « Le moteur est fichu, déclare-t-il d'une voix tranchante. Ceux qui ont fait ça ont saboté le navire, en vous y abandonnant. J'en déduis soit qu'ils vont revenir, soit qu'ils ont placé une bombe à bord, en réglant la minuterie pour qu'elle n'explose que lorsqu'ils seront suffisamment loin. Nous devons partir. Tout de suite.

— Non. »

Dax me regarde intensément. Il a peut-être été beau autrefois, mais son regard laisse entrevoir toutes les horreurs qu'il a perpétrées, comme celles auxquelles il a assisté. Sa peau est ridée, ravagée par les intempéries ; sa bouche se réduit à un mince trait horizontal et donne l'impression qu'il n'a jamais souri. Il pose de nouveau sa main sur mon bras. Je me demande s'il va me hisser de force à bord du canot.

« Rendez-moi mon arme », dis-je en raidissant mes muscles.

Il me contemple en plissant les yeux. Puis, après une seconde d'hésitation, il prend le pistolet glissé sous sa ceinture et me le tend. « Partons, ordonne-t-il en me tirant vers l'échelle.

— Partez tout seul. Moi, je ne peux pas. Je veux que ça se termine cette nuit. D'une façon ou d'une autre. Je ne peux pas continuer ainsi. Je monte dans ce canot, et après ? Nous attendons sur une île jusqu'au lever du soleil ? Nous naviguons jusqu'à ce qu'il n'y ait plus d'essence ? Dans un cas comme dans l'autre, nous ferons des cibles faciles.

— Nous avons perdu le contact avec le QG depuis plus d'une heure. Une autre équipe ne va pas tarder à venir à notre secours », réplique-t-il. Il hurle de colère à présent, pas seulement pour se faire entendre. Son regard scrute l'horizon comme s'il cherchait déjà à apercevoir les lumières d'un autre bateau.

« Quand ils arriveront, amenez-les ici, dis-je avec une assurance que je suis loin d'éprouver.

— Ne faites pas l'idiote », gronde-t-il en resserrant son étreinte. Il me regarde avec un mélange de compassion et de dédain. « Cette histoire vous dépasse complètement. Vous ne savez même pas à quel jeu vous jouez.

— Vous travaillez pour moi, n'est-ce pas ? » Il acquiesce. « Eh bien, vous êtes viré. »

Il secoue la tête d'un air incrédule, mais lâche mon bras et n'essaie pas de me retenir quand je m'élance vers l'escalier menant au poste de pilotage. Avant même de l'atteindre, j'entends le moteur du canot démarrer. En me retournant, je vois sa coque blanche disparaître dans la nuit, et mon cœur se serre. Je me demande si j'ai commis une erreur capitale et ce qu'elle va me coûter.

16

Quand Victoria est née, j'étais terrorisée devant ce minuscule paquet tout emmailloté, dont la petite tête disparaissait presque à l'intérieur de son bonnet. Ce n'était pas un de ces bébés braillards qui veulent proclamer leur arrivée au monde entier. Elle se montrait calme, silencieuse, comme si elle observait ce qui l'entourait. Quand je scrutais les profondeurs de ses yeux bruns, je ne savais pas très bien ce que j'y voyais ; elle avait un air las et un peu choqué, peut-être même déçu. Elle semblait ne pas avoir encore décidé si cela valait la peine de rester ici-bas. Sa respiration me paraissait trop faible, ses membres, trop fragiles. J'avais l'impression qu'elle risquait de disparaître d'un instant à l'autre. À plusieurs reprises au cours de la nuit, je me réveillais en sursaut et me glissais jusqu'à son berceau, non pour vérifier si elle respirait toujours, mais pour m'assurer qu'elle était toujours là.

Victory semblait invariablement soulagée de se retrouver confiée aux soins de Gray, bien qu'elle parût encore plus minuscule, blottie contre sa large poitrine. Je m'imaginais l'entendre pousser un léger soupir, voir le coin de ses lèvres se retrousser imperceptiblement.

Parfois, quand je lui donnais le sein et que ses grands yeux attentifs me dévisageaient, j'aurais juré qu'elle pensait : *Es-tu sûre de savoir ce que tu fais ? Es-tu sûre d'être vraiment qualifiée ?* Avec Gray, elle paraissait sereine, comme si elle se savait parfaitement en sécurité entre ses bras solides et compétents. Avec moi, elle n'était pas entièrement rassurée.

Je rêvais souvent qu'on me l'enlevait. Dans la fièvre de ces premières semaines, mon sommeil était peuplé de cauchemars. Je rêvais que les infirmières entraient dans la salle d'accouchement et l'emportaient malgré mes cris. Je rêvais que je l'amenais chez le pédiatre pour sa première visite et qu'il refusait de me laisser repartir avec elle, en invoquant mon incompétence manifeste. Je me réveillais le souffle coupé, des torrents de rage et de honte déferlant en moi.

Durant mes premières sorties avec elle, j'avais peur de l'oublier quelque part, de l'abandonner par distraction à l'épicerie ou à la banque. Je me voyais, avec une précision saisissante, trébucher et lâcher le landau, et le regarder, impuissante, dévaler la chaussée en direction d'un flot de voitures, ou bien mal fixer les attaches du porte-bébé et ne pas réussir à la rattraper quand elle en tombait. En d'autres termes, j'étais en train de devenir barge.

« Toutes les jeunes mamans éprouvent ce genre d'angoisses, m'assura le psy. C'est une réaction normale à ces nouvelles et énormes responsabilités. Victory dépend entièrement de vous pour sa survie, et c'est une idée terrifiante. Et puis, bien sûr, vous n'avez pas de modèle auquel vous identifier – même si, de toute évidence, votre mère n'a pas entièrement failli à sa mission. Vous avez survécu, après tout.

— À peine », rétorquai-je. Je ressentais toujours une colère puérile quand il trouvait des excuses à ma mère. Surtout quand il était question de Victory.

« C'est vrai, reconnut-il. Mais dites-vous une chose : le fait que votre mère ne vous ait pas aimée assez n'implique pas automatiquement que vous ne puissiez pas vous-même donner suffisamment d'amour à Victory. »

Je n'arrivais pas à suivre ce raisonnement, et il dut le lire dans mon expression.

« Ce que je veux dire, c'est que vous n'avez pas besoin de réparer les défaillances de votre mère en surcompensant avec Victory. Cela ne fera pas de vous une meilleure mère. Un enfant a besoin d'une mère saine et équilibrée, qui ne forme pas avec lui un lien trop fusionnel. Sinon, quand votre fille commencera à s'éloigner de vous, comme il est naturel qu'elle le fasse, elle aura le sentiment de vous enlever quelque chose, le sentiment que vous avez trop besoin d'elle. Cela la fera souffrir, elle se sentira coupable et cela nuira à son développement affectif. Vous comprenez ? »

J'émis les bruits d'approbation requis, pourtant je ne voyais pas comment une mère pouvait trop aimer son enfant, et je songeai à part moi qu'il n'y avait qu'un homme pour tenir des propos pareils.

Cet après-midi-là, après la visite de l'inspecteur, pendant que Victory est à l'école et que Gray est parti faire ce qu'il fait dans les situations de crise – quoi que ce soit –, je vide la cache et vais déposer son contenu à la consigne de la gare routière. C'est un endroit pas très grand et assez sordide, à quelques centaines de mètres du commissariat. Un SDF en train de boire à même une bouteille enveloppée dans du papier brun m'observe, affalé sur son banc. Je sens son regard sur ma nuque tandis que je fourre le sac dans le casier et empoche la petite clé en plastique orange. J'ai l'impression d'être déplacée dans cet endroit, trop voyante, et je me sens un peu bête. Je me demande quelle raison avouable on peut avoir pour entreposer des affaires personnelles dans une consigne de gare. Quand je regagne ma voiture, le SDF me suit des yeux. Il est sec et musclé, crasseux dans sa chemise à carreaux rouges et blancs, son jean et ses vieilles chaussures de sport râpées.

Je ne le juge pas. Un jour, je me suis réveillée sur un banc public, pas lavée, ne sachant pas où j'étais ; peut-être cet homme est-il un malade mental, comme moi. Mais il n'a l'air ni apeuré ni instable – plutôt tranquille et résigné, au contraire. En démarrant, je me demande s'il pense à moi et à mon comportement manifestement coupable. Mais je suppose qu'il n'est pas en position de me juger, lui non plus.

Sur le chemin de la maison, je m'arrête à la station-service. S'il existe un endroit encore plus déprimant ou suspect qu'une consigne, c'est bien la cabine téléphonique d'une station-service. Peut-être parce que cela me rappelle tous les appels implorants que j'ai passés à mon père dans des cabines semblables. Elles évoquent pour moi des adolescents en fuite s'y réfugiant pour se protéger de la pluie, finissant par succomber au désespoir et à la peur et appelant leurs parents pour leur demander de venir les chercher. Ou des épouses adultères téléphonant à leur amant en cachette. Il faut vraiment être aux abois pour ressentir le besoin ou l'envie de pénétrer dans ces coquilles de métal et de presser son oreille et sa bouche contre le combiné répugnant.

Moyennant espèces, j'achète une carte de téléphone à la caisse, puis je me rends dans la cabine et compose le numéro que j'ai mémorisé.

« Laissez un message, dit une voix basse et masculine. Pas de nom, pas de numéro. Si je ne sais pas qui vous êtes, vous n'avez pas de raison de m'appeler. »

Cette voix fait resurgir des souvenirs enfouis – une salle commune ensoleillée, l'odeur de la nourriture d'hôpital, les bruits métalliques et les applaudissements d'un jeu télévisé, à peine audibles car le volume était réglé au minimum. Nous avons joué ensemble aux cartes, au taki, tous les matins pendant un mois, en pyjama, attirés l'un par l'autre parce que, je suppose, nous étions les seuls patients à avoir gardé un lien avec la réalité. Autour de nous, tout le monde bavait et regardait dans le vide, en poussant un hurlement ou en criant un nom de temps à autre.

Il s'appelait Oscar, du moins il le prétendait. Il se disait déprimé et suicidaire. Il avait envisagé de sauter du haut du pont Verrazano, mais il avait réfléchi trop longtemps et les flics étaient arrivés et l'avaient obligé à redescendre. « À force de faire disparaître les gens, le monde finit par ne plus vous sembler réel. Plus rien n'a d'importance.

— Qu'entends-tu par faire disparaître ? » avais-je demandé, sans être vraiment sûre d'avoir envie de le savoir.

Il s'était éclairci la gorge, avait regardé autour de lui. Il me rappelait étrangement cette photo d'archives d'Albert Einstein, en beaucoup plus jeune bien sûr, avec ses cheveux fous, épais et hérissés comme des cure-pipes, et ses yeux clairs et vifs.

« Tu serais étonnée du nombre de gens qui veulent changer de vie. »

Comme moi, avais-je songé en regardant mon jeu. « Vraiment ? avais-je dit tout haut.

— Et c'est moi qu'ils appellent, avait-il chuchoté, en se tapotant la poitrine. Je m'occupe de tous les détails.

— Je vois, avais-je poliment répondu.

— Oh ! » s'était-il exclamé soudain, l'air indigné. Il avait abaissé ses cartes, et j'avais entrevu son jeu. « Tu ne me crois pas parce que nous sommes ici. » D'un large geste du bras, il avait balayé la pièce, et les zombies léthargiques qui nous entouraient.

Comme je ne répondais pas, il avait repris : « Eh bien, laisse-moi te dire une chose. Il faut être quelqu'un, ou connaître quelqu'un, pour être admis ici. Ils ne prennent pas n'importe qui. »

J'avais gardé le silence, me rappelant que Gray m'avait expliqué que son père connaissait le directeur de cette luxueuse clinique privée, et que celui-ci lui devait une faveur. *C'est un établissement destiné essentiellement aux anciens militaires. Il y a là beaucoup d'anciens des Forces spéciales, des types qui souffrent de stress post-traumatique ou de trucs de ce genre.*

« Ce qui m'amène à poser la question suivante, ma petite demoiselle, avait poursuivi Oscar. Qui es-tu au juste, bordel ?

— Personne, avais-je répondu.

— Comme nous tous, avait-il répliqué, avec un grognement de dédain.

— Reine de cœur, avais-je enchaîné, reprenant la partie.

— Pêche. » J'avais vu la carte quand il avait abaissé son jeu par mégarde. Mais je pêchai quand même dans la pile, en me disant que, puisque nous avions triché tous les deux, nous étions quittes.

Je prononce le mot de code qu'Oscar m'a donné, il y a des années de cela, le soir où il a quitté la clinique, ce mot, et rien de plus. « Tu n'en auras peut-être jamais besoin, avait-il ajouté. Il est possible que nous ne nous revoyions jamais. Mais, au cas où… »

« Disparaître », dis-je, et je raccroche aussitôt.

Il est peu probable qu'il se souvienne de moi, mais je n'ai pas d'autre choix que de suivre les instructions qu'il m'avait données autrefois. Peut-être était-il fou, aussi fou que moi, et alors cet appel n'aboutira à rien. Quoi qu'il en soit, en reprenant le volant, j'ai la tête qui tourne, l'estomac qui chavire, tant je suis épouvantée d'avoir poussé les choses aussi loin. Quand je contemple ma vie, je suis prise de vertige, comme au bord d'un abîme. Je vais bientôt basculer, et disparaître à jamais.

17

Tout se passa ensuite si vite que je m'en souviens comme d'un paysage défilant derrière la vitre d'un train en marche. Croyez-le ou non, ma mère obtint la révision du procès de Frank. Le jeune avocat qu'elle avait déniché brûlait de se faire un nom, et cette affaire, qui avait fait beaucoup de bruit, constituait pour lui l'occasion rêvée. Après quelques conversations téléphoniques, et après que ma mère lui eut expédié les coupures de journaux qu'elle avait amassées ainsi que le dossier rédigé par le détective privé, il accepta de ressaisir la justice.

Grâce aux plaintes déposées contre le flic ripou et à un nouveau témoignage – celui de l'ophtalmologiste du témoin décédé, qui affirma que la vue de la vieille dame était si faible qu'elle ne pouvait pratiquement rien voir la nuit –, l'avocat réussit à convaincre un magistrat que Frank méritait d'être rejugé.

C'est ainsi qu'un jour, en rentrant chez moi, je trouvai ma mère assise sur les marches de notre caravane, entourée de reporters. Ils se pressaient autour d'elle tels des papillons de nuit autour d'une lampe, l'assaillant de questions. À la voir aussi belle et majestueuse, personne n'aurait pu deviner qu'elle n'était qu'une serveuse qui avait arrêté l'école en troisième. Elle s'exprimait avec l'autorité d'une personne qui connaissait à fond le système judiciaire, singeant le jargon légal, et sûre de ses convictions. Je demeurai en retrait, l'écoutant jacasser à propos de sa croisade et de sa foi en l'innocence de Frank Geary. Je fus prise de vertige en comprenant, d'après les questions des journalistes, que le nouveau procès débuterait dans un mois.

Je me frayai un passage parmi la foule et rentrai dans la caravane, repoussant ma mère qui voulait me présenter aux reporters et ne prêtant pas l'oreille aux questions qu'ils braillaient.

« Qu'est-ce qui te prend ? s'enquit-elle d'un ton de reproche, quand elle me rejoignit. Tout le monde va avoir les yeux braqués sur nous, à présent. Nous devons montrer notre soutien à Frank. »

Je restai sans voix. J'avais l'impression que ma poitrine et ma tête allaient exploser tant je bouillais de colère et d'incrédulité. Comment une chose pareille pouvait-elle arriver ?

« Je te l'avais dit, Ophelia, reprit-elle d'une voix triomphante. Je t'avais dit que le Seigneur ne laisserait pas périr un homme innocent. » Elle se comportait comme s'il était déjà acquitté et sur le point de revenir à la maison.

Dans une tentative désespérée, le débit précipité, je lui fis part de tout ce que Marlowe m'avait raconté – les sacs à main et la chaussure sous la véranda. Elle prit un air méprisant, les épaules rejetées en arrière, le menton pointé vers l'avant.

« Le témoignage de Marlowe a été rejeté par la cour, Ophelia. Tu sais pourquoi ? Parce que c'est un menteur compulsif, comme ton père. Un psychologue pour enfants a affirmé qu'on ne pouvait pas se fier à ses déclarations. Personne n'a jamais retrouvé ces sacs ni cette chaussure.

— Maman ! hurlai-je. C'est un violeur et un assassin ! Il va te tuer. »

Elle me gifla si fort que j'en vis trente-six chandelles. Je restai interdite, le visage brûlant, les yeux s'emplissant de larmes. Ma mère fit un pas en arrière, ferma les yeux et se massa le front à deux mains.

« Ophelia, vraiment, haleta-t-elle. Tu as le chic pour faire ressortir en moi ce qu'il y a de pire. »

Je la plantai là et courus jusqu'à la cabine téléphonique de la station-service, de l'autre côté de la rue. J'étais persuadée que, cette fois, mon père se déciderait à venir me chercher.

« Il faut que je parle à mon père », dis-je à la réceptionniste de la boutique de tatouage qui accepta mon appel en PCV. Je crois qu'elle s'appelait Tawny.

« Ophelia, mon chou, répondit-elle d'un ton forcé. Il est parti. »

À la façon dont elle prononça ces mots, j'eus soudain la gorge sèche.

« Parti où ? demandai-je, en réprimant le tremblement dans ma voix. Quand rentrera-t-il ?

— Mon chou, je pensais qu'il te l'avait dit…

— Qu'il m'avait dit quoi ? » Ma voix se brisa, et je ne pus contenir plus longtemps mes larmes, ni le sanglot qui me nouait la gorge. Il y eut un long silence à l'autre bout du fil, pendant que je sanglotais, le combiné serré au creux de ma main.

« Il s'est acheté une nouvelle Harley, expliqua-t-elle d'une voix douce. Il est parti se balader en Californie.

On ne sait pas quand il rentrera. Peut-être pas avant un mois, ou même plus. »

Les paroles de Marlowe me revinrent alors en mémoire avec force. *Il ne viendra pas te chercher.*

« Je n'ai aucun moyen de le joindre, reprit-elle. Mais s'il appelle pour prendre des nouvelles, je lui dirai que tu as besoin de lui. »

Je raccrochai sans rien ajouter. Je me rappelle m'être cramponnée à la cabine pour ne pas tomber. J'avais l'impression qu'on venait de me percer un grand trou en plein milieu du corps, un trou à travers lequel s'engouffrait un vent glacé. J'ignore combien de temps je suis restée là, à verser des larmes de rage brûlantes.

À mon retour, Drew et Vivian sont assis dans la cuisine avec Gray, en train de boire un café, la mine sinistre. Ils se tournent tous les trois vers moi quand je franchis la porte. Le petit téléviseur sur le plan de travail est allumé, le volume sonore au plus bas. J'ai de nouveau sous les yeux le visage de la femme assassinée. Comme elle a l'air triste, sur cette photo ! N'auraient-ils pas pu en trouver une où elle paraissait plus heureuse ? Je ne sais pas pourquoi cela me contrarie autant, mais je suis contrariée, indéniablement.

« Qu'est-ce que c'est ? dis-je avec un rire qui sonne faux. Une intervention ? » Ils doivent être au courant de ce que je viens de faire. Je vérifie que le café est encore chaud et je m'en verse une tasse. Je garde les yeux fixés sur le liquide noir quand je me retourne.

« Nous nous faisons du souci pour toi, Annie, déclare Vivian. Tu as l'air tellement… à bout.

— Je vais très bien, dis-je en levant les yeux vers eux.

— D'où viens-tu ? demande Gray, en s'avançant vers moi.

— J'ai roulé au hasard. J'avais besoin de réfléchir. » La colère m'envahit. J'en ai assez qu'on me traite comme une malade mentale. Plus de quatre ans se sont écoulés depuis mon dernier « épisode ». Je sais pourquoi ils s'inquiètent : c'est à cause de ma récente attaque de panique ; cela ne m'était pas arrivé depuis la naissance de Victory. Mais je n'ai pas à en répondre devant eux.

Quand Gray me prend dans ses bras, ma colère s'évanouit pour laisser place à la culpabilité. J'ai honte de lui avoir menti, d'avoir fait ce que j'ai fait. Brusquement, je ne suis plus aussi sûre de moi. Fuir devant la menace, est-ce la bonne réaction ? L'anxiété que je lis sur leurs visages me rappelle que cette menace n'est peut-être qu'imaginaire.

« Nous voulions savoir si nous pourrions prendre Victory avec nous pendant le week-end, Annie », reprend Vivian. C'est une femme grande et forte, mais cependant belle et féminine, avec des cheveux gris acier coupés nettement au carré, une peau lisse et des ongles roses et larges. Elle est toujours vêtue de soie et de coton. « Vous pourriez ainsi souffler un peu, Gray et toi. »

Je ne dis rien, mais la colère et la contrariété s'insinuent de nouveau en moi. Elle semble toujours sous-entendre que j'ai besoin de me reposer de Victory. À moins que ce ne soit elle qui ait besoin de se reposer un peu de moi, sa folle de mère ? Si je proteste, j'ai l'air égoïste ou instable, ou les deux à la fois.

« Rien que pour cette nuit et celle de demain, poursuit Vivian d'un ton apaisant. Nous la conduirons à l'école lundi matin, et tu iras la chercher l'après-midi. »

Drew garde le silence ; il se contente de boire son café en regardant par la fenêtre. Il ne parle que lorsque c'est vraiment nécessaire et laisse Vivian jouer les porte-parole. Gray affirme que sa vraie mère n'était pas aussi forte que Vivian, qu'elle ne supportait pas la vie que menait Drew, qu'elle en souffrait. Elle a été hospitalisée à plusieurs reprises, je crois, même si les souvenirs de Gray à ce sujet sont un peu flous. Ce dont il se souvient lui fait de la peine, davantage qu'il ne veut le dire, à mon avis.

Il se rappelle lui avoir apporté des verres d'eau et de petites pilules bleues quand elle était couchée dans son lit, les volets fermés. Il se rappelle l'avoir écoutée pleurer la nuit, quand elle le croyait endormi. Elle s'absentait pendant de longues périodes où il restait seul avec son père. *Ta mère a besoin de repos, fiston. Elle n'est pas bien.*

J'ai vu des photos de sa mère, sur lesquelles elle paraissait maigre et malheureuse, toute petite entre les bras protecteurs de Drew. Sur certains des clichés les plus anciens figure une petite fille, blonde et angélique comme Victory – une sœur morte avant la naissance de Gray. C'était un accident dont Drew n'avait jamais réussi à parler, d'après Gray. Elle s'est noyée d'une façon ou d'une autre… dans une piscine, dans la baignoire ou dans l'océan, Gray n'en sait rien. Le sujet est absolument tabou et n'a pas été abordé une seule fois entre le père et le fils depuis que je les connais. Penser à cette enfant noyée, cette fillette oubliée dont j'ignore jusqu'au nom, me fait frissonner. Je déteste l'eau.

« J'ai envie de rester un peu seul avec toi », me chuchote Gray à l'oreille. Je lance un coup d'œil en direction de Drew, qui continue à regarder par la fenêtre comme si tout cela ne le concernait pas. Mais je sais que l'initiative vient de lui ; Vivian et Gray ne sont que ses fantassins. Il y a eu d'autres conversations comme celle-là, au sujet de la belle maison où je n'ai jamais voulu vivre, de la merveilleuse école maternelle que Victory, selon moi, était trop jeune pour fréquenter, ou des luxueuses vacances en famille qui ne me tentaient absolument pas.

Je me sens prise au piège, j'ai l'impression de ne pas avoir d'autre choix que d'accepter. Impossible de dire : non, c'est hors de question, je ne veux pas me séparer de ma fille en ce moment, même pour deux nuits. Je paraîtrais possessive et désespérée, dans le contexte actuel.

« Cela nous ferait tellement plaisir », insiste Vivian.

Encore un de leurs stratagèmes : ils présentent ça comme s'ils me demandaient un service, ainsi, en refusant, je me conduirais en ingrate, après tout ce qu'ils ont fait pour moi. Je m'écarte de Gray, sous le prétexte d'aller prendre de la crème dans le réfrigérateur.

« Bien sûr, Vivian. Pas de problème. »

Je sais qu'ils chérissent ma fille et que Victory adore aller chez eux. Elle va être ravie, et s'en ira sans même un regard pour Gray et moi. Silencieuse, mon café à la main, je monte dans sa chambre pour préparer ses affaires. Je sens leurs yeux rivés sur moi en sortant de la pièce.

Au bout d'une minute, Gray me rejoint à l'étage.

« Pourquoi te comportes-tu ainsi ? » me demande-t-il en refermant la porte de la chambre de Victory. Nous sommes environnés de poupées souriantes et d'animaux en peluche. Les murs sont peints en bleu et décorés de nuages, le plafond est couvert d'étoiles. La pièce est un plaisant fouillis de jouets de toutes sortes, meublée d'une minuscule table blanche, de quatre chaises et d'étagères remplies de livres et de jeux. C'est, de toute la maison, l'endroit que je préfère, celui que j'ai créé pour ma fille.

« Réponds-moi sincèrement, reprend-il, en s'asseyant sur le lit couvert d'une couette imprimée de fleurs aux couleurs éclatantes, orange, jaune et rose. Je me fais du souci. Je préfère qu'elle ne soit pas là pendant un ou deux jours, le temps que je comprenne un peu ce qui se passe. Tu n'es pas de cet avis ? »

J'acquiesce à contrecœur et m'assieds près de lui.

« Et je pense vraiment ce que je t'ai dit, ajoute-t-il, en me caressant la jambe. Ça fait des mois que nous n'avons pas eu un peu de temps libre. J'ai envie d'être seul avec toi.

— Nous avons une aide à domicile. Nous ne manquons pas de temps libre. »

Il me prend dans ses bras et je me laisse mollement aller contre sa poitrine. Je n'aime pas qu'il prenne le parti de Drew et Vivian contre moi. Ils semblent tous tellement forts, tellement sûrs d'eux… En face d'eux, je ne suis qu'un morceau d'épave emporté par le courant.

« Tu te plies toujours à sa volonté », dis-je. Je le sens se raidir. C'est un sujet de dispute permanent, une cause perpétuelle de friction entre nous. L'évoquer, c'est chercher la bagarre.

« Ce n'est pas vrai, répond-il sèchement. Et tu le sais très bien.

— Si, c'est vrai.

— Il ne s'agit pas de mon père », rétorque-t-il en relâchant son étreinte. Je détecte dans sa voix une colère contenue. Je connais bien ce ton, c'est celui qu'il emploie toujours quand nous nous disputons à propos de Drew, comme s'il bouillonnait de rage sans oser l'admettre.

« Qui donc a eu l'idée d'éloigner Victory quelques jours, pour te permettre de comprendre ce qui se passe ? »

Il se dirige vers la bibliothèque, prend dans sa main une boule à neige, et contemple à travers le verre le paysage new-yorkais d'avant le 11 septembre. Son profil à lui est tout en angles durs, il se découpe telle une tour sombre contre les peluches aux couleurs de sorbets et les couvertures duveteuses. Son silence me fournit la réponse.

L'association de Gray avec son père constitue en quelque sorte un cessez-le-feu. Après une adolescence perturbée, il avait, une fois parvenu à l'âge adulte, cessé toute relation avec lui pendant plusieurs années. Mais ils avaient fini par se rejoindre en zone démilitarisée, et je crois que Gray s'y trouve bien ; il n'a pas envie de raviver le conflit. Je le comprends, et en même temps, je lui en veux. Nous nous querellons sans cesse à ce sujet, sans parvenir à une solution.

« Tu sais, je ne suis pas folle, dis-je tout à trac, au bout d'une minute d'un silence crispé, obéissant à un soudain besoin d'affirmer ma santé mentale.

— Je sais », répond-il, en venant se rasseoir près de moi. Son expression me rappelle qu'il m'a vue dans mes pires moments. Parfois, je pense que ces souvenirs l'empêchent de mesurer les progrès que j'ai accomplis. Je crains de rester toujours à ses yeux la cinglée qu'il a secourue. Et peut-être une partie de lui-même souhaite-t-elle que je reste ainsi.

« Le psy dit que je suis plus solide que je ne l'ai jamais été depuis qu'il me connaît.

— C'est vrai. Mais ce n'est pas de ta santé mentale qu'il s'agit. Nous sommes confrontés à des menaces bien réelles et nous devons les évaluer. Victory est plus en sûreté avec mon père qu'avec Esperanza, non ? »

Il a raison, et je le sais. Pourquoi ai-je le sentiment d'être ligotée et bâillonnée par cette logique ? Pourquoi chaque fibre de mon corps frémit-elle à l'idée d'être séparée de Victory en ce moment ? Mais je m'incline. Naturellement.

Gray et moi finissons de préparer la petite valise rose de Victory, et nous allons la chercher à l'école avec Drew et Vivian. Elle est enchantée, comme prévu. Une visite à Disneyland est annoncée au programme. Elle nous embrasse d'un air insouciant avant de grimper sur le siège arrière du 4 × 4 de Drew. Je vois sa petite main qui se lève en un geste d'adieu, et ils s'en vont. Je lutte contre l'envie de courir derrière la voiture.

« Pourquoi n'avez-vous pas refusé, tout bonnement ? me demande mon psy, un peu plus tard dans l'après-midi.

— Parce qu'ils ont raison. Je suis à bout. »

Le problème, c'est que je ne peux pas vraiment lui parler de l'intrus qui rôdait autour de la propriété, de la visite qu'un soi-disant inspecteur a rendue à mon père, ni du flic et de ses questions. Il ignore trop de choses à mon sujet, il ignore que j'ai été quelqu'un d'autre, et que la personne que j'ai été a commis de très graves erreurs. Il pense que je suis Annie Powers, Annie Fowler de son nom de jeune fille. Il croit que mon mari est enquêteur pour une compagnie d'assurances. Il connaît mes rêves, mes attaques de panique, mon histoire jalonnée de troubles dissociatifs et de fugues de la réalité, mon choix d'arrêter le traitement pharmaceutique. Il sait que mon état s'est stabilisé depuis la naissance de Victory, que je me porte bien. Dans la version que je lui ai donnée de mon passé, tous les noms ont été changés pour protéger les coupables, moi incluse. Mais il ignore certains détails cruciaux, ainsi que les menaces récentes, bien réelles celles-là. Je crois qu'il s'en rend compte, qu'il sait qu'il ne peut m'aider que dans la mesure où je le lui permets.

« Et alors ? Vous avez le droit d'exprimer votre volonté, Annie. Même si d'autres personnes ont des raisons légitimes de vous demander quelque chose, même si elles sont bien intentionnées, cela ne signifie pas que vous soyez obligée d'accepter. »

Je sais qu'il a raison, et je le lui dis. « De toute façon, ils sont partis, à présent.

— Souvenez-vous-en, la prochaine fois. Vous avez le droit de dire non, même si vos raisons ne semblent pas logiques aux autres. À cause des événements traumatisants que vous avez connus, vous avez traversé des moments de rupture avec la réalité où vous n'étiez pas apte à émettre un jugement. Mais ces épisodes ne se sont plus reproduits depuis près de cinq ans. Vous avez traité le problème à sa source et vous allez bien, même sans traitement médicamenteux. Cette période de votre passé ne vous définit pas, votre personnalité ne se réduit pas à cela. Et ne permettez pas non plus à votre mari et à vos beaux-parents de commettre cette erreur. »

Il a raison, évidemment, en dépit de tout ce qu'il ignore. La vérité essentielle de notre existence ne se ramène pas toujours à la réalité quotidienne. Il croit que Gray m'a trouvée dans une gare routière et que, dans un accès d'altruisme, il m'a emmenée à l'hôpital, puis que, par un tour improbable des événements, il est tombé amoureux de moi, au cours des visites qu'il me rendait pendant ma convalescence. Ce n'est pas si éloigné que cela de la vérité, sans être entièrement vrai.

« Gray est tombé amoureux de vous alors que vous étiez mentalement instable et désemparée, me rappelle le docteur.

— Et peut-être ne désire-t-il pas que je devienne plus forte ?

— C'est ce que vous pensez, Annie ?

— Je ne sais pas. »

Un homme tel que Gray donne le meilleur de lui-même dans les moments de crise. C'est lui qu'il vous faut si le ciel vous tombe sur la tête. Mais dans les moments d'accalmie, ne se sent-il pas un peu perdu ? Je pense à notre famille, à toutes les choses que nous sommes obligés de cacher, à tous les secrets que nous gardons jalousement.

La Floride s'étend au-dessus d'un dédale souterrain de calcaire, un labyrinthe de grottes sèches ou humides et de crevasses – ce que l'on appelle un relief karstique.

Une fine couche de sable composé essentiellement de quartz recouvre ce paysage souterrain, façonné par les mouvements de l'eau à travers la roche durant des millions d'années. C'est un autre monde, plein de galeries obscures, peuplé de créatures qui ne pourraient pas vivre à la surface. Parfois, je songe à ces endroits secrets, à leurs ténèbres moites, leurs passages où règne le silence, et j'ai l'impression d'y être chez moi.

18

La plupart d'entre nous ne vivent pas au présent. Nous résidons dans un espace mental où les regrets et les rancunes du passé le disputent à notre peur de l'avenir. Parfois, c'est à peine si nous remarquons ce qui se passe autour de nous, occupés comme nous le sommes à voyager dans le temps. Avant la naissance de Victory, je pouvais passer des journées entières à essayer de comprendre ce qui m'était arrivé et les terribles erreurs que j'avais commises. Je marinais dans la colère et le dégoût de moi-même, dressais le catalogue des innombrables manquements de mes parents à mon égard, me donnant le rôle de victime et l'interprétant comme si je visais l'Oscar.

La maternité a tout changé. Victory m'a obligée à revenir au moment présent. Elle exigeait que je me concentre sur ses besoins, que je vive en fonction de son emploi du temps. Quand je m'occupais d'elle, que je la nourrissais, que je la changeais, ou simplement que je la regardais ou jouais avec elle, le passé et le futur s'évanouissaient. J'avais conscience que cette intimité serait de courte durée, qu'elle ne tarderait pas à s'éloigner de moi pour vivre sa vie. Je ne voulais pas perdre une seule seconde à songer à ce qui aurait pu être ou à ce qui pourrait arriver. L'amour vous ramène à l'immédiat – de même que la frayeur mortelle.

Et c'est seulement à l'immédiat que je pense en grimpant quatre à quatre les marches menant au poste de commandement. Je pousse la porte et découvre le cadavre du commandant qui m'avait fait signe tout à l'heure. Il a reçu une balle entre les deux yeux et son visage arbore une expression paisible. Je l'enjambe pour atteindre le tableau de commandes et manque perdre l'équilibre tant le sol est rendu glissant par le sang. Un autre corps gît recroquevillé près de la porte. J'enregistre tout cela, sans avoir le temps de ressentir toute l'horreur de la situation.

Je regarde les boutons et les manettes qui se trouvent devant moi. Je ne me suis jamais trouvée aux commandes d'un bateau comme celui-ci. Je n'ai pas la moindre idée de la façon de faire démarrer le moteur, ni de ce que je dois faire ensuite si jamais j'y parviens. Dehors, c'est l'obscurité totale. Il fait un froid glacial, ma respiration haletante forme des volutes de buée dans l'air, pourtant je transpire abondamment sous l'effet du stress. Je me mets à appuyer au hasard sur des touches, à tourner des boutons, mais au bout de quelques minutes d'efforts infructueux, je renonce. Je m'assieds dans le fauteuil du commandant et contemple la scène. Tout semble mort autour de moi – cette nuit noire et silencieuse, ce navire fantôme, ces hommes… La seule personne qui aurait pu m'aider est partie, parce que je l'ai renvoyée. Mon esprit passe fébrilement en revue les différentes solutions qui s'offrent à moi. Ai-je vraiment congédié Dax parce que je voulais affronter mon ennemi ? Ou parce que je voulais me rendre ? Je l'ignore. Mais je sais que je suis responsable de la situation désespérée où je me trouve, du moins en partie. Si ma vie a pris cette tournure, c'est par ma faute autant que par celle d'autrui.

Mes doigts effleurent le pendentif accroché à mon cou. Je sens les rebords inégaux du cœur coupé en deux. En abandonnant ma famille, je l'ai remis pour la première fois depuis cinq ans. Je l'ai fait pour me rappeler qu'il avait raison : en effet, je lui appartenais. Et je lui appartiendrai toujours, si je ne m'affranchis pas de lui une fois pour toutes.

Je suis engloutie dans le silence. Jamais je n'avais entendu un tel calme. Je ferme les yeux et prie un Dieu auquel je ne suis pas certaine de croire. C'est alors que je distingue un vrombissement au loin, le moteur d'un hors-bord. Je suis partagée entre la frayeur et l'espoir. Soit les renforts sont arrivés, soit je vais bientôt livrer mon dernier combat. Je ne tarderai pas à le savoir.

19

Environ une semaine après l'annonce que ma mère avait obtenu gain de cause, et que Frank serait bientôt rejugé, une femme lui rendit visite. Elle frappa bruyamment à la porte de la caravane, et j'ouvris, pensant que c'était le propriétaire venant réclamer le loyer impayé – un scénario que je ne connaissais que trop. Mais à la place, je découvris une toute petite femme aux yeux larmoyants, à la bouche mince et frémissante.

« Je viens voir Carla March », déclara-t-elle. Sa voix était timide, guère plus qu'un murmure. Mais on y sentait également une étrange détermination, et toute son attitude exprimait l'impétuosité.

« Elle travaille, répondis-je. Elle sera de retour dans quelques heures.

— J'attendrai. » Sans me laisser le temps de répliquer, elle se dirigea vers l'une des chaises en plastique blanc que nous laissions dehors, près de la porte. Ma mère s'était imaginé que nous nous y installerions le soir pour bavarder, mais l'humidité et les moustiques nous avaient fait préférer l'intérieur du mobile home et son air climatisé. L'inconnue s'y assit d'un air résolu, posa son sac sur ses genoux et carra les épaules, le regard fixé sur le chemin qu'elle venait d'emprunter.

« Elle ne rentrera que dans quatre heures, vous savez, repris-je, craignant qu'elle ne m'ait mal comprise. Peut-être même plus.

— Ça ne fait rien, jeune fille », répliqua-t-elle sans me regarder, avant de sortir une bible de son sac. Ses mains étaient sèches et crevassées, la peau de son visage, sillonnée de rides, ses yeux, soulignés de cernes noirs. Néanmoins, il émanait d'elle une impression de fierté et de dignité, malgré la pauvreté de sa mise – une jupe en coton imprimée de fleurs, dont l'ourlet pendillait, une blouse blanche boutonnée jusqu'au cou, jaunie au col et aux poignets, des souliers blancs recouverts de cirage pour masquer le cuir fendillé et grisâtre. Elle me rendait nerveuse ; je n'avais pas envie qu'elle reste.

« Qu'est-ce que vous voulez ? lui demandai-je.

— Je veux parler à ta mère et je ne partirai pas avant de l'avoir fait », répondit-elle d'un ton ferme, en se tournant vers moi.

Je rentrai dans la caravane et regardai la télé, puis je fis mes devoirs et commençai à préparer le dîner. Pendant tout ce temps, la femme attendit dehors, lisant sa bible et hochant la tête comme pour acquiescer aux propos d'un interlocuteur invisible. J'essayai de joindre ma mère, mais l'Allemand grincheux pour qui elle travaillait refusa de me la passer.

« Ce n'est pas possible », aboya-t-il, avant de me raccrocher au nez.

Le soir tomba, et la femme était toujours là. Enfin, je la vis se lever quand ma mère s'approcha lentement, une cigarette aux lèvres. Elle semblait perdue dans ses pensées, les yeux rivés au sol, et n'aperçut la femme que lorsqu'elle fut presque arrivée à la porte. Elle laissa tomber sa cigarette et l'écrasa sous son pied.

« Vous êtes Carla March ? » demanda la femme.

J'ouvris la porte et je vis l'inconnue barrer le passage à ma mère en lui brandissant quelque chose sous le nez.

« Qui êtes-vous ? s'enquit ma mère d'une voix brusque. Et vous me voulez quoi ? » Elle paraissait fatiguée, et je compris que la journée avait été rude.

« Je m'appelle Janet Parker, répondit la femme en redressant les épaules. Et voici une photo de ma fille Melissa. »

Ma mère blêmit. « Vous allez partir d'ici tout de suite, dit-elle à voix basse, en promenant un regard furtif à la ronde pour voir si on les observait. Vous n'avez rien à faire ici. »

La femme ne recula pas et n'abaissa pas le bras. Finalement, ma mère poussa un soupir excédé et s'empara de la photo. Je m'aperçus que ses doigts tremblaient pendant qu'elle l'examinait dans la faible lumière du soir.

« Ma fille était une bonne personne qui a connu une fin horrible, déclara Janet Parker, comme si elle avait répété ces mots des milliers de fois. Elle ne méritait pas de mourir ainsi. »

Ma mère tenta de forcer le passage, mais Janet l'en empêcha en l'attrapant par le poignet.

« Frank Geary l'a tuée, poursuivit-elle, sa voix se transformant en un hurlement plaintif. Il l'a battue, il l'a étranglée et violée pendant qu'elle agonisait. » Elle s'interrompit une seconde pour essayer de se calmer, avant de reprendre d'une voix enrouée : « Puis il a jeté son corps dans un trou d'eau. »

Elle se tut de nouveau, et se mit à trembler. Ma mère, comme hypnotisée, la contemplait en écarquillant les yeux. Janet Parker prit une longue inspiration frémissante. Cette fois, c'était comme si une digue s'était rompue en elle ; sa voix n'était plus qu'un gémissement. « Et elle est restée là, à flotter dans l'eau sombre et froide, pendant plus de trois mois. Mon bébé ! Toute seule dans l'eau sombre et froide. »

Ma mère laissa la photo tomber sur le sol et garda les yeux baissés tandis qu'elle dégageait son bras et se dirigeait vers la porte.

« Vous avez une fille ! hurla la femme, en tendant le doigt dans ma direction. Regardez-la ! Jeune et belle, avec toute la vie devant elle. »

Comme je la fixais, bouche bée, ma mère me poussa et se campa à ma place sur le seuil.

« La seule chose qui me procurait un peu de paix, c'était de savoir qu'il allait mourir pour ce crime, reprit Janet Parker d'un ton plus calme. Qu'il brûlerait en enfer pour l'éternité. » Elle avait cessé de hurler, mais la douleur dans sa voix faisait mal à entendre. J'avais le sentiment que j'aurais dû détourner les yeux, mais je ne pouvais pas les détacher d'elle.

« Frank Geary est un innocent qui a été condamné à tort », rétorqua ma mère. Sa voix semblait faible et mal assurée, ses protestations dérisoires face à la rage et à la tristesse infinies de son interlocutrice. « Je suis désolée pour la perte de votre fille. Mais ce n'est pas Frank qui l'a tuée. »

La femme baissa la tête et prit une profonde inspiration. « On a retrouvé son sac à main dans sa maison, dit-elle, le visage rouge et mouillé de larmes qu'elle ne prenait pas la peine d'essuyer.

— Les preuves ont été falsifiées. Je regrette », répondit ma mère, en refermant la porte.

L'autre se mit à tambouriner des deux poings contre le battant.

« Il l'a tuée ! Il a tué ma petite fille ! Mon bébé ! Ma petite fille ! » Sa voix s'amplifia jusqu'au rugissement. Elle continua à frapper et à vociférer, pendant qu'une petite foule se rassemblait autour de la caravane.

Ma mère s'enferma à clé dans sa chambre, et je restai assise dans la cuisine, paralysée de peur, à écouter les terribles cris de Janet Parker, qui ne cessèrent même pas quand la police arriva pour l'emmener. Je n'ai jamais pu oublier le son de sa voix ; des années après, elle résonne encore dans ma tête, comme l'expression même du chagrin et de l'indignation. Elle m'avait glacée de terreur, à l'époque, car je savais que c'était un présage.

Quand elle fut partie, ma mère émergea de sa chambre.

« Seigneur, s'écria-t-elle avec un rire âpre. Quelle cinglée ! »

Elle sortit, pour revenir quelques minutes plus tard chargée d'un pack de bières acheté dans la supérette d'en face. Elle ouvrit une canette et s'assit devant la télé, mais ne l'alluma pas. Elle resta là, silencieuse, les yeux dans le vague. Je me demandai si elle entendait encore les cris de Janet comme je les entendais, moi. Elle avala sa bière en moins de dix minutes, se leva pour en prendre une autre, puis se rassit. Ma mère n'était pas du genre à se contenter d'une seule bière.

Je passai dans ma chambre et fermai la porte. Un peu plus tard, couchée dans mon lit, je l'entendis sortir de la caravane en trébuchant et sus qu'elle était allée se racheter un autre pack. Elle aimait boire. Ce vice était comme un chien enragé qu'elle gardait enchaîné. Quand il se détachait, il dévorait nos vies.

Je savais ce qui allait se passer. Elle boirait jusqu'à perdre conscience et demain elle aurait la gueule de bois et se montrerait hargneuse. Elle lutterait pendant quelques jours, puis elle se remettrait à picoler en douce dès qu'elle le pourrait. En peu de temps, nous en reviendrions au stade où nous en étions avant qu'elle rencontre Jésus et devienne sobre – chaque soir, elle rentrerait d'on ne savait où en titubant, furieuse ou pleurnicharde, violente ou mielleuse à l'excès, faisant des scènes sous n'importe quel prétexte, jusqu'au moment où elle s'écroulerait sur le sol ou à demi couchée sur les toilettes. Elle finirait par perdre son boulot. Et ce serait le début de la fin.

Quelques semaines plus tard, ma mère et Frank se marièrent, toujours séparés par une vitre blindée. Et comme si cela n'était pas déjà assez affreux et gênant, Frank força Marlowe à le remplacer auprès de ma mère, à lui passer l'alliance au doigt et à lui donner un chaste baiser sur la joue. Mon petit ami devint ainsi mon demi-frère, et je regardai, horrifiée, les nouveaux époux presser leurs corps contre la vitre en une parodie d'étreinte, jusqu'à ce que les gardes entraînent Frank vers sa cellule.

Dans le bus, ma mère, vêtue d'une robe de mariée courte et défraîchie sous son imperméable, pleura durant tout le trajet. Marlowe arborait un air indéchiffrable. J'essayai de lui prendre la main sans que ma mère le voie, mais il me repoussa sans pitié. J'allai m'asseoir seule au fond du bus, engourdie, comme vidée. Au bout d'un moment, ma mère s'assoupit, et

Marlowe me rejoignit. Il me prit la main et posa sa tête sur mon épaule.

« Je suis désolé, me dit-il. Tout va s'arranger. »

Je pensai à mon père et à ses fausses promesses, à la façon dont il était parti sans me prévenir. Je pensai à ce que ma mère m'avait dit de Marlowe – que c'était un menteur, exactement comme mon père. Le bus sentait la cigarette et le vomi. J'appuyai ma tête contre la fenêtre et regardai défiler les plantations d'orangers.

Après ce mariage dans le couloir de la mort et à l'approche du nouveau procès de Frank, je devins une paria à l'école. Avant ça, je n'étais personne : j'étais calme et j'évitais de me faire remarquer, j'avais de bonnes notes, mais pas assez bonnes pour attirer l'attention. Je n'étais ni particulièrement laide ni vraiment sexy, de sorte qu'on ne me voyait pas. Pendant le déroulement du procès, toutefois, certains interprétèrent de travers les articles qui paraissaient dans la presse et crurent que j'étais la fille de Frank. Quelqu'un déposa un oiseau mort dans mon casier ; un autre me fit un croc-en-jambe dans le couloir ; un troisième me lança des spaghettis à la cafétéria. Je pleurai dans les toilettes en essayant de nettoyer mes cheveux pleins de sauce.

Et puis, juste au moment où je me disais que la situation aurait difficilement pu être pire, Frank fut acquitté. Les prières de ma mère avaient été exaucées. Son mari allait rentrer à la maison.

20

Quand je reviens de mon rendez-vous chez le psy, la maison me semble vide. Il n'y aura pas de tractations au moment des repas (*Si tu manges trois bouchées de brocolis, Victory, nous pourrons passer au dessert*), pas de jeux dans la salle de bains (la course entre M. Canard et M. Grenouille se poursuit), pas de ces instants de calme absolu dans sa chambre, juste avant qu'elle s'endorme. Tous ces rituels si rassurants ont été suspendus.

Tandis que je me verse une tasse de café – bien que je n'aie vraiment pas besoin d'excitants –, j'entends Esperanza dans la buanderie. Je l'appelle, mais elle ne répond pas. Je décide d'attendre un peu avant de lui annoncer qu'elle peut prendre sa soirée. Je n'ai pas envie de rester toute seule dans cette maison où je ne me sens jamais tout à fait chez moi quand Victory n'y est pas.

Gray s'est rendu au siège de Powers et Powers, en ville, à quarante minutes d'ici – pour quelle raison, je l'ignore. Je n'y suis moi-même allée qu'une ou deux fois. C'est un petit local avec un bureau paysager et des salles de conférences meublées de longues tables en bois et de sièges pivotants ergonomiques, d'énormes moniteurs à écran plat et de tout ce qui se fait de mieux en matière d'équipement pour vidéoconférence. Ça ressemble à n'importe quel autre lieu où l'on traite des affaires : aseptisé, impersonnel, avec une petite cafétéria qui sent le mauvais café et le pop-corn brûlé. L'imprimante se bloque, quelqu'un doit remplacer l'énorme bouteille au-dessus de la fontaine à eau, les gens collent des photos de leurs gosses sur les côtés de leur ordinateur.

Le travail de Gray n'a pas le côté glamour de *Mission impossible* ou autre série télévisée. À la fin de la guerre froide, des sociétés comme celle-ci ont commencé à jouer, dans les conflits mondiaux, un rôle qui avait jusque-là toujours été réservé aux militaires. Powers et Powers se présente comme une entreprise privée de conseil en sécurité, ainsi que l'a mentionné l'inspecteur Harrison, et c'est exact. Mais elle a également envoyé ses hommes combattre le Front uni de libération de la Sierra Leone, aider à mettre fin à la crise dans l'ex-Yougoslavie et participer à l'effort de reconstruction au Kosovo. Les sociétés militaires privées les plus sérieuses fournissent des services très ciblés et spécialisés, qui étaient autrefois l'apanage des forces armées gouvernementales. Si elles œuvrent en collaboration avec les pouvoirs en place, elles peuvent se révéler très efficaces. Toutefois, si leurs dirigeants sont dénués de conscience – ce qui arrive assez fréquemment pour susciter des inquiétudes –, elles peuvent avoir un effet déstabilisateur sur les régimes les plus solides.

Powers et Powers emploie un peu moins d'un millier de personnes – d'anciens membres des Forces spéciales et de la police, tous hautement qualifiés et expérimentés. Leurs missions vont de la négociation avec des preneurs d'otages à l'intervention d'urgence, de la formation au maniement d'armes à de petites opérations tactiques ou à la sécurité des personnes. Ils louent leurs services aux gouvernements, aux entreprises et aux individus. C'est une industrie très controversée, c'est pourquoi Drew et Gray préfèrent garder un profil bas. Très peu de ceux qui nous connaissent savent ce qu'ils font. Même les autres locataires de l'immeuble où se trouvent leurs bureaux ignorent la nature réelle de leurs activités. Moi-même, je n'ai jamais connaissance de leurs opérations. Cela m'est égal. Sans doute suis-je plus habituée aux secrets et aux mensonges que la majorité des gens.

Je profite de l'absence de Gray pour me rendre dans un cybercafé de la plage. Je commande un *latte* et ouvre une session sur le compte que j'ai créé il y a déjà longtemps. Parmi une multitude de spams, je trouve un message d'Oscar me demandant : « Quel est ton problème, Annie ? »

Je suis surprise qu'il se souvienne de moi, même s'il me l'avait promis. Je suis également un peu effrayée. Une partie de moi espérait qu'il ne donnerait pas suite à mon appel.

J'hésite un instant, ne sachant que répondre. Je regarde autour de moi et repère une jeune fille dont la combinaison de plongée ouverte laisse voir le haut de son bikini. La peau bronzée, les cheveux décolorés, elle sirote une boisson énergétique en surfant sur le Web. Un vieil homme en short, débardeur et tongs la reluque par-dessus sa tasse de café. On sent qu'il a l'impression de pouvoir encore plaire, mais il se trompe lourdement.

J'écris : « J'ai des raisons de croire que mon passé est sur le point de me rattraper. Il me faut une issue de secours. »

J'envoie le message et attends en dégustant mon *latte* mousseux et pas assez fort. Je songe avec nostalgie au café qu'on sert à New York, si serré qu'il vous fait l'effet d'un coup de poing en pleine figure. Sur le téléviseur mural, branché sur CNN, des photos de femmes assassinées emplissent l'écran, avec la légende : *Un imitateur ?* Le son est inaudible, et des sous-titres défilent en bas de l'image. « ... *similaires aux meurtres commis il y a près de dix ans, à moins de quatre-vingts kilomètres d'ici. Mais l'homme condamné pour ces meurtres a été tué lors de...* » Je détourne les yeux, le cœur battant, le rugissement de mon sang m'emplissant les oreilles. Je ne veux plus voir ça.

Je vérifie ma boîte de réception. Elle contient déjà un nouveau message.

« Je me tiens prêt à intervenir. En attendant, commence à raconter autour de toi que tu t'es trouvé une nouvelle occupation. Dis que tu veux obtenir ton brevet de plongée sous-marine. Quand tu seras vraiment décidée, tu sais ce qu'il faut faire. Pas de précipitation. C'est irréversible. »

Je termine mon café en réfléchissant au sens de ces mots. Dans ce lieu, près de ce vieillard essayant de draguer la jeune surfeuse, la situation prend un caractère flou, irréel, comme au sortir d'un de mes rêves. Je me rappelle que rien n'est encore joué. Que tout va bien pour le moment. Que je suis toujours Annie Powers.

Au bout d'un instant, je quitte le café et me dirige vers ma voiture. Je sens une douleur lancinante juste derrière l'œil droit, un début de migraine. En ouvrant ma portière, j'aperçois près de l'entrée du café la fille que j'avais remarquée le soir de la réception chez Ella. Je ne l'avais pas vue en sortant. Appuyée contre le mur, elle me dévisage avec la même expression que l'autre fois, l'air plus négligé encore que dans mon souvenir, mais néanmoins jolie malgré son aspect famélique. Quand je m'avance vers elle, elle tourne les talons et s'éloigne à vive allure. Je la suis.

« Hé ! » Je l'appelle, même si j'ignore pourquoi je la suis, ou ce que je lui dirai quand je l'aurai rattrapée. J'éprouve seulement un besoin désespéré de connaître son nom. Elle tourne à gauche, et je la perds de vue. Je presse le pas, courant presque. Mais quand j'arrive au coin, je ne la vois pas. Du regard je scrute toute la longueur de la rue, en vain. Elle a disparu. Mon cœur bat à tout rompre, comme si je venais de courir un marathon ; une panique familière me comprime la poitrine. Je retourne vers ma voiture, ferme ma portière et la verrouille. J'ai du mal à respirer, des taches blanches dansent devant mes yeux. Pas de doute, c'est une attaque de panique, et une sérieuse. J'essaie de la combattre en respirant profondément, comme mon psy me l'a enseigné. Je mets le contact et ouvre la climatisation à fond ; l'air est d'abord brûlant, puis glacé. Je commence à me calmer. Je m'aperçois dans le miroir du rétroviseur : mon visage est un masque de terreur.

« Qu'est-ce qui te prend ? dis-je à voix haute. Ressaisis-toi ! »

Au bout d'un moment, j'arrive de nouveau à respirer, et le séisme s'est apaisé. Je rentre chez moi. Ma migraine a pris des proportions colossales.

Gray m'attend, assis à la table de la cuisine.

« Où étais-tu passée ? » s'enquiert-il, avec une feinte désinvolture.

Il sait que j'ai déplacé les objets cachés sous notre lit, j'en suis persuadée. Je sens qu'il s'inquiète pour moi, pour ce que je pourrais faire. Ce que j'aime en lui, c'est qu'il n'a jamais cherché à empiéter sur mon espace vital, qu'il m'a toujours accordé le bénéfice du doute.

« Je suis allée faire des courses », dis-je en déposant sur le comptoir un sac rempli de choses dont je n'avais aucun besoin – lait pour le corps, shampooing, vernis à ongles. Il se lève pour venir jusqu'à moi. Il fouille le sac, et je me rends bien compte qu'il n'est pas dupe. Il me prend la main et me dit, en indiquant une chaise : « Assieds-toi une seconde. »

J'obéis, et il pose sur la table une photo de mauvaise qualité, un tirage sur imprimante. On y voit un homme au visage bouffi et grêlé, avec un nez bosselé, des yeux mauvais au regard mort.

« Tu sais qui c'est ? »

La migraine est si atroce à présent que j'en ai la nausée. Mon cerveau s'emplit de noir.

« Non, dis-je en me massant les tempes.

— Tu en es sûre ? »

Je regarde de nouveau, mais ne parviens pas à concentrer mon attention sur ce visage. « Non, je n'ai pas l'impression de le connaître. »

Il s'assied près de moi, baisse les yeux sur la photo, la tapote du doigt.

« Je suis allé au bureau et j'ai appelé ton père sur une ligne sécurisée. Il m'a décrit le type qui est venu l'interroger. Il se trouve qu'il lui avait également laissé un nom et un numéro de téléphone. Le nom est faux, bien entendu, et le numéro est celui d'un biper. Mais ce nom, Buddy Starr, figure sur la liste des pseudonymes utilisés par un certain Simon Briggs, un chasseur de primes. Pas de ceux qui traquent les prisonniers qui tentent de se soustraire à la justice, non, plutôt quelqu'un qui travaille à son compte. C'est le gars qu'on embauche quand on veut retrouver quelqu'un, sans se soucier vraiment de l'état dans lequel on le ramènera. Il a un casier judiciaire bien rempli.

— Pourquoi voudrait-il retrouver Ophelia ? » Le soleil entrant par la fenêtre est beaucoup trop lumineux. Je me couvre les yeux.

« C'est ce que nous devons découvrir, répond Gray. Il est cependant vraisemblable qu'il travaille pour quelqu'un. »

Je contemple la photo, puis referme mes yeux et les frotte doucement.

« Hé, ça ne va pas ? demande Gray au bout d'un instant. Tu es toute pâle, ajoute-t-il en posant une main sur mon bras.

— J'ai la migraine, c'est tout. » Je sens son regard sur moi mais l'évite soigneusement.

« Peut-être que tu as déjà vu cet homme et que tu ne t'en souviens plus ?

— Non », dis-je avec fermeté, refusant d'admettre que c'est non seulement possible, mais probable, étant donné ma réaction. Je pose ma tête entre mes bras. Chez moi, les accès de migraine sont toujours subits et violents. Si ça empire, je vais rester prisonnière pendant des heures d'un cocon de douleur.

« Je ne sais pas », finis-je par avouer.

Je laisse Gray me conduire jusqu'à notre chambre. Il me met au lit et ferme les volets. Je l'entends prendre mon médicament dans l'armoire à pharmacie, faire couler de l'eau dans un verre. Quand il revient, je me redresse et avale les comprimés. Il sait si bien prendre soin de moi…

Cet après-midi-là, l'inspecteur Harrison eut enfin de la veine. Quelques coups de téléphone au bureau d'état civil de la ville du Kentucky où Annie Fowler était née lui suffirent pour qu'on lui envoie par fax une copie de son certificat de décès. Elle avait trouvé la mort dans un accident de la route, à l'âge de vingt et un ans, avec son fils âgé de quelques mois.

« Une vraie tragédie, s'apitoya l'employée à l'autre bout du fil. Elle allait en classe avec mon fils.

— Oui, c'est vraiment triste, acquiesça l'inspecteur, en s'efforçant de dissimuler son excitation. Cela vous ennuierait-il de me la décrire ?

— Rousse, avec des taches de son, un gentil minois, petite – un mètre cinquante-cinq à peine, et un peu ronde. Très mignonne néanmoins. Oui, vraiment… jolie. » Aucun rapport avec l'Annie Fowler qu'il connaissait.

« Je viens moi-même d'une petite ville », affirma-t-il à l'employée, bien que ce ne fût pas tout à fait vrai. C'était juste un de ses trucs pour mettre les gens en confiance. « Je sais à quel point une tragédie pareille peut affecter les proches.

— C'est bien vrai, déclara la femme d'une voix peinée, comme si elle était elle-même sur le point de pleurer. Ses parents n'ont plus jamais été les mêmes, après ça. » Une pause, puis : « Excusez ma curiosité, monsieur, mais… pourquoi vous intéressez-vous à elle ?

— Je ne peux pas vous le révéler, madame, rétorqua-t-il, du même ton poli. Mais j'ai des raisons de croire que quelqu'un s'est servi de ces informations pour usurper son identité. » Il s'interrompit en entendant l'employée étouffer une exclamation. « Depuis sa mort, vous a-t-on déjà réclamé son extrait de naissance ? »

Effectivement, un jeune homme s'était présenté, quelques mois après le décès d'Annie Fowler. Il avait raconté qu'il était un enfant adopté et cherchait à retrouver sa famille biologique. Il pensait qu'Annie pouvait être sa sœur.

« Ça lui a fait un choc d'apprendre qu'elle était morte. Mais je connaissais les parents d'Annie. S'ils avaient donné un de leurs enfants à adopter, je l'aurais su. Enfin, il a quand même demandé des copies des actes de naissance et de décès. Je ne sais pas ce qu'il comptait en faire, mais il m'a fourni les renseignements nécessaires et payé les droits.

— Vous rappelez-vous son nom ?

— Non, pas du tout. Mais je l'ai peut-être noté quelque part. Puis-je vous rappeler ?

— Je vous en serais extrêmement reconnaissant. »

Cet après-midi-là, l'inspecteur Harrison ne savait pas que la vraie Annie Fowler était morte quelques mois seulement avant qu'Ophelia March ne soit elle-même tuée dans un accident de voiture au Nouveau-Mexique. Il ne savait ni qui j'étais ni ce que je cachais, mais il savait qui je n'étais *pas*. Et, comme le font tous les joueurs juste avant de perdre, il avait le sentiment qu'il allait réussir le plus beau coup de toute sa vie.

21

Le premier dîner que nous avons partagé tous les quatre, le soir de l'arrivée de Frank, se déroula dans une atmosphère de malaise : ma mère radotait, Marlowe gardait les yeux baissés sur la table, tandis que, muette d'horreur, je regardais Frank empiler la nourriture sur son assiette et dévorer avec appétit.

« Nous sommes une vraie famille à présent, roucoula ma mère, assise à côté de lui devant la table en formica trop petite.

— C'est vrai », acquiesça Frank en lui tapotant le bras. Elle frotta son museau contre lui à la façon d'un chat.

J'étais trop déprimée pour faire la maligne. Je ne cessais de fixer les mains de Frank, en pensant aux hurlements lugubres de Janet Parker et à la façon dont sa fille était morte. Pas un seul instant je n'avais cru à son innocence. Tout le procès avait reposé sur les accusations à l'encontre du policier chargé de l'enquête, l'exclusion des preuves trouvées par celui-ci dans la maison de Frank, et le témoignage de l'ophtalmologiste, qui avait été acheté, selon le procureur. Bref, Frank avait eu de la chance. Et ces mêmes mains dont il s'était servi pour assassiner un nombre indéfini de femmes déposaient à présent de la purée de pommes de terre dans mon assiette.

Frank était un homme grand et placide, avec des yeux bleus étroits et de longs doigts minces. Ses cheveux blonds commençaient à blanchir, et ses lèvres fines disparaissaient presque dans les plis de son visage. Il parlait à voix basse, en chuchotant presque. Je sentis qu'il m'observait pendant que je mangeais.

« Tu ressembles beaucoup à ta mère, petite », dit-il enfin, rompant le silence qui pesait à table. Cette déclaration sonna à mes oreilles comme un avertissement, et je sentis se hérisser le duvet sur mes bras. Ma mère me lança un regard noir, et je pris note mentalement qu'il vaudrait mieux, à l'avenir, attirer le moins possible l'attention sur moi.

Dehors, devant la caravane, quelques protestataires s'étaient réunis – des proches des victimes de Frank, scandant avec des voix calmes mais insistantes : « Assassin, assassin, assassin. » Nous faisions tous semblant de ne pas les entendre.

« Nous partirons d'ici à la fin de la semaine », déclara Frank en se levant. Il s'avança jusqu'à la fenêtre et, de ses doigts de goule, écarta le rideau pour jeter un coup d'œil au-dehors, en poussant un gros soupir. Les incantations hostiles se firent plus sonores.

Je me rappelle avoir pensé : *S'il était innocent, il se mettrait en colère, il crierait à l'injustice*. Mais il paraissait simplement contrarié, peut-être même écœuré, comme si la douleur et la rage de ces gens ne lui inspiraient que du mépris. C'étaient des émotions qu'il ne comprenait pas. Il se retourna et vit que je le fixais. Ses yeux étaient vides, inexpressifs, bordés de cernes sombres. Ils me faisaient songer à cet entonnoir où le corps de Melissa Parker avait flotté pendant des semaines. Il n'y avait dans ce regard rien de reconnaissable. Pas l'ombre d'un sentiment humain.

L'État versa une indemnisation à Frank, environ dix mille dollars. Avec cette somme, et ce qu'il avait de côté, il effectua un premier versement pour l'achat d'un ranch d'élevage de chevaux, dans un trou perdu de Floride. Comme il l'avait annoncé, une semaine après sa libération, nous avons déménagé. Tout se passa si vite que je n'eus même pas le temps de protester. Nous n'emportâmes rien d'autre que nos vêtements ; Frank déclara que tout le reste était de la camelote qu'il valait mieux laisser sur place.

Notre nouvelle demeure était bâtie sur un terrain de dix hectares, à huit cents mètres environ de la route. Nous étions totalement isolés de nos voisins par les plantations d'orangers qui s'étendaient à l'est et la ferme laitière à l'ouest, et la ville la plus proche se trouvait à une demi-heure de route. Quand nous nous sommes engagés pour la première fois dans la longue allée menant à la maison, je me suis dit que je pourrais hurler à m'en faire exploser la tête sans que personne m'entende.

Le premier matin, en me réveillant dans ma nouvelle chambre, je vis par la fenêtre le soleil miroiter sur l'herbe humide de rosée. Je perçus le bruit étouffé des sabots des chevaux piétinant dans leur enclos, je les entendis renifler et hennir comme s'ils conversaient paisiblement entre eux. Ç'aurait pu être l'endroit le plus agréable où il m'ait jamais été donné de vivre, si je n'avais pas été aussi triste, aussi terrifiée par l'homme qui dormait dans le lit de ma mère.

La présence de Frank pesait sur nos vies comme une épaisse couche de neige : tout était devenu blanc et silencieux. Y compris ma mère, qui, l'air froid et figé, le regard vide, se laissait réduire en esclavage par Frank. Elle accomplissait toutes les tâches d'un ouvrier agricole, cuisinait et récurait la maison comme je ne l'avais encore jamais vue le faire. C'était à peine si elle me regardait, sauf pour m'assigner des corvées. Elle ne me touchait que lorsque nous nous prenions la main pour réciter les grâces avant les repas.

Quant à moi, j'étais en pilotage automatique, comme anesthésiée. Je veillais à ne porter que des vêtements amples et sans forme, pour ne pas attirer l'attention de Frank. Dans la journée, j'allais à l'école et, en rentrant, j'effectuais les travaux qui m'étaient impartis. Tous les soirs, je tentais en vain de joindre mon père. Et la frayeur que m'inspirait Frank m'empêchait d'accabler ma mère de reproches et de m'en prendre violemment à elle comme j'en avais envie. C'était comme s'il émanait de lui des radiations nocives nous privant de toute vitalité.

J'avais espéré m'enfuir avec Marlowe avant d'être obligée de vivre sous le même toit que Frank. Mais il semblait avoir oublié ses promesses. La présence de Frank l'avait transformé, lui aussi ; il était devenu aussi inhumain que son père. Il n'y avait plus aucune trace en lui de la passion qu'il avait prétendu éprouver pour moi, à part les regards sombres qu'il me lançait quand il croyait que personne ne nous observait. Je le suivais partout, essayant de voler quelques moments en tête à tête avec lui. Mais il m'évitait, jusqu'à cette nuit où je me réveillai pour le trouver debout près de mon lit. Je me redressai, le cœur palpitant d'espoir. « Marlowe ! »

Il ne répondit pas.

« Qu'est-ce que tu as ? » lui demandai-je, comme il restait immobile dans un coin obscur de la pièce. Au bout d'une longue minute, mon espoir fit place à la peur. Je la sentis s'épanouir en moi comme une fleur maléfique, en me demandant combien de temps il était resté là à me regarder dormir, et pourquoi.

« Il ne faut pas qu'il apprenne qu'il y a eu quelque chose entre nous, dit-il enfin, en s'avançant dans la lumière afin que je le voie.

— Je croyais que nous allions nous enfuir », répondis-je, en m'efforçant de parler d'une voix neutre et dénuée d'émotion. Je ne voulais pas qu'il sache combien j'avais peur, combien j'avais besoin de lui.

« Nous ne pouvons pas, murmura-t-il. Il nous retrouverait. Et à ce moment-là, il te tuerait. Je n'ai pas le droit d'aimer qui que ce soit. »

J'étais trop désespérée pour entendre le dégoût qui perçait dans sa voix. Je compris seulement qu'il me laissait tomber, comme tout le monde. « Tu avais promis, dis-je d'un ton que je fus la première à trouver puéril.

— Ça, c'était avant, répliqua-t-il sèchement. Je n'aurais jamais cru qu'il serait relâché. »

Je l'avais vu suivre son père comme un toutou, levant vers lui des yeux implorants, quémandant des miettes d'attention. « Tu ne veux pas le quitter, c'est ça ?

— Tu ne comprends pas, répondit-il, en s'asseyant sur le bord du lit. Personne ne peut le quitter. »

Marlowe m'avait paru si fort, si sage – tellement plus sage que n'importe quelle personne de ma connaissance. Et maintenant, je découvrais qu'il n'était qu'un gosse effrayé, comme moi.

« Tu auras dix-huit ans dans sept mois, reprit-il d'une voix faible. Tu pourras alors légalement partir d'ici. Moi, je les aurai le mois prochain, et je m'engagerai dans les marines. Il ne pourra pas aller me chercher là-bas. »

Submergée par le désespoir, je lui tournai le dos et j'enfouis mon visage dans l'oreiller pour pleurer. Il n'esquissa pas le moindre geste pour me consoler et demeura assis là, sans rien dire. J'avais l'impression que le puits de tristesse en moi ne tarirait jamais, que mes larmes ne cesseraient jamais de couler.

Et puis : « Il y a peut-être une solution, Ophelia. Seulement, je ne sais pas si tu auras le cran. »

Quelque chose dans son ton me glaça, cependant je sentis renaître en moi une lueur d'espoir.

« De quoi parles-tu ? murmurai-je, la bouche contre l'oreiller.

— C'est la seule solution », reprit-il en se rapprochant de moi. Il me frotta le dos du plat de la main. C'était la première fois qu'il me touchait depuis des semaines. Je m'assis et me blottis entre ses bras, qu'il referma sur moi. Comme c'était bon d'être à nouveau si proche de lui, proche de *quelqu'un* !

« Je ne comprends pas de quoi tu parles. » Il se pencha et m'embrassa. Tout mon corps s'enflamma. Il se glissa sous les couvertures, et ses mains se mirent à explorer ma peau. Ma mère s'était trompée à mon sujet : je n'avais jamais fait l'amour avec Marlowe. J'étais encore vierge, jusqu'à cette nuit-là. Nous n'avions jamais fait davantage que nous peloter. J'ai conscience aujourd'hui que je n'étais alors qu'une enfant affamée d'affection. Je recherchais seulement le contact physique avec une autre personne et je prenais cela pour de l'amour. Au bout de quelques minutes, alors que j'étais toute brûlante et affolée de désir, il s'écarta de moi.

« Laisse tomber, dit-il. Tu n'es pas encore prête. Tu es trop jeune. »

Il descendit du lit et retourna se poster devant la fenêtre. « Le mois prochain, à la même date, je ne serai plus ici.

— Je ne suis pas trop jeune, implorai-je, me recroquevillant sur moi-même, mes genoux ramenés contre ma poitrine. Ne me laisse pas. »

Il revint vers moi. Du bout d'un doigt, je suivis le contour de sa bouche.

« Je ferai n'importe quoi, dis-je.

— Dis-le, alors.

— Je t'appartiens. »

« Annie ? »

Je me réveille en sursaut. Gray est en train de me secouer par les épaules. « Tout va bien. Réveille-toi. »

Je suis trempée de sueur, mon cœur bat la chamade. Heureusement, la migraine a cessé de me marteler le crâne. Mais je me sens exténuée, comme si je venais de courir pendant des centaines de kilomètres.

« Que s'est-il passé ? » J'halète, complètement désorientée. Je ne sais même pas si c'est le jour ou la nuit.

« Tu rêvais », explique-t-il. Il écarte de mes yeux quelques mèches de cheveux humides et reprend : « De quoi rêvais-tu ? »

J'essaie de chasser le brouillard de mon esprit, de capturer les images de mon rêve qui commencent déjà à s'estomper. Je m'écarte de Gray et allume la lumière.

« Je crois que je me rappelle », dis-je. Il me regarde, avec, dans son expression, un mélange de crainte et d'espoir.

« Quoi ? Que te rappelles-tu ?

— Je ne sais pas », dis-je au bout d'un moment. Brusquement, je n'ai plus envie de lui raconter ce que j'ai vu dans mon rêve. Je n'ai pas envie de lui dire ce que j'ai peut-être fait.

« Dis-moi. »

Je ferme les yeux et me blottis contre lui. « Gray, t'es-tu jamais demandé comment ce serait d'être marié à quelqu'un de normal ?

— Je serais mort d'ennui, réplique-t-il avec un petit rire.

— Non, sérieusement ?

— Tu es normale, déclare-t-il en reculant un peu pour me dévisager. Tu vas parfaitement bien. »

Je me demande comment il peut affirmer une chose pareille, je me demande s'il le croit vraiment. Je m'aperçois que je ne peux pas soutenir son regard. J'enfouis de nouveau ma tête dans son épaule pour ne pas avoir à détourner les yeux.

« Elle ne doit jamais apprendre qui j'ai été ni ce que j'ai fait, dis-je, ma bouche contre son épaule. Je ne laisserai jamais Ophelia la toucher. Tu le sais, Gray.

— Ophelia n'a jamais été le problème.

— Tu sais ce que je veux dire.

— Je sais, répond-il. Je sais. »

22

Pour la plupart des gens, la Floride évoque les oranges et les flamants roses, les plages et les palmiers, l'océan bleu-vert, Disney et les margaritas. La Floride frivole et kitsch, l'endroit idéal pour des vacances en famille. Et elle est tout cela, bien sûr. Mais son cœur reste encore indompté ; elle bouillonne en son centre d'une rage qui aurait vite fait de déborder sans le béton armé qui la tient enfermée. Elle renferme de vastes étendues sauvages : des mangroves ombreuses, des dolines profondes, d'immenses réseaux de cavernes et de grottes, des hectares de marécages grouillants de vie. C'est cette partie de la Floride qui reprendra le dessus à la première occasion : elle tendra vers nous ses doigts humides et visqueux et nous enserrera dans son poing. Ma vie me donne la même impression.

Je déambule dans le centre commercial en compagnie d'Ella. N'importe qui, en nous voyant flâner ainsi d'une boutique à l'autre, nous prendrait sûrement pour deux femmes qui ont du temps et de l'argent à gaspiller et se dirait que nous n'avons sans doute pas de problème plus grave qu'un mari infidèle ou un enfant hyperactif. Tout en examinant un sac Gucci dont le prix frise l'obscénité, j'entends une détonation retentir à mes oreilles, je sens une odeur de poudre. Je vois la poitrine de Frank Geary exploser, je le vois tomber à la renverse dans l'escalier. J'entends ma mère hurler. Je ne sais pas d'où me viennent ces images, s'il s'agit d'un souvenir ou d'un rêve.

« Tu sembles distraite, remarque Ella quand nous nous asseyons dans un snack pour boire un café. Tout va bien ?

— Mais oui », dis-je d'un ton désinvolte. L'image de Simon Briggs ne me quitte pas, c'est comme une migraine dont je n'arrive pas à me débarrasser. Son visage, si grossier et laid, me paraît familier sans être pour autant reconnaissable. Il y a tellement de choses dont je n'arrive pas à me souvenir avec précision, des gens, des événements, glissant comme du sable entre mes doigts. « Il y a juste que… je ne dors pas assez.

— C'est l'incident de l'autre soir qui te fait flipper, déclare-t-elle d'un ton docte. Moi, ça m'empêcherait à coup sûr de dormir. »

Flipper. Elle emploie le même terme démodé que cet inspecteur, l'autre jour.

« Oui, ça doit être ça. » Nous buvons toutes deux une gorgée de café. Une pause, puis : « Je vais passer mon brevet de plongée. »

Elle me regarde par-dessus sa tasse, effarée. « Je croyais que tu détestais l'eau.

— C'est vrai, dis-je en avalant une nouvelle gorgée du breuvage noir et amer. Mais tu sais, j'ai une fille à présent et je veux lui montrer qu'on peut dominer ses peurs. »

Elle hoche la tête, circonspecte. Ella est la diplomatie même, elle n'émet jamais de jugement hâtif. C'est ce que j'apprécie en elle.

« Peut-être devrais-tu commencer par des leçons de natation, suggère-t-elle avec tact. Dans une piscine, tu vois ?

— Le baptême du feu », fais-je en souriant.

Elle me contemple d'un air incertain. Je repose ma tasse sur la soucoupe, en produisant un léger tintement, et reprends :

« Les premières leçons se déroulent en piscine.

— Parfait, approuve-t-elle joyeusement. Tu sais quoi ? Je suis fière de toi. C'est formidable. »

Son téléphone portable se met à sonner, et elle me lance un regard d'excuse avant de répondre. Je comprends, à son changement de ton, que c'est son mari qui appelle. Sa voix se radoucit, et elle se détourne de moi. Je contemple la foule des promeneurs et je pense à Gray, qui doit encore être en train de tenter d'identifier ceux qui me traquent, et à Victory, chez ses grands-parents. Je compte les heures qui me séparent du moment où j'irai la chercher à l'école demain. Je ne suis ici que pour tuer le temps. Je devrais être chez moi, en train de me creuser la tête pour essayer de me rappeler qui Simon Briggs a bien pu être pour moi. Mais je présume qu'une partie de moi-même ne tient pas à se le rappeler. C'est ce que croit mon psy, en tout cas.

« Je dois m'en aller, annonce Ella d'une voix contrainte, en refermant son portable.

— Tout va bien ?

— Oui », répond-elle avec un rire qui sonne faux et un vague geste de la main. Nous sommes toutes deux de sacrées menteuses, et j'espère pour elle qu'elle ment pour des raisons moins graves que les miennes.

« Et tes mocassins Prada ?

— Ils attendront. Tu viens ? »

Je secoue vivement la tête, avale le reste de mon espresso et me lève. « Je veux acheter quelques bricoles pour Victory.

— Bon, dit-elle en coinçant son sac sous son bras. Désolée.

— Ne t'en fais pas pour ça. »

Elle a le teint pâle, le bord des yeux un peu rouge. Elle ne parle jamais de son mari, ni de leur relation, sauf pour en esquisser les grandes lignes. *Il travaille si dur*, dit-elle. *Il voyage tellement. Il est très protecteur à mon égard.* En sa présence, elle a l'air figée, nerveuse. Parfois, nos visites sont interrompues par des appels comme celui qu'elle vient de recevoir. Je sais qu'il est préférable de ne pas me montrer trop curieuse, de ne pas chercher à voir ce que les autres cachent derrière leur façade. Comme ça, ils seront moins tentés d'essayer de percer la mienne.

Elle s'éloigne en hâte, et je la suis des yeux jusqu'à ce qu'elle ait disparu. J'aimerais être une meilleure amie pour elle, mais je ne le peux pas.

En me retournant pour prendre mon sac et mes emplettes, je me retrouve face à l'inspecteur Ray Harrison. Mon estomac se noue quand je découvre son regard affamé.

« Si on parlait un peu, Annie ?

— Vous me suivez ? » Ma voix grimpe d'une octave, malgré moi, et une femme à la table voisine tourne la tête pour me dévisager.

« Ne faites pas de scandale, répond-il en souriant. Vous ne pouvez pas vous le permettre. »

Je lui rends son sourire et le laisse prendre mon bras. Je ramasse mes sacs et nous nous dirigeons vers la sortie.

« Ce sac à main que vous avez acheté… Il coûte plus que ce que nous dépensons en un mois pour notre nourriture, ma femme et moi. »

Dans sa voix, l'effarement se mélange à la réprobation. Je ne dis rien. « Les affaires doivent marcher du tonnerre pour les mercenaires, en ce moment », ajoute-t-il.

Il veut parler de l'entreprise de Gray et Drew, bien que *mercenaires* soit un terme que l'on n'utilise pas dans cette branche. Et, de fait, les affaires marchent du tonnerre, depuis le 11 septembre.

« Le plus dur, dans le métier de flic, poursuit-il quand nous sortons sur le parking, c'est de voir que les criminels vivent mieux que nous. » Nous marchons entre les rangées de voitures. Je ne sais pas où nous allons, et je finis par m'arrêter. Pas question de m'aventurer jusqu'à la partie déserte du parking avec cet homme, flic ou pas.

« Que voulez-vous ? »

Il jette un regard à la ronde. Autour de nous, la foule s'agite en tous sens. Des gens se promènent en poussant des landaus, entrent et sortent du parking dans leurs voitures dernier cri. Il lâche mon bras, fourre sa main dans sa poche et cède de nouveau à cette manie si agaçante qu'il a de se balancer d'avant en arrière sur les talons. Je ne suis même pas sûre qu'il en ait conscience.

Il ne se départ pas de son sourire factice. Les passants doivent se dire que nous sommes deux voisins qui se sont rencontrés par hasard en faisant leurs courses et bavardent amicalement. Je comprends alors que l'intérêt qu'il me porte n'est ni professionnel ni légitime. S'il l'était, il m'aurait déjà passé les menottes et nous serions actuellement en route vers le commissariat. Mais cette découverte n'est pas forcément réjouissante.

« Vous comprenez, j'ai bossé dur toute ma vie pour nourrir ma famille, payer mes impôts, économiser en vue de la retraite. Pour chaque jour de vacances pris, chaque appareil électroménager à remplacer, chaque réparation à faire dans la maison, nous devons prévoir un budget et mettre des sous de côté, vous voyez ? Et puis j'entre dans le garage d'un criminel quelconque et qu'est-ce que je vois ? Un Hummer. Ou bien je vais dans sa piaule et j'y trouve un écran plat et une chaîne stéréo dont le prix suffirait à payer à ma gamine une année d'études dans une école privée. Et je me dis : voilà quelqu'un qui n'a de respect ni pour la loi ni pour la vie humaine, et il vit comme un roi. Croyez-moi, ça me fout en boule, des fois. Réellement. »

Ce discours plein de vertueuse indignation ne me convainc pas tout à fait, et je répète ma question : « Que voulez-vous ?

— Permettez que je vous parle un peu d'Annie Fowler. Elle est née dans une petite ville du Kentucky où elle a passé toute sa vie, jusqu'à ce qu'elle et son bébé se fassent écraser par un chauffard ivre, il y a quelques années. C'était une brave fille, gentille et jolie. Elle a toujours respecté les règles, mais ça ne l'a pas empêchée de se faire tuer par un trouduc qui n'avait, lui, aucun respect pour quoi que ce soit. C'est de ça que je parle. C'est ça qui me tue, vous voyez ? »

Je remarque alors un détail qui m'avait échappé jusque-là. Au-dessus de son oreille droite, il y a une grande mèche de cheveux blancs. Elle contraste de façon si saisissante avec ses boucles brunes que je n'arrive pas à croire que je ne l'aie pas vue plus tôt. D'une certaine façon, cela le fait paraître encore plus menaçant, et je suis étrangement troublée.

« Et puis, reprend-il, comme si ça ne suffisait pas, elle est de nouveau profanée par une personne qui ne respecte pas plus les vivants que les morts. Quelqu'un lui vole son identité. Quelqu'un qui cherche à échapper à son passé prend son numéro de sécurité sociale et s'en sert pour recommencer sa vie. À quoi cette personne voulait-elle échapper ? Je me le demande. Ou à qui ? Ça doit être sacrément grave, en tout cas.

— Vous faites erreur. Je ne vois pas de quoi vous voulez parler. »

Il sort une paire de lunettes de soleil de sa poche de chemise et les chausse.

« Madame Powers, déclare-t-il avec le même sourire, si forcé qu'il donne l'impression que son visage va finir par se fendre en deux. Puis-je vous appeler Annie ? Annie, vous m'avez l'air un peu pâle. Je ne vous retiendrai pas plus longtemps. Je suis sûr que vous avez hâte de retrouver votre petite famille. »

Il tourne les talons et s'éloigne de quelques pas. Puis il fait demi-tour et revient vers moi. Je vois bien qu'il a répété cette scène une centaine de fois dans son esprit, qu'il a soigneusement étudié chaque geste pour en tirer l'effet maximal.

« Vous savez, Annie, nous avons tous une vie secrète, une partie de nous que nous préférons dissimuler aux autres. C'est une chose que je comprends très bien. Sincèrement. La question est de connaître le prix que nous accordons à ces secrets. Combien sommes-nous disposés à payer pour les protéger ? Je vous laisse y réfléchir. »

Il me plante là, et je le suis des yeux. Sans un regard en arrière, il monte dans son Explorer garé à proximité et démarre sans se presser.

Quand un bateau se perd en mer, il arrive qu'on ne le retrouve jamais. Si son moteur tombe en panne et qu'il parte à la dérive, il peut flotter à travers les océans sans jamais toucher le rivage, sans jamais être repéré par un autre navire ou un avion. Même si vous engagez des spécialistes, des professionnels du sauvetage en mer, même si vous avez une idée du moment où il a disparu, ainsi qu'une bonne connaissance des marées et des courants – même si toutes ces conditions sont réunies, il se peut que vous ne le retrouviez jamais. La plupart d'entre nous n'arrivent pas à concevoir que les océans sont si vastes qu'un objet de cette taille peut s'y perdre définitivement, qu'il peut continuer à flotter de-ci de-là sans qu'aucun œil humain le revoie. Oui, le monde est assez grand pour ça. Des choses disparaissent et on ne les retrouve pas, tant le champ à couvrir est immense. Il en va de même pour les gens.

L'idée de changer de peau et de repartir de zéro sous une nouvelle identité est étrangère à la majorité des individus – pour eux, cela n'arrive que dans les romans. Pourtant, il est relativement facile d'y parvenir : permis de conduire, passeport ou même carte de sécurité sociale peuvent s'obtenir sur simple présentation d'un acte de naissance. Pour vous procurer une copie de cet acte, vous n'avez qu'à remplir un formulaire et à vous acquitter d'une somme modique dans n'importe quel bureau d'état civil. Grâce à ce document, vous pourrez ensuite réunir à peu près tout ce qu'il vous faudra pour vous créer une nouvelle identité. Ensuite, il suffira de ne pas vous faire remarquer. Il est préférable de ne pas travailler, de ne pas vous faire arrêter pour excès de vitesse. Et si vous vous éloignez suffisamment des personnes qui vous ont connu, vous pourrez dériver à travers le monde sans qu'on vous retrouve jamais, comme un navire perdu en mer. Le monde est assez grand.

Ophelia March est morte au Nouveau-Mexique, par une nuit sèche et froide. Dans une Mustang 67 volée, Marlowe Geary et elle, alors qu'ils roulaient en direction de Taos, sur la voie longeant la vallée du Rio Grande, sont sortis de la route et ont basculé dans le ravin. Elle est présumée morte, bien que son corps n'ait jamais été retrouvé. Voilà du moins la version officielle.

Car Ophelia ne se trouvait pas à bord de cette Mustang. Elle se trouvait menottée et endormie à l'arrière d'une Suburban noire garée près de la grand-place de Santa Fe, à l'ombre de la cathédrale St Francis. Environ deux heures après que la Mustang eut pris feu en s'écrasant au fond du ravin, un homme, sale, meurtri et sentant la fumée, s'est installé au volant de la Suburban et l'a emmenée. Ophelia March était morte. Annie Fowler venait juste de renaître.

C'est à cette nuit-là que je pense, pétrifiée sur le parking du centre commercial, mes emplettes à mes pieds. Je suis malade de peur. Mais n'y a-t-il pas aussi dans mon cœur une faible lueur d'espoir ? Une certaine satisfaction à l'idée qu'Ophelia soit encore en vie et qu'elle ait, d'une manière ou d'une autre, à payer pour les actes qu'elle a commis ? Bon nombre de gens croient qu'elle était la victime de Marlowe et même sa prisonnière à la fin. Mais je sais que c'était beaucoup plus compliqué que ça. Je sens des doigts noirs me tirer par la manche. J'ai aussi peur d'Ophelia que de Marlowe.

La seule chose que j'aime dans le bureau de Gray, c'est qu'il est rempli de livres. De gros volumes reliés de cuir et dorés sur tranche, des traités de guerre et de théorie militaire, des encyclopédies sur l'histoire du monde, des œuvres de littérature classique, de la poésie. Mais ce n'est pas une bibliothèque acquise au fil du temps et des lectures, c'est une bibliothèque purement décorative – l'idée que se fait Drew des livres qui doivent orner les étagères d'un militaire. Il a la même dans son bureau. La plupart de ces livres n'ont jamais été ouverts, aucun œil ne s'est jamais posé sur les mots qu'ils contiennent, aucun doigt n'a jamais effleuré leurs pages. Ils sont aussi vierges et intacts que des nonnes.

Je parcours leurs couvertures : Sun Zi, Machiavel, Tolstoï, Shakespeare, Byron, Shelley. N'importe qui, en les voyant, prendrait mon mari pour un grand lecteur. Il se tromperait. Dès que mon mari ouvre un livre, il s'endort.

Recroquevillée sur le canapé de cuir, je relate à Gray ma rencontre avec l'inspecteur Harrison. Son visage se crispe sous l'effet de l'inquiétude.

« Il ne sait rien, déclare-t-il quand j'ai terminé mon récit. Si c'était le cas, il t'aurait appelée par ton nom.

— Il sait que je ne suis pas Annie Fowler.

— Mais il s'intéresse à toi pour des raisons qui n'ont rien de légitime. Il n'est pas venu te voir en tant que flic, il ne t'a pas emmenée au poste pour t'interroger. C'est un ripou. Et c'est une bonne chose. Nous allons le payer, et il nous fichera la paix. »

Gray est assis derrière son bureau, il ôte et remet sans cesse le capuchon d'un stylo, tout en faisant pivoter son siège d'un côté et de l'autre. Je ne réponds pas. À mon avis, cela ne sera pas aussi simple.

« De toute façon, reprend-il, il n'existe aucun lien entre Annie Fowler et Ophelia March. Impossible de faire le rapprochement. Il peut retourner la tombe d'Annie Fowler, creuser tant qu'il voudra, jamais il ne trouvera Ophelia. »

Je me demande qui il essaie de convaincre.

« Alors, ce n'est qu'une coïncidence si un homme cherche Ophelia à New York, si ce flic pose des questions sur Annie Fowler et si quelqu'un m'a suivie sur la plage ? »

Je n'arrive pas à déchiffrer son expression. C'est pourtant lui qui ne croit pas aux coïncidences, d'habitude.

« Je ne vois pas de lien entre ces incidents », dit-il enfin. Je me demande s'il est en plein déni, s'il refuse avec obstination de voir ce qui est sous ses yeux. Cela ne lui ressemble pas. « Non, vraiment, je n'en vois aucun. »

Mais il y a toujours un lien, n'est-ce pas ? Simplement, il est parfois profondément enfoui sous la surface, comme le réseau de grottes en Floride, sombre et empli d'échos, serpentant silencieusement et traîtreusement sous nos pas.

En rentrant de l'école, un après-midi, je trouvai ma mère en larmes dans sa chambre. Je restai sur le seuil et l'observai sans rien dire. Ce jour-là, le vent soufflait dans la direction opposée à celle des écuries, charriant une légère odeur de fumier. Elle avait l'air si petite couchée sur son lit, si frêle sur les draps blancs, en dessous du grand crucifix de bois accroché au mur. La pièce était simple et austère, comme toutes les autres dans la maison : un lit posé sur un cadre, deux tables de chevet et une commode, le tout en pin.

« N'utiliser que le strict nécessaire », telle était la devise de Frank. Il refusait tout ornement, toute décoration. « C'est la volonté du Seigneur. »

Je fus satisfaite de découvrir qu'elle était aussi désespérée que moi. Je ne souhaitais pas la voir malheureuse, bien sûr ; simplement, j'étais soulagée de constater qu'elle était encore capable d'éprouver des sentiments. Depuis huit semaines que nous étions installés ici, elle se comportait comme un zombie et maigrissait à vue d'œil. De jour en jour, elle paraissait plus faible, et ses joues perdaient leur couleur. J'avais l'impression que Frank la vidait peu à peu de sa vie et qu'elle allait finir par s'effondrer et se réduire en cendres sous mes yeux.

Je sentis une odeur d'alcool mêlée à celle du fumier de cheval. Je la fixai jusqu'à ce qu'elle se rende compte de ma présence et se redresse en sursaut.

« Ophelia ! Tu m'as fichu une de ces trouilles ! »

Le camion de Frank ne se trouvait pas dans l'allée, donc je savais qu'il n'était pas là. J'allai m'asseoir près d'elle sur le lit. Elle m'attira à elle, m'entoura de ses bras, et nous restâmes un moment enlacées ainsi, mon dos contre sa poitrine, comme quand j'étais enfant, lorsque je ne savais pas encore combien il existait de façons de manquer à son devoir de mère.

« Qu'est-ce qu'il y a, maman ? demandai-je. Pourquoi tu pleures ? »

Elle ne répondit pas tout de suite. Puis soupira : « Oh, Ophelia, il est tellement… tellement *froid*. Je crois que j'ai fait une erreur en venant ici.

— Dans ce cas, partons, dis-je, me redressant aussitôt et me retournant pour la regarder.

— Et pour aller *où*, Ophelia ? répliqua-t-elle en roulant des yeux, la bouche tordue dans une grimace de dépit.

— N'importe où. »

Elle s'assit et croisa ses bras autour de ses genoux. « Il ne peut même pas… *être* avec moi, tu comprends ?

— Maman », me récriai-je, le visage brûlant de colère et de gêne. Je ne voulais rien savoir de ses problèmes sexuels. Je souhaitais simplement qu'elle se décide à passer à l'action. Mais elle ressemblait à une vache en plein milieu de la route : si peu enviable ou dangereuse que soit sa situation, elle resterait plantée là jusqu'à ce qu'on la chasse à coups de bâton. Je la connaissais bien.

« Il ne peut pas… *le faire*, tu vois ? poursuivit-elle, comme si elle pensait à voix haute, comme si je ne me trouvais pas dans la pièce. Il y a quelque chose qui ne va pas chez lui. Quelque chose de complètement détraqué.

— Partons, maman, implorai-je en lui agrippant les mains. On pourrait retourner à New York.

— On n'a ni voiture ni argent, soupira-t-elle. Comment peut-on partir ? »

Je la fixai sans répondre.

« Comment peut-on partir, Ophelia ? » répéta-t-elle. Je compris que ce n'était pas une question rhétorique ; elle me demandait si je connaissais une solution. Elle me demandait de la sauver. Oh, combien je l'ai haïe à ce moment-là, haïe pour sa faiblesse, pour sa stupidité.

Parce qu'elle s'était remise entre les mains de Frank et que nous étions coincées dans cette ferme, au beau milieu de nulle part, sans un sou, sans moyen de transport. Et combien j'ai haï mon père pour être parti en m'abandonnant à mon sort… Je sentis la rage gonfler ma poitrine, et formai silencieusement le vœu de ne jamais me laisser réduire à l'impuissance comme ma mère.

« Ophelia, reprit-elle en se couvrant les yeux. Ne me regarde pas comme ça. »

Je la quittai sans un mot. Elle m'appela, mais j'entendis le camion de Frank dans l'allée. Un instant après, l'eau se mit à couler dans la salle de bains, et je sus qu'elle se brossait les dents afin qu'il ne sente pas l'alcool sur son haleine. Elle avait dû chiper le whisky dans la réserve secrète de Frank, que j'avais découverte au fond de la grange. Il y avait toujours deux ou trois bouteilles de Jack Daniel's dans une caisse, sous une pile de couvertures en flanelle. À deux reprises, j'avais trouvé Frank ivre mort dans la grange, une bouteille presque vide à la main, un cendrier rempli de mégots près de lui. Un comportement dangereux, dans un local rempli de foin…

Plus tard ce soir-là, je retrouvai Marlowe assis sur le sol de l'écurie, en train de fumer une cigarette. Nous ne nous étions pas parlé depuis la dernière fois, dans ma chambre, quand il m'avait suggéré des choses impensables. Au contraire, nous nous étions soigneusement évités depuis. J'étais à la fois attirée vers lui et effrayée par ce qu'il m'avait chuchoté cette nuit-là. Plus qu'une semaine avant son dix-huitième anniversaire, et puis il s'en irait. Je resterais toute seule ici.

Je m'assis près de lui et il m'offrit une bouffée de sa cigarette.

« Il a rencontré quelqu'un aujourd'hui, m'annonça-t-il pendant que j'exhalais la fumée. Une femme, à la graineterie. Ça ne sera pas long. »

Je contemplai son profil maigre, ses cheveux lui cachant les yeux, son bras appuyé sur son genou replié.

« Il a commencé à la baratiner, à flirter avec elle à sa manière habituelle », poursuivit-il, comme je gardais le silence.

J'avais du mal à imaginer Frank « flirtant » avec qui que ce soit. Il était aussi gris et raide qu'un vieux morceau de bois. L'air était immobile, lourd d'humidité. Je sentis sur mon front un voile de transpiration, une goutte ruissela le long de mon dos.

« C'est comme un appétit soudain. Ça le prend d'un coup, il ne peut pas se contrôler. »

Un étrange demi-sourire jouait sur son visage tandis qu'il éteignait le mégot et se mettait à jouer avec, le roulant entre son pouce et son index pour faire tomber les brins de tabac. Une odeur de goudron brûlé s'infiltra dans mes sinus.

« Au début, il va y aller mollo, mais après, ce sera l'escalade. Et bientôt, ce sera le tour de ta mère. »

La terreur s'empara de moi, je sentis des picotements dans ma nuque et au bout de mes doigts. Par les portes grandes ouvertes de la grange, j'apercevais la maison. Il y avait de la lumière dans la chambre de ma mère.

« Non », dis-je, davantage comme une prière que comme une dénégation. Je n'avais jamais perçu la moindre violence chez Frank, et pourtant je ne doutais pas de la véracité de cette prophétie. Des choses terribles n'allaient pas tarder à se produire ; il y avait comme de l'électricité dans l'air.

« Et après, ce sera ton tour. » Sa voix n'était plus qu'un murmure, et il me dévisageait à travers les mèches qui lui cachaient les yeux.

Je repliai mes jambes contre ma poitrine et nouai mes bras autour d'elles.

« Pourquoi il oblige ta mère à rester cloîtrée, d'après toi ? Il ne la laisse même pas aller à l'épicerie. Les gens d'ici ne savent même pas qu'elle existe. »

S'il s'était rendu compte que j'avais à peine dit un mot depuis mon arrivée, cela ne semblait pas le déranger. Je traçais des cercles dans la poussière du sol.

« Si tu manques les cours, il se passera des semaines avant que quelqu'un vienne voir ici. Et alors il racontera que ta mère l'a quitté en t'emmenant avec elle, il dira qu'il ignore où vous êtes allées.

— Mon père viendra demander des explications, objectai-je faiblement.

— Peut-être qu'il finira par le faire, rétorqua-t-il en haussant les épaules. Ça se peut. Mais à quoi ça te servira ? Tu seras déjà morte. »

L'une des choses que j'aimais, dans cette campagne perdue, c'était le ciel nocturne. J'ignorais auparavant qu'il existait un si grand nombre d'étoiles. Je les contemplai par la porte ouverte, en souhaitant pouvoir m'envoler aussi haut et aussi loin qu'elles.

« Comprenez-vous comment il vous a manipulée ? me demande le psy. Comment il s'est servi de votre peur et de votre hostilité envers vos parents pour tisser sa toile autour de vous ? »

Je hoche la tête en me mordillant les ongles, ainsi que je le fais uniquement quand nous évoquons le passé.

« Vous aviez dix-sept ans, vous étiez littéralement abandonnée par votre père, et affectivement par votre mère, vous viviez avec un homme que vous considériez comme un violeur et un tueur en série qui allait bientôt se remettre à tuer – qui allait peut-être même vous tuer. Vous étiez terrifiée et complètement vulnérable. »

J'acquiesce d'un air réticent. Ophelia avait peur, certes, mais elle voulait aussi, désespérément, être enfin aimée et acceptée.

Nous revenons sans cesse aux mêmes choses, ressassant sans fin le passé. Envisageant les diverses solutions qui s'offraient à Ophelia et les faisant voler en éclats, comme des bouteilles sur un stand de tir. Le docteur pense que je suis trop dure envers elle. Il pense que ce n'était qu'une enfant. Mais il ne connaît pas toute l'histoire – moi non plus, d'ailleurs. Je me demande au contraire si je suis assez dure.

« J'aurais pu prévenir la police. »

Il hoche la tête d'un geste lent et circonspect. « Votre beau-père avait été reconnu innocent aux yeux de la loi. Vous n'aviez aucune preuve qu'il ait commis un crime quelconque ou ait eu l'intention d'en commettre un. En quoi la police aurait-elle pu vous aider ? »

Je promène les yeux autour de moi, les posant partout, excepté sur lui – les diplômes accrochés au mur, la vue à travers la fenêtre, le presse-papiers en verre sur son bureau, avec ses facettes accrochant la lumière pour la renvoyer sur les murs en reflets multicolores.

« Je ne sais pas au juste. »

Il soupire et s'agite sur son siège. Derrière lui, par la fenêtre, je vois le soleil se coucher sur l'Intracoastal Waterway dans une débauche de violet, d'orange et de rose.

« Alors, qu'avez-vous fait ?

— Je ne m'en souviens plus. »

Il lève le menton, porte une main à son visage et se masse la mâchoire. Le frottement de ses doigts secs et durs sur sa peau hérissée de barbe produit un crissement agaçant. Il me regarde avec attention et semble réfléchir à deux fois avant de se décider à dire : « Vous n'êtes pas franche envers moi, Annie.

— Je ne me rappelle plus, dis-je précipitamment. Vous le savez bien.

— Je commence à penser que vous me dissimulez un grand nombre de choses. Je crains de ne guère pouvoir vous être utile dans ces conditions. »

Je secoue lentement la tête en pinçant les lèvres. L'espace d'un instant, non, d'un millième de seconde, je me dis que je pourrais peut-être tout lui avouer, tout lui raconter. Mais ce moment passe et je garde le silence.

Il regarde sa montre et se lève. La séance est terminée. « Je ne peux pas vous aider si vous ne voulez pas regarder la vérité en face. Entendu ?

— Oui. »

Je me lève à mon tour et me dirige vers la porte. Je me dis que notre relation va s'arrêter là. Il ne connaît pas Ophelia, il ne connaît même pas son nom. Je le lui ai toujours dissimulé. Peut-être pense-t-il que j'ai tout inventé, peut-être fait-il semblant de me croire pour empocher mon argent.

« À la semaine prochaine ?

— Oui, à la semaine prochaine. » Arrivée à la porte, je me retourne pour le regarder. C'est un homme gentil et un bon médecin. Je sais qu'il a essayé de m'aider de son mieux. « Vous ai-je dit que j'envisage de prendre des leçons de plongée ?

— Je croyais que vous aviez peur de l'eau ? répond-il avec un sourire surpris.

— Vous me répétez sans cesse que je dois surmonter mes peurs. J'ai pensé que ce serait un premier pas dans la bonne direction.

— Est-ce que cela vous fait du bien ?

— Il est encore trop tôt pour en juger.

— Faites attention à vous, Annie. » C'est sa formule rituelle, celle qu'il prononce à la fin de chaque séance, mais aujourd'hui je crois y détecter une note d'inquiétude supplémentaire, une note d'adieu.

Le couloir de l'immeuble est désert, et j'attends l'ascenseur dont la montée est ponctuée par un bip sonore à chaque étage. Je ne croise jamais personne dans ce couloir, ne vois jamais personne entrer ou sortir des autres bureaux. Cela ne m'avait jamais paru bizarre jusqu'ici, mais c'est le cas aujourd'hui. Le silence est total, à croire qu'il n'y a pas âme qui vive derrière ces portes.

Peut-être ne l'avais-je jamais remarqué encore parce que je suis toujours perdue dans mes pensées en sortant du cabinet, mais cette fois j'éprouve un singulier malaise en attendant cet ascenseur qui semble ne jamais devoir arriver. Il s'est arrêté deux étages plus bas et n'a pas repris son ascension. J'attends une minute de plus, puis je décide de descendre par l'escalier. Mais quand je veux ouvrir la porte qui y donne accès, je constate qu'elle est fermée à clé. Je ne peux qu'attendre cet ascenseur poussif.

C'est alors que j'entends quelque chose, je ne sais pas quoi au juste. Peut-être un cri, ou le bruit d'une chute. Puis des éclats de voix courroucées, juste quelques mots, et de nouveau le silence, un silence si soudain que je ne suis plus très sûre d'avoir entendu quoi que ce soit. Et je me surprends à revenir sur mes pas vers le cabinet du médecin.

Bien entendu, l'ascenseur choisit ce moment pour arriver enfin. J'entends ses portes s'ouvrir et se refermer tandis que je pénètre dans la salle d'attente et que je frappe légèrement à la porte du cabinet. Il ne répond pas, mais je suis certaine qu'il est là – il n'y a pas d'autre sortie. Peut-être se trouve-t-il dans la salle de bains ? Je colle mon oreille contre la porte, mais je n'entends rien. Je frappe une nouvelle fois. La porte s'entrouvre toute seule, et je la pousse doucement.

« Docteur, tout va bien ? »

Il faut un certain temps à mon esprit pour enregistrer la scène. Le médecin est affalé sur son bureau. Une petite flaque de sang s'est formée sous sa tête et s'écoule sur le sol. Du sang a jailli sur la fenêtre, dessinant un arc d'un rouge aussi vif que le soleil couchant.

« Docteur, dis-je en m'avançant vers lui, d'une voix qui semble émaner du fond d'un long tunnel. Paul ? »

Je m'approche du corps, luttant contre une irrésistible envie de fuir. Je pose une main sur son cou. Pas de pouls ; sa peau est encore tiède, mais il est mort.

J'essaie de respirer un grand coup, mais la panique me serre la gorge. L'envie de fuir est de plus en plus pressante, et j'ai du mal à ne pas prendre mes jambes à mon cou. Je remarque alors que la porte de la salle de bains est entrebâillée ; la lumière est allumée à l'intérieur. Je crois entrevoir un mouvement.

Mon cerveau a cessé de fonctionner ; l'adrénaline se rue dans mes veines, mon corps prend le dessus. Je recule vers la sortie, sans quitter des yeux le mince rectangle de lumière filtrant par l'entrebâillement. Je ne pense ni à ce pauvre docteur et à sa mort affreuse, ni à la personne qui se cache peut-être dans la salle de bains. Je ne pense qu'à sortir d'ici le plus vite possible. Je ne peux plus rien pour le docteur et je ne peux pas me permettre une nouvelle confrontation avec la police.

Je m'éloigne à reculons, les yeux rivés sur la porte. Soudain, je la vois s'ouvrir lentement, et je reste paralysée sur place. Le visage pâle et sévère, la jeune femme que j'ai aperçue chez Ella et revue l'autre jour devant le cybercafé se dresse dans l'embrasure. Elle est couverte de sang et tient un couteau dans sa main. Sa poitrine se soulève à chaque mouvement de sa respiration saccadée. Nous nous dévisageons un instant. Et brusquement, je la reconnais. C'est elle – Ophelia !

23

Il fait presque nuit quand je me réveille dans ma voiture, sur le parking de l'immeuble du Dr Brown. Le soleil a disparu sous la ligne d'horizon, et le ciel est d'un bleu-noir lumineux. Ma vision périphérique est pratiquement nulle sous l'effet de la migraine débutante. J'essaie de m'orienter, de distinguer le réel de l'imaginaire. Je revois son visage, ses vêtements ensanglantés. Je revois le docteur effondré sur son bureau, se vidant de son sang.

Je ne me sens pas aussi terrifiée que je le devrais. Je suis juste assommée, engourdie. Je regarde ma montre ; il ne s'est écoulé que quarante minutes depuis la fin de la séance, ce qui paraît impossible, étant donné ce qui s'est passé. J'ai une grosse tache rouge, encore humide, sur mon blouson. Je me dépêche de l'ôter et le roule en boule. Je ne veux pas regarder le sang. Puis mon portable, en équilibre sur le tableau de bord, se met à sonner. Je réponds.

« Salut, Annie. »

Je reconnais aussitôt la voix : c'est celle de l'inspecteur Harrison. Je ne dis rien.

« Je voulais simplement savoir si vous avez eu le temps de réfléchir.

— Pourquoi me harcelez-vous ? » Ma voix a quelque chose d'hystérique, même à mes propres oreilles. Ma main tremble en tournant la clé de contact. « C'est vous qui avez fait ça ? »

Un silence à l'autre bout de la ligne, comme s'il analysait le ton de ma voix.

« Annie, que se passe-t-il ? s'enquiert-il, avec une inquiétude qui ne semble pas feinte. Où êtes-vous ?

— Pourquoi me harcelez-vous ? » Ce doit être lui qui l'a fait, d'une façon ou d'une autre. Il connaît la vérité à mon sujet et il essaie de me rendre folle. « Pour le fric ? Je vous donnerai tout ce que vous voulez.

— Calmez-vous », fait-il d'un ton apaisant. Il doit avoir l'habitude de parler à des hystériques. « Que s'est-il passé ? »

Quelque chose dans sa voix me rappelle pourquoi il m'avait plu, le premier soir. Même s'il essaie de détruire ma vie, il semble prêt en cet instant à mettre ce projet de côté pour se comporter comme un flic doit le faire. J'envisage presque de lui révéler ce qui est arrivé au médecin, mais comme je ne suis pas sûre à cent pour cent qu'il soit mort et que ce ne soit pas moi qui l'aie tué, je décide de m'abstenir. Cela équivaudrait à reconnaître que je suis une malade mentale ou une meurtrière, ou plus probablement les deux à la fois.

« Que s'est-il passé, Annie ? » répète-t-il, avec plus de fermeté cette fois.

Mais sa voix me paraît métallique et lointaine. Je mets fin à la communication et jette le téléphone sur le siège près de moi. Puis je sors du parking et prends la direction de la maison.

Le soir, il n'y a guère de circulation sur le pont qui mène à notre île. Je m'arrête, j'empoigne le blouson et je le lance par-dessus le parapet. Je le regarde s'enfoncer dans l'eau, puis je remonte en hâte dans ma voiture et redémarre, trop vite. La vue d'un véhicule de police en embuscade sur le bas-côté m'incite à ralentir, et j'effectue le reste du trajet sans dépasser la limite de vitesse.

Je salue le gardien en franchissant la barrière d'accès au domaine. Des lumières brillent derrière les fenêtres, des écrans de téléviseur scintillent, et quelques gosses jouent encore dehors, bien qu'il fasse totalement nuit à présent. Tout est si tranquille, si normal... Je n'ai pas ma place ici, et je prends plus que jamais conscience de ne l'avoir jamais eue.

Je gare la voiture dans l'allée et me dirige sans me presser vers la maison, refrénant mon envie de courir. En refermant la porte, j'entends Gray s'affairer dans la cuisine.

« Tu es en retard », me lance-t-il d'une voix enjouée.

Il y a des bougies allumées sur la table et des langoustes en train de cuire dans une énorme marmite. Quand il se retourne vers moi, son sourire s'évanouit, il pâlit un peu. Mes jambes se dérobent sous moi quand il me rejoint, et je m'affaisse entre ses bras.

« Qu'est-il arrivé ? » Devant son expression, je comprends que je dois avoir un aspect effroyable. « Qu'est-il arrivé, nom de Dieu ? »

Les chevaux me réveillèrent en sursaut au beau milieu de la nuit. Ils s'agitaient dans leurs box, piaffant et hennissant. Ils s'étaient déjà comportés ainsi à deux reprises depuis notre arrivée. La première fois, un puma avait été aperçu le lendemain sur la propriété voisine. La seconde, nous n'avions jamais réussi à connaître la cause de leur agitation. Je me glissai à bas du lit et allai jusqu'à la fenêtre. Les portes de la grange étaient ouvertes ; le camion de Frank était garé devant, son hayon béant comme une bouche. La lune pleine et jaune éclairait la scène d'une lueur étrange.

Je me plaçai de côté pour observer à travers les rideaux. Je ne sais combien de temps je demeurai ainsi, mais Frank finit par émerger de l'obscurité de la grange, portant un gros paquet enveloppé dans des couvertures. Arc-bouté sous l'effort, il déposa maladroitement son fardeau à l'arrière du camion, puis referma la portière sans bruit, en levant les yeux vers la maison. Il avait l'air accablé de chagrin, comme un homme qui vient de subir une terrible perte. Puis il s'installa au volant et disparut dans la nuit.

Je restai figée sur place, tremblant de tout mon corps. Je pensai à tout ce que Marlowe m'avait raconté. Une partie de moi-même avait refusé d'y croire… la collection de sacs à main, le soulier sous la véranda, cette sinistre et récente prophétie selon laquelle Frank ne pourrait plus réprimer ses « appétits » bien longtemps.

C'est alors que je vis Marlowe sortir de la grange, un sac-poubelle à la main. Il tira les portes derrière lui et les ferma à clé. Ce faisant, il tourna la tête et regarda en direction de ma fenêtre. Peut-être avait-il senti que je l'observais ? J'étais certaine qu'il ne pouvait pas me voir, mais quelque chose dans son expression m'apprit qu'il savait que je l'épiais.

Je regagnai mon lit en hâte, m'enfouis sous les couvertures et fermai les yeux. Je contrôlai ma respiration, m'efforçant de lui donner un rythme régulier. Une minute après, j'entendis les marches craquer sous les pas de Marlowe. Devant ma porte, le plancher gémit sous son poids, et la poignée de la porte tourna en grinçant. Je tentai de réprimer mes tremblements, et refoulai mon envie de hurler quand la porte s'entrouvrit. Pendant quelques interminables secondes, j'attendis qu'il entre ou qu'il murmure mon prénom. Mais il ne le fit pas, et, au bout d'un instant, je perçus son pas dans l'escalier.

Quand je jugeai qu'il n'y avait plus de danger, je me ruai dans la chambre de ma mère, persuadée de trouver le lit vide. Mais elle dormait profondément, dans une bienheureuse ignorance. Je songeai à la réveiller, à lui raconter ce que j'avais vu. Mais au lieu de cela, je retournai dans ma chambre et restai étendue dans mon lit, les yeux grands ouverts, guettant les bruits de la nuit. Frank ne rentra qu'un peu avant l'aube.

24

Plusieurs heures se sont écoulées quand nous retournons chez le docteur, Gray et moi. Je lui ai tout raconté, et nous avons passé chaque détail en revue des milliers de fois. Il m'a fait prendre une douche et, pendant que je me tenais sous le jet brûlant et me frottais avec tant de force que ma peau en devenait toute rouge et irritée, il s'est débarrassé de mes vêtements. Je ne sais pas très bien pourquoi et je me demande s'il croit que j'ai bel et bien tué mon psy. Mais je ne lui pose pas la question.

Nous arrivons sur le parking, à présent désert. Je m'attendais à le trouver grouillant de voitures de police et d'ambulances, peut-être même de camions de reportage. Je m'attendais à voir l'inspecteur Harrison. Mais il n'y a qu'une étendue de bitume, bordée par l'Intracoastal et illuminée par la lueur ambrée et irréelle des hauts réverbères. Quand nous nous garons, mon estomac se noue. Certaines fenêtres de l'immeuble de bureaux sont encore éclairées. À la réception, le gardien de nuit est plongé dans la lecture d'un livre de poche.

« Attends-moi ici, murmure Gray en posant une main sur ma jambe.

— Non, je viens avec toi », dis-je en débouclant ma ceinture de sécurité.

Il ne discute pas, attend que je sorte de la voiture et passe un bras autour de mes épaules quand je le rejoins. Nous nous dirigeons vers le bâtiment. J'ai pris un médicament pour chasser la migraine, mais elle demeure à l'affût, tel un prédateur tapi dans les broussailles.

« Ne t'en fais pas », souffle-t-il.

Le vieux gardien à la mine de bouledogue nous lorgne d'un air maussade par-dessus son livre. Il a le regard terne, une bouche mince à peine visible dans son visage bouffi.

« Je suis venue voir le docteur cet après-midi, dis-je. J'ai oublié mon téléphone portable dans son cabinet.

— Il va falloir attendre jusqu'à demain, répond-il. L'immeuble est fermé.

— Mais c'est important…

— Désolé. »

Un billet de cent dollars le fait immédiatement changer d'avis. En le regardant, je me dis qu'il se serait contenté de cinquante. Il nous adresse un signe de tête indifférent et extirpe son corps du fauteuil qui gémit de soulagement. Il s'empare d'un énorme trousseau de clés et nous prenons l'ascenseur jusqu'au septième étage.

Je demande : « L'ascenseur est-il tombé en panne au cours de l'après-midi ?

— Pas à ma connaissance », répond-il avec un haussement d'épaules.

Je transpire et mon angoisse grandit à mesure que nous montons. Gray est armé, et sa main, à l'intérieur de son blouson, est posée sur la crosse de son revolver. Il est parfaitement à l'aise dans ce genre de situation, totalement maître de lui-même. Quand nous arrivons, le palier est plongé dans l'obscurité, éclairé seulement par la petite lumière indiquant les issues de secours.

Je m'avance jusqu'à la porte du cabinet médical, qui est fermée à clé. Quelque chose cloche, je ne sais pas quoi au juste. Le gardien n'a pas l'air de remarquer à quel point nous sommes tendus.

« Vous êtes sûre que c'est ici ? demande-t-il en ouvrant la porte. C'est à ce moment que je m'aperçois que la plaque qui y était apposée a disparu. La salle d'attente est vide : il n'y a plus ni sièges, ni plantes, ni porte-revues. Nous passons dans le cabinet, vide lui aussi. Le bureau, les étagères remplies de livres, le vase en verre de Murano sur la table devant la fenêtre, le mobilier bon marché et inconfortable – tout a disparu. Gray fait le tour de la pièce, passe un doigt sur le rebord de la fenêtre. Il inspecte les lieux du regard, et je vois son front se plisser. Puis ses yeux se posent sur moi.

Je m'avance jusqu'à la porte de la salle de bains et la pousse. Je me retrouve face à mon propre reflet dans le miroir du fond. J'ai l'air hagarde, apeurée.

« Nous sommes bien au septième étage ? » Je promène mon regard autour de moi : même les boutons de portes et les appliques ont disparu. Il n'y a plus rien ici qui rappelle le cabinet que j'ai fréquenté pendant des années. J'examine les murs, en quête des traces laissées par les photos et les diplômes qui y étaient accrochés, mais je n'en vois aucune. Il n'y a pas de traînée de sang sur la fenêtre.

« Oui, m'dame, réplique le gardien en me lançant un regard suspicieux. Je pensais que vous étiez peut-être mieux informée que moi. J'avais cru comprendre que cet étage était inoccupé depuis des mois, avant des travaux de rénovation. Une agence immobilière doit s'y installer bientôt. »

Je ne sais que répondre. Je refoule des larmes de rage et porte une main à mon front pour leur dissimuler mon visage. Je ressens autant de peur que de honte.

« Vous êtes sûre de ne pas vous être trompée d'immeuble ? » reprend l'homme d'un ton radouci.

J'acquiesce d'un mouvement de tête, car j'ai peur que ma voix ne me trahisse.

« Y a-t-il une liste des occupants de l'immeuble, en bas ? demande Gray.

— Je crois que oui. » Le gardien a l'air mal à l'aise à présent, il danse d'un pied sur l'autre en évitant de croiser nos regards. J'ai déjà vu des gens se comporter ainsi : une sorte de perplexité embarrassée les envahit quand ils sont confrontés à quelqu'un qui ne semble pas avoir toute sa tête.

Quand nous ressortons, il veille à garder ses distances. Mon esprit passe fébrilement en revue différentes hypothèses : ce n'est pas le bon étage, pas la bonne porte, pas le bon immeuble. Le docteur est mort, quelqu'un a dissimulé le corps et vidé son bureau. Ou alors quelqu'un, comme Drew le dit si bien, s'amuse avec moi. Je vois à l'expression de Gray qu'il est en train d'examiner les mêmes éventualités. Il serre ma main avec force, comme s'il craignait que je ne cherche à m'enfuir.

Dans la loge, le gardien remet à Gray la liste des occupants, sur une écritoire à pince. Je remarque que les pages semblent neuves. Le nom du Dr Paul Brown n'apparaît nulle part.

« Cette liste a l'air récente. Quand a-t-elle été imprimée ? demande Gray.

— Mouais, c'est vrai, reconnaît le gardien en regardant par-dessus l'épaule de Gray. P't'êt qu'il a déménagé. J'en sais rien. »

Je m'enquiers d'un ton plein d'espoir : « Vous le connaissez ? Vous connaissez le Dr Brown ?

— Non, répond-il en secouant la tête. Mais je ne suis que le gardien de nuit. J'arrive quand tout le monde est parti. Je ne connais pas vraiment les gens qui travaillent ici. »

Il me lance un regard apitoyé, prend un bout de papier dans le tiroir, griffonne un nom et un numéro.

« Vous n'avez vu personne déménager des meubles au cours des dernières heures ? » dis-je, en essayant de dissimuler mon désespoir et mon affolement. Je m'oblige à prendre un air calme ; j'ai appris, en des instants pareils, à ne rien laisser paraître de la tempête qui fait rage en moi. Les animaux ne montrent pas qu'ils ont peur ou qu'ils sont malades : dans la nature, la faiblesse ne pardonne pas.

« Non, non. Rien qui ressemble à un déménagement ce soir, dit-il en me tendant le papier. Tenez, c'est le numéro de téléphone du gardien de jour. Il pourra sans doute vous renseigner mieux que moi. »

Gray le remercie et nous regagnons la voiture en silence. Nous nous installons sur les sièges et restons ainsi pendant une bonne minute, toujours sans rien dire. J'examine le tableau de bord, faute de savoir où poser mes yeux. Je ne puis me résoudre à regarder Gray en face.

« Ce n'était pas mon imagination, finis-je par déclarer.

— Je sais. » Il a répondu un peu trop vite, et je me demande s'il ne cherche pas simplement à me rassurer. Il pose une main sur ma jambe. Quand je trouve la force d'affronter son regard, j'y lis tout l'amour qu'il éprouve pour moi, et aussi de la compassion. Les muscles de mes épaules se dénouent, je respire mieux.

« Je l'ai vue, dis-je, prise de frissons à ce souvenir. J'ai vu Ophelia. »

Ses traits n'expriment plus qu'une profonde détresse à présent. « Tu as vu *quelqu'un*, rectifie-t-il. Sous l'effet de la terreur, ton esprit t'a joué un tour.

— Je l'avais déjà vue lors d'une soirée et aussi dans la rue. Simplement, je ne l'avais pas reconnue, sur le moment. »

Sa main remonte jusqu'à mon bras et l'enserre avec force.

« Qu'est-ce que tu racontes, Annie ? Ophelia, c'est toi. Ce n'est pas quelqu'un d'autre.

— Je sais », dis-je sèchement. Oui, qu'est-ce que je raconte ?

« Alors, qu'es-tu en train de me dire ?

— Rien. Je ne sais pas.

— Il n'y avait pas de poussière sur le rebord de la fenêtre », reprend-il, changeant brusquement de sujet. Il n'aime pas parler d'Ophelia. Ce qu'il lui faut, ce sont des faits, des preuves empiriques ; il n'a que faire des fantômes ou des hallucinations. « Si la pièce était inhabitée depuis des semaines, il y en aurait eu.

— Vraiment ? dis-je, sentant l'espoir renaître en moi. Qu'est-ce que ça signifie ?

— Ça pourrait vouloir dire qu'il s'est bel et bien passé quelque chose là-bas et que, entre le moment où ça s'est passé et celui où nous sommes arrivés, quelqu'un a tout nettoyé et déménagé les meubles. » Gray pousse un long soupir. Pense-t-il vraiment ce qu'il vient de dire ou fait-il semblant, pour me rassurer ? Je l'ignore et je ne lui pose pas la question.

Je devine toutefois ce qu'il se dit. Il regrette que je ne l'aie jamais autorisé à rencontrer le psy. Mais j'ai toujours refusé. Je ne voulais pas que ma vie actuelle, ma vie de famille heureuse, se mélange au cauchemar de mon passé. Peut-être était-ce une preuve de ma folie que de croire que je pouvais séparer de la sorte les différentes parties de moi-même, que je pouvais empêcher la personne que j'étais d'empoisonner celle que je suis devenue… surtout quand ce moi actuel est un personnage de fiction que j'ai créé pour échapper à mon propre cœur, mon propre passé, mes propres actes.

Tu m'appartiens. Mais ce n'est pas la voix de Marlowe que j'entends cette fois. C'est celle d'Ophelia.

25

Ils attendaient au bord de la route, qu'il pleuve ou qu'il vente, sous la chaleur cuisante comme sous l'orage, brandissant des affiches à l'image de leurs filles, sœurs ou mères et scandant : « Assassin, assassin, assassin. » Ils veillaient à rester sur la voie publique et étaient en majorité disciplinés et non violents. La police aurait pu néanmoins ordonner aux manifestants – les Familles des victimes de Frank Geary, c'était le nom qu'ils s'étaient donné – de se disperser, mais elle ne le faisait pas. On ne nourrissait pas beaucoup de sympathie envers Frank dans notre ville d'adoption, ni parmi nos concitoyens, ni parmi les forces de l'ordre.

Je les voyais le matin en partant pour l'école et généralement aussi en revenant. Ils travaillaient apparemment par équipes, se relayant par groupe de dix à quinze personnes sur la route qui passait devant notre propriété. À deux reprises, j'aperçus Janet Parker, qui me parut plus hagarde encore que lors de sa première visite à notre caravane et comme ratatinée. Le chagrin la consumait, elle mourait à petit feu. Chaque fois que je la voyais, je pensais à sa fille flottant à la surface de ce trou où Frank l'avait jetée.

Il y avait un homme, le père d'une des victimes, que la seule vue de Frank mettait dans une rage telle qu'on eût dit qu'il venait de mettre les doigts dans une prise. Son corps mou et las se raidissait d'un coup, son visage rougissait de fureur, et il se mettait à hurler des obscénités.

Le lendemain de cette nuit où j'avais vu Frank déposer un paquet non identifié à l'arrière de son camion, l'Homme en colère (comme je le surnommais en moi-même) voulut nous jeter une pierre, mais ses compagnons l'en empêchèrent, et il s'effondra en gémissant entre les bras d'une femme.

« Ces gens feraient bien de changer de disque », dit ma mère ce matin-là, irritée par leurs démonstrations de souffrance. Elle me conduisait à l'école, et Marlowe nous accompagnait. « Frank n'est même pas dans la voiture. Pourquoi ce type voulait-il nous jeter des pierres ?

— Pour se venger », déclara Marlowe, assis sur le siège arrière. Mon regard croisa le sien dans le rétroviseur.

« Il se trompe de coupable », répliqua ma mère. Elle semblait avoir déjà oublié ce qu'elle m'avait confié à propos de Frank et de ses bizarreries. Je n'avais même pas pris la peine de lui relater la scène dont j'avais été témoin au cours de la nuit. Elle ne m'aurait pas crue, et je ne voulais pas qu'elle aille raconter cela à Frank. Je portais la peur en moi comme une pierre, si lourde que je pouvais à peine tenir debout. Je revoyais ma mère dans sa robe de mariée d'occasion, se pavanant comme Cendrillon au bal et croyant que personne ne voyait l'ourlet élimé ou la brûlure de cigarette dans la dentelle. L'histoire de sa vie, en somme.

Ce jour-là, à l'école, je suivis les cours dans un état de distraction totale, sans participer, sans rien entendre de ce qu'on me disait. J'avais le sentiment d'être en dehors de toute vie normale, de ne plus pouvoir communiquer avec les autres tant ma situation était différente de la leur. Je me demande si c'est à ce moment-là qu'a commencé le processus de « dissociation », comme ils disent. Rien ne me semblait réel, tout m'apparaissait à travers une sorte de brume. Le changement qui s'était opéré en moi devait sûrement se voir, car tous ceux qui m'avaient harcelée et s'étaient moqués de moi à cause de Frank se mirent soudain à m'éviter. Mon professeur de sciences humaines me demanda de rester après le cours et m'interrogea sur ma vie familiale. *Est-ce que tout va bien ? Je ne vous connais pas vraiment, Ophelia, je l'admets, mais vous n'avez pas l'air dans votre assiette.* Il avait essayé de contacter ma mère, m'informa-t-il, pour lui signaler que mes résultats scolaires étaient en chute libre, mais elle ne l'avait pas rappelé. *Le professeur de littérature de votre ancien lycée nous a écrit que vous possédiez un réel talent pour l'écriture et une culture remarquable pour quelqu'un de votre âge. Vous ne nous en avez donné aucune preuve jusqu'ici, Ophelia. De quelle manière pourrions-nous vous aider ?* Sa sollicitude paraissait si sincère que je n'eus pas le cœur de lui révéler que personne à la maison ne se souciait de moi ni de mes notes.

C'est un autre de ces moments-clés sur lesquels je reviens sans cesse. Cet enseignant me tendait une perche, et, si je m'y étais accrochée, le cours meurtrier des événements en aurait peut-être été modifié. Mais j'étais déjà devenue trop étrangère au monde qui m'entourait pour voir qu'il m'indiquait peut-être une issue de secours.

En descendant du bus de ramassage scolaire, ce même après-midi, je traversai pour éviter les manifestants. Je dois dire à leur crédit qu'ils me laissaient généralement tranquille. Ils devaient me considérer moi aussi comme une victime, prise malgré elle dans la distribution de cette lamentable production, au même titre qu'eux. Ils me lançaient des regards tantôt apitoyés, tantôt suspicieux, chaque fois que je partais pour l'école ou que j'en revenais. Ce jour-là, je vis Janet Parker m'observer. Elle tenait dans sa main une tasse de café qu'elle porta lentement à ses lèvres. Je détournai les yeux et au même moment j'aperçus Marlowe près d'elle, lui murmurant quelque chose à l'oreille. Je tournai vivement la tête et, les yeux baissés, franchis la grille pour entamer la longue route menant à la maison.

Gray Powers est un homme qui se trompe rarement. Avec un nom pareil[1], il paraît presque impossible qu'il ne soit pas infaillible. On l'imagine plutôt s'engouffrant dans des cabines téléphoniques pour enfiler sa tenue de Superman et sauver le monde – ce qui, en fait, n'est pas très éloigné de la réalité. Mais il se trompait sur l'inspecteur Harrison. Il ne voyait en lui qu'un flic de province corrompu et pas très malin qui voulait arrondir ses fins de mois. Il était pourtant le premier à affirmer que la pire faute que l'on pouvait commettre dans un conflit c'était de sous-estimer l'adversaire. Rien de plus vrai.

1. *Powers* : pouvoirs, puissances. *(N.d.T.)*

Je fais ce que l'on attend de moi, même si je suis encore bouleversée par les événements de la veille. J'accueille avec force manifestations de joie Victory qui se rue sur moi dès qu'elle m'aperçoit à la sortie de l'école. Je la serre contre moi jusqu'à ce qu'elle se mette à gigoter en riant et à dire : « Maman, tu m'écrabouilles ! »

Dans la voiture, elle me régale d'histoires de princesses et de châteaux, de personnages de dessin animé gigantesques, de festins à base de frites et autres nourritures tout aussi peu diététiques, et de son grand lit dans la suite louée par Drew et Vivian. En l'écoutant, je repousse de mon esprit les images de Simon Briggs, de l'ombre sur la plage, du cadavre de mon psy. Je veux participer au bonheur de ma fille, je veux être présente. Mais je n'y arrive pas. Je suis sûre qu'elle le sent, car son enthousiasme s'éteint, et elle n'achève pas son récit.

À peu près au même moment, l'inspecteur Harrison était en train d'établir une corrélation entre les faits, démontrant ainsi que Gray l'avait mal jugé. Il existait bel et bien un lien entre Annie Fowler et Ophelia March. C'était même évident, puisque ce lien, c'était Gray. Les articles que j'avais trouvés sur le Net, dans mes efforts pour combler mes trous de mémoire, étaient en gros les mêmes que ceux que dénicha l'inspecteur en effectuant des recherches sur Gray Powers. Bien sûr, il y avait une flopée d'articles sur sa carrière militaire, les médailles qu'il avait gagnées dans les Navy SEAL, ou sur Powers et Powers et l'essor des sociétés militaires privées. Après avoir fait défiler des pages et des pages sur son écran, l'inspecteur finit par découvrir un vieil article paru dans le *Journal d'Albuquerque*. Il avait pour titre : UN ENQUÊTEUR RETROUVE

ET ABAT LE TUEUR FOU MARLOWE GEARY. *Ophelia March, que l'on pensait être soit sa prisonnière soit sa complice, a également été tuée.* Peut-être n'y aurait-il pas accordé d'attention sans cette photo d'Ophelia, qu'il reconnut aussitôt. Et mon passé se dévoila bientôt à lui, dans toute son horreur.

Peut-être est-ce à cause de la disparition (la mort ? le meurtre ?) de mon psy (imaginaire ?) ou parce que je sens dans mon cou le souffle de l'inspecteur Harrison. Ou peut-être parce que, comme l'affirmait le docteur, je suis plus forte que je ne l'ai jamais été et que je suis prête à faire face à tout ce que je gardais enfoui. Quelle qu'en soit la raison, tous ces souvenirs qui m'apparaissaient brièvement, sous forme de flashes, ces images qui semblaient sortir d'un rêve, commencent à se fondre en un tout. Les blancs se remplissent.

Ce retour de mon passé est loin d'être aussi dramatique que je l'imaginais. Je croyais que j'en serais tellement abasourdie que je devrais m'étendre et assister, impuissante, au déferlement des souvenirs qui me piétineraient comme une horde de chevaux affolés. Mais j'ai plutôt l'impression de suivre la rediffusion d'un vieux film d'horreur en noir en blanc que j'aurais déjà vu dans mon enfance. Les images granuleuses me sont familières, mais elles ont trop perdu de leur force pour m'effrayer vraiment.

Je mets Victory au lit, le soir de son retour à la maison, et ça commence juste après. Je la borde dans ses draps bleu ciel et reste près d'elle tandis qu'elle s'endort, regardant sa poitrine se soulever et s'abaisser doucement. Comme je me lève sans bruit pour me glisser hors de sa chambre, elle murmure d'une voix ensommeillée : « Je veux mon bébé. » Je trouve Claude sur le sol et le pose près d'elle, mais elle s'est déjà rendormie. Au moment où je sors de la pièce, j'entends la voix de Janet Parker, et mes oreilles se mettent à siffler. Dès que je regagne ma chambre, je suis balayée par un tourbillon, transportée vers un lieu où je n'étais pas allée depuis une éternité.

Cette nuit-là, je vis Marlowe quitter la maison, les écouteurs de son baladeur sur les oreilles. Il franchit la porte et disparut entre les arbres. Comme d'habitude, Frank était sorti, et ma mère, abrutie devant la télévision. *Tu veux savoir où il va, la nuit ?* m'avait demandé Marlowe. *Il va à la chasse*. Je me faufilai silencieusement derrière lui. Dans l'obscurité, je distinguais sa silhouette se déplaçant rapidement à travers bois, et je le suivis. L'odeur âcre de la fumée de sa cigarette flottait dans l'air.

Il marcha si longtemps et si vite que je crus que je ne pourrais jamais tenir la distance. Quand il s'arrêta enfin, j'étais essoufflée et trempée de sueur. Mes jambes étaient égratignées par les broussailles, et les moustiques me dévoraient les chevilles et le cou.

Il traversa le ruisseau qui arrosait notre propriété. À travers les arbres, j'aperçus une caravane, une vieille carcasse rouillée posée sur des blocs de ciment, guère plus petite que celle où j'avais vécu avec ma mère. Il ouvrit la porte et entra. Je vis une lumière s'allumer. J'attendis dans le noir, indécise, me demandant si je devais le rejoindre ou rentrer à la maison. Comme je m'apprêtais à me diriger vers la caravane, il reparut. Il retourna au bord du ruisseau et s'accroupit, les yeux fixés sur l'eau comme pour contempler son propre reflet. Je m'approchai.

Au début, je crus qu'il riait, qu'il se moquait de moi parce que je l'avais suivi. Ce fut seulement lorsque je fus tout près que je me rendis compte qu'il pleurait. De gros sanglots qui faisaient frémir tout son corps. Je ne savais que faire. Je restai ainsi à le regarder pendant un long moment, à écouter ses pleurs se mêler au cri d'un hibou dans les arbres, au chant des rainettes tout autour de nous.

« Marlowe », appelai-je enfin, tout bas.

Il ne sursauta pas au son de ma voix, et je crus qu'il n'avait pas entendu, assourdi par les vociférations des Cure ou des Smiths dans ses écouteurs.

« On doit partir d'ici, dit-il d'une voix étranglée. Ça recommence. Tu l'as vu, je le sais. »

J'eus tout à coup envie de m'enfuir, alors que je l'avais suivi à son insu jusqu'ici. Ou peut-être n'étais-je qu'un poisson qu'il avait ferré, lui rembobinant la ligne et moi, trop stupide et trop naïve pour sentir l'hameçon planté dans ma joue ?

« Tu l'as aidé, m'enhardis-je, comme il me tournait toujours le dos. Qui était-ce ? »

Il se redressa et se retourna alors, puis il s'avança vers moi et me saisit par les épaules. « Qu'est-ce que ça peut foutre, qui c'était ? siffla-t-il. Est-ce que tu comprends, à présent ? »

C'est à ce moment-là que je le vis tel qu'il était, que je pris conscience de ce qu'il était. Et cela, je ne peux pas le pardonner à Ophelia : elle savait.

« Je suis prête », répondis-je. Et son visage se métamorphosa de nouveau. Il était aussi blanc que le mince croissant de lune au-dessus de nous.

« Tu en es sûre ?

— Oui. » Et c'était vrai.

Il me fit entrer dans la caravane. Il y avait une kitchenette et une chambre. Une salle de bains inutilisable, bien sûr. Pas d'électricité ni d'eau courante. Les lampes fonctionnaient au moyen de piles. Je reconnus la literie et les ustensiles de cuisine de notre ancien mobile home. Les livres et les calepins de Marlowe s'empilaient sur la table.

« Qu'est-ce que c'est, cette piaule ?

— Je l'ai trouvée en me baladant un soir, peu après notre arrivée. Complètement à l'abandon, un vrai foutoir. Je l'ai arrangée un peu, je viens de temps en temps y passer un moment. On pourrait vivre ici, tu sais. Si on avait des provisions, on pourrait rester ici une éternité. Il ne sait même pas que cet endroit existe. Personne ne le sait. »

Il me prit par la main et m'entraîna vers le lit, éteignant au passage les petites lampes en plastique. Nous nous étendîmes l'un contre l'autre dans le noir. Je ne voyais plus son visage et je me réjouis que l'obscurité fût aussi totale. Je pouvais seulement entendre le son de sa voix, sentir la chaleur de son corps près du mien. Nous discutâmes de ce que nous allions faire. Ça ne paraissait pas réel. Ce n'était qu'un rêve.

Quand je reviens à moi, assise sur le bord du lit, ma fille endormie dans la chambre voisine, une heure s'est écoulée. Je me sens faible, bouleversée. Je ne suis pas sûre d'avoir envie de me souvenir des choses oubliées. Mais je sais que les souvenirs vont resurgir à présent, que je le veuille ou non, tels des morts sortant de leurs tombes.

26

En musique, une fugue est un mouvement dans lequel plusieurs voix se combinent pour exposer ou développer un même thème. Ces voix se mêlent et se juxtaposent dans des tonalités complémentaires pour former une composition stratifiée mais homogène. En psychologie, ce terme désigne un trouble dissociatif qui se caractérise par des départs subits du domicile, des pertes de mémoire ou d'identité, un état de profonde détresse qui résulte généralement d'un grave traumatisme émotionnel ou physique. Je n'ai aucun don pour la musique, mais l'art de la fugue m'est douloureusement familier. C'est du moins ce que l'on me dit.

Pourtant, ma dernière escapade n'a rien d'une fugue. Pour la première fois peut-être, je sais avec certitude qui je suis et ce que je dois faire. C'est une fuite volontaire et préméditée visant à préserver ma fille des erreurs que j'ai commises, à la protéger de la femme que j'ai été. Et si je n'y réussis pas, elle s'en sortira beaucoup mieux sans moi.

Le bateau tangue terriblement à présent, et je m'agrippe à la rampe longeant la coursive pour regagner ma cabine. Le vent gémit, et je pense à Dax à bord de son canot, me demandant s'il survivra sur ces flots déchaînés, s'il reviendra me chercher. Mon estomac se noue, et je réprime une nausée en refermant la porte derrière moi, avant de m'accroupir de nouveau dans l'encoignure. J'écoute le vent et le rugissement de l'eau.

Je ne tarde pas à entendre le vrombissement d'un puissant moteur, puis un bruit de pas sur le pont au-dessus de moi. Je prends le pistolet à ma ceinture ; son poids me rassure. Je constate que je ressens un énorme soulagement, qui s'apparente presque à de l'euphorie, cette merveilleuse sensation de légèreté qui suit la fin de la douleur. C'est bon d'être redevenue Ophelia, de faire face à ce qu'Annie n'aurait jamais pu affronter. La mémoire m'est revenue ; je me souviens de tout. Je n'en suis pas fière, mais me voilà entière, enfin.

C'est Gray qui m'a donné ce nom, Annie Fowler. Un de ses collaborateurs a fabriqué les documents dont j'avais besoin – permis de conduire, passeport, carte de sécurité sociale – pour évoluer dans ce monde sous l'identité d'une autre. Mais c'est moi qui ai fait d'Annie ce qu'Ophelia avait toujours rêvé d'être : une épouse et une mère, avec une belle maison et une jolie petite fille, un mari aimant – bref, tout le contraire de sa mère. Le passé d'Annie n'était pas entaché de honte ni de regret ; elle n'était pas hantée par le souvenir de ce qu'elle avait fait ou de ce qu'on lui avait fait. J'étais devenue Annie, une femme riche et privilégiée, dépendante de Gray et de Victory, l'un lui donnant sa force et l'autre, une raison de vivre. Comme tous ceux qui l'avaient connue, j'abandonnai Ophelia, je la livrai aux flammes.

Les pas pesants se rapprochent, et je me sens reconnaissante envers Ophelia de son retour. Elle est si différente d'Annie ! Lunatique, alors qu'Annie était impassible. Furieuse, tandis qu'Annie était apathique. Et, contrairement à Annie, l'épouse aimante, la mère poule, la princesse des banlieues chics, Ophelia March est une tueuse au cœur de pierre.

Ils ouvrent les portes à grands coups de pied maintenant ; ils sont plusieurs à bord, et fouillent les cabines une à une. J'ignore leur nombre et combien il reste de cabines avant la mienne, mais je suis prête.

Quand ils enfoncent ma porte et pénètrent dans la pièce, j'attends que la porte se referme pour ouvrir le feu. Ils sont deux, entièrement vêtus de noir – masque, gilet pare-balles et bottes. J'en touche un à l'épaule, il pousse un cri terrible. Ma deuxième balle s'écrase contre le gilet de l'autre et le propulse violemment contre le mur ; il s'effondre en gémissant. Je me rue au-dehors, et me retrouve face à face avec deux autres hommes. Ils me désarment rapidement, me ligotent les bras et m'enfilent une épaisse cagoule sur la tête. Tout se passe si vite que je n'ai pas le temps de comprendre ce qui m'arrive. J'entends un bruit sourd et vois passer un éclair blanc devant mes yeux. Avant de perdre conscience, je me demande s'il n'y a pas derrière tout ça bien plus que ce que je m'étais imaginé. Je vois le visage de ma fille, puis plus rien.

Ôter la vie n'a rien de très difficile. Ou, en tout cas, rien d'aussi difficile qu'on le pense. Certains vous diront que je n'étais pas dans mon état normal, dissociée de la réalité, de moi-même, la nuit où j'ai fait cette découverte. Je n'en suis pas si sûre. Dans mes souvenirs, je suis tout à fait consentante et consciente de mes actes. Bien sûr, tout ce que j'ai fait, c'est laisser la grille ouverte. Mais cela suffisait, non ?

Je ne me rappelle pas avoir éprouvé quoi que ce soit, quand, moins d'une semaine après cette nuit dans les bois, j'ai descendu furtivement l'allée menant à la route pour ouvrir cette grille. J'agissais comme une somnambule.

Marlowe m'avait dit d'attendre que tout le monde dorme et d'aller à la grille avant minuit. Je n'avais peur ni de parcourir seule ce long chemin, ni de la tâche qui m'attendait. Et en laissant la grille osciller sur ses gonds, avant de me diriger vers l'écurie où je devais retrouver Marlowe, je ne ressentais ni impatience, ni excitation, ni crainte – seulement un sentiment de vide. Même quand une berline noire me dépassa tous feux éteints, tel un requin lent et mortel fendant les eaux obscures, je l'observai avec détachement.

À l'intérieur et autour de la maison, toutes les lumières étaient éteintes, et le silence était si épais que mes pas, pourtant légers, résonnaient. Dans l'écurie, les chevaux s'agitaient de nouveau. Je les entendais remuer et souffler bruyamment. Mais je ne voyais Marlowe nulle part. La berline noire, une Lincoln que je reconnus comme celle d'un des manifestants, était garée à côté de la grange, et son moteur émettait un léger cliquetis en refroidissant.

Ce bruit me ramena d'un coup à la réalité de ce que nous nous apprêtions à faire, comme si on m'avait brutalement tirée du sommeil. C'est à ce moment que je vis danser une lueur orangée dans les fenêtres, noires jusque-là. Une odeur de bois brûlé commença à emplir l'atmosphère. Je me mis à courir en direction de la maison, mais elle me paraissait incroyablement éloignée, et mes jambes, incroyablement lourdes et lentes. Quand je franchis enfin la porte, l'air était déjà empuanti par la fumée.

« Maman ! » hurlai-je, grimpant les marches quatre à quatre. Je me couvris la bouche et le nez au moyen de mon bras, mais la fumée s'infiltrait, me brûlant les yeux, me piquant la gorge. Quand j'atteignis le palier, j'étais secouée par une toux irrépressible, et la tête me tournait.

Je trouvai ma mère seule dans son lit, ivre morte, inconsciente de l'incendie qui faisait rage autour d'elle. Je n'avais pas vraiment réfléchi à ce qui pourrait lui arriver, mais je ne pouvais pas la laisser mourir. Je la secouai, sans parvenir à la réveiller. Finalement, je la tirai pour la faire dégringoler du lit, et elle atterrit de tout son poids sur moi.

« Qu'est-ce qu'il y a ? marmonna-t-elle.

— Le feu ! criai-je, en essayant de l'entraîner vers la porte. Où est Frank ? »

Mais elle ne parut pas m'entendre. « Ophelia, laisse-moi dormir », bredouilla-t-elle d'une voix pâteuse.

Je la traînai dans le couloir, où, à travers la fumée, je distinguai deux silhouettes dans l'escalier, l'une longue et maigre, l'autre, nettement plus petite, tenant un revolver. La plus grande, c'était Frank, venu probablement chercher ma mère. D'où sortait-il ? je n'en avais pas la moindre idée. Mais il s'était immobilisé pour se retourner vers la personne qui le suivait. En m'approchant, je la reconnus. L'expression de Janet Parker avait quelque chose de dément, mais on y lisait surtout le désespoir, et une infinie tristesse. *Elle se fiche de ce qui peut lui arrive*r, me dis-je. Son corps entier était tendu, comme si elle devait faire appel à toute sa force musculaire pour tenir cette arme.

« Vous faites erreur, m'dame », dit Frank d'une voix apaisante. Il levait une main, comme pour dévier le coup, et son regard tomba brusquement sur nous.

La scène parut sortir ma mère de sa torpeur. « Qu'est-ce qu'il se passe ? demanda-t-elle, l'air ahuri.

— Laissez ma femme et sa fille sortir de la maison, dit Frank à Janet Parker. Elles sont innocentes. »

J'entendis un craquement derrière nous et un fracas de verre brisé. Ma mère poussa un petit cri.

« Laissez-les partir, répéta Frank. Elles n'ont rien à voir là-dedans. »

Janet Parker nous fit un signe de la tête, mais c'est à peine si elle paraissait nous voir. J'empoignai ma mère par le bras pour lui faire descendre l'escalier.

« Qu'est-ce que vous faites ? » hurla-t-elle quand nous arrivâmes à la hauteur de Frank et de la femme. Elle tendit les bras vers Frank, et il la serra brièvement contre lui, avant de la repousser.

« Va », ordonna-t-il.

Je compris alors qu'ils s'aimaient vraiment et j'en restai stupéfaite. Je les avais toujours vus comme des êtres malades et détraqués qui avaient uni leurs folies. Il ne m'était jamais venu à l'esprit qu'ils puissent éprouver une réelle affection l'un envers l'autre.

« La seule chose qui m'apportait un peu de paix, c'était de savoir que tu brûlerais en enfer pour tes crimes ! » glapit Janet Parker quand nous arrivâmes au bas de l'escalier. C'était, presque mot pour mot, ce qu'elle avait déclaré lorsqu'elle était venue nous voir, dans le parc à caravanes.

« Je n'ai pas tué votre enfant, m'dame. Je n'ai jamais tué personne. Je le jure. » Il semblait si sincère que je faillis le croire.

« Frank ! » cria ma mère tandis que je l'entraînais hors de la maison. Des flammes sortaient du toit à présent et, sous nos yeux, la vitre de ma chambre explosa et une pluie de débris de verre s'abattit sur le sol. Je restai plantée là, médusée et incrédule. La maison était en feu. Où se trouvait Marlowe ?

Ma mère se dégagea alors et se mit à courir. Je me lançai à sa poursuite, mais elle rentra dans la maison avant que j'aie pu l'arrêter. Je l'entendis pousser un cri horrible, un cri de protestation, et j'arrivai juste à temps pour voir la poitrine de Frank exploser au moment où Janet Parker lui tirait une balle en plein cœur. Il tournoya et parut s'immobiliser à mi-course, comme s'il avait décidé de partir et changé d'avis. Puis il s'abattit pesamment sur les marches et glissa tout du long, comme une planche.

Je levai les yeux vers Janet Parker et, pour la première fois, je la vis sourire. Ensuite elle retourna son arme, plaça le canon dans sa bouche et appuya sur la détente. Je vis jaillir une hideuse gerbe rouge.

Ma mère se mit à gémir quand je l'arrachai au cadavre de Frank, et au moment où nous ressortions, deux autres fenêtres explosèrent à l'étage. Elle se jeta à terre, en larmes. Je restai debout à côté d'elle, contemplant l'incendie. Le monde était devenu silencieux, le sol avait disparu sous mes pieds, et j'étais en proie au vertige, dévastée par la peur et le remords. *Qu'avons-nous fait ? Oh, mon Dieu, qu'avons-nous fait* ? Ce que je venais de voir avait modifié quelque chose en moi. Tout mon univers avait changé de couleur, comme lorsqu'on met une chaussette rouge dans une machine remplie de blanc.

C'est alors que je l'aperçus, près de la grange, une ombre parmi les ombres, léchée par la lueur orange des flammes. Pleurait-il ou riait-il ? je ne sais pas – je ne pouvais voir son visage. C'était comme ça, avec Marlowe : on ne pouvait *jamais* voir son visage. Il s'était chargé de la distribution et de la mise en scène ; chacun de nous avait joué à la perfection le rôle qu'il nous avait attribué. Il était vraiment doué.

Je m'installai dans la Lincoln, sur le siège du passager, et attendis qu'il se mette au volant. En démarrant, il me regarda et ne dit pas un mot tandis que nous nous engagions sur le long chemin obscur. Ma mère, toujours prostrée sur le sol, n'avait pas relevé la tête. Elle ne s'aperçut même pas que j'étais partie.

« Ça va ? » me demande Gray, depuis le seuil de notre chambre.

Je suis assise sur le bord du lit, dans le noir, fixant le mur comme si c'était un écran sur lequel se projetterait le film de mes souvenirs.

« Ça va, dis-je. Je suis un peu fatiguée, c'est tout. »

Je ne veux pas partager mes souvenirs avec lui, pour une raison que j'ignore.

« Écoute, reprend-il, nous allons tirer tout ça au clair, et y mettre un terme.

— Que vas-tu faire ?

— Je vais aller voir Harrison, lui demander ce qu'il veut au juste et le lui donner. »

Il est venu s'asseoir près de moi et tient mes mains entre les siennes. Cette déclaration me surprend. C'est une mesure désespérée, qui ne lui ressemble guère. « Toujours agir en position de force », telle est sa devise. Mais il semble prêt à hisser le drapeau blanc.

« Qui est allé voir ton père, qui t'a suivie sur la plage, qu'est-il arrivé à ton psychiatre ?… ce sont autant d'inconnues. Peut-être avais-tu raison, peut-être tout cela fait-il partie du même problème. Je n'en sais rien. Mais Harrison est une menace facile à éliminer. On l'achète, et il disparaît. Qui sait ? Tout le reste disparaîtra peut-être avec lui. »

Je sens une lueur d'espoir se ranimer en moi. Oui, s'il suffisait de signer un chèque pour que tout disparaisse. Je pourrais continuer à être Annie Powers, et Ophelia retournerait vers les ténèbres auxquelles elle appartient. Peut-être est-ce aussi simple que ça.

« Je n'en ai pas pour longtemps », dit-il en déposant un léger baiser sur mes lèvres. Je tends les bras vers lui, l'attire contre moi et l'étreins avec force. Il s'en va, je l'entends descendre l'escalier, puis regarde par la fenêtre sa voiture s'éloigner. Je me relève en hâte et saisis mes clés.

« Je vais courir un peu, dis-je à Esperanza quand je passe devant le séjour pour me rendre au garage. Gray est sorti, lui aussi.

— Il est tard, répond-elle.

— Je reviens tout de suite. Victory dort. »

Je n'entends pas sa réponse. Au bout de la rue, j'aperçois les feux arrière de la voiture de Gray. Il tourne à gauche. Je le suis, sans bien savoir pourquoi.

27

« Il n'était pratiquement jamais là, disait Gray en parlant de son père. Et quand il était à la maison, il passait son temps à broyer du noir devant la télévision ou à houspiller ma mère à cause des achats qu'elle avait faits pendant son absence ou des changements qu'elle avait effectués dans la maison. Moi, je lui tournais autour, cherchant à obtenir son attention, et le redoutant en même temps. De temps à autre, j'avais droit à une petite tape dans le dos, ou bien on essayait de jouer à la balle ou de construire une cabane dans les arbres, le genre de choses que les pères et les fils font ensemble. Mais ce n'était jamais tout à fait ça. On en gardait toujours le sentiment d'avoir raté quelque chose d'indéfinissable. On n'arrivait pas à communiquer vraiment. On n'y est jamais arrivés. »

Il me tenait fréquemment ce genre de discours, même quand il pensait que je ne pouvais peut-être pas l'entendre ou que je m'en fichais. Il s'asseyait dans ma chambre, dans cette clinique psychiatrique où il m'avait fait admettre sous le nom d'Annie Fowler, et il parlait. Je regardais dans le vide, sans réagir. Je n'étais pas exactement catatonique, mais j'avais en quelque sorte perdu la volonté d'exister. Je ne parlais pas, mangeais à peine, me contentais d'observer, à travers ma fenêtre, les feuilles tombant des arbres et les nuages passant dans le ciel. Je ne savais pas pourquoi il me racontait tout ça à moi, une parfaite étrangère. *Que veut-il de moi ? Pourquoi ne me laisse-t-il pas tranquille ?*

« Ma mère était en permanence affreusement triste. Elle souffrait d'une grave dépression, je m'en rends compte à présent. Mais à l'époque, elle n'avait aucun soutien, elle ignorait même qu'elle avait besoin de se faire soigner. Elle ne s'était jamais remise de la perte de sa fille, cette sœur que je n'ai pas connue. Je suppose que mon père ne s'en est jamais remis lui non plus. C'est peut-être toujours ainsi, quand vos parents ont perdu un enfant avant votre naissance : vous ne trouvez jamais tout à fait votre place. »

Il parlait, pendant des heures parfois, comme s'il avait toute sa vie durant renfermé ces paroles en lui, en attendant le moment où il pourrait s'épancher en toute sécurité. Et peut-être, avec moi, éprouvait-il pour la première fois le sentiment d'être en sécurité, car je n'étais pas en position de le juger pour ses péchés ou sa perte de toute foi.

« En sortant du lycée, je me suis engagé dans la marine. Tout le monde était fier de moi et content. Mais en fait, je ne cherchais qu'à leur échapper. Et puis, ça me semblait être la meilleure chose à faire, suivre les traces de mon père. Je ne savais pas vraiment ce que je faisais. Peut-être que je ressemble davantage à ma mère qu'à mon père, en fait. Je n'étais pas taillé pour ce qui m'attendait. »

Je me surpris à écouter son récit, et pourtant, à cette époque, je le détestais. Un mètre quatre-vingts de muscles et d'os, de cicatrices et de regards ténébreux. Je le trouvais affreux ; il y avait trop de dureté dans ses yeux, dans le pli de sa bouche. Il dégageait une forte odeur de savon Ivory et parfois d'alcool. Je n'arrivais pas à décider s'il m'avait sauvée ou détruite. Il avait tué Marlowe, mon premier amour. Il m'avait sauvée des mains d'un tueur, emmenée dans cette clinique, et il avait continué à veiller sur moi, me rendant visite chaque jour avec des livres et des magazines, des bonbons et des petits cadeaux qui s'entassaient, intacts, dans le placard près de la salle de bains.

Il me raconta comment, quelques années après la première guerre du Golfe, il avait été démobilisé et était revenu malade de rage, ayant perdu toutes ses illusions sur l'armée et le gouvernement. Il en voulait à son père de l'avoir poussé à embrasser une carrière qu'il n'avait jamais désirée vraiment, et il s'en voulait de ne savoir rien faire d'autre. Il était parti à la dérive, quittant New York pour la Floride, buvant plus que de raison, travaillant ici et là, à l'occasion, comme détective privé.

« J'ai fait et j'ai vu des choses vraiment abominables, me dit-il. Des choses qui semblaient n'avoir ni sens ni raison. Faire le mal ne peut jamais apporter rien de bon, j'avais pu le constater. Ça me rendait malade. J'ignorais ce que j'allais faire du reste de ma vie, combien de temps je pourrais supporter ce fardeau. »

J'avais accepté de me faire hospitaliser et de changer de nom parce que je n'avais le choix qu'entre ça ou la prison. La vérité, c'était que je n'avais nulle part où aller. Je savais que je ne pouvais attendre aucune aide de mes parents. Mais surtout, je voulais me débarrasser d'Ophelia et de ce qu'elle avait fait

– du peu dont je me souvenais, en tout cas. C'est en cela que nous étions semblables, Gray et moi : nous étions tous deux confrontés à nos actes passés, des actes qui nous avaient paru justes sur le moment, mais qui, à la lumière de la réalité, se révélaient des plus condamnables.

« Quand je t'ai trouvée, je me suis dit que tu étais peut-être celle qui me permettrait de racheter mes fautes, expliqua-t-il un soir, environ un mois après mon admission. Je me suis dit : si je peux la sortir de là, peut-être cela donnera-t-il un sens à tout le reste.

— C'est des conneries », déclarai-je, lui répondant enfin. Je ne voulais pas être sa pénitence, je ne voulais pas être celle qui lui permettrait de se racheter. « Ça ne marche pas comme ça, dans la vie. On n'établit pas le bilan des bonnes et des mauvaises actions.

— Ah non ? dit-il en se redressant sur son siège. Alors, comment peut-on effacer nos erreurs ?

— On ne peut pas les effacer », rétorquai-je, posant mes yeux sur lui pour la première fois.

Il rejeta la tête en arrière et laissa échapper un rire dénué de gaieté. « Donc, il ne nous reste qu'à languir de regret jusqu'à l'heure de notre mort ?

— C'est peut-être tout ce que nous méritons », répliquai-je en fuyant de nouveau son regard.

Il laissa passer un silence avant de reprendre : « J'espère que tu te trompes. »

Ce soir, je reste à bonne distance de la voiture de Gray – assez loin pour qu'il ne me repère pas, assez près pour ne pas le perdre. Ce n'est pas aussi facile que ça en a l'air. Quelqu'un comme lui devine d'instinct qu'il est suivi – peut-être parce que, d'habitude, c'est lui qui prend les autres en filature. Il s'y connaît. Et, bien sûr, s'il aperçoit mon véhicule dans le rétroviseur, il saura tout de suite qu'il s'agit de moi. Je ne sais pas quelles explications je pourrai lui fournir, étant donné que j'ignore pourquoi j'agis ainsi.

Il roule vite, il a déjà traversé le pont pour rejoindre l'autoroute. Il ne s'arrête pas au commissariat ; il se dirige vers le centre-ville, ce qui me paraît bizarre. Je n'ai pas pensé à lui demander comment il connaissait l'adresse de Harrison. Mais évidemment, il a ses méthodes.

« Une fois, je me trouvais dans un bar de l'East Village, un endroit appelé Beyrouth Centre. Tu connais ? » me demanda Gray un soir, à la clinique. Nos relations s'étaient améliorées, mais je ne répondis pas. Je ne répondais pratiquement jamais. Je crois que ça lui était égal. Il savait que je l'écoutais.

« Un vrai bouge, le boui-boui le plus cradingue qu'on puisse imaginer, un endroit infect. J'y venais souvent pour me saouler la gueule. Je me mettais dans un coin et m'enfilais des verres jusqu'à ce que je puisse à peine tenir sur mes jambes pour rentrer dans mon appartement, sur la Première Avenue. Je ne le faisais pas tous les soirs, non, seulement quand je n'arrivais pas à dormir, quand je n'en pouvais plus. Ma mère était morte d'une hémorragie cérébrale peu après ma sortie de l'armée. J'en rejetais la faute sur mon père, je le rendais coupable de presque tout ce qui arrivait. Parfois, ma colère me faisait l'effet d'une douleur physique, d'un élancement dans la poitrine. Tu as déjà ressenti ça ? »

Oui, pendant la plus grande partie de ma vie, en fait. Mais je ne le lui dis pas. Ce soir-là, il avait apporté des fleurs – des marguerites, si ma mémoire est bonne – et une boîte de beignets. Le bouquet et la boîte étaient posés sur ma table de chevet, et je n'avais touché ni à l'un ni à l'autre.

« Bref, j'étais donc là un soir, déjà à moitié assommé par l'alcool, quand un vieux motard, une véritable épave, couvert de tatouages, avec de longs cheveux gris en broussaille, est venu s'asseoir près de moi. »

Je l'entendis remuer sur sa chaise, faire craquer les vertèbres de son cou.

« Je lui ai dit que je ne voulais pas de compagnie. Il m'a répondu qu'il n'en voulait pas non plus, qu'il cherchait simplement sa fille. Un de nos amis communs lui avait affirmé que je pourrais l'aider. »

Je me tournai vers lui. Il était assis sur ce même siège où il s'était installé presque tous les soirs depuis un mois, les pieds posés sur le rebord de la fenêtre, la tête renversée, comme s'il parlait au plafond. Il portait un jean, un sweater noir, des rangers. Son vieux blouson en denim gisait au pied de mon lit. Il avait une grande cicatrice sur le cou ; ses mains étaient carrées et semblaient dures comme du roc.

J'eus l'impression de le voir pour la première fois, ce soir-là. Dehors, derrière la fenêtre, il neigeait, de gros flocons scintillant dans la lueur des réverbères et tapotant la vitre comme des doigts glacés. Je contemplai le contour robuste de sa mâchoire, ses lèvres pleines et rouges, les muscles noueux de ses épaules et de ses bras. Ses yeux se baissèrent vers moi, me fixant de leur regard gris et froid. Je ressentis un petit choc en découvrant leur couleur si pâle. Ils avaient quelque chose de sinistre, d'inquiétant.

Certain d'avoir capté mon attention, il poursuivit : « Le vieux m'a dit : "J'ai mal agi envers ma fille, j'ai manqué à tous mes devoirs de père. Je l'ai livrée aux loups, tu sais. Si je la laisse tomber encore une fois, ma vie n'aura plus aucun sens. J'ai un peu d'argent, si tu as du temps libre et besoin d'un boulot. Mon pote m'a dit que c'était ta spécialité, de retrouver les gens qui ne veulent pas qu'on les retrouve."

— C'était mon père ? » murmurai-je, incrédule. Gray hocha la tête.

« J'avais du temps libre et besoin d'un boulot, reprit-il. Il m'a demandé de régler son compte à Marlowe Geary et de prendre soin de toi – quoi qu'il ait voulu dire par là.

— Il t'a payé ?

— Au début, oui, mais au bout d'un moment nous sommes devenus amis, et je n'ai plus considéré ça comme un simple boulot.

— Je sais. Tu voulais expier tes péchés.

— Il y avait aussi de ça, en effet », répondit-il en haussant les épaules.

Gray sort de l'autoroute avant la bretelle d'accès au centre-ville pour s'enfoncer dans les zones insalubres de la périphérie. Je traverse à sa suite un quartier où les lampes de tous les réverbères ont été fracassées, où des formes indistinctes sont tapies sous les porches et au coin des rues. Les maisons sont plongées dans le noir, mais on distingue à travers les fenêtres la lueur bleutée des écrans de télévision. Je reste loin derrière, me fiant à mon instinct pour me guider quand je le perds de vue. *Où va-t-il ?* Harrison ne vit pas ici, j'en suis certaine.

La banlieue-dortoir fait place à une zone industrielle, des entrepôts aux grilles baissées, en contrebas de l'autoroute. Je vois qu'il se dirige vers la voie souterraine. Je m'arrête et observe à travers les ronces d'un terrain vague. Il s'est arrêté, lui aussi. Nous restons là tous les deux à attendre.

Et puis mon portable se met à sonner. Je vois s'afficher le numéro de l'inspecteur Harrison, et je me demande pourquoi c'est moi qu'il appelle alors qu'il a rendez-vous avec Gray. Je ne réponds pas. Au bout d'une minute, j'entends le bip m'indiquant qu'il a laissé un message. Sans quitter des yeux le véhicule de Gray, toujours à l'arrêt, en partie caché dans l'ombre, j'écoute le message.

« Un autre sujet de réflexion, dit la voix de l'inspecteur. Que savez-vous vraiment de votre mari ? »

Bonne question, me dis-je, tout en regardant une camionnette blanche se garer à côté de la voiture de Gray.

Je restai plus de deux mois dans cet établissement avant qu'on décide, en fonction de je ne sais quels mystérieux critères, que je pouvais sortir. Si les médecins savaient qui j'étais réellement ou s'ils soupçonnaient que j'étais recherchée dans trois États, ils n'en montrèrent rien. Je découvris, longtemps après, que j'avais été admise à la demande de Drew qui connaissait le propriétaire de la clinique.

Le jour de ma sortie, je ne me rappelais toujours pas ce qui m'était arrivé. La nuit où nous avions quitté le ranch, Marlowe et moi, se résumait à une série d'images floues et incohérentes. Je me rappelais vaguement être allée chez mon père pour lui demander de l'aide. La suite était un trou noir où je me désintégrais, molécule par molécule, quand je passais trop de temps à y réfléchir. Fugue dissociative, avaient déclaré les médecins, faute d'un terme plus adéquat. Un trouble résultant du long traumatisme qu'avait été mon enfance, et de l'événement déclencheur que constituait le meurtre de mon beau-père. Ils m'avaient expliqué que j'avais laissé mon identité derrière moi en montant dans cette berline noire au côté de Marlowe, qu'Ophelia avait cessé d'exister et qu'une autre fille avait pris sa place.

Alors, qui suis-je à présent ? Je me rappelle m'être posé cette question, tandis que Gray jetait sur son épaule le sac rempli des choses qu'il m'avait achetées, et que nous franchissions les portes automatiques pour émerger sur le parking glacial. *Suis-je Annie Fowler, Ophelia March ou quelqu'un d'entièrement différent ?* Deux années et demie de ma vie s'étaient évanouies.

Je m'installai dans la Suburban noire en croisant les bras autour de mon torse pour me protéger du froid. Je tremblais, non seulement de froid, mais aussi de peur. Le jour où j'étais partie du ranch, j'avais dix-sept ans, presque dix-huit. Le jour où je suis sortie de cette clinique avec Gray, je n'étais qu'à trois mois de mon vingt et unième anniversaire.

Gray mit le chauffage en route, et nous restâmes un moment assis dans la voiture sans rien dire. J'étais terrifiée. Je ne savais ni qui j'étais ni ce que j'allais faire de moi-même. Mais je restai silencieuse. Je ne pouvais pas me permettre de montrer le moindre signe de faiblesse.

« Je connais une femme, une amie de mon père, dit-il au bout de quelques minutes. Je vais t'emmener chez elle, et elle t'aidera à repartir du bon pied, d'accord ?

— Où ça ?

— En Floride. »

Il gardait les yeux fixés droit devant lui, évitant soigneusement de me regarder. Je vis se crisper un muscle de sa mâchoire. Tout mon corps se raidit. Je songeai qu'il en avait fini avec moi. Il m'avait sauvée, et maintenant il n'avait plus besoin de moi pour se sentir mieux. À un moment donné, j'avais cessé de le haïr, et commencé à le voir comme ce qu'il était : le premier homme foncièrement bon que j'aie jamais connu. Et j'allais le perdre.

Quelques semaines plus tôt, Gray m'avait remis une lettre de mon père. Ce devait être la dernière communication entre nous pendant très longtemps. Ophelia était morte ; il n'y aurait plus ni appels téléphoniques ni visites – autrement dit, ce ne serait pas très différent d'avant. Mon père me racontait que Gray nous avait traqués inlassablement pendant deux ans, Marlowe et moi, qu'il avait tout sacrifié pour me retrouver.

« Il s'est passé durant cette période un certain nombre de choses qu'il devra t'expliquer, écrivait mon père. Mais je crois qu'en cours de route il est tombé amoureux de toi, Opie. Ne lui fais pas trop de mal. »

Assise dans cette voiture à côté de Gray, j'espérais qu'il disait vrai. Mais je ne voyais pas pour quelle raison Gray aurait pu aimer une paumée qui n'avait rien à lui offrir.

« Et toi, où vas-tu ? m'enquis-je tout en examinant mes ongles et en m'armant de courage.

— Je viens avec toi, répondit-il très vite, les yeux toujours rivés droit devant lui, les mains crispées sur le volant. Si tu veux bien », ajouta-t-il tout bas.

Submergée de soulagement, je levai les yeux vers lui et rencontrai les siens.

« Tu as souri, si je ne m'abuse ? demanda-t-il avec un petit rire.

— Peut-être », répondis-je, en souriant plus largement. Cela ne m'était pas arrivé depuis si longtemps que c'en était presque douloureux.

« Je ne t'avais jamais vue sourire », reprit-il en posant une main sur ma joue. Sa peau était étonnamment douce. Je mis ma main sur la sienne et nous restâmes ainsi pendant une longue minute. En cet instant, c'était le plus bel homme que j'aie jamais vu.

« Que feras-tu là-bas ? demandai-je.

— Mon père possède une entreprise qui fait du bon boulot un peu partout dans le monde. Il y a une place pour moi.

— Mais vous ne vous entendez pas, tous les deux ! » dis-je sans cacher ma surprise.

Il hocha lentement la tête, et je compris qu'il avait mûrement réfléchi à la question. « Nous avons eu de graves désaccords, et il se peut que nous en ayons encore, mais nous nous efforçons d'y remédier. Il a beaucoup fait pour moi – et pour toi. »

À la radio, David Bowie et Bing Crosby susurraient une chanson triste où il était question d'un petit tambour.

« Il me paraît important à présent d'oublier ma rancœur, déclara-t-il soudain, en se rapprochant de moi. De bâtir un foyer pour toi, pour nous deux. Regarde-moi : j'aurai bientôt quarante ans, et je ne possède rien à moi, pas même un futon. »

Et puis il m'embrassa, et la chaleur de ce baiser, l'amour qu'il contenait, agirent sur moi comme un baume. Il me paraissait effectivement important, capital, de nous bâtir un refuge en ce monde.

« Il y a une chose que tu dois savoir, Gray.

— Quoi donc ? dit-il en écartant une mèche de cheveux qui me cachait les yeux.

— Je crois que je suis enceinte. »

Cette nouvelle aurait dû lui faire l'effet d'une bombe, mais, bizarrement, il n'en fut rien. Il soutint mon regard, mais je fus incapable d'y lire ce qu'il ressentait. Ses yeux gris n'ont jamais trahi ses secrets.

Dehors, le parking était plein de voitures sales, couvertes de sel et de neige. Je pensais qu'il allait me haïr d'avoir aimé Marlowe Geary comme je l'avais aimé, en dépit de ce qu'il était et de ce qu'il m'avait fait, me haïr de porter son enfant.

« Je n'ai jamais été avec un autre que lui », repris-je. Ma voix se brisa, et je me détestai pour ça, et pour les larmes qui semblaient jaillir d'une source au centre de moi-même. Dans le silence qui suivit, je fermai les yeux, les joues brûlantes de honte. Puis je sentis sa main sur mon épaule. Quand je me tournai vers lui, il se pencha et m'embrassa de nouveau. Je lui tendis les bras, m'accrochant désespérément à lui, comme si j'étais sur le point de me noyer.

« Laisse-moi prendre soin de toi », dit-il. Cela ressemblait à une prière, une supplication. J'acquiesçai, la tête enfouie dans son épaule. Les mots me manquaient. Puis il s'écarta de moi et démarra. Il parut un peu gêné l'espace d'une seconde, comme si ces effusions le mettaient mal à l'aise.

« Je ne l'abandonnerai pas, dis-je en croisant les bras sur mon ventre d'un geste protecteur.

— Je ne te suggérerai jamais une chose pareille. Jamais », répondit-il dans un murmure, se raidissant soudain. Il se tourna vers moi et me prit par les épaules.

« Écoute, reprit-il, avec tant de passion que je laissai échapper un petit sanglot. Je vais prendre soin de toi. » Il s'était toujours montré si calme, si imperturbable, que je ne reconnaissais plus l'homme qui se tenait près de moi. Peut-être était-il en train de se noyer, lui aussi.

« Je vais bâtir un nid pour toi et pour ce bébé, déclara-t-il en baissant les yeux vers mon ventre. Je ferai le nécessaire, tout ce qui doit être fait. »

Nous roulâmes pendant deux jours avant d'arriver enfin chez Vivian, dans sa maison sur la plage. Elle et Drew étaient seulement amis à l'époque, et je vivais donc seule avec elle. Gray prit un appartement à proximité. Il voulait me laisser le temps de mieux me connaître, de mieux le connaître.

« Nous allons commencer par sortir ensemble, m'annonça-t-il. Comme les gens normaux. »

Vivian m'accueillit chez elle et me traita comme sa fille. Elle me cuisinait des petits plats et veillait tard le soir pour m'écouter parler. Elle fit preuve envers moi d'une bonté que personne ne m'avait jamais témoignée. J'obtins l'équivalence du diplôme de fin d'études secondaires et m'inscrivis à la fac, tandis que mon ventre prenait de l'ampleur. Gray et moi sortions ensemble. Ce fut l'époque la plus heureuse de ma vie.

Je suppose que certaines, à ma place, auraient envisagé d'interrompre la grossesse. Mais cette idée ne me traversa même pas l'esprit. Pas un instant je n'ai pensé à Victory comme à la fille de Marlowe Geary. Elle a toujours été la mienne, et seulement la mienne.

Je regarde Gray sortir de la voiture, un sac de toile noire à la main. Il pose le sac sur le sol et s'appuie contre le véhicule. J'ai l'impression d'avoir le corps déshydraté. Un homme corpulent s'extrait de la camionnette blanche et s'avance lentement vers Gray. Il porte un long imperméable noir qui flotte derrière lui dans le vent. Sa tête est énorme, ses épaules massives. Il est à peu près de la taille d'un gros réfrigérateur.

Ils se serrent brièvement la main. Malgré la distance et l'obscurité, je le reconnais. C'est Simon Briggs, l'homme qui est allé s'enquérir d'Ophelia auprès de mon père. Ils échangent quelques mots. Gray secoue la tête, Briggs écarte les mains. Je comprends, à son attitude, que Gray n'est pas content. Finalement, il lui tend le sac. Un nouvel échange de mots, puis Simon Briggs tourne les talons pour regagner son véhicule.

Au moment où il s'apprête à ouvrir la portière, je vois Gray sortir la main de sa poche et brandir un revolver. Je retiens mon souffle et agrippe le volant de toutes mes forces. Un coup part, silencieux, et la tête de Briggs explose dans un nuage rouge. Il s'écroule. Gray s'approche du corps, tire une nouvelle fois, prend le sac et retourne calmement à sa voiture. Il démarre et s'éloigne sans hâte, comme s'il était simplement allé acheter du lait à la supérette et rentrait à la maison.

Je reste immobile, essayant d'assimiler ce à quoi je viens d'assister. J'examine les diverses raisons qui ont pu pousser Gray à abattre Simon Briggs sous un pont d'autoroute, et je n'en trouve qu'une qui paraisse valable : Gray avait pris rendez-vous avec Briggs pour lui verser un pot-de-vin, mais avait finalement décidé qu'il était préférable de le tuer plutôt que l'enrichir. Il ne risquait pas de me faire part de son plan ; il ne se serait jamais hasardé à me compromettre d'une manière quelconque. J'éprouve quelque chose qui ressemble à du soulagement, mais ce n'est pas tout à fait ça. Cette poignée de main m'intrigue. *Que savez-vous vraiment de votre mari ?*

Nous nous sommes mariés avant la naissance de Victory, Gray et moi. Je crois que j'étais tombée amoureuse de lui sur le parking de la clinique, en comprenant qu'il m'acceptait telle que j'étais. Il connaissait Ophelia March, et il l'aimait. Je savais qu'il veillerait sur moi, qu'auprès de lui je serais toujours en sécurité. Peut-être ce sentiment n'était-il pas vraiment de l'amour, mais il y ressemblait. Son nom figure sur l'acte de naissance de Victory ; il est son père, à tous points de vue. Personne – ni Drew, ni Vivian – ne sait que Victory est la fille de Marlowe Geary. Nous sommes tous deux convenus qu'il valait mieux que nul ne l'apprenne jamais, y compris Victory. Mais je mentirais si je disais que cela ne m'apparaissait pas comme une sorte de trahison.

C'est peut-être à cause de ça que je traversai, pendant ma grossesse, de terribles crises durant lesquelles j'étais dévorée par la peur que Marlowe ne revienne nous chercher, moi et sa fille. Je ne voulais pas prendre les médicaments qui m'avaient été prescrits, à cause du bébé, et j'étais donc à la merci de mes hormones et du métabolisme aberrant de mon cerveau. J'avais des moments d'absence, de terribles migraines. Une fois, je me réveillai à bord d'un bus Greyhound à destination de New York, sans avoir la moindre idée de la façon dont j'y étais arrivée. Encore une fugue dissociative, comme disaient les médecins, une fuite hors de moi-même. *Où allait donc Ophelia ?* me demandai-je en descendant du bus à Valdosta, en Géorgie, pour téléphoner à Gray. *Savait-elle des choses qu'Annie Fowler, qui allait devenir bientôt Annie Powers, avait oubliées ?*

Ce soir-là, après être descendue du bus, je m'installai dans un petit restaurant et attendis que Gray vienne me chercher. Je ne lui causais que des ennuis, je ne savais pas pourquoi il m'aimait. Sur le chemin du retour, dans la Suburban, je lui demandai : « Pourquoi fais-tu ça ? Pourquoi viens-tu toujours à mon secours ?

— C'est dans les moments de crise que je suis le plus efficace, répondit-il en riant. De plus, je ne t'ai pas pourchassée à travers tout le pays pour te perdre maintenant. »

Je me souvins alors de ce que mon père m'avait dit, tout ce qui s'était passé durant ces deux années de traque et que j'ignorais. Je n'avais jamais rien demandé à Gray, car je n'étais pas sûre de tenir à le savoir. Cette nuit-là, moins d'une semaine avant notre mariage, alors que j'étais au cinquième mois de ma grossesse, brusquement, j'avais absolument besoin de savoir.

« Mon père m'a dit qu'il te payait au début, mais que tu avais fini par refuser son argent.

— À un certain moment, répondit-il en haussant les épaules, j'ai cessé de travailler pour lui. Je voulais seulement te retrouver.

— Pourquoi ? »

Il garda les yeux fixés sur la route, et je me demandai s'il allait me répondre. J'avais reconstitué certains événements à partir d'articles parus dans les journaux – ceux dont je pouvais supporter la lecture.

« Je vous ai rattrapés pour la première fois à Amarillo, au Texas, déclara-t-il enfin. Il y avait eu une attaque à main armée dans un magasin de spiritueux à quelques kilomètres de là, le jour d'avant. La caissière avait été torturée à mort. En entendant cette nouvelle à la radio, je me suis dit que ça pouvait être l'œuvre de Marlowe Geary. C'était son mode opératoire : torturer, tuer, voler. Il laissait une trace sanglante à travers le pays et avait déjà abandonné derrière lui les cadavres d'au moins dix-neuf jeunes femmes. »

J'eus envie de lui dire que ça ne pouvait pas être vrai, et pourtant j'avais lu la même chose dans la presse. Je refusais de croire que j'avais pu être témoin de ces crimes sans rien faire pour les empêcher, mais à vrai dire, je n'en étais pas sûre.

« Quelques semaines plus tôt, un témoin, un magasinier que Geary avait laissé pour mort dans l'arrière-boutique, avait déclaré t'avoir vue. Il était grièvement blessé et n'avait pu venir en aide à la fille que Marlowe torturait. Il n'avait pu qu'écouter ses cris en se disant qu'il allait bientôt mourir lui aussi. Il affirmait que tu étais dans un état proche de la catatonie, que tu t'étais assise dans un coin et que tu te balançais d'avant en arrière en te rongeant les ongles. Que Geary t'a entraînée dehors quand il a eu fini et que tu l'as suivi aussi docilement qu'un petit enfant. »

Je me couvris le visage pour cacher ma honte. Je détestais m'imaginer ainsi, faible, sous l'emprise d'un tueur, exactement comme ma mère.

« Jusqu'à ce moment, je n'avais aucune certitude. Ta mère prétendait que tu avais suivi Geary de ton plein gré. Mais ton père soutenait que, lorsque tu étais venue à New York, tu n'étais pas dans ton état normal, tu n'étais plus celle qu'il avait connue. D'après lui, tu semblais comme envoûtée. Ce qui paraît vraisemblable, étant donné ce que nous savons à présent sur ton état mental.

— Ça ne m'a pas empêchée de me tourner vers mon père. »

Il haussa les épaules. « Ton inconscient espérait qu'il te sauverait.

— C'était ce que j'avais toujours espéré, ironisai-je.

— Eh bien, il a mis le temps, mais il a fini par faire ce que tu attendais de lui. Plus ou moins.

— Moins.

— Quoi qu'il en soit, à Amarillo, après m'être arrêté dans chaque motel pourri du coin, j'ai aperçu une voiture correspondant à la description de celle dans laquelle Geary avait été vu pour la dernière fois. Je me suis planqué et j'ai attendu. Au bout de quelques heures, Geary est monté dans la bagnole et il est parti. J'aurais dû appeler les flics tout de suite ou l'arrêter moi-même mais, à ce stade, je ne pensais qu'à toi. C'était devenu une obsession, au point que j'en avais sans doute perdu toute lucidité. »

Gray me raconta ensuite comment il m'avait découverte blottie dans un coin de la chambre, en train de me balancer d'avant en arrière. La télévision était allumée et je fixais l'écran. Mes bras étaient couverts de bleus, ma lèvre fendue. J'étais si maigre qu'on voyait mes clavicules et les os de mes coudes pointer à travers ma peau. Sur le moment, il avait hésité à reconnaître en moi la fille dont il portait toujours la photo sur lui.

« Je t'ai relevée et je te tirais vers la porte quand Geary est revenu. »

Il me relata comment ils s'étaient battus, saccageant la chambre.

« Marlowe m'a assommé avec une lampe de chevet. Quand je suis revenu à moi, vous étiez partis depuis longtemps. Il m'a fallu près d'un an pour retrouver votre trace, au Nouveau-Mexique.

— Tu as omis quelque chose.

— Non.

— Je peux entendre la vérité. »

Il soupira. « Tu m'as tiré dessus. J'ai pris la balle dans l'épaule. Tu voulais probablement me tuer, mais tu n'avais pas la force de tenir ton arme. »

Je songeai à la cicatrice en forme d'étoile sur son épaule et fermai les yeux, en tentant de toutes mes forces de me rappeler le moment où j'avais appuyé sur la détente. Mais en vain.

« Je ne m'en souviens plus », dis-je, en regardant par la vitre. J'aurais dû éprouver des remords, mais je n'arrivais pas à établir un lien entre cet acte et moi. Je regrettais que Gray ait été blessé, mais je ne me sentais pas coupable. « Je suis désolée.

— Je sais, dit-il. Ce n'était pas toi. »

Il posa une main sur ma jambe, et je mis ma main sur la sienne. Trois jours plus tard, nous avons célébré notre mariage sur la plage, devant la maison de Vivian. Je me souviens de Drew, observant la scène à l'écart, l'air aussi sinistre et figé qu'une gargouille. Qui aurait pu le lui reprocher ? Après tout, j'avais tenté de tuer son fils.

J'ai perdu Gray de vue parce que je suis restée trop longtemps dans ma voiture, complètement hébétée. Je ne sais que faire : essayer de le rattraper ou rentrer à la maison ? Je me retrouve sous le pont, là où gît Simon Briggs, à plat ventre sur le béton. Dans un accès de stupidité monumentale, je descends de voiture et m'approche du corps. Quand je l'atteins, mes oreilles se mettent à bourdonner.

Une flaque de sang noir s'élargit lentement en dessous de lui. Le moteur de sa camionnette continue de tourner. Et dans un éclair, avec l'impression de recevoir un violent coup sur la tête, je me rappelle où je l'ai vu. Je m'adosse à la camionnette. Un autre motel pourri, quelque part dans l'Ouest. Je venais de sortir de la douche, enveloppée dans une minuscule serviette de mauvaise qualité. Il était assis sur le lit, fumant un énorme cigare. Il offrait une apparence répugnante, les vêtements tachés, les ongles en deuil. J'aperçus du cérumen dans le pavillon d'une oreille. Je suis sûre qu'il sentait mauvais, mais la puanteur de son cigare masquait les autres odeurs.

« Je n'ai rien contre toi, déclara-t-il, comme s'il reprenait le fil d'une conversation. C'est lui que je veux. Aide-moi, je te donnerai dix pour cent et je tournerai le dos pendant que tu te sauveras. »

C'est tout ce que je me rappelle. Mes souvenirs s'arrêtent là. L'ai-je aidé ? Ai-je réussi à lui échapper ? Je baisse les yeux vers sa dépouille. L'immobilité de la mort est reconnaissable entre toutes. Ma raison me crie de partir d'ici au plus vite. Mais quelque chose de plus fort me pousse à avancer vers la camionnette. Au-dessus de moi, les voitures passent à toute allure, le bruit de leurs pneus sur l'asphalte pareil à un chuchotement de voix. La porte est grande ouverte côté conducteur. Sur le siège du passager, une boîte de cigares bon marché, un briquet violet qui a la forme d'un corps de femme nu, une canette de soda allégé, un sandwich au steak et au fromage à demi mangé. L'intérieur du véhicule pue les oignons, la fumée et la sueur. Le monde sera plus propre sans Simon Briggs.

Sous les détritus, j'aperçois une grande enveloppe kraft au contenu volumineux. J'ai envie de la prendre, mais je ne veux pas toucher quoi que ce soit dans la camionnette. Je glisse prudemment un bras à l'intérieur et en saisis le bord du bout des doigts, sans rien effleurer d'autre. Quand je la soulève, les ordures qui la recouvrent se répandent sur le plancher.

L'enveloppe est épaisse et lourde, et, sans prendre le temps de l'ouvrir, je me hâte de regagner ma voiture. Je la dissimule sous le siège passager, démarre et m'éloigne au plus vite. Quand je m'engage sur l'autoroute en direction de la maison, je me demande pourquoi Gray n'a pas fouillé la camionnette. Il savait que Simon Briggs me cherchait, que l'inspecteur Harrison me collait aux trousses, mais il a tout laissé sur place, où la police ne tarderait pas à le trouver. Ça ne tient pas debout.

Mon portable sonne. C'est encore Harrison. Cette fois, je réponds.

« Que voulez-vous, inspecteur ? De l'argent ? Dites-moi combien vous demandez pour me laisser tranquille, et je vous le donnerai.

— Hier, c'était de l'argent. Aujourd'hui, je n'en suis plus aussi sûr. »

Je conduis trop vite, changeant de file sans mettre mon clignotant, et la Toyota qui me suit klaxonne en signe de protestation. Je lève la main pour m'excuser.

« Téléphoner au volant peut être mortel, dit l'inspecteur. Saviez-vous que conduire en parlant dans un téléphone est aussi dangereux que conduire en état d'ébriété ? »

J'ai renoncé à discuter. Il fait partie de ces types qui prennent plaisir à tourner autour du pot et n'en viennent au fait que lorsqu'ils l'ont décidé, quoi que vous disiez. Il suit le programme qu'il s'est fixé : ma participation à cette conversation n'est pas nécessaire.

« Il faut qu'on se voie, dit-il enfin.

— Vraiment, dis-je, en colère à présent. Vous savez quoi ? Allez vous faire foutre, inspecteur !

— Non, vous, allez vous faire foutre, Ophelia ! » riposte-t-il en appuyant sur ce prénom.

Mon estomac se noue. « Avez-vous perdu l'esprit ? Savez-vous bien à qui vous parlez ? Ou faites-vous chanter un si grand nombre de gens que vous finissez par les confondre ? »

Il ne se donne pas la peine de jouer le jeu, se borne à m'indiquer où je dois le retrouver – une aire de repos à une trentaine de kilomètres au sud d'ici. Je n'ai aucune intention de m'y rendre. Il faudrait que je sois folle pour faire une chose pareille.

« Je dois rentrer à la maison, dis-je. On va s'inquiéter de mon absence. J'ai une famille, inspecteur. »

Il fait entendre un petit rire méchant. « Vous n'avez rien du tout, à moins que je ne vous y autorise. »

Il met fin à la communication. Je garde le téléphone à la main. Le désespoir et la panique me rongent le cœur comme un acide. J'essaie d'appeler Gray sur son portable, sans succès. Je ne laisse pas de message. Après avoir parcouru quelques kilomètres tout en passant fébrilement en revue les diverses solutions qui se présentent à moi, je quitte l'autoroute et repars en sens inverse, vers le sud. *Je vais le voir, me dis-je. Je vais lui donner ce qu'il veut. Et après, il s'en ira.* Exactement comme Gray l'a dit. Pourquoi Gray n'est-il pas allé le voir, pourquoi, au lieu de ça, a-t-il tué Simon Briggs, je l'ignore, et je n'ai pas le temps d'y réfléchir. Je dois mettre fin à tout ça et rentrer chez moi.

Pour autant que je le sache, ma mère vit toujours dans le ranch de Frank Geary, au centre de la Floride. Elle me croit morte. Je sais par mon père qu'elle me juge responsable de ce qui leur est arrivé, à Frank et à elle. Elle a transformé la ferme en refuge pour les femmes éprises de détenus condamnés à mort. Elle les aide à faire des démarches en vue d'une révision, à mener des campagnes de pétitions pour le réexamen des anciennes preuves au moyen des technologies nouvelles, et les console quand le pire se produit. Elle a même créé un site Web, liberezlesinnocents.org.

Il y a environ deux ans, je l'ai vue dans une émission télévisée, se défendant contre les attaques des familles de victimes. Elle avait l'air vieillie, usée, toute sa beauté s'était envolée. Je n'ai rien ressenti en la voyant, excepté une légère nausée à l'idée qu'elle ait pu consacrer tant de temps et de dévouement à cette cause, alors qu'elle n'avait jamais témoigné une fraction d'amour ou d'intérêt à sa propre fille. Elle porte une photo de Frank dans un médaillon accroché à son cou.

« C'était un innocent qui est mort pour des crimes qu'il n'avait pas commis », répétait-elle sans cesse, le corps agité d'un étrange mouvement de balancier. Elle avait tout d'une déséquilibrée, et les autres personnes présentes sur le plateau – une femme fiancée à un détenu du couloir de la mort, un avocat spécialiste des recours en appel, l'épouse d'un homme condamné et exécuté à tort – la fixaient d'un air gêné, se penchant de côté dans un effort visible pour prendre leurs distances avec elle.

C'était le genre d'émission comme la télé poubelle en produit à la pelle, où tout est fait pour créer un conflit entre les participants. Les familles des victimes étaient regroupées de l'autre côté de la scène – la mère d'une jeune fille enlevée et assassinée, le mari d'une femme violée et tuée dans sa propre maison, la sœur d'un jeune homme victime d'un tueur en série. Les choses se passèrent plutôt bien au début, mais finirent naturellement par dégénérer, et tout se termina par des pleurs et des échanges d'insultes, sous les huées du public.

Quand on l'interrogea sur Marlowe et moi, je redoublai d'attention, fascinée malgré moi. Je savais que j'aurais dû éteindre, mais j'en étais incapable.

« Pensez-vous qu'il s'agisse d'un penchant inné ou acquis ? demanda l'animateur à ma mère, en dissimulant à peine son dégoût. Comment expliquez-vous l'attirance de votre fille pour le tueur Marlowe Geary ?

— Je crois que Marlowe était innocent des crimes dont on l'accusait, tout comme son père, répondit-elle, pointant le menton en avant, les paupières agitées d'un tic. Il n'a pas eu droit à un procès. Ce sont les médias qui l'ont jugé et condamné.

— Les preuves étaient accablantes, objecta le présentateur, un homme grisonnant au visage buriné et lourdement maquillé.

— Les preuves sont trompeuses, riposta-t-elle, se tournant face à la caméra. Nous le savons tous. »

Un an à peu près après la mort de Frank, de nouveaux tests ADN avaient établi sans l'ombre d'un doute qu'il avait tué au moins deux des femmes pour le meurtre desquelles il avait été inculpé : une serveuse du nom de Lauren Miter et Sadie Atkins, femme de ménage dans un motel. Leurs familles s'étaient démenées sans relâche pour prouver qu'il était coupable et elles avaient fini par réussir. C'était sans doute une bien maigre consolation, mais cela valait mieux que rien. Je pensai à Janet Parker. Elle n'avait pas besoin des technologies nouvelles pour démontrer que Frank avait tué sa fille. Son corps le savait, et cette certitude l'avait détruite.

Je me suis souvent interrogée sur les autres femmes – treize en tout, soupçonnait-on. Des femmes disparues dans un rayon de trente kilomètres autour du domicile des Geary, et dont le corps n'avait jamais été retrouvé. Que leur était-il arrivé ? Étaient-elles toutes mortes entre les mains de Frank Geary ?

« Vous n'avez pas répondu à ma question, reprit l'animateur quand l'auditoire se fut calmé. Comment expliquez-vous l'attirance de votre fille pour Marlowe Geary ?

— Je ne veux pas dire de mal des morts. Mais mon beau-fils était un brave garçon, un être aimable et bon. Ophelia était une jeune fille très perturbée, entêtée et insatisfaite.

— Où voulez-vous en venir ? s'enquit l'animateur, incrédule.

— S'il a fait quelque chose de mal, ce devait être sous son influence à elle », déclara ma mère, qui fixa la caméra en écarquillant les yeux.

J'étais pétrifiée devant l'injustice de cette déclaration, devant le monde d'illusions et de mensonges qu'elle s'était bâti. Cependant, je ne pouvais toujours pas me résoudre à éteindre la télévision. Bizarrement, cela me faisait du bien de voir ma mère, d'entendre sa voix. Nous aimons tellement nos parents, même quand nous les haïssons, même quand ils nous maltraitent et nous trahissent, nous désirons tellement être aimés en retour… Si seulement ils connaissaient leur pouvoir !

L'émission se termina par l'intervention d'un représentant d'une association d'aide aux victimes de crimes violents et à leurs familles. C'était un petit homme d'apparence fragile, avec une masse de cheveux blond vénitien à l'aspect soyeux et des yeux étincelants couleur d'émeraude. D'une voix frémissante, il expliqua que les victimes devaient affronter leurs peurs plutôt que de s'y complaire. Les méthodes utilisées par son association, dit-il, étaient « expérimentales et très controversées, mais extrêmement efficaces ».

« Quand nous sommes victimes d'un acte de violence, ou que nous perdons quelqu'un dans de telles circonstances, notre vision du monde s'en trouve changée. Cela ouvre une brèche dans notre perception de la vie, et on a l'impression que tout le mal, tous les monstres qui existent sur terre peuvent s'introduire par cette brèche. Faire face à la peur qui demeure après que vous-même ou un être cher ayez eu à subir des violences est la chose la plus difficile qui soit. Mais si vous ne le faites pas, la peur vous tuera petit à petit, comme un cancer insidieux, cellule après cellule. »

Il refusa de décrire de manière plus précise les méthodes utilisées par son association, mais indiqua un site Web : vaincrelapeur.biz. Je notai l'adresse, mais quand je voulus y accéder, j'obtins un message d'erreur.

Pendant les trois jours qui suivirent, les paroles de ma mère continuèrent à me ronger. Je ne pouvais plus ni manger ni dormir, je ne pouvais plus chasser son image de mon esprit. Je revoyais sans cesse son visage ravagé, je me répétais ses accusations. Je fis quelques autres tentatives pour consulter le site, sans succès.

Pour une raison inconnue, ce souvenir me revient en mémoire quand j'arrive sur l'aire de repos. L'air me semble lourd de menaces tandis que je m'engage sur la voie d'accès et que l'autoroute disparaît dans mon rétroviseur. Je vois le 4 × 4 de Harrison garé derrière les toilettes, tout au fond du parking, et je me demande s'il existe un lieu plus désolé et sinistre qu'une aire de repos déserte en pleine nuit.

Je me gare à une certaine distance de son véhicule. Il n'est pas question que je me range à côté du 4 × 4 ni que je m'en approche. Je vais rester à l'intérieur de ma voiture, les portières verrouillées. S'il veut me parler, il n'aura qu'à venir à moi. Je reste là, m'attendant à ce qu'il m'appelle sur mon portable. Une minute passe, puis cinq. Finalement, je trouve son numéro sur mon téléphone et l'appelle. Je tombe sur sa messagerie.

« Salut, c'est Ray. » Sa voix est vive et enjouée, comme celle d'une pom-pom girl. « Laissez un message et je vous rappellerai dès que possible. »

Je n'ai pas une bonne opinion de l'inspecteur Harrison, et il baisse encore d'un cran dans mon estime. Il joue avec moi, il veut voir comment je vais réagir. À la fin, excédée, je vais me garer à côté de son véhicule. Il est assis au volant, en train de fumer une cigarette. Il se retourne quand je m'arrête et abaisse sa vitre.

« J'ignorais jusqu'où allait votre désespoir. À présent, je le sais.

— Épargnez-moi les préliminaires, dis-je, et venez-en au fait. » L'odeur de sa cigarette me donne envie de fumer, bien que je ne l'aie pas fait depuis des années.

Il me décoche ce sourire modeste et amical qu'il semble avoir étudié jusqu'à la perfection. Je comprends à présent qu'il se donne des airs de brave type pour mettre les gens à l'aise, les rassurer. L'annonce sur sa messagerie vocale en est un autre exemple : amicale, désarmante, parce qu'une voix sérieuse et professionnelle ferait fuir les craintifs.

« J'ai lu que vous regardiez Marlowe pendant qu'il tuait ces filles. D'après des témoins, vous assistiez aux meurtres sans broncher. Quelle impression ça fait ? »

Je ne réponds pas, j'encaisse le coup. Je lui ai demandé d'en venir au fait. Et le fait, c'est qu'il est au courant de tout.

« Comment pouvez-vous vivre avec ce poids sur la conscience ? » s'enquiert-il. Je le hais, à présent. Je me surprends à regretter qu'il ne soit pas étendu sous le pont à la place de Simon Briggs. Ou à côté de lui, peut-être. Je déteste l'effet de la peur sur l'organisme, la bouche qui s'assèche, les mains qui tremblent.

« Vous êtes bien moraliste, pour un flic ripou.

— Aïe », fait-il d'un air narquois, en simulant la douleur.

Je me frotte les yeux avec vigueur, mais ça ne sert à rien, la douleur dans ma tête ne fait qu'augmenter.

« Alors, vous êtes passée de Marlowe Geary à Gray Powers. Du tueur au flic, ou quelle que soit sa profession. En réalité, ils ne sont pas si différents, hein ? Simplement, ils ne tuent pas pour les mêmes raisons, ils ne tuent pas les mêmes gens. Je me demande ce qu'on peut en déduire à votre sujet. »

Je ne l'écoute plus. Je regarde une jeune fille s'avancer vers nous. Elle est émaciée et pâle comme une morte aujourd'hui. Ses cheveux sont sales et pendent mollement autour de son visage. Ses bras sont couverts de bleus. Elle marche lentement, comme hébétée, mais me regarde droit dans les yeux. L'inspecteur Harrison se retourne et plonge sa main à l'intérieur de son blouson.

« Que regardez-vous ? » demande-t-il.

Je sais qu'il ne peut pas la voir. Elle secoue la tête en signe de désapprobation. Elle me trouve faible et stupide. Si cela ne tenait qu'à elle, l'inspecteur Harrison serait déjà mort.

« Je commence à avoir des doutes à votre sujet, Ophelia. Je m'inquiète pour votre santé mentale. »

Mes oreilles se mettent à bourdonner. Je ferme les yeux, et quand je les rouvre, elle a disparu.

« J'ai de l'argent, dis-je. Beaucoup. Dites-moi seulement ce que vous voulez.

— Il ne s'agit plus d'argent, à présent, répond-il avec un soupir théâtral. Du moins, de *votre* argent. Disons simplement ceci : Ophelia March n'est pas oubliée. Ni pardonnée ni oubliée. Et savez-vous combien d'ennemis s'est faits votre mari ? Combien de gens aimeraient le voir souffrir ? Avez-vous une idée de ce qu'est la société Powers et Powers, de ce qu'ils font ? »

Je ne comprends pas de quoi il parle et, qui plus est, ma tête est sur le point d'imploser. Je sens son regard sur moi et, quand je le croise, je suis surprise de retrouver l'homme que j'avais vu le premier soir, celui qui me plaisait.

« Vous savez quoi ? reprend-il d'un ton incrédule. Je crois que vous ne savez même pas de quoi je parle. Parce que, quand je vous regarde, je ne vois pas la personne dont parlaient les journaux. Qu'est-ce qui ne va pas chez vous ? Pourquoi avez-vous laissé votre vie prendre cette tournure ? »

Je ferme de nouveau les yeux et incline la tête en arrière. La pression du dossier contre la base de mon crâne me fait du bien. L'espace d'un millième de seconde, je me sens soulagée.

Nous sommes tous deux assis dans nos véhicules respectifs et nous nous parlons par les vitres baissées. La mèche de cheveux blancs au-dessus de son oreille prend une couleur argentée au clair de lune. « Vous pouvez parler, dis-je. Regardez-vous. Vous, un maître chanteur ? Vous n'en avez pas l'air.

— J'ai pris de mauvaises décisions, tout comme vous, réplique-t-il en haussant les épaules.

— Alors, pourquoi ne pas nous entraider ? Je vous donne ce dont vous avez besoin pour repartir de zéro ; en échange, vous nous laissez tranquilles, moi et ma famille. »

J'ai l'air calme et pleine de bon sens, comme le serait Gray dans la même situation, j'imagine. Et de fait, je me sens mieux à présent. J'observe Ophelia. Elle se tient debout à côté de Harrison maintenant, de l'autre côté de sa vitre. Son haleine embue le verre. Il regarde droit devant lui, inconscient de sa présence.

« Laissez-moi y réfléchir », dit-il. D'un seul coup, il semble triste et fatigué, comme s'il s'était lancé dans une entreprise qu'il n'a plus la force, ou l'envie, de mener jusqu'au bout. Il est en proie à un conflit intérieur, je pense. Une partie de lui-même veut être le bon flic, le héros. Il souffre d'être aussi corrompu, d'agir de façon si répréhensible. C'est pourquoi il m'a tenu ce discours moralisateur au centre commercial, pour se donner bonne conscience.

Ophelia se détourne et s'éloigne, s'évanouissant peu à peu comme une brume passagère. Je l'entends rire. La migraine et le bourdonnement dans mes oreilles commencent à s'estomper.

« Je voyais un médecin, dis-je.

— Ah oui ? C'est bien. Vous en avez besoin, répond-il en tournant les yeux vers moi.

— Il a disparu.

— Que voulez-vous dire ?

— Son cabinet et tout ce qu'il y avait dedans n'étaient plus là la dernière fois que j'y suis allée. » J'omets de mentionner le meurtre sanglant de ce pauvre docteur. Je n'ai pas envie de parler de ça.

Il penche la tête de côté et me lance un regard intrigué. « Pourquoi me racontez-vous ça ?

— Je me demandais si vous seriez en mesure de découvrir s'il a vraiment existé. Et s'il était bien ce qu'il disait être. »

Il me contemple d'un air inquiet, comme s'il tentait d'évaluer la gravité de ma folie.

« Comment s'appelait-il ? » demande-t-il, avec une douceur surprenante. Décidément, l'inspecteur Harrison est un homme compliqué.

« Le Dr Paul Brown. »

Il le note dans un calepin qu'il prend sur son tableau de bord. Il me demande l'adresse, et je la lui donne.

« Je vais me renseigner, déclare-t-il. En attendant, êtes-vous sûre d'être en sécurité chez vous ?

— Qu'est-ce que ça veut dire ? » Je me souviens de sa question, sur ma messagerie : *Que savez-vous vraiment de votre mari ?*

De nouveau, ce sourire carnassier. « Parfois, les gens que nous connaissons le moins sont ceux qui dorment dans notre lit.

— Vous faites allusion à votre épouse, sans doute, dis-je d'un ton mordant. Que sait-elle de vous ? Pas grand-chose, je parie. »

Cette remarque ne lui plaît pas, elle touche un point trop sensible. Son visage reprend cette expression menaçante qui me fait tellement peur. Il fait démarrer sa voiture. « Je vous contacterai.

— Attendez, dis-je, regrettant ma réflexion sarcastique. Qui d'autre est à ma recherche ? »

Il remonte sa vitre et s'éloigne. Je reste seule sur le parking, à regarder sa voiture disparaître sur l'autoroute. Je me demande s'il essaie de me déstabiliser en me faisant croire que d'autres personnes sont à mes trousses, que mon mari n'est pas celui que je crois, pour me rendre plus vulnérable à son chantage. À moins qu'il ne soit seulement un sadique. Ou qu'il ne dise la vérité. Je scrute l'obscurité pour tenter d'apercevoir Ophelia, mais elle s'est éclipsée.

Je rentre à la maison et la trouve silencieuse, plongée dans le noir. Esperanza est allée se coucher. Je jette un coup d'œil dans la chambre de Victory ; elle dort profondément, Claude sous son bras. Les poissons colorés de la lampe tournante dansent autour de la pièce. Gray n'est toujours pas revenu de sa mission meurtrière, et je me demande où il est, ce qu'il va me raconter à son retour. J'envisage d'appeler mon père, puis décrète que ce serait inutile et imprudent. Je vais dans ma chambre, je ferme la porte et j'attends – Gray, Marlowe ou Ophelia, celui qui se montrera le premier, quel qu'il soit.

Les souvenirs se remettent à défiler dans ma tête, sans que je puisse les arrêter. Ils m'assaillent avec tant de force, en un flot ininterrompu, que je m'étends sur le lit, épuisée. Les articles disent que j'ai regardé Marlowe torturer des jeunes filles innocentes, les tuer sans rien faire pour l'en empêcher – caissières de supérette, employées de station-service, femmes de chambre. C'est la vérité, mais pas l'entière vérité.

Nous voyagions de nuit, volant une nouvelle voiture tous les deux ou trois jours sur les parkings des restaurants ou des aires de repos, le long de l'autoroute. Nous volions surtout de vieilles bagnoles au plancher jonché de canettes de soda vides, avec des jésus en plastique sur le tableau de bord, des photos de bambins glissées sous le pare-soleil, des monceaux de mégots dans le cendrier. Chaque véhicule dégageait une odeur qui lui était propre : cigare ou vomi, parfum bon marché ou sexe. Pendant que Marlowe conduisait, je fouillais dans les boîtes à gants, essayant de me représenter la personne dont nous venions de gâcher la journée, me demandant si elle était assurée et si elle aurait les moyens de racheter une autre voiture.

À la fin de la deuxième semaine, le peu d'argent que nous avions était pratiquement envolé ; pendant des jours, nous nous sommes nourris de sodas et des cochonneries qu'on trouve dans les distributeurs. Nous étions affamés, nos corps réclamaient des nourritures plus substantielles, et je me sentais au bord du désespoir. Nous avions passé deux nuits de suite dans la voiture. Quand je réussissais à dormir, mes rêves étaient emplis de bruit et de fureur, ponctués par les hurlements de ma mère et les détonations, l'odeur de bois brûlé. Le reste du temps, j'évoluais dans un brouillard de fatigue, de faim et de peur. *C'est un cauchemar*, me disais-je. *Ce n'est pas vraiment en train d'arriver.*

J'étais plongée dans une sorte de demi-sommeil quand nous nous arrêtâmes à la station-service. Il était deux heures du matin à l'horloge du tableau de bord. Je savais que nous n'avions plus un sou et je crus d'abord qu'il voulait seulement utiliser les toilettes. Puis il sortit un pistolet du sac de toile.

« On a besoin de fric », dit-il.

Je fixai l'arme, dont la forme semblait parfaitement naturelle dans sa main. « Qu'est-ce que tu vas faire ? demandai-je en riant. Voler la caisse ? »

Marlowe roula les yeux, l'air exaspéré. « On est des fugitifs, répondit-il d'un ton brusque. Recherchés pour meurtre. Braquer une station-service, c'est trois fois rien. »

J'eus l'impression d'avoir reçu une gifle. « On n'a tué personne ! C'est Janet Parker qui a tué Frank.

— Tu l'as laissée entrer, Ophelia, rétorqua-t-il méchamment. Ce qui fait de toi sa complice.

— Non, protestai-je en secouant la tête.

— Si », répliqua-t-il en extrayant du sac un journal qu'il me tendit. Sur la première page s'étalait ce titre : LA POLICE RECHERCHE DEUX FUGUEURS IMPLIQUÉS DANS LE MEURTRE DE FRANK GEARY.

« Non », répétai-je. La réalité de notre situation, de ce que j'avais fait, commençait à s'imposer à moi. Marlowe voulut descendre, mais je le retins par le bras. « On ira chez mon père, à New York. Il nous aidera. On n'a pas besoin de faire ça.

— On n'arrivera jamais jusqu'à New York, dit-il en repoussant ma main. On n'a plus d'essence. Qu'est-ce qui va se passer, d'après toi ?

— On volera une autre voiture.

— T'en vois une ? siffla-t-il en montrant le parking désert. Dans un kilomètre ou deux, on tombera en rade sur le bord de la route. »

Je laissai échapper un sanglot trop longtemps réprimé. « *J'ai fait ce que tu m'as dit de faire !* criai-je à travers mes larmes. *Je t'ai vu lui parler ! Tu as tout combiné avec elle ! J'ai fait ce que tu m'as demandé, c'est tout !* » Cela me fit du bien de hurler et de sangloter, de libérer enfin toute ma colère, toute ma peur.

Marlowe réagit en devenant soudain très calme. Baissant la voix, il avança son visage si près du mien que je sentis son haleine aigre.

« J'ai fait ça pour toi, Ophelia. Pour te sauver de Frank. Tu voulais que je t'aide, que je te délivre de lui ? Eh bien, c'est ce que j'ai fait. Tout ça, je l'ai fait pour toi, espèce de petite garce ingrate. »

Il avait tiré ses cheveux en queue-de-cheval, et de longues mèches s'en échappaient. Les cernes noirs sous ses yeux lui donnaient l'air d'une goule. Je me détournai, l'estomac noué par la frayeur et la culpabilité.

« Tu veux que j'aille en prison ? Tu veux y aller aussi ?

— Non, murmurai-je, toute ma colère évanouie.

— Alors, fais le plein, assieds-toi au volant et ferme ta gueule, ordonna-t-il. Et laisse tourner le moteur. »

Il descendit de voiture, et je le regardai se diriger à grands pas vers le bâtiment. Puis je me rendis à la pompe et obéis à ses instructions, en évitant de regarder en direction de la boutique. Je ne voulais pas le voir braquer son arme sur quelqu'un, je ne voulais pas voir la terreur sur le visage de cette personne. Et je ne voulais pas non plus être celle qui attendait dehors pendant qu'il faisait ça. Quand le réservoir fut plein, je remontai dans la voiture. La radio passait « New Year's Day », de U2, et je me mis à fredonner l'air, tandis que les lumières crues au-dessus de moi me révélaient toute l'horreur de ma situation. Je faillis embrayer et démarrer en trombe. Encore un de ces moments où, si j'avais agi différemment, les choses n'auraient peut-être pas tourné aussi mal. J'étais encore moi, en cette seconde. J'aurais encore pu sauver Ophelia. Mais je ne l'ai pas fait.

Je ne m'étais pas demandé un seul instant pourquoi Marlowe n'avait pas pris la peine de dissimuler son visage, pourquoi cela ne le dérangeait pas que j'attende en pleine lumière, à la vue de tous. Quand les coups de feu retentirent, j'en perçus les vibrations jusque dans mes os. Je restai une seconde immobile, agrippée au volant, et sentis tout espoir quitter mon corps. Même à cet instant, j'aurais encore pu m'enfuir, me rendre à la police et courir ma chance. Au lieu de cela, je descendis de voiture et franchis les portes en verre de la boutique.

Marlowe était derrière le comptoir, en train de prendre l'argent dans le tiroir-caisse. D'elle, je ne vis que le sommet de sa tête, ses longs cheveux dorés s'imbibant du sang noir qui formait une flaque sur le sol en linoléum blanc.

« Qu'est-ce qui s'est passé ?

— Retourne à la bagnole, dit-il d'une voix calme, sans me regarder. Tout de suite. »

J'obéis. Assise à la place du conducteur, j'attendis pendant un long moment – plus d'une heure. Il sortit enfin, chargé de sacs emplis de nourriture – Twinkies, boissons gazeuses, barres chocolatées. Il s'installa au volant, me poussant sans brutalité sur le siège du passager, et m'offrit un Snickers, ma confiserie préférée, avec ce large sourire enjôleur qui me troublait tant, avant. « Désolé de t'avoir crié dessus », murmura-t-il en se penchant vers moi pour déposer un petit baiser sur ma joue. Je m'accrochai à lui, ma bouée, mon seul espoir, malgré la voix qui hurlait en moi : *Qu'a-t-il fait là-bas ?* « Je sais que tu as peur. Moi aussi, j'ai peur. On ira chez ton père.

— Qu'est-ce que tu as fait, Marlowe ? » réussis-je enfin à chuchoter, mes lèvres dans ses cheveux. Je sentis son corps se raidir, et il s'écarta de moi en hâte.

« Tout ce que j'ai fait, je l'ai fait pour toi », répondit-il en mettant le contact.

J'étais tombée dans un trou, un abîme aux parois lisses, et je n'avais aucun moyen de m'extirper des ténèbres qui se refermaient autour de moi. Je crois que c'est à cet instant que j'ai commencé à le craindre davantage que je ne l'aimais, à cet instant que la partie de moi-même qui voulait encore survivre s'est mise à le haïr. Mais j'étais trop paumée pour en prendre conscience.

« Jamais personne ne t'aimera autant que moi », déclara-t-il d'un air sombre, tandis que nous nous engagions sur l'autoroute.

Je ne sais pas combien d'autres femmes et de filles il y a eu. Je me souviens de détails épars, images à peine entrevues – des lèvres peintes d'un rouge criard, une barrette turquoise, un tatouage représentant une fleur, du vernis à ongles rose pailleté appliqué avec maladresse. J'entends un rire nerveux, un cri de douleur atroce. C'est ce que je garde en moi.

Quand Gray rentre enfin, je suis sur le balcon, en train d'écouter le golfe et d'essayer de rassembler mes souvenirs. Il me rejoint, s'assied près de moi. L'espace d'une seconde, passé et présent se confondent.

« Je crois que nos problèmes ont été résolus », m'annonce-t-il, sans faire un geste vers moi, sans me regarder en face. Ce n'est qu'une silhouette obscure à côté de moi, les yeux tournés vers la mer.

« Que s'est-il passé ? » Je pose la question tout en redoutant la réponse. Un silence, puis il déclare : « Disons simplement que j'ai réglé cette histoire.

— Gray…

— Fais-moi confiance. »

Je repense à la conversation que j'ai eue avec Ray Harrison, sur l'aire de repos, à la lassitude et au découragement que j'ai cru voir en lui. Peut-être m'a-t-il prise en pitié. Peut-être a-t-il décidé d'accepter l'offre de Gray et de disparaître. À moins qu'il ne réfléchisse à un nouvel angle d'attaque.

« Harrison t'a-t-il dit que d'autres personnes sont à ma recherche ? »

Il s'enfonce dans son siège et pose ses pieds sur la balustrade. « Personne ne te cherche.

— Il m'a affirmé que si.

— Quand ça ? »

Je soupire, sachant qu'il va mal le prendre. « Je l'ai vu ce soir. Il m'a appelée et m'a donné rendez-vous. J'y suis allée.

— C'était stupide de ta part, Annie. »

Nous nous taisons. J'ai envie de lui dire que je l'ai vu tuer Simon Briggs, mais je m'en abstiens. J'ai peur. Peur qu'il ne l'ait fait, peur de savoir pourquoi il a serré la main de Briggs. Et j'ai peur aussi qu'il ne l'ait pas fait, peur d'avoir tout imaginé. J'ai soudain très froid, bien que l'air nocturne soit doux, légèrement humide. Je rentre dans la chambre. Gray me suit, me prend par les épaules et me fait pivoter face à lui.

« Tout va bien, dit-il. Fais-moi confiance. Tout danger a été neutralisé. »

C'est le langage qu'il utilise quand il a peur, ce jargon militaire, ces verbes au passif. *Tout danger a été neutralisé. Nos problèmes ont été résolus.* Pourtant, quand je le regarde, je ne lis nulle peur en lui. Ses yeux sont froids, inexpressifs ; la ligne mince de sa bouche accentue son air sévère. Dans la pénombre de la chambre, les cicatrices sur son visage paraissent plus sombres, plus sinistres.

« Et Briggs ? » dis-je, en espérant qu'il va me raconter une partie de la vérité, qu'il va m'éclairer. Je veux l'entendre déclarer qu'il a tué Briggs. Mais il se contente de répondre tranquillement :

« Il ne posera plus de problème. »

Ces mots déclenchent en moi une vague frayeur. Je m'avance vers le lit, sans qu'il fasse mine de me suivre. Je me rappelle qu'il m'a dit que Briggs travaillait sûrement pour le compte de quelqu'un. Même s'il a tué Briggs, son employeur ne va-t-il pas poursuivre ses recherches, et la mort de Briggs ne va-t-elle pas confirmer ses soupçons ? Brusquement, je me souviens de l'enveloppe que j'ai glissée sous le siège de ma voiture. Je n'ai pas regardé ce qu'elle contenait.

« À quoi pensais-tu donc, Annie ? reprend Gray. Où l'as-tu rencontré ?

— Sur une aire de repos. Il m'a dit : "Ophelia March n'a pas été oubliée. Ni pardonnée, ni oubliée."

— Il se trompe. C'est fini.

— Et l'homme qui m'a suivie sur la plage ? Le collier que j'ai trouvé dans le sable ?

— Tu as dit toi-même que tu n'étais pas sûre de ce que tu as cru entendre ou voir. Il pouvait s'agir de n'importe qui, ou même de Briggs cherchant à t'effrayer. Et il doit exister des millions de colliers comme celui-là, Annie. »

Tout peut-il donc s'expliquer aussi facilement ?

« Fais-moi confiance, Annie. Tout va bien. » Il dépose un léger baiser sur ma bouche et m'attire contre lui. Je perçois son soulagement, l'amour qu'il me porte. Je connais bien mon mari, n'en déplaise à Harrison.

J'ai tellement envie de croire Gray que je commence à penser qu'il dit vrai. Quand il relâche son étreinte et me regarde dans les yeux, son visage redevient distinct, et la pièce ressemble de nouveau à ma chambre, pas à un lieu où je dormirais en attendant de fuir. Je me fiche que Gray ait tué Briggs ou pas. Je sais que, s'il l'a fait, il ne me l'avouera jamais. Un bref instant, je peux croire que l'inspecteur Harrison ne reviendra plus fouiner dans les parages, que l'homme sur la plage était Briggs ou un adolescent qui voulait faire une blague. J'irai me promener sur la plage avec Victory, demain, puis je la conduirai à l'école, comme tous les autres jours. Dans une semaine, tout cela ne sera plus qu'un souvenir qui s'estompe, comme un accident de voiture auquel on échappe de justesse et qui vous laisse tout tremblant et heureux d'avoir survécu.

Les mains de Gray explorent mon corps, et je reprends vie. Mon soulagement, la vigueur de son corps, la chaleur de sa peau contre la mienne, éveillent en moi un désir ardent. Ses lèvres caressent mon cou et descendent jusqu'à ma clavicule tandis qu'il m'ôte mon chemisier, s'attaque à mon jean. Je lui arrache ses vêtements, et il me pousse doucement sur le lit. Quand il est en moi, il m'enlace si étroitement que je sens chaque centimètre carré de son corps contre le mien. Il chuchote mon nom, le répète sans fin, comme un mantra. « Annie, Annie, Annie. » Malgré le violent désir qui m'habite, je me surprends à regretter qu'il ne m'appelle pas par mon véritable nom. Je voudrais qu'il m'appelle Ophelia. Alors même que je suis en train de faire l'amour avec mon mari, je me sens tout à coup très seule.

Ensuite, juste avant de sombrer dans le sommeil, il murmure : « Je ne peux pas te perdre, Annie. Reste avec moi. » Je ne sais pas ce qui le pousse à prononcer ces mots. Sent-il qu'Annie est sur le point de craquer, de partir à la dérive ? Je lui demande ce qu'il veut dire, mais il dort déjà.

Je ferme les yeux. Quand je les rouvre, Ophelia est assise dans le fauteuil, près de la cheminée. Elle rit.

28

Il y a des questions que je me suis posées un grand nombre de fois au cours des dernières années : Peut-on changer de peau et repartir de zéro ? Si vous avez commis des actes impensables, pouvez-vous vous en débarrasser comme vous le feriez de vêtements peu seyants, revêtir un nouvel ensemble et devenir quelqu'un d'autre ? Qu'en est-il alors du châtiment qui soulage, de l'expiation qui purifie, du pardon qui apaise ? Je croyais être libre. J'étais persuadée d'avoir pris un nouveau départ à la naissance de ma fille. La maternité et l'abandon de soi qu'elle suppose m'avaient transformée du tout au tout. Tout ce qu'il y avait eu de laid en moi et dans mon autre vie était oublié – littéralement. Les « absences », les fugues, tout cela a pris fin quand elle est née. Je ne pouvais plus être cette personne-là. Je devais devenir quelqu'un de bien, capable de protéger et de soigner cet être minuscule dont j'avais la charge.

Je suppose toutefois que j'aurais dû savoir qu'Ophelia reviendrait tôt ou tard. Le psy m'avait prévenue. Vous ne pourrez pas toujours vous cacher de vous-même. Mes atroces migraines et mes cauchemars, affirmait-il, étaient le signe que mon inconscient s'efforçait d'effacer les souvenirs que mon esprit conscient ne pouvait affronter. Mais à la fin, la partie obscure voudra se faire connaître et elle fera tout pour cela.

Les jours qui suivent se déroulent sans incident, et je me berce de l'illusion que tout est rentré dans l'ordre. Je me promène sur la plage avec Victory, je la conduis à l'école et vais la rechercher, le soir nous regardons des vidéos ensemble. Drew et Vivian sont partis en voyage, et ne sont donc pas là à me tourner autour – Drew avec ses regards suspicieux, Vivian avec ses expressions maternelles et inquiètes. Nous formons une heureuse petite famille, moi, Victory, Gray, et aussi Esperanza, dont nous ne pourrions plus nous passer. Même quand Gray et moi nous chamaillons à propos de Victory – d'après lui, elle serait trop couvée, trop gâtée (elle l'est, bien sûr, et alors ?), la situation me ravit par sa normalité. Je suis transportée de soulagement. L'inspecteur Harrison a cessé ses visites. Ophelia a disparu. Marlowe aussi. Plus de formes sombres rôdant sur la plage. Plus de fille pâle et frêle s'avançant vers moi dans la nuit.

Mais je ne les oublie pas pour autant. Jamais je ne le pourrai. Alors, je commence mes leçons de plongée, comme je l'ai annoncé au roi de l'évasion (ainsi que je le surnomme en moi-même). Juste en cas de besoin. Par précaution.

J'ai une peur panique de l'eau, de son calme oppressant, de son poids écrasant. La terreur s'empare de moi tandis que je patauge dans le petit bain à l'extrémité de la piscine, comme si l'eau risquait de s'élever et de me submerger, de m'engloutir sous son terrible silence. Plus le soleil est éclatant, plus l'eau est bleue et limpide, plus mon angoisse est grande. L'eau m'apparaît alors comme un piège, si tentante, si rafraîchissante, que l'on risque d'oublier combien elle peut être meurtrière et vous ôter facilement la vie. Quand je regarde Victory barboter dans la piscine de Vivian ou dans l'océan, je lui envie son assurance et son aisance totale, même si je réprime un cri chaque fois qu'elle disparaît sous la surface pendant plus d'une seconde ou deux.

« Ne t'en fais pas, maman ! » me lance-t-elle en émergeant pour reprendre sa respiration, car elle connaît d'instinct mes craintes, bien que je ne les aie jamais exprimées et que j'aie fait de mon mieux pour ne pas lui transmettre ma phobie. Mais elle a deviné, d'une façon ou d'une autre.

Je n'ai pas toujours eu cette peur. Je me rappelle que j'allais à Rockaway Beach avec mon père quand j'avais cinq ou six ans. Il m'entraînait dans l'eau froide et salée et nous sautions ensemble par-dessus les vagues. Ma mère, en bikini rouge, restait sur le rivage et nous faisait des signes de la main. Je me rappelle avoir avalé des litres d'eau de mer, en avoir eu l'estomac retourné, les yeux qui me brûlaient. Mais j'adorais ça, j'adorais jouer avec mon père, entendre son rire sonore. Même se faire renverser par une vague était amusant – ces quelques secondes sous les remous bleu-gris de l'Atlantique, le soulagement de retrouver pied et d'aspirer l'air, en sentant la marée emporter le sol en dessous de moi, le sable s'enfuir entre mes orteils. Quand nous étions tous deux épuisés, nous retournions auprès de ma mère. J'avais la chair de poule malgré le soleil brûlant.

Maman m'attendait, une serviette à la main ; elle m'en enveloppait étroitement et me séchait les cheveux. Je me rappelle que je me sentais en sécurité dans l'eau, je la considérais comme une amie, un divertissement. Il faut croire que c'est Janet Parker qui avait fait naître cette peur en moi en évoquant des images macabres. Elles s'étaient implantées dans mon esprit, s'y étaient développées. Après avoir écouté son récit, je suis devenue incapable de nager. C'est étrange, le pouvoir qu'elle a exercé sur moi, comme si elle m'avait jeté un sort et que j'en aie été métamorphosée.

La monitrice de plongée que j'ai choisie se montre très patiente envers moi. C'est une jeune et jolie rousse qui, je crois, a plutôt l'habitude des enfants. Elle me parle d'un ton apaisant, me persuade d'entrer dans l'eau en usant de promesses et de cajoleries, me tient la main si nécessaire. L'équipement de plongée, le gilet de stabilisation, le détendeur et la bouteille ont quelque chose de rassurant, malgré leur poids et leur encombrement. C'est comme si j'emportais un peu de la terre avec moi. Une fois que j'ai appris à contrôler ma flottabilité et à mesurer ma respiration, au bout de deux matinées seulement, je m'aperçois que je peux flotter sans effort dans le grand bassin. J'ai la sensation de voler. La peur est toujours présente, mais je commence à la maîtriser.

« Vous pouvez être fière de vous, me dit la monitrice à la fin des leçons en piscine et de la partie théorique de la formation. La plupart des gens qui ont une telle phobie de l'eau ne pourraient jamais en faire autant. Vous êtes prête pour le brevet. »

Je la remercie et lui annonce que je passerai le brevet avec un autre moniteur, un vieil ami à moi. Elle me dit de revenir la voir si j'ai besoin de me rafraîchir la mémoire. Je lui serre la main en me demandant ce qu'elle racontera aux enquêteurs si je meurs.

Je l'imagine en train de déclarer : *Elle avait tellement peur de l'eau ! Elle avait tendance à paniquer.*

Tout le monde sait que la panique tue, surtout à plus de vingt mètres sous l'eau.

Sur le parking, après ma dernière leçon, je découvre la Ford Explorer de l'inspecteur Harrison garée près de ma voiture. Je remarque qu'elle est sale, avec le bas de la carrosserie couvert de boue, comme si elle avait roulé sur des chemins de terre. Mon estomac se convulse de déception et de crainte. Je commençais à croire que nous n'entendrions plus parler de lui. Je m'approche. Il baisse sa vitre, et une bouffée d'air froid et enfumé me frappe les narines.

« Salut, Annie. »

Je ne réponds pas. Il prend une photo sur le siège du passager, me la tend.

« Connaissez-vous cet homme ? »

C'est une photo de Simon Briggs, le visage pâle et figé, les yeux clos. Mort. Je pense à l'enveloppe qui se trouve toujours dans ma voiture. Je ne l'ai pas encore ouverte, dans une tentative pour préserver le faux sentiment de sécurité qui m'habitait ces derniers jours.

« Non », dis-je.

Il me lance un regard oblique, un sourire nonchalant. Il sait que je mens, j'ignore comment.

« Bon. Et celui-ci ? »

Il me montre une autre photo. Un portrait anthropométrique d'un individu d'âge mûr avec des cheveux d'un beau gris et une moustache, au visage bienveillant. C'est l'homme que je connais sous le nom de Paul Brown. Le Dr Paul Brown.

« Votre psy, c'est ça ? »

Je hoche la tête.

« Son vrai nom est Paul Broward. Il était recherché dans trois États, New York, la Californie et la Floride, pour fraude à l'assurance, faute professionnelle et exercice illégal de la médecine. Il avait été radié pour agression sexuelle sur une de ses patientes. »

Je mets une seconde à assimiler ces informations. L'inspecteur et moi nous défions du regard, et je finis par baisser les yeux pour demander :

« *Était* recherché ?

— Des pêcheurs ont découvert son corps hier, dans les Everglades. Ou du moins, ce qu'il en restait. Suffisamment pour l'identifier, en tout cas. »

La honte et la tristesse déferlent en moi. Je n'avais pas vraiment cru à sa mort, j'avais presque réussi à me convaincre que j'avais imaginé tout ce qui s'était passé au cours de cette soirée, qui me paraissait déjà si lointaine. Quoi qu'il ait eu à se reprocher, il m'avait aidée. Je n'aimais pas penser qu'il était mort de cette façon. Et puis, j'étais bien obligée de me poser la question : est-ce Ophelia qui l'a tué ? Est-ce *moi* qui l'ai tué ? Gray a détruit les vêtements ensanglantés que je portais ce soir-là. Je regarde mes mains. Elles ne me semblent pas capables d'avoir fait cela.

« Pas de doute, vous avez le chic pour les choisir, Annie. »

J'ai décidé de ne plus répondre à ses provocations.

« Donc, poursuit-il face à mon silence buté, je me trouve en présence de deux macchabées et d'une femme bien en vie qui ment sur son identité et qui les connaissait tous les deux. Et je me demande une chose : comment se fait-il que tous ceux qui vous croisent meurent de mort violente ?

— Je ne connais pas l'autre homme, dis-je en montrant le premier cliché.

— Dans ce cas, pourquoi a-t-on trouvé votre photo dans sa voiture ? »

Et pourquoi Gray lui a-t-il serré la main avant de lui tirer une balle dans la tête ? Pourquoi a-t-il laissé la voiture sur place, où la police ne manquerait pas de la découvrir ? Trop de questions, aucune réponse satisfaisante.

« Je n'en ai aucune idée. » J'ai envie de le planter là, de monter dans ma voiture et de démarrer. Mais quelque chose me retient. Bizarrement, l'inspecteur Harrison est devenu la seule personne dont je sois parfaitement sûre. J'aimerais pouvoir lui raconter ce que j'ai vu, lui montrer l'enveloppe, lui demander ce qu'il sait d'autre au sujet du docteur. Mais évidemment, je ne peux rien faire de tout ça. À la place, je demande :

« Mon mari a acheté votre silence, non ?

— Ouais, répond-il en haussant les épaules. Mais ça ne m'empêche pas de faire mon boulot.

— Qu'est-ce qui vous fait croire que je ne vous dénoncerai pas à vos supérieurs ou quelque chose comme ça ? »

Il me décoche un regard apitoyé. « À mon avis, Annie, on se tient tous les deux par les couilles. Si vous me pincez, je pincerai plus fort. Ça nous met à peu près à égalité, pas vrai ? »

Son raisonnement ne manque pas de justesse.

« Écoutez, reprend-il, d'un ton sincèrement préoccupé. Je pense que vous avez de sérieux ennuis, et pas seulement vis-à-vis de la loi. La police est peut-être en fait le dernier de vos soucis. »

Mon cœur se met à cogner plus fort dans ma poitrine. Je sais qu'il a raison. Depuis cette première attaque de panique sur le parking du supermarché, je sais qu'Annie Powers n'en a plus pour longtemps en ce monde.

« Ce Briggs n'était jamais qu'un homme de main. Il est mort, mais on lui trouvera vite un remplaçant. Quelqu'un veut à tout prix retrouver Ophelia March, et ce n'est pas pour lui annoncer qu'une tante qu'elle ne connaissait pas lui a légué un peu d'argent.

— Et vous savez qui est ce quelqu'un ? » Je me rapproche de lui involontairement. Ma main se pose sur le bord de la vitre.

« Non, répond-il en secouant la tête.

— Vous avez dit…

— J'ai menti. Je cherchais simplement à vous effrayer. »

Je m'éloigne alors, regagne ma voiture. Il baisse la vitre côté passager, et je remarque une fois de plus sa mèche blanche.

« Commencez par vous poser cette question, me crie-t-il. Qui vous a envoyée chez ce médecin ? Comment l'avez-vous trouvé ? Celui qui vous l'a recommandé doit être considéré comme suspect. »

Sans répondre, je m'installe au volant et mets le contact.

« Êtes-vous stupide au point de ne pas comprendre que j'essaie de vous aider ?

— Moyennant finance, c'est ça ?

— Tout a un prix, Annie. Nous vivons dans un monde matérialiste. Vous êtes bien placée pour le savoir. »

Je referme la portière, passe la marche arrière pour m'extraire de mon emplacement. Avant de quitter le parking, je jette un dernier regard en direction de l'inspecteur. Il pointe l'index vers son œil, puis vers moi. *Je vous ai à l'œil.* Un avertissement qui n'est sans doute pas destiné à me rassurer, mais, bizarrement, c'est pourtant ainsi que je le ressens.

29

Quand Victory et moi débarquons à l'improviste chez Vivian, en fin d'après-midi, j'entrevois sur son visage quelque chose que je n'y ai encore jamais vu, juste au moment où nos regards se rencontrent à travers la vitre épaisse de sa porte d'entrée. Ce n'est que l'ombre d'une émotion, à laquelle je n'aurais pas prêté attention si mon état d'esprit avait été différent. La peur. Vivian est la femme la plus forte que j'aie jamais connue, et en voyant son expression, mon cœur se glace.

« Quelle surprise ! » s'exclame-t-elle avec un sourire chaleureux en ouvrant la porte tout grand. Mais il est trop tard : son secret a été éventé. J'entre, en tenant Victory dans mes bras. Elle tend aussitôt les siens vers sa grand-mère, à qui je la donne. Victory l'étreint de toutes ses forces, avant d'entamer de sa voix flûtée le récit de sa journée. Vivian émet tous les petits bruits d'approbation et les exclamations appropriés et nous nous dirigeons vers la cuisine. Je m'assieds et bois un verre d'eau en silence tandis que Vivian prépare un sandwich au fromage grillé et le découpe en tout petits carrés comme Victory les aime. À travers les portes vitrées, je regarde les eaux bleues miroitantes de la piscine à débordement, ruminant toutes sortes de sombres pensées tandis que les deux femmes les plus importantes de ma vie bavardent, joyeuses et insouciantes comme des perruches.

Après ce goûter, Victory se rue vers la salle de jeux sophistiquée conçue spécialement pour elle, et Vivian s'assied à la table, face à moi. Elle croise les bras et attend. Je lui raconte tout.

Quand j'ai terminé, je la regarde et m'aperçois qu'elle a baissé la tête. Au bout d'un moment, elle lève les yeux vers moi, et ils sont emplis de larmes.

« Annie, je suis désolée…

— De quoi, Vivian ? Pour quelle raison devriez-vous l'être ?

— Oh, mon Dieu ! » soupire-t-elle. La peur reparaît sur son visage, pour y demeurer cette fois. Puis elle reprend : « Annie, il n'y avait pas de cadavre. Le corps de Marlowe Geary n'a jamais été retrouvé.

— Pas de cadavre. » Je répète ces mots machinalement, juste pour les entendre.

« Ça nous est apparu comme la seule solution, à l'époque, Annie. Il avait *forcément* dû mourir dans cet accident. Il ne pouvait pas avoir survécu. Nous pensions que tu ne pourrais pas guérir si tu savais que son corps n'avait pas été retrouvé. »

Je scrute le visage de Vivian, les charmantes rides autour de ses yeux implorants, la peau tendre de ses joues empourprée de chagrin. Elle me semble soudain étrangère, cette femme que j'en suis arrivée à chérir plus que ma mère. En un sens, je ne la blâme pas vraiment de m'avoir trompée pendant toutes ces années. Je comprends ses raisons ; je peux même croire qu'elle l'a fait pour me protéger. Il n'empêche que je suis en colère. Je garde mes distances, croise les bras autour de mon torse pour comprimer la douleur au creux de mon estomac. Je regarde les fleurs sur la table, des tulipes rose vif et blanc s'inclinant gracieusement par-dessus l'encolure du vase. J'essaie de ne pas penser à toutes les fois où j'ai confessé ma peur que Marlowe ne soit encore en vie. J'essaie de ne pas penser à toutes les fois où elle, Drew, Gray et mon père m'ont menti, m'ont amenée à croire que j'étais folle, en me jurant qu'il était mort alors qu'ils savaient que son corps n'avait jamais été retrouvé.

« Pourquoi me dites-vous ça maintenant, Vivian ? Qu'y a-t-il de changé ? »

Elle poursuit, comme si elle ne m'entendait pas : « Il te hantait. Je savais que tu souffrais. Je pensais qu'avec le temps cela finirait par passer. Et puis, j'ai commencé à me demander si une partie de toi, peut-être la partie atteinte d'amnésie, n'était pas encore attachée à lui. Ce psychiatre était censé t'aider.

— Le Dr Brown ? Il savait qui j'étais ? Il connaissait mon passé ? »

Elle détourne les yeux sans répondre.

« C'est vous qui m'avez amenée chez lui, dis-je, me rappelant cette première consultation. Vous affirmiez qu'il avait aidé une de vos amies.

— Je sais, acquiesce-t-elle en hochant la tête d'un air solennel. C'est ce qu'ils m'avaient demandé de dire.

— Qui, ils ?

— Il n'ignorait rien de ton passé. Il était censé t'aider à affronter la vérité le moment venu. »

Il savait toujours quand je mentais, quand j'omettais des faits. Il n'y avait jamais personne dans la salle d'attente. Il ne prenait jamais de notes pendant les séances, mais se souvenait du moindre détail. Toutes ces choses me reviennent brusquement à l'esprit. Pourquoi ne les avais-je pas remarquées plus tôt ?

Quand il devient clair qu'elle ne va pas me répondre, j'insiste : « Qui vous a dit de me raconter ça ?

— Une fois que tu as été à peu près rétablie, j'ai voulu que Gray te dise la vérité à propos de Marlowe. Je pensais que tu avais besoin de savoir. Mais il a refusé. Il voulait seulement te protéger, il n'a jamais rien voulu d'autre. Tu le sais, n'est-ce pas ? »

Elle me prend la main et la serre, en posant sur moi un regard suppliant qui me met mal à l'aise et me remplit de crainte. Mais je ne retire pas ma main.

« Où voulez-vous en venir, Vivian ? » Je me penche vers elle et enserre ses mains dans les miennes. « Je vous en prie, dites-moi tout. »

Elle lève les yeux, fixe un point derrière moi, et je me retourne vivement. Drew se dresse dans l'encadrement de la porte. Il a l'air furieux – le front plissé, le regard noir, le cou cramoisi.

« Viv, tu n'aurais pas dû », lance-t-il d'une voix sévère.

Vivian se redresse et carre les épaules, levant le menton d'un air de défi. « Il est grand temps. Ce n'est pas bien. Elle a besoin de savoir.

— Elle n'en a jamais eu besoin. Geary est mort, qu'il y ait un cadavre ou pas. Personne n'en a plus jamais entendu parler », martèle-t-il, s'adressant à moi, ses sourcils rapprochés formant une ligne droite qui accentue son air furibond.

Ils échangent un regard. Je comprends que c'est un vieux sujet de discorde entre eux, avec des arguments tant de fois répétés qu'il n'est plus nécessaire de les formuler. Vivian aurait voulu m'en dire plus, mais je sais qu'elle ne le fera pas, maintenant que Drew nous a rejointes.

« Personne n'a plus jamais entendu parler d'Ophelia March, et pourtant, je suis ici. »

Ils se tournent tous deux vers moi. Vivian a soudain l'air infiniment triste. L'expression de Drew est indéchiffrable.

« Qui c'est, Ophelia ? » Victory vient tout à coup se mêler à la conversation, et me contemple avec de grands yeux.

« Personne, ma chérie, dis-je en me penchant vers elle pour lui caresser la joue. Juste un personnage de roman. » Je me lève et soulève ma fille dans mes bras. Elle a dû arriver pendant que nous étions en pleine discussion. J'ignore depuis combien de temps elle était dans la pièce et ce qu'elle a pu entendre. Toutes mes questions vont demeurer sans réponse, à présent. Mais ça n'a aucune importance, car ce sont des menteurs, l'un et l'autre.

J'empoigne le blouson et le cartable de Victory, qu'elle avait posés sur la table. Vivian et Drew font mine de m'arrêter, puis se ravisent. Ils ne veulent pas faire de scène devant leur petite-fille. Au moins ont-ils plus de respect pour elle que pour moi.

« On s'en va ? demande Victory.

— Oui. » Je sens qu'elle me dévisage, parce qu'elle ne comprend pas pourquoi je parle sur ce ton. Je la regarde et lui adresse un sourire, qu'elle me retourne d'un air incertain. Je sors sans ajouter un mot, dévale les marches et regagne ma voiture. « Au revoir, mamie ! Au revoir, papy ! » crie Victory par-dessus mon épaule.

Sur le perron, Vivian et Drew agitent la main d'un geste raide.

« Tu es fâchée contre eux ? » s'enquiert-elle tandis que je l'attache sur son siège. L'adrénaline me rend maladroite et trop concentrée, et j'ai du mal à boucler les sangles. Comme je ne réponds pas, elle m'interroge de nouveau. Je n'ai pas envie de lui mentir, mais pas davantage de jouer au jeu des questions. Je ne dis rien, me contente de l'embrasser sur la joue et d'ébouriffer ses cheveux. Je referme sa portière et m'installe au volant, en sentant peser sur moi les regards de Drew et de Vivian.

« Tu es fâchée, déclare Victory quand je démarre. La maîtresse dit qu'on a le droit d'être fâché, mais qu'il faut toujours expliquer pourquoi, maman.

— C'est un bon conseil, Victory. Toutefois, les choses sont parfois un peu plus compliquées que ça. »

Elle acquiesce d'un air grave, et je me demande ce qu'elle a appris de moi aujourd'hui. Rien de bon, j'en suis pratiquement sûre.

À mesure que nous nous éloignons, ma colère s'estompe et mon taux d'adrénaline revient à la normale. Quand Drew et Vivian ont disparu dans le rétroviseur, j'ai conscience d'en éprouver du soulagement. Gray m'a souvent raconté comment la terrible tension précédant une opération se dissipe dès que le premier coup de feu a été tiré. Toutes les interrogations et les doutes s'effacent, et il n'y a plus que l'action. Aujourd'hui, je comprends enfin de quoi il parlait.

Gray est à la maison quand nous arrivons. Il se lève d'un bond à notre entrée. Victory court vers lui, il la soulève du sol et l'étreint. Elle pousse un petit rire qui me serre le cœur, un bruit doux et très féminin qui n'appartient qu'à elle.

« Comment va ma grande fille ? demande-t-il.

— Maman est fâchée contre mamie et papy, annonce-t-elle avec le plus grand sérieux.

— Ce n'est pas grave. Parfois, on se met en colère contre les gens qu'on aime », répond-il en la reposant à terre. Il me regarde, et je lis dans ses yeux qu'il a déjà parlé à Drew et Vivian.

« Hé, devine quoi ! Esperanza t'attend en haut. Elle a une surprise pour toi. »

Victory n'a pas besoin qu'on le lui dise deux fois. Je la regarde s'éloigner à toutes jambes, j'entends ses petits pieds marteler l'escalier.

Nous nous faisons face pendant un instant sans rien dire. Je n'arrive pas à déchiffrer son expression, et je finis par lui demander : « Pourquoi as-tu tué Simon Briggs ? »

La pièce commence à s'obscurcir, le soleil a presque disparu. J'entends le clapotis des vagues contre le rivage, le rire de Victory à l'étage. Dans la cuisine, des haricots noirs mijotent sur le feu.

Il fronce les sourcils et ouvre la bouche pour protester. Je lève la main pour le faire taire. « Je t'ai suivi. Je t'ai vu lui tirer dessus. »

Il tourne la tête de côté et laisse échapper un long soupir.

« Je n'arrivais pas à savoir pour qui il travaillait, déclare-t-il enfin. J'avais découvert où il résidait. Je lui ai offert une grosse somme pour qu'il me donne le nom de son employeur et pour qu'il retourne lui dire qu'il n'avait pas pu te retrouver, que tu étais morte, ou n'importe quoi. Quand je lui ai remis l'argent, il a menti en disant qu'il travaillait pour la police. Alors je l'ai tué, en pensant que cela servirait d'avertissement à celui qui l'avait engagé, explique-t-il en haussant les épaules.

— Comment sais-tu qu'il mentait ?

— Je le sais, c'est tout.

— Il est vivant, Gray ? Marlowe est vivant ? »

Il ne répond pas et se contente de me regarder fixement. Je vois bien qu'il a envie de me prendre dans ses bras, mais il y a un mur entre nous, un mur haut et dur.

« Il est vivant ?

— Je n'en sais rien, Annie. Je n'en sais vraiment rien. »

Je laisse ces mots s'insinuer en moi. Aussi étrange que cela puisse paraître, ça me fait du bien d'entendre cet aveu, de l'entendre admettre ce que j'ai toujours su. D'une certaine manière, apprendre que mon instinct ne m'avait pas trompée m'aide à me sentir plus forte, me rassure sur ma santé mentale.

« Qu'est-il arrivé au Dr Brown ? Qui était-il ?

— Une relation de mon père. Un psychiatre qui soignait des militaires et des paramilitaires souffrant de stress post-traumatique. Nous pensions qu'il pourrait te venir en aide. »

Je ne lui rapporte pas ce que m'a révélé l'inspecteur Harrison, je ne sais pas trop pourquoi. Sans doute parce que je me dis qu'il trouvera une explication à tout. Je ne sais plus qui croire. Harrison n'est pas exactement irréprochable, lui non plus.

« Que lui est-il arrivé ?

— Je l'ignore, Annie. C'est la vérité. »

C'est la vérité. Quelle drôle de phrase ! Quand on éprouve le besoin de la prononcer, c'est probablement que tout ce qu'on a dit avant n'était que mensonges.

C'est alors que je l'aperçois. Elle est sur la terrasse, les mains plaquées contre la fenêtre. Elle est aussi réelle que moi, ce qui ne veut pas dire grand-chose. Je la vois enfin telle qu'elle est, rien qu'une gamine trompée et trahie par tous ceux qu'elle aimait et qui n'en finit pas d'attendre un secours qui n'arrivera pas.

Si je me suis jamais demandé ce que je devais faire pour elle, j'ai maintenant la réponse. Entre les révélations de Ray Harrison et la confession de Vivian, tout est devenu limpide. Je comprends Ophelia, après toutes ces années – pourquoi elle avait tellement peur, pourquoi elle était si désireuse d'échapper à la vie qu'Annie Powers avait construite. Ce n'était qu'une façade, fragile et inconsistante, prête à tomber au premier coup de vent.

« Annie ? murmure Gray.

— Ne m'appelle pas ainsi. Ce n'est pas mon prénom. »

Plus tard, je borde Victory dans son lit et m'étends près d'elle. Elle serre Claude au creux d'un bras et glisse sa main libre dans la mienne. Elle est à demi assoupie, les paupières tombantes. Je bois des yeux son profil délicat, le rose tendre de sa peau, fais courir mes doigts dans ses cheveux de soie. Il me semble parfois que la condition de mère n'est qu'un long adieu. Dès l'instant où ils sortent de votre ventre, vos enfants s'éloignent de vous, d'abord en rampant, puis en marchant, ensuite en courant. Mais ce soir, c'est encore pire. Ce soir, je lui dis adieu pour de bon. Bien sûr, elle ne s'en doute pas.

« Tu es toujours fâchée ? demande-t-elle en se retournant tout à coup pour planter son regard dans le mien.

— Non. Tout va bien. Quelquefois, les grandes personnes se disputent, c'est tout. »

Elle répond par un petit hochement de tête et un sourire endormi ; elle paraît satisfaite par cette réponse. Elle a toujours été très raisonnable, elle a toujours eu l'air de comprendre des choses qui ne sont pas de son âge.

« Je t'aime, mon bébé, lui dis-je. Je t'aime plus que tout. » Il est de la plus haute importance qu'elle le sache, à présent.

« Moi aussi je t'aime, maman. »

Son petit visage se détend, sa respiration se fait plus profonde. Quand j'ai la certitude qu'elle dort, je me glisse à bas du lit et sors de la chambre en hâte. Si je reste plus longtemps près d'elle, je n'aurai jamais la force d'accomplir ce que je dois faire.

Gray m'attend dans le couloir. Notre conversation est restée en suspens, et il nous faut la terminer ce soir. Je le suis dans notre chambre et referme la porte derrière moi. Je lui raconte tout, mes souvenirs retrouvés, l'arrangement conclu avec mon vieil ami Oscar.

« Annie, dit-il quand j'ai eu fini, écoute-toi un peu. Tu as connu ce type à l'institut psychiatrique ?

— C'est son métier. Il travaille pour des organisations comme la tienne. Il fait disparaître les gens, leur procure une nouvelle identité, les aide à mettre en scène leur mort. »

Gray me lance un regard sceptique. « Mais il est fou ?

— Pas plus que moi, dis-je d'un ton sur la défensive. Il traversait une mauvaise passe. Dans son boulot, la dépression fait partie des risques. »

Gray s'assied dans le fauteuil près de la fenêtre. Je m'approche du lit, pour lui laisser le temps de digérer ces informations.

« Bon, examinons les choses de manière rationnelle, reprend-il en levant les yeux vers moi. À quoi te mènera tout ça ? Et Victory ? Veux-tu vraiment lui faire subir une telle épreuve ?

— Ne comprends-tu pas, Gray ? Il m'a retrouvée. Je ne sais pas comment, mais il y est parvenu. Peut-être Simon Briggs travaillait-il pour lui. Nous n'en savons rien. L'essentiel, c'est que je meure comme je l'ai choisi, en espérant revenir très vite auprès de ma fille. Ou bien je meurs comme il l'aura décidé, lui, et ce sera fini. Il aura gagné.

— Je ne le permettrai jamais. Tu le sais.

— Il attendra son heure. Il attendra que nous ayons baissé la garde.

— Tu le surestimes », répond Gray. Il se lève et se met à marcher de long en large. « Il a pris des proportions démesurées dans ton esprit, tu ne le vois pas tel qu'il est réellement. Nous ne savons même pas s'il est vivant. Annie, tout cela est insensé.

— Si ce n'est pas lui, c'est quelqu'un d'autre qui connaît Ophelia. Je ne veux pas que Victory soit mêlée à ça. Le moment est venu, Gray. Nous avons toujours dit que c'est ce que nous ferions si le passé resurgissait.

— Mais c'était avant, dit-il, plus triste que je ne l'ai jamais vu, en se laissant tomber sur le lit. Avant que nous ayons un foyer, une famille, une fille… une vie que nous avons bâtie ensemble. Annie, je ne peux pas te perdre. »

Je m'agenouille à ses pieds.

« Alors, laisse-moi partir, Gray. Laisse-moi mourir, afin que nous puissions redevenir une famille. »

Il pousse un profond soupir et ferme les yeux une seconde. Je m'attends à l'entendre énumérer une centaine d'arguments visant à me démontrer que c'est la pire idée qu'on puisse imaginer, à me convaincre de la folie, de la témérité et même de l'inutilité de cette entreprise. Mais il me réserve une surprise.

« Entendu, dit-il. Mais nous le ferons à *ma* façon. Mes hommes t'aideront à disparaître, d'autres te conduiront dans un endroit sûr et te protégeront. Vivian emmènera Victory dans une autre ville, et, en son absence, nous essaierons de découvrir qui est derrière tout ça. Si tout se passe bien, elle n'en saura jamais rien. Quand tu seras hors de danger, quand la menace aura été neutralisée, nous trouverons un moyen pour te faire revenir. »

Il se laisse glisser sur le sol près de moi et m'entoure de ses bras. « C'est d'accord ? »

À l'entendre, on pourrait croire que tout peut se régler en quelques semaines, mais c'est loin d'être aussi simple. Je m'abstiens cependant de tout commentaire, satisfaite qu'il ne m'oppose pas de refus.

Fugacement, je me demande si cette proposition n'est pas seulement destinée à me rassurer. Puis je me rappelle que c'est un plan que nous avons prévu de longue date ; que nous avons toujours su qu'un jour le passé reviendrait frapper à la porte et que je devrais abandonner Annie Powers derrière moi. Nous avions tous deux oublié que nous avions bien peu de prise sur cette vie que nous nous sommes construite – jusqu'à maintenant.

« Oui. C'est d'accord. »

30

Debout au bord de la doline, je scrute ses profondeurs troubles. L'eau est noire comme du bitume et aussi peu engageante. Mon cœur s'emballe dans ma poitrine, me remonte dans la gorge. La peur me donne des picotements dans tout le corps. Tout mon être se rebelle et aspire à s'enfuir, mais je sais que je ne peux plus reculer. Le désir de protéger Victory me pousse à continuer, à enfiler la combinaison que m'a donnée le moniteur. Il accroche la bouteille dans mon dos, et mes jambes fléchissent presque sous le poids. La vie d'Annie Powers se termine ici, aussi brutalement que si le sol s'était ouvert sous ses pieds et qu'elle soit tombée dans une faille.

Je place l'embout du détendeur dans ma bouche, le masque sur mes yeux. Dans ma tête résonne la voix de Janet Parker : *Elle est restée là, à flotter dans l'eau sombre et froide, pendant plus de trois mois. Mon bébé ! Toute seule dans l'eau sombre et froide.* J'ai porté cette plainte funèbre en moi depuis le jour où je l'ai entendue. Mais c'est seulement quand j'ai moi-même eu une fille que j'ai vraiment compris l'étendue de sa douleur.

« Es-tu prête, Ophelia ? »

Je porte la main au pendentif à mon cou, en caresse le bord.

« Je suis prête. »

Il a l'air inquiet, comme s'il percevait ma peur et mon chagrin. Peut-être sont-ils inscrits sur mon visage. Peut-être les entend-il dans ma respiration.

J'allonge le pas, pénètre dans l'eau, me glisse sous la surface. Je la vois qui m'attend – Ophelia, si jeune et fragile, planant comme un ange au-dessus de moi. Sa peau est grise, ses longs cheveux ondulent dans le courant. Comme elle est heureuse de me voir ! Elle m'étreint dans ses bras glacés. Et en cet instant, je redeviens entière.

Je suis Annie. Je suis Ophelia. Je suis Janet Parker et sa fille Melissa. Je suis la morte et l'endeuillée, je suis la mère et la fille. Les ténèbres m'engloutissent.

DEUXIÈME PARTIE

Ma deuxième mort

« Survole l'océan dans un avion d'argent,
Contemple la jungle mouillée de pluie,
Mais rappelle-toi, jusqu'à l'heure de ton retour,
Que tu m'appartiens pour toujours. »

Extrait de la chanson « You Belong to Me »
(*Tu m'appartiens*)
écrite par Chilton Price (1952).

31

Aujourd'hui, une chose horrible est arrivée. Je suis morte. Un terrible accident. Un problème est survenu pendant que je passais mon brevet de plongée. *Elle avait tendance à paniquer*, expliquera la jeune fille qui me donnait des leçons en piscine. *Elle avait peur de l'eau. Elle n'était pas apte à pratiquer ce type de plongée.*

Ella se rappellera notre conversation au centre commercial, ma plaisanterie sur le « baptême du feu ». Elle se reprochera peut-être, bien inutilement, de ne pas avoir cherché à m'en dissuader.

On ne retrouvera ni mon corps, ni celui du moniteur, seulement mes vêtements, mes clés et mon portefeuille, dans le sac à l'arrière de ma voiture, près de la doline. Mon véhicule sera garé à côté d'un vieux minibus Dodge appartenant à un certain Blake Woods, habitant à Odessa, en Floride. Le véhicule sera jonché d'un fouillis de matériel de plongée usagé – combinaisons déchirées, gilets de stabilisation aux sangles arrachées, détendeurs en mauvais état. Mais Blake Woods n'existe pas. L'adresse indiquée sur son permis de conduire est fausse, tout comme sa carte de moniteur de plongée.

Les plongeurs partis à notre recherche finiront par découvrir, après avoir exploré les vastes cavernes et les étroits goulots subaquatiques, une palme toute neuve, d'une marque haut de gamme, du même type que celles que j'ai achetées, il y a quelques semaines de cela, dans un magasin de la région. Ils arrêteront les recherches peu après.

Pourquoi cette femme qui avait si peur de l'eau a-t-elle voulu prendre des leçons de plongée ? Qui était l'homme qui se faisait passer pour son moniteur ? Pourquoi lui a-t-il fait passer son brevet dans une doline ? On se posera beaucoup de questions qui resteront sans réponse. Mais il se produit sans arrêt des accidents de ce genre, même avec des plongeurs beaucoup plus expérimentés que moi. Les gens descendent dans des grottes calcaires et ne remontent jamais. La plongée souterraine est l'un des sports les plus meurtriers qui soient. Elle est déconseillée aux débutants. Ce qui rend l'accident quelque peu suspect, diront les policiers. Et absurde, aussi. Quelle tristesse… Annie, *pourquoi* ?

Étendue dans le noir, avec un goût de sang métallique et amer dans la bouche, je me demande si, finalement, après toutes ces fausses morts, je ne suis pas morte pour de bon cette fois. Peut-être la mort ressemble-t-elle à ça – une longue interrogation, un tri sans fin de tous les actes que l'on a accomplis au cours de son existence, pour essayer de distinguer le rêve de la réalité. Si je suis morte, me dis-je, laquelle de mes vies était réelle ? Ma vie en tant qu'Ophelia ? Celle en tant qu'Annie ?

J'essaie de bouger, mais ne réussis qu'à vomir, à longs jets, le corps secoué de convulsions, jusqu'à ce qu'il n'y ait plus que des spasmes secs. La bile et le sang me brûlent la gorge. Je suis couchée sur du métal dur et humide ; j'ai froid et je me mets à grelotter sans pouvoir m'arrêter. La douleur et la nausée signifient sans doute que je suis vivante. La mort, j'imagine, doit être un peu moins *physique*.

Autour de moi, l'obscurité est totale, pas la plus petite lueur. Si je lève la main devant mon visage, je ne la vois pas. Le bruit de ma respiration se répercute sur des surfaces métalliques au-dessus de moi et tout autour. Il n'y a pas un seul endroit de mon corps qui ne me fasse mal, comme si j'avais été victime d'un terrible accident de voiture et que tous mes os aient été ébranlés. Je tente de m'orienter, de comprendre ce qui m'est arrivé et comment je me suis retrouvée dans cet endroit, quel qu'il soit. Puis je me souviens du bateau. De Dax, partant à bord du canot à moteur. Des hommes qui sont morts en tentant de me protéger, ces hommes dont j'avais rencontré les épouses dans des dîners ou des cérémonies de remise de prix, tous employés par Powers et Powers. Je me souviens de la cagoule sur ma tête et du coup sur mon crâne.

Je commence à m'habituer aux ténèbres quand, brusquement, une lumière blanche et crue m'inonde. Son éclat m'aveugle, comme m'aveuglait l'obscurité. Peut-être est-ce Dieu, me dis-je. Je doute cependant de mériter une telle apparition. Plus probablement, il enverrait un de ses laquais pour s'occuper de moi.

« *Ophelia March* », rugit une voix, qui semble venir de partout à la fois. Elle est aussi douloureuse à mes oreilles que la lumière l'est à mes yeux. Je me recroqueville en position fœtale, entourant ma tête de mes bras.

« *Où est-il, Ophelia* ? »

La voix me manque, et je ne parviens qu'à émettre un gémissement guttural de douleur et de détresse.

« Où est Marlowe Geary ? »

Je crois d'abord avoir mal entendu. Puis la question retentit à nouveau.

Je comprends, avec un sentiment de terreur profond, que j'ai commis une épouvantable erreur. Le soupçon m'en avait effleurée quand j'ai été capturée. À présent, je prends conscience de l'ampleur du gâchis. J'ai renoncé à ma vie et abandonné ma fille parce que je croyais que Marlowe Geary était à mes trousses. J'ai laissé Annie mourir afin qu'Ophelia puisse l'affronter une bonne fois pour toutes. Je me rends soudain compte, dans un éclair de lucidité, que ce n'était pas Marlowe qui me poursuivait. Que ça n'a jamais été lui.

Annie croyait que Marlowe Geary était mort et enterré dans une fosse commune, quelque part au Nouveau-Mexique, avec les indigents, les anonymes et les détenus dont personne n'a réclamé le corps. Elle l'imaginait dans une simple boîte en pin, sous des monceaux de terre, et cette image la rassurait. Elle croyait aux mensonges que tout le monde lui racontait parce qu'elle voulait désespérément y croire. Mais Ophelia March, elle, savait à quoi s'en tenir. Et c'était elle qui le traquait, je le comprends enfin. Toutes ces fois où je me suis réveillée dans des bus ou des trains filant vers des destinations inconnues, c'était elle qui partait à sa recherche.

32

L'inspecteur Harrison se sentait comme un homme à qui l'on vient d'annoncer sa guérison alors qu'il se croyait condamné ; il était littéralement étourdi par le soulagement. Depuis qu'il avait remboursé ses créanciers, grâce à l'argent de Gray, et qu'il s'était inscrit aux Joueurs anonymes, il avait le cœur nettement plus léger. Les coups de fil menaçants avaient cessé, il ne recevait plus de ces photos terrifiantes de sa femme et de sa fille. Il avait même cessé de vomir du sang.

Un an plus tôt, si quelqu'un lui avait prédit qu'il s'inscrirait à un programme en douze étapes pour se débarrasser de son addiction au jeu, il lui aurait flanqué un coup de poing. Mais les confessions hebdomadaires dans la salle de réunion d'une église locale, près de la plage, étaient pour lui une véritable catharsis. Il pouvait déballer toutes les vilaines actions qu'il avait commises (la plupart d'entre elles, tout au moins) et écouter les aveux des autres, qui avaient fait bien pire, tombés si bas qu'ils ne pouvaient pas se relever. Il n'était pas seul, et même pas le plus mauvais du lot.

Il pouvait de nouveau faire l'amour à sa femme, pour la première fois depuis des mois. Il ne ressentait plus cet affreux pincement de peur et de culpabilité à l'estomac chaque fois qu'il contemplait le visage de sa fille, la petite Emily. Qui plus est, il se rappelait ce que ça signifiait d'être un flic, un bon flic, comme il avait toujours voulu l'être. Il abordait désormais son boulot avec le zèle d'un néophyte – et de fait, il lui semblait qu'il venait tout juste d'être baptisé, avec l'impression de renaître.

Il éprouvait l'euphorie de celui qui se voit épargner les conséquences de ses actes. Et si l'envie de jouer le démangeait encore, si la fièvre le prenait encore dès qu'il était question de jeu à la radio ou à la télévision, s'il n'était pas encore parvenu à effacer le numéro de son bookmaker du répertoire de son portable, il se disait que ces choses-là demandaient du temps.

En attendant, pour occuper son attention, il avait à résoudre la plus grosse affaire de toute sa carrière, celle qui lui permettrait de se racheter en tant que policier. Deux meurtres atroces, entre lesquels il existait un lien – une femme qui mentait sur son identité. Mais ça, bien entendu, il devait le garder pour lui, en vertu de l'arrangement conclu avec Gray. Aussi Harrison faisait-il des heures supplémentaires pour découvrir un autre lien entre Simon Briggs et Paul Brown. Il savait qu'il y parviendrait, car il y mettait l'ardeur d'un chien cherchant un os.

C'est alors que je mourus. Quand il apprit la nouvelle et qu'on l'envoya enquêter sur le lieu de l'accident, il sourit secrètement en lui-même. Pas parce qu'il me haïssait ou me voulait du mal, non, c'était tout le contraire. En dépit de tout, il avait une certaine affection pour moi. Néanmoins, il n'éprouva aucune tristesse en enquêtant sur ma mort suspecte. Sans bien savoir pourquoi, il n'y croyait pas vraiment.

Comme le bon flic qu'il avait décidé d'être, il inspecta les alentours de la doline, examina ma voiture et mes effets personnels. Mais quand il trouva l'enveloppe que j'avais prise dans la camionnette de Briggs, il se garda bien de l'enregistrer comme preuve. Il la fourra sous sa veste, puis la dissimula sous le siège de sa propre voiture, à l'insu de tous.

Il interrogea consciencieusement ma famille et mes amis éplorés.

« Je ne sais pas ce qui lui a pris, larmoya Ella, assise face à lui dans sa cuisine. Elle avait une peur bleue de l'eau. Je regrette de ne pas avoir essayé de la détourner de cette lubie. J'ai cru bien faire en l'encourageant… »

L'inspecteur Harrison lui tapota l'épaule pour la consoler, en songeant que, même bouleversée, elle était très attirante.

« C'était mon amie, vous savez. Mon *amie*. Ça compte, dans ce monde affreux. Ça compte énormément.

— Je suis désolé, madame Singer. Sincèrement.

— Croyez-vous qu'on retrouvera son corps ? » demanda-t-elle en s'essuyant les yeux. Elle avait du mal à parler, tant elle avait la gorge serrée. « Je ne pourrais pas le supporter, si on ne la retrouvait jamais.

— Je ne peux pas vous dire, madame. Avec ces grottes, on ne sait jamais. Jusqu'à maintenant, en tout cas, les recherches n'ont rien donné.

— Vous n'avez pas l'impression que ce n'est qu'une suite de chagrins et de déceptions ? reprit-elle. Vous n'avez pas cette impression, quelquefois ?

— De quoi parlez-vous ? s'enquit-il d'une voix douce, en pensant qu'elle était bien trop riche et trop belle pour se sentir aussi malheureuse.

— De la vie, inspecteur. Parfois, elle est vraiment trop difficile. »

Elle craqua alors complètement, replia ses bras sur la table et y enfouit sa tête en sanglotant. Ma pauvre et chère amie. Il resta là, une main apaisante posée sur son dos. Il s'était retrouvé tant de fois dans des situations semblables qu'il n'en ressentait aucun malaise, aucune gêne. Il comprenait son chagrin et demeura près d'elle jusqu'à ce qu'elle se soit calmée.

La peine d'Ella, les reproches qu'elle s'adressait, sa souffrance – autant de sentiments palpables et parfaitement sincères, selon lui. Mon mari, en revanche, lui parut nettement moins convaincant, même s'il avait l'air épuisé et les traits tirés quand il lui rendit visite, quelques jours après qu'on eut retrouvé ma voiture.

« Pourquoi faire de la plongée, si elle avait tellement peur de l'eau ? demanda Harrison à Gray. Tout le monde, son amie, sa monitrice, affirme que c'était chez elle une véritable phobie. Choisir la plongée sous-marine comme passe-temps, c'est plutôt bizarre, pour quelqu'un qui n'était même pas à l'aise dans une piscine.

— Annie était quelqu'un d'obstiné, répondit Gray en secouant la tête. Elle s'était mis en tête de surmonter sa peur de l'eau, pour Victory. Elle ne voulait pas que notre fille la voie comme quelqu'un de faible. Et quand elle avait une idée en tête, il n'y avait pas moyen de l'en déloger. »

L'inspecteur hocha la tête. Cet interrogatoire n'était, bien entendu, qu'un simulacre, et ils le savaient tous deux, car Harrison avait les mains liées par leur transaction. Mais chacun d'eux joua son rôle, par un accord tacite.

Harrison fouilla la maison pour la forme, passant la tête dans les pièces sombres et vides, Gray sur ses talons. Que cherchait-il ? Il l'ignorait lui-même.

« Où est votre fille ? » demanda-t-il avant de partir.

Gray soupira et se frotta les yeux. « Je l'ai confiée à ses grands-parents. Ils font une croisière dans les Caraïbes. Je préfère qu'elle ne sache rien pour le moment. Je ne sais pas comment le lui annoncer. »

Cette attitude paraissait somme toute assez raisonnable, mais l'inspecteur Harrison n'avait pas son pareil pour détecter les mensonges. Gray Powers avait beaucoup de choses à cacher, et il était manifestement sous l'effet du stress. Néanmoins, il ne ressemblait pas à un veuf éploré. La mort d'un être cher vide littéralement les gens, leur donne un air absent et hébété difficile à simuler. Ils peuvent pleurer toutes les larmes de leur corps, comme Ella, ou bien tempêter et hurler, ou encore rentrer en eux-mêmes, tomber dans une profonde prostration. Pendant que leur esprit s'efforce d'assimiler la signification de cette mort, ils peuvent se conduire de manière insensée et imprévisible. Mais, de l'avis de l'inspecteur Harrison, Gray n'avait pas cet air perdu, déboussolé, qu'il avait tant de fois rencontré.

« Vous n'aviez pas une bonne ? s'enquit le policier en franchissant la porte.

— Je lui ai donné quelques jours de congé, pendant que Victory n'est pas là.

— J'aimerais lui parler.

— Bien sûr », dit Gray. Il s'éclipsa une minute, puis revint en tenant un Post-it sur lequel il avait griffonné une adresse et un numéro. « Elle est allée chez sa sœur. »

Les deux hommes se tinrent un instant face à face sur le seuil.

« Je compatis à votre perte, monsieur Powers », dit le policier avec un demi-sourire et l'ombre d'un sarcasme dans la voix. Si Gray enregistra son expression ou son ton, il n'en montra rien, et se contenta de le remercier avant de refermer la porte.

« Où t'es-tu enfuie, Ophelia ? Pour échapper à qui ? » s'interrogea Harrison à voix haute, tandis qu'il traversait à bord de sa voiture le domaine sécurisé où j'avais résidé, en admirant au passage ces maisons qu'il ne pouvait pas même rêver de s'offrir un jour. Il regarda les gamins chevauchant leurs bicyclettes de luxe, aperçut les carrosseries étincelantes de Mercedes et de BMW du tout dernier modèle, avec un petit pincement d'envie qu'il n'osa pas s'avouer. Il préféra se concentrer sur sa préoccupation immédiate – le fait qu'il n'avait pas cru à ma mort une seule seconde. J'étais toujours en vie, il en était convaincu. Il aurait même parié sa peau là-dessus s'il avait encore eu le goût du jeu.

33

J'ai mal. Mon corps et mon esprit ne sont que douleur. L'obscurité totale alterne sans arrêt avec la lumière aveuglante, le silence avec la voix tonitruante qui me pose des questions auxquelles je ne peux répondre – depuis combien de temps, je ne le sais plus. Des heures peut-être, ou même des jours. En ce moment il fait noir, et cela me fait du bien, même si mon corps gît engourdi dans l'eau glacée. Je frissonne de manière irrépressible, je serre les mâchoires.

Un rectangle lumineux s'ouvre dans le mur et un homme, petit et maigre, passe une porte dont j'ignorais l'existence. Le bruit de ses pas se répercute contre les surfaces métalliques, et il s'arrête à quelques centimètres de mon corps étendu. Je ne vois pas son visage. La lumière revient, moins forte qu'avant, mais je dois quand même fermer les yeux, les rouvrir un petit peu, puis les refermer, plusieurs fois de suite, avant de m'y accoutumer.

Son visage a quelque chose de vaguement familier, anguleux, creusé de rides profondes. Ses yeux sont petits et larmoyants, ses lèvres sèches et serrées. Mais ce n'est pas Marlowe.

« Nous pouvons mettre fin à ça. Tout arrêter », dit-il, s'adressant au mur. Il refuse de me regarder, par pitié ou par dégoût. Je tente de me relever et en éprouve un vertige tel que je manque m'évanouir.

« Dites-nous simplement où il est, Ophelia », reprend-il, d'une voix lasse et raisonnable.

Je suis désorientée, ahurie. J'ignore ce qui lui fait croire que je sais où se trouve Marlowe. Mais je n'arrive pas à le lui dire, je ne parviens pas à proférer un mot. Il reste là je ne sais combien de temps, le regard fixé sur le mur. Je crois qu'il va me faire du mal, me donner des coups de pied. Mais il ne le fait pas. Il se contente de rester là.

« Je ne sais pas, finis-je par murmurer. Je vous le jure. Je ne sais pas où il est. » Ma voix n'est qu'un croassement désespéré.

Il se frotte les tempes en un geste d'une infinie lassitude. J'essaie de me rappeler où j'ai vu ce visage.

« Annie Fowler ne le sait peut-être pas. Mais Ophelia March le sait, répond-il d'un ton calme, presque bienveillant, mais son regard est tranchant comme du silex. Elle sait.

— Non, non. Je ne me souviens plus. » J'essaie de contenir mes larmes devant lui, mais je n'y arrive pas. Je fouille désespérément les souvenirs qui me sont revenus récemment. Se peut-il que, quelque part dans le labyrinthe de ma psyché en miettes, je sache où s'est caché Marlowe pendant toutes ces années ? Je traque le souvenir, mais il disparaît à un tournant et se dérobe à moi. Si je pouvais l'attraper, je le ferais. Je le ferais.

« Je ne veux pas vous faire davantage de mal, Ophelia.

— Alors, ne m'en faites pas », dis-je, plus par désespoir qu'autre chose.

Tout son corps se raidit. Il s'agenouille dans l'eau froide et approche son visage rouge et crispé de rage tout contre le mien. Je sens son haleine pendant qu'il chuchote à mon oreille d'une voix féroce : « Dans ce cas, dites-moi ce que je veux savoir, *Ophelia.* »

Et brusquement, je le reconnais. C'est l'Homme en colère, l'un des manifestants postés sur le bord de la route, devant le ranch, celui qui avait lancé une pierre sur notre voiture ce jour-là. Mon cerveau ne sait comment traiter cette information. J'essaie de me relever, de lui échapper, tandis que mon esprit s'efforce d'ajuster ce morceau de puzzle dans l'un des espaces vides. Mais c'est trop pour moi. Je perds conscience.

Quand je reviens à moi, l'Homme en colère est parti. La lumière est toujours allumée. Au prix d'un gros effort, je me redresse sur mon séant et promène mon regard autour de la pièce. Je ne vois que des parois métalliques et une photo abandonnée à mes pieds. Je la ramasse. C'est une photo de Victory, mon bébé, ma petite fille. Ses yeux sont fermés, son visage d'une pâleur livide. Ses boucles blondes s'étalent autour de sa tête comme un halo de lumière. Un morceau d'adhésif noir lui barre la bouche, elle a les mains liées dans le dos. Elle semble incroyablement petite et fragile.

Toute pensée rationnelle qui subsistait en moi me quitte, et je me mets à hurler. Un hurlement guttural, qui paraît émaner d'un lieu primitif au plus profond de moi. Un cri involontaire, qui me déchire. Je l'ai entendu tant de fois dans mes pires cauchemars, dans mes souvenirs de Janet Parker. Je me hisse sur mes jambes et me traîne jusqu'à la porte pour la marteler de mes poings.

La voix retentit dans les haut-parleurs que je distingue maintenant au plafond.

« Reprenons depuis le début. Où est Marlowe Geary ? »

34

Ray Harrison vivait une autre vie, une fois sa femme et sa fille couchées. En leur présence, son existence était centrée sur l'amour qu'il leur portait. Mais dès qu'elles étaient endormies, une étrange fébrilité s'emparait de lui, une sensation presque physique, comme un fourmillement dans les mains et les jambes. Une chose qu'il aurait été incapable d'expliquer, même s'il l'avait désiré. Et ce n'était pas le cas.

Le silence de la maison, la nuit venue – les lumières en veilleuse dans la cuisine, le bourdonnement du moniteur de surveillance dans la chambre du bébé, le volume sonore de la télévision tellement bas qu'il l'entendait à peine –, l'amenait à contempler une sorte de béance en lui, un vide qu'il fallait combler. C'était dans ces moments-là qu'il avait commencé à téléphoner à son bookmaker, pour parier des sommes insensées sur des jeux dont le résultat, pensait-il, ne faisait aucun doute. C'était dans ces moments-là que, les yeux rivés à l'écran, il regardait, avec toujours le même sentiment de stupéfaction incrédule, le quarterback au genou amoché marquer le touchdown impossible, le cheval donné vainqueur trébucher et tomber, le lanceur souffrant du bras réussir un coup parfait. Il le ressentait quelquefois comme une atteinte personnelle, vraiment. Comme une conspiration à l'échelle cosmique pour le baiser à mort.

Plus d'une fois, il avait failli réveiller Sarah pour lui avouer qu'il avait bousillé leur vie. Et puis, quand il allait dans la chambre et qu'il la voyait si paisiblement endormie, le courage lui manquait, et il s'étendait près d'elle sans rien dire. Elle avait en lui une confiance totale. Elle n'était pas de ces femmes qui téléphonaient au commissariat pour s'assurer que leur époux faisait réellement des heures supplémentaires ou qui examinaient les fiches de paye pour vérifier si le nombre d'heures effectuées correspondait à celui qu'elles avaient calculé en douce. Elle le laissait s'occuper de leurs finances, gérer seul le budget familial. Elle ne consultait même pas les comptes en ligne. Elle n'était pas de celles qui avaient besoin de tout contrôler. Tout ce qu'elle demandait, c'était un bébé, un foyer et un mari à qui elle pouvait se fier. Et il lui avait donné tout cela, sans difficulté et de bon cœur.

Puis il avait manqué tout foutre en l'air, sans même qu'elle s'en doute. Chaque fois qu'il y pensait, il était pris de frissons et son visage s'empourprait de honte. Il avait réchappé de justesse au désastre total. La catastrophe l'avait frôlé de si près qu'il en avait senti passer le souffle, comme un train de marchandises lancé à toute vitesse.

Il en avait conçu une singulière gratitude envers moi, la femme qu'il connaissait sous le nom d'Annie Powers. Sans moi, se disait-il, il serait sûrement déjà mort ou il aurait perdu les deux seuls êtres qui comptaient pour lui. Et maintenant il utilisait ces heures creuses, ces terribles moments où la fébrilité le rongeait, pour travailler sur cette affaire, découvrir ce qui était arrivé à la femme mystérieuse qui l'avait sauvé sans le vouloir.

Il avait installé un petit bureau à côté de la cuisine, dans l'ancien cellier. Il y avait une table, une chaise grinçante, une ampoule nue pendue au plafond, qu'il allumait et éteignait en tirant sur un cordon. Il possédait un vieil ordinateur, lent et bruyant, qui avait grand besoin d'être remplacé, mais qui lui permettait d'accéder à Internet.

La nuit qui suivit sa rencontre avec Gray, pendant que Sarah et Emily dormaient, il examina le contenu de l'enveloppe qu'il avait trouvée dans ma voiture. Il avait su immédiatement qu'elle appartenait à Simon Briggs ; l'écriture de celui-ci était facilement reconnaissable – une écriture cursive avec de grandes boucles qui ressemblait à celle d'un enfant, d'un gamin détraqué et complètement idiot. Il avait pu la voir sur d'autres objets découverts dans la voiture de Briggs. Avec ses énormes *O* tremblés et ses *L* penchés, elle était étrangement précise, comme s'il avait recopié des lettres tracées sur un tableau en face de lui. L'enveloppe sentait également le cigare, une odeur qui imprégnait tous les effets de Briggs.

Elle contenait surtout des copies d'articles que l'inspecteur lui-même avait déjà lus sur Internet. Ils étaient soigneusement classés par ordre chronologique. Le premier relatait l'incendie et le meurtre qui s'étaient déroulés au ranch. Venaient ensuite des articles racontant notre fuite à travers le pays, les crimes dont Marlowe était soupçonné, et pour finir, notre mort.

Il y avait aussi des photos, prises par des caméras de surveillance dans des supérettes et des stations-service d'un bout à l'autre du pays. Certaines étaient macabres, d'autres tellement grenues et floues qu'on n'y discernait pas grand-chose. Et beaucoup d'entre elles montraient Ophelia, une jeune femme brisée au regard hanté. Harrison eut le plus grand mal à me reconnaître en elle. L'un de ces clichés l'émut particulièrement, le troubla davantage que les autres. On nous y voyait en train de discuter, Marlowe et moi, près du corps profané et mutilé d'une femme qui avait subi des sévices innommables. En regardant mon visage, Harrison y lut une expression qu'il connaissait bien, pour l'avoir aperçue sur celui de Sarah quand elle le regardait. Une expression empreinte de l'amour le plus pur et le plus profond qui soit, un amour qui avait contemplé tous les péchés du monde et y avait survécu.

Je suis toujours étendue dans une mare d'eau glacée, mais je ne sens plus le froid.

« La notion d'amour romantique est insensée », affirme mon psy. Il est assis en tailleur dans un coin de la cellule métallique. Sa voix grêle résonne contre les murs et le plafond.

« Les êtres humains aiment ce qui leur confirme l'opinion qu'ils ont d'eux-mêmes. Si vous êtes persuadé au plus profond de vous de ne rien valoir, vous aimerez la personne qui vous traite comme moins que rien. C'est pourquoi vous avez pu aimer Marlowe comme vous l'avez fait.

— Parce que j'étais persuadée que je ne valais rien ?

— Ne l'étiez-vous pas ? N'était-ce pas ce que vos parents vous avaient inculqué, par leurs paroles ou leurs actes ? Que vous étiez, sinon dénuée de valeur, du moins, quantité négligeable ?

— Mais lui ne me traitait pas comme si je ne valais rien.

— Pas au début. Ils ne le font jamais, au début. Peu de gens se détestent au point d'accepter d'être maltraités dès le départ. S'il s'était comporté ainsi, vous ne seriez pas restée avec lui. Il n'aurait pas réussi à étendre son emprise sur vous comme il a fini par le faire. Les pervers manipulateurs sont très doués pour cela : ils vous façonnent à leur guise pour mieux vous démolir ensuite, petit à petit. »

Je lui concède ce point, même si ça ne ressemble pas vraiment à la vérité. Toutefois j'ai fini par comprendre que, dans certains cas, la vérité n'est pas du tout ce qu'elle paraît être. J'avais porté un jugement sévère sur ma mère parce qu'elle aimait un tueur ; je l'avais haïe pour sa faiblesse, parce qu'elle aurait fait n'importe quoi pour un semblant d'amour, si médiocre soit-il. Mais Ophelia était exactement semblable à elle.

« Une fois que vous avez perdu toute estime de vous-même, et jusqu'à votre propre identité, il vous convainc qu'il est le seul qui puisse aimer quelqu'un d'aussi minable que vous. L'amour qu'il vous a témoigné au début vous a plongée dans l'euphorie, à la manière d'une drogue, et comme un toxico, vous en reprenez sans cesse de nouvelles doses, dans l'espoir de connaître encore une fois cette sensation grisante. Mais ça n'arrive jamais. Malheureusement, il est trop tard. Vous êtes devenu accro.

— Il m'aimait », dis-je, en une protestation pathétique.

Mon psy hoche lentement la tête d'un air attristé. « Ophelia, c'était un psychopathe. Et les psychopathes ne peuvent pas aimer.

— Pas étonnant qu'on vous ait interdit d'exercer. » J'entends résonner dans ma tête l'écho de ces mots, haineux et cinglants. « Vous n'êtes qu'un charlatan. » La vérité peut parfois nous rendre réellement méchants.

Il m'adresse un sourire patient, fait entendre un petit claquement de langue. « On se calme, on se calme.

— Pardon.

— Ce n'est rien, répond-il en écartant mes excuses d'un geste de la main. Vous êtes un peu stressée, je comprends parfaitement.

— Je ne peux pas lui dire ce qu'il veut savoir.

— Vous ne pouvez pas, ou vous ne voulez pas ?

— Je ne sais pas où il est ! » Ma voix a grimpé d'une octave.

« Vous le savez. Quelque part au fond de vous, vous le savez. »

Je me réveille en sursaut. Le psy, mon psy assassiné, ne se trouve pas avec moi dans la pièce. Je suis seule, serrant dans ma main la photo, déchirée et froissée maintenant, de ma fille. Comme si je l'avais griffée, comme si j'avais essayé de la transpercer pour rejoindre mon bébé, pour le sauver. Je la lisse du bout des doigts.

« Victory », dis-je à haute voix, rien que pour goûter la saveur de son nom. C'est moi qui lui ai fait ça. Les choses que nous redoutons le plus finissent toujours par arriver, c'est une des lois de l'univers. Je berce sa photo contre moi, haïssant de toutes mes forces Marlowe Geary, haïssant l'Homme en colère et me haïssant moi-même plus que tout.

Bien sûr, le psy de mon rêve a raison. Marlowe était un sociopathe et un tueur, comme son père. Et bien sûr, il ne m'a jamais aimée. Mais cela ne m'a pas empêchée de l'aimer, de m'abandonner à lui comme seule une adolescente maltraitée et négligée peut le faire, comme une vierge se laissant de bon gré mener à l'autel en vue du sacrifice. Il m'a manipulée, il s'est servi de moi, mais je me suis immolée à lui. Chaque fois qu'il tuait sous mon regard passif, quelque chose de vital en moi mourait, jusqu'à ce que je ne sois plus qu'un cadavre ambulant.

À présent, bizarrement, je ressuscite en ce lieu. Je ne suis ni la jeune fille que j'étais alors, ni la femme que je suis devenue. Je suis les deux à la fois.

Je pense à tous ces départs soudains et inconscients, ces fugues dissociatives, dans le jargon des psy. Je me demande où allait Ophelia. Que savait-elle qu'Annie ignorait ? Je soupçonne maintenant qu'elle allait le retrouver. Je me rappelle les paroles de Vivian, lors de notre dernière conversation : *Il te hantait... Une partie de toi, peut-être la partie atteinte d'amnésie, était encore attachée à lui.*

La question, c'est : pourquoi ? Essayait-elle de le retrouver pour vivre à nouveau près de lui ? Était-elle désespérée à ce point, stupide et amoureuse à ce point ? Je ne connais pas la réponse. Mais je suis sûre d'une chose : Ophelia sait où se cache Marlowe. Il faut simplement que je l'oblige à me le dire.

Je hurle à tue-tête : « Vous m'entendez ? »

Le silence semble rempli de vibrations, mais ce n'est que la lampe fluorescente au-dessus de ma tête qui tremblote imperceptiblement. Ils ont éteint le projecteur qu'ils braquaient sur moi – je l'ai repéré dans un coin, à l'autre bout de la pièce. Je suis heureuse qu'ils aient abandonné cette technique. Dans l'autre coin, la lumière rouge d'une caméra de sécurité clignote sous son objectif.

« Où est ma fille ? » Je hurle encore plus fort cette fois, en regardant la caméra. Le silence retombe, puis je perçois le grésillement d'un haut-parleur.

« Je n'ai pas envie de lui faire du mal, Ophelia, déclare l'Homme en colère d'une voix lointaine et brouillée par les parasites, comme s'il appelait sur une vieille ligne de téléphone, de l'autre côté de l'Atlantique. Je sais ce que c'est de perdre un enfant. Je ne le souhaite à personne. Pas même à vous.

— Ne lui faites pas de mal, dis-je, la gorge serrée. Je vais le retrouver. »

Les grésillements dans le haut-parleur semblent emplir la pièce. J'aurais dû exiger qu'il me fasse entendre la voix d'Ophelia avant d'accepter de l'aider. Mais je suis trop désespérée pour songer à cela.

« Vous vous rappelez ? reprend-il. Vous me conduirez à lui ?

— Je ferai tout ce que vous voudrez, dis-je d'une voix résignée. Mais ne lui faites pas de mal. Ne faites pas de mal à mon bébé. »

Je m'aperçois alors que je me suis remise à pleurer. Mais je suis au-delà de la honte, désormais, et je ne prends même pas la peine d'essuyer mes larmes.

35

Quand nous sommes enfin arrivés à New York, Marlowe et moi, pour nous rendre aussitôt à l'atelier de mon père près du Village, j'étais pareille à une mouche dans une toile d'araignée, engluée, paralysée, et qui ne tente même pas de s'échapper. Je ne songeai pas même à demander de l'aide. Nous n'en étions alors qu'au début de notre équipée ; trois semaines seulement s'étaient écoulées depuis l'incendie du ranch, et la police n'avait pas encore fait le rapprochement. À ce stade, nous étions considérés comme de simples fugueurs. Je ne m'en rendais pas compte, bien entendu, et je croyais que nous étions recherchés pour complicité de meurtre et incendie volontaire. J'étais toujours dans le déni total de ce qui s'était passé à la station-service ; en fait, ces événements avaient complètement disparu du champ de ma conscience. Dans mes rêves, je voyais un halo ensanglanté de cheveux répandus sur un sol en linoléum.

Mon père ne me posa aucune question. Il nous autorisa à rester dans la petite chambre d'amis où j'avais dormi lors de mes rares séjours chez lui, au fond de son appartement, juste au-dessus de l'atelier de tatouage.

Il y avait un dessus-de-lit rose et un fauteuil tapissé de patchwork. Le cache-radiateur était resté violet comme je l'avais peint à douze ans. Il y avait aussi une vieille poupée confectionnée dans de la toile de jean, avec des cheveux en laine rouge et un T-shirt noir frappé du logo des Hell's Angels. C'était l'une des anciennes petites amies de mon père qui l'avait fabriquée pour moi, il y avait bien longtemps. Comme de juste, je l'avais baptisée Harley.

« Je me suis enfui de chez moi quand j'avais ton âge », me dit mon père dans l'escalier qui menait à la chambre. Nous venions tout juste de débarquer dans l'atelier ; il n'avait pas paru surpris de me voir. Je ne savais pas quand il était rentré de voyage, ni même s'il était jamais parti. Je ne lui demandai rien. « Et depuis, je me suis toujours débrouillé seul. »

Il prononça ces mots avec une sorte de fierté hésitante, qui m'emplit de déception. J'aurais voulu qu'il se fâche, qu'il me gronde et m'aide à m'extraire du gouffre où, je le savais, j'étais en train de m'enfoncer. Mais je compris tout de suite qu'il n'en ferait rien.

Marlowe et mon père semblaient se repousser mutuellement, comme par effet électromagnétique. Ils ne se regardèrent plus après les présentations – une poignée de main raide qui ressemblait plus à un affrontement se terminant par un match nul. Marlowe dominait mon père d'une tête ; à côté de lui, papa paraissait presque frêle, comme ratatiné. Encore une déception : j'avais gardé de lui l'image d'un homme grand et fort. Mais je m'aperçus bien vite qu'il ne faisait pas le poids face à Marlowe, ni physiquement, ni sur aucun autre plan.

Si mes souvenirs sont exacts, nous sommes restés trois nuits dans l'appartement. Toute cette période se confond dans mon esprit. Nous n'avons pas fait grand-chose d'autre que manger et dormir dans cette pièce sombre et tranquille, Marlowe et moi, tant nous étions exténués. Je me rappelle que j'avais du mal à distinguer le sommeil de l'état de veille. J'ai un vague souvenir de conversations avec mon père qui semblaient faire partie d'un rêve : il m'interrogeait sur le temps qu'il faisait en Floride… Il disait qu'il savait que j'avais tenté de le joindre… Il était désolé d'avoir été absent. Nous avons parlé du tatouage qu'il avait accepté de réaliser pour Marlowe. Avec moi, il avait l'air gêné, indécis, comme s'il ne savait pas trop comment réagir face à la situation. Quelque chose en moi criait au secours, mais il resta sourd à mes appels.

Le quatrième matin, j'entendis frapper doucement à la porte avant qu'elle s'entrouvre. J'aperçus mon père qui me faisait signe sur le seuil. C'était juste après l'aube, le soleil filtrait à travers les lames des persiennes.

« O, chuchota-t-il. Opie. »

Marlowe dormait, un bras posé sur moi. Je me dégageai avec précaution et suivis mon père le long du couloir étroit jusque dans la salle de séjour. Une immense table de billard, flanquée de quelques vieilles chaises pliantes en métal, occupait presque tout l'espace. L'air était tellement imprégné de fumée de cigarette que mes sinus me faisaient mal. Près de la porte, il y avait une kitchenette petite et sale, avec un minuscule évier rempli de vaisselle et des rangées de bouteilles de bière vides alignées sur le plan de travail.

Mon père s'adossa au rebord d'une fenêtre. Derrière lui, je voyais le toit de l'immeuble d'en face ; quelqu'un y avait planté un petit jardin et installé des chaises en toile et un parasol à rayures. J'entendais le bruit de la circulation matinale dans la rue en dessous de nous. Mon père paraissait plus vieux que dans mon souvenir ; les ans et les épreuves avaient marqué son visage de rides profondes. Il avait le dos voûté, des cernes noirs sous les yeux.

Je me hissai sur la table de billard pour m'y asseoir, mourant d'envie de me précipiter vers lui, de me jeter dans ses bras. Mais mon père ne semblait pas apprécier les démonstrations d'affection. Au mieux, j'avais droit à une rapide et maladroite accolade, ou bien il me tendait sa joue pour que je l'embrasse, et ça s'arrêtait là.

« Ta maman a appelé, Opie. »

Je regardai mes pieds, et constatai que mon vernis rouge s'était écaillé, se réduisant à un confetti sur chacun des ongles de mes orteils.

« Tu lui as dit que j'étais ici.

— Non, répondit-il en secouant la tête.

— Qu'est-ce qu'elle t'a raconté ? »

Il poussa un soupir. « Qu'il y avait eu un incendie. Que son mari avait été tué. Elle va mal, Opie. Et vous deux, vous vous êtes fourrés dans un sacré pétrin. Pourquoi ne m'as-tu pas parlé de tout ça ? »

Je haussai les épaules, examinai mes genoux. Ils étaient sales et meurtris, tout noueux et laids. « Ça ne te concerne pas, n'est-ce pas ?

— Je n'aime pas ce garçon, Opie, reprit-il avec un geste du menton en direction de la chambre. Il n'est pas normal. »

Mais sa voix paraissait tremblante et assourdie, comme si j'avais eu du coton dans les oreilles. Je ne répondis pas. J'en étais incapable. Je savais que Marlowe nous écoutait. J'ignore comment je le savais, mais j'en étais sûre. Tout mon corps était tendu d'espoir et de crainte : c'était le moment que j'avais tellement attendu, le moment où mon père allait enfin me secourir.

« Il faut que tu me dises une chose. » Il s'approcha de moi et glissa un doigt sous mon menton pour m'obliger à relever la tête et à le regarder dans les yeux.

« D'accord. Quoi ? » Je me demandais comment il allait s'y prendre, comment il allait m'arracher à Marlowe. Peut-être avait-il déjà appelé la police, peut-être attendait-elle dehors… Je souhaitais désespérément que ce soit le cas. Malgré la force de mon amour pour Marlowe, j'étais aussi terrifiée par lui, par les choses qu'il avait faites, et celles encore pires qu'il risquait de commettre. Tous ces sentiments contradictoires qui coexistaient en moi me paralysaient littéralement. J'étais une gamine qui avait désespérément besoin d'aide.

« Il faut que tu me dises que tout va bien, déclara-t-il à voix basse. Que tout est OK. »

En repensant à cet instant, j'essaie de ne pas haïr mon père. Je ne lui en veux pas seulement pour sa faiblesse, je lui en veux de m'avoir demandé de le rassurer, de l'exonérer de toute responsabilité, pour n'avoir rien à se reprocher par la suite.

Je lui donnai la réponse qu'il souhaitait, parce que j'en avais pris l'habitude. « Tout va bien, dis-je avec un sourire forcé, en hochant rapidement la tête. Nous allons nous installer dans l'Ouest. Je passerai mon diplôme de fin d'études secondaires et je trouverai du boulot. J'aurai bientôt dix-huit ans, je serai majeure. Plus âgée que toi quand tu as quitté ta famille. »

Avec un soulagement quasi palpable, il laissa retomber sa main, poussa un soupir, et m'adressa un pâle sourire. Il ne serait pas obligé de se conduire en père, de se montrer ferme, d'intervenir en passant à ma place les coups de fil nécessaires. De toute façon, il n'aurait pas su.

Il s'assit près de moi sur la table de billard et me tendit une liasse de billets, un épais rouleau maintenu par un élastique.

« Il y a près de mille dollars là-dedans, annonça-t-il. C'est pour toi, pas pour lui, ajouta-t-il en montrant la chambre, pour ton billet de retour. Si les choses tournent mal, tu pourras toujours l'envoyer se faire foutre et rentrer à la maison. »

Je ne savais pas très bien de quelle maison il parlait. En cet instant, tout ce que je savais, c'était que je n'avais désormais plus de place ailleurs qu'auprès de Marlowe. Je pris la liasse de billets. Elle pesait lourd au creux de ma main. Et tout aussi lourd sur mon cœur.

« La police ne va pas tarder à se pointer ici, poursuivit-il à voix basse. Sans doute pas aujourd'hui, mais bientôt.

— Tu veux qu'on s'en aille, dis-je en hochant la tête.

— Si tu ne veux pas être reconduite de force en Floride... »

Je ne répondis pas, craignant que ma voix ne trahisse le désespoir qui gonflait ma poitrine.

« Tu me jures que ça va ? » répéta-t-il au bout de quelques minutes de silence.

Je réussis à le regarder dans les yeux et à dire : « Je le jure. »

Il me tapota le dos, déposa un baiser sur mon front et quitta la pièce en toute hâte. J'entendis son pas lourd dans l'escalier. Je restai là un moment, m'accordant encore un espoir, attendant de le voir resurgir ou de voir la police faire soudain irruption, mais il n'y eut rien d'autre que le bruit de ses pas diminuant peu à peu, puis celui de la porte d'entrée se refermant avec fracas.

« Je t'avais dit qu'il ne fallait rien espérer de lui. » Je me retournai. Marlowe se tenait derrière moi. Dans son expression, je lus un mélange de triomphe et de pitié. Il s'approcha et posa une main sur mon bras. Ma chair se glaça à son contact.

Le tatouage commençait sur son pectoral gauche pour remonter jusqu'à son épaule. Il était recouvert de pommade antibiotique ; les contours du dessin étaient boursouflés, la peau qui restait visible, toute rouge. C'était sûrement douloureux, mais ça ne paraissait pas le déranger.

Je lui remis l'argent et il le fourra dans sa poche ; il ne me serait même pas venu à l'idée de ne pas le lui donner. J'enfouis mon visage dans son bras valide, de façon qu'il ne puisse voir mes yeux. Il me caressa la nuque et le cou. Je posai mes mains au creux de sa taille étroite.

« Tu n'as besoin de personne d'autre, Ophelia, dit-il. Tu m'appartiens. »

36

Bien que Simon Briggs eût séjourné moins de quarante-huit heures au motel Sunshine avant d'être abattu, sa chambre se trouvait déjà dans le même état de désordre et de saleté répugnante que l'intérieur de sa voiture. À peine vingt-quatre heures après ma disparition et mon décès présumé, l'inspecteur Harrison, planté au milieu de la chambre 206, contemplait les dégâts. Des emballages de fast-food constellaient la moquette comme autant de fleurs dans une prairie, deux boîtes de pizza vides et graisseuses étaient posées sur le lit, des canettes de bière étaient alignées en désordre sur les rebords des fenêtres tels des soldats indisciplinés. Près de la cuvette des toilettes, des papiers de bonbons s'amoncelaient sur le dernier numéro de *The Economist*.

L'inspecteur Harrison avait horreur du désordre ; rien que de penser à Briggs, il avait envie de prendre une douche. Mais pour quelqu'un d'aussi négligé, Briggs faisait preuve d'un professionnalisme étonnant, avec sa compilation d'articles de presse et les notes abondantes qu'il avait rédigées sur moi et mes diverses incarnations ; il s'était également abstenu d'utiliser le téléphone du motel ou de laisser derrière lui toute information qui aurait pu permettre d'identifier son employeur. Parmi les détritus, Harrison découvrit l'emballage vide d'un téléphone jetable. Le portable lui-même demeura introuvable – il n'était ni dans la chambre, ni dans la voiture, ni sur le corps de Briggs. *Il l'a jeté*, se dit Harrison, *ou quelqu'un l'a pris*. Briggs ignorait sans doute que, grâce à cet emballage, la police pourrait exiger le relevé des appels téléphoniques auprès de l'opérateur, en vertu des nouvelles lois fédérales. Toutefois c'était une procédure compliquée, qui risquait de prendre des semaines. Et l'inspecteur Harrison savait d'instinct qu'il n'y avait pas de temps à perdre, s'il tenait à découvrir ce qui m'était arrivé.

Enfilant une paire de gants, il fouilla dans la corbeille à papiers, sous le regard attentif de la femme qui dirigeait l'équipe de la police scientifique. Elle se demandait sans doute jusqu'à quel point il allait saloper la scène du crime.

« Relax, Claire, lui lança-t-il sans la regarder. Je fais attention.

— C'est *votre* enquête, inspecteur, répliqua-t-elle. Si vous la bousillez, c'est *votre* problème. »

Ignorant cette remarque, il continua ses recherches. Tout au fond de la corbeille, il trouva un bout de papier roulé en boule. Ce fut la qualité du papier, épais et coûteux, qui attira son attention. Il le déplia soigneusement et l'étala sur la moquette pour le défroisser. Le papier portait un dessin grossier, un bonhomme tenant ce qui ressemblait à un revolver, quelques gribouillis, comme si on avait essayé de faire marcher un stylo récalcitrant, et un numéro de téléphone que Briggs avait essayé de cacher sous un trait de marqueur, mais qui restait lisible. La page portait en en-tête, imprimé en relief et à l'encre bleue, le nom d'une société, SOS Affligés, et l'adresse d'un site Web, vaincrelapeur.biz.

« Vous avez découvert quelque chose ? s'enquit Claire.

— Que des cochonneries, répondit-il, froissant la feuille dans sa main.

— C'est ce qu'on trouve généralement dans une poubelle. » Elle rit de sa propre plaisanterie, et il lui adressa un sourire dénué de conviction.

Dès qu'elle eut le dos tourné, il fourra le papier dans sa poche et fit semblant de fourrager dans la corbeille pendant quelques minutes encore.

Quand il eut terminé et qu'il céda la place aux techniciens de la police scientifique, l'inspecteur Harrison reporta son attention sur les propriétaires du motel, un jeune couple très serviable d'origine indienne. L'homme, aussi mince qu'un roseau, avec des lunettes à verres épais, possédait un nez énorme et disgracieux et un menton minuscule. La femme était ravissante, dans l'espèce de court sari rose vif et or qu'elle portait par-dessus son jean – plus par coquetterie, se dit le policier, que par attachement à la tenue traditionnelle. Avec ses immenses yeux en amande bordés de longs cils noirs et son corps voluptueux en forme de sablier, elle était fort plaisante à voir, et il la lorgna à plusieurs reprises du coin de l'œil – de façon tout à fait respectueuse, bien sûr. Il appréciait la beauté, même s'il n'avait jamais trompé son épouse.

Le mari lui souriait d'un air niais, mais la jeune femme avait l'air renfrognée. La présence de la police la perturbait visiblement, alors que son époux se comportait comme si c'était la chose la plus excitante qui lui soit arrivée depuis des mois. Ils étaient parfaitement équipés sur le plan technologique, tous leurs registres étaient informatisés, et les images prises par les caméras de surveillance étaient sauvegardées sur le disque dur. Briggs s'était inscrit sous le nom de Buddy Starr environ quarante-huit heures avant la découverte de son cadavre ; il avait payé en liquide et fourni comme preuve d'identité un permis de conduire délivré dans l'État de New York, que les propriétaires du motel s'étaient empressés de scanner et d'archiver. Il n'avait passé aucun appel depuis sa chambre et ne s'était pas servi non plus de la connexion Internet.

Un restaurant indien, également dirigé par le couple, était attenant à l'établissement. Des odeurs de poulet tandoori et de curry imprégnaient l'air, et l'inspecteur sentait son estomac gargouiller tandis que, assis dans le bureau derrière la réception, il visionnait les images enregistrées par la caméra de surveillance placée devant la chambre de Briggs. Il ne lui fallut pas longtemps pour trouver ce qu'il cherchait, mais quand il l'eut trouvé – la silhouette obscure et massive d'un homme se dirigeant vers la 206 –, loin de fournir des réponses à ses questions, cela l'amena à s'en poser de nouvelles. L'homme avait une démarche de soldat, prudente mais assurée, et, attentif à la caméra, il prenait soin de détourner son visage de l'objectif. Il n'avait pas eu besoin de forcer la serrure ; il était entré facilement, au moyen d'une carte magnétique. Il était resté moins de dix minutes dans la chambre et reparti aussi discrètement qu'il était venu, sans rien emporter.

Même si cela ne constituait pas une preuve recevable par un tribunal, Harrison reconnut immédiatement Gray, à son allure, à sa démarche et à la musculature impressionnante de ses épaules. Les hommes font plus attention qu'ils ne veulent l'admettre à la taille des autres hommes, à la façon dont ils sont bâtis ; c'est ainsi qu'ils déterminent leur place dans la meute. Harrison se souvenait de ces épaules, il se rappelait s'être dit qu'il ne ferait pas bon se trouver en face de ces poings-là.

D'après l'heure imprimée sur l'image, Gray était arrivé au motel environ cinquante minutes après l'heure estimée de la mort de Briggs – et en possession de la carte magnétique donnant accès à la chambre de celui-ci.

« Vous avez trouvé quelque chose ? demanda le propriétaire, dans le dos du policier.

— Laisse-le tranquille, le tança sa femme, installée à la réception. Laisse-le faire son boulot, pour qu'ils puissent tous s'en aller d'ici. »

L'homme l'ignora, sans se départir de son large sourire. Il avait l'air de trouver tout cela passionnant, même si ce n'était pas bon pour les affaires d'avoir une chambre barrée d'un cordon jaune et une camionnette de la police scientifique sur le parking. Mais aujourd'hui, chacun s'imagine qu'il vit dans une émission de téléréalité. Les gens n'arrivent plus à faire la différence entre les événements réels et ce qu'ils voient sur leur écran. Harrison avait constaté, ces dernières années, que tous les crimes, même les plus violents, et leur résolution, étaient subitement devenus « cool ». Pour le propriétaire de l'hôtel, le fait qu'un de ses clients avait été abattu par balles n'était ni tragique ni effrayant, c'était un sujet d'intérêt, dont il informerait sa famille et ses amis par e-mail, et qui le ferait cogiter jusqu'à des heures avancées de la nuit.

« Peut-être, répondit le policier. Serait-il possible de faire une copie d'un extrait, les images prises entre vingt et une heures dix et vingt et une heures trente ? »

Le jeune homme acquiesça avec empressement.

« Je vais faire une copie au format MPEG sur une clé USB. Vous n'aurez qu'à brancher cette clé sur le port USB de votre bécane pour accéder au fichier. Vous pourrez me la rendre quand vous l'aurez chargée dans votre ordinateur, d'accord ?

— Génial, répondit l'inspecteur, qui n'avait pratiquement rien compris à ce jargon. Super. Merci beaucoup.

— Alors, qu'est-ce que vous avez vu ? reprit l'hôtelier, souriant toujours, tout en tapant à toute vitesse sur le clavier. Vous ne pouvez sans doute pas me le dire. Ça ne fait rien, vous n'êtes pas obligé. Je trouve ça tellement cool d'être policier ! Je voulais vraiment devenir flic, vous savez, mais mes parents n'étaient pas d'accord. J'y songe encore, tout le temps. Mais Miranda, ma femme, ça ne lui plaît pas plus qu'à mes parents... »

Il continua à jacasser, mais Harrison ne l'écoutait plus. Il pensait aux photos de Gray, à ces images où on le voyait entrant dans la chambre de Briggs juste après le meurtre de ce dernier. *Qu'est-ce que ça vaut ?* C'était une question qu'il se posait souvent, ces derniers temps. *Comment les utiliser au mieux ? Est-ce que ça m'aidera à faire avancer mon enquête, ma carrière ? Combien Gray Powers serait-il disposé à payer pour les effacer ?* Puis il reprit ses esprits et rougit de honte ; voilà qu'il retombait dans ses mauvaises habitudes. Mais elles appartenaient au passé, et ce qui comptait à présent, c'était de venir en aide à Annie Powers – ou quel que soit son nom. Toutefois, s'il pouvait lui rendre service et en tirer bénéfice par la même occasion, ne serait-ce pas encore mieux ?

Je ne sais pas combien de temps s'écoula entre notre départ de New York et ma première rencontre avec Simon Briggs ; six mois peut-être, ou davantage. Tous les jours et les mois de cette période se confondent, et je n'ai aucun moyen de me repérer. Je sais à présent que je traversais un épisode psychotique et que, même si la mémoire m'est en grande partie revenue, beaucoup des événements survenus alors sont à jamais effacés. Je ne peux pas dire que je le regrette. Mais je devais avoir des moments de lucidité, car lorsque certains de ces souvenirs resurgissent, ils sont atrocement précis.

Le soir de ma première rencontre avec Briggs, je me trouvais avec Marlowe dans une quelconque gargote. Nous avions tous les deux modifié notre apparence. J'avais teint mes cheveux d'un horrible noir. Avec mon teint pâle, j'avais l'air d'une goule. Marlowe s'était rasé le crâne et laissé pousser un bouc et une moustache ; il ressemblait à un vampire tendance skinhead. On aurait pu penser qu'à ce stade il ne nous était plus possible de manger dans des lieux publics. Dans les films, quand un tueur s'arrête dans un routier, sa photo est affichée derrière le comptoir ou bien elle apparaît juste à ce moment-là sur l'écran du téléviseur. Quelqu'un le reconnaît, et la poursuite s'engage. Mais dans la vraie vie, les gens ne font pas attention, ils vivent dans leur propre monde. C'est à peine s'ils voient ce qui se passe autour d'eux et, quand ils le voient, ils n'en croient pas leurs yeux.

Marlowe se rendit aux toilettes et pendant que je l'attendais, scrutant les profondeurs de ma tasse de café, un homme passa près de moi en me frôlant et laissa tomber sur la table une serviette en papier. Je me retournai, mais il avait déjà franchi la porte, et je ne vis que son dos massif et l'arrière de sa tête chauve.

Je dépliai la serviette. Elle portait un message : *Ça va mal tourner pour Marlowe Geary. Sauvez-vous, si vous le pouvez encore.*

Je chiffonnai le billet au creux de ma main et le laissai tomber sur le sol, le corps secoué par une décharge d'adrénaline.

« Qu'est-ce qu'il y a ? demanda Marlowe, en revenant s'asseoir face à moi.

— Rien. Je suis fatiguée.

— Tu es toujours fatiguée.

— C'est peut-être à cause de mes fréquentations », dis-je, regrettant ces mots dès qu'ils m'eurent échappé. Il me regarda d'un air surpris puis se pencha par-dessus la table pour approcher son visage tout contre le mien. « Fais attention », siffla-t-il d'un ton menaçant. Un ton qui laissait entendre : Nous avons laissé derrière nous une ribambelle de femmes sauvagement assassinées, et tu pourrais bien être la prochaine.

J'allai dans les toilettes et me regardai dans la glace. L'endroit était répugnant, le carrelage incrusté de crasse, les murs barbouillés de graffitis, l'air empestant l'urine. J'étais devenue méconnaissable à mes propres yeux, avec ces cheveux de jais et ce teint blafard ; je fus épouvantée par mon reflet.

Comment m'expliquer ? Comment expliquer ma relation à Marlowe Geary, que j'aimais tout en le haïssant, que je craignais tout en me cramponnant à lui ? J'en suis incapable, maintenant comme autrefois. *Sauvez-vous, si vous le pouvez encore.*

Quand je ressortis, Marlowe avait déjà quitté le restaurant. Je savais qu'il m'attendait dans la voiture. Ce qui démontre à quel point il était sûr de me tenir sous son emprise. Il y avait deux agents en uniforme assis au bar. Ils ne s'y trouvaient pas quand j'étais allée aux toilettes, mais ils étaient là à présent, en train de boire du café dans des mugs. Leurs radios bourdonnaient ; de gros revolvers étaient accrochés à leurs hanches. Les gilets en Kevlar qu'ils portaient sous leurs chemises boursouflaient le tissu. Je crois que nous étions en Pennsylvanie, à cette époque. Je me rappelle que leur uniforme était de couleur brune, une chemise claire avec une veste et un pantalon foncés. L'un des deux s'esclaffa à une plaisanterie de l'autre.

Autour de moi, tout parut se ralentir et se déformer, tandis que je m'avançais dans leur direction. *Sauvez-vous, si vous le pouvez encore*. En esprit, je me vis m'approcher d'eux et me rendre. Marlowe aurait le temps de s'enfuir. Je leur dirais qu'il m'avait abandonnée, qu'il m'avait relâchée, et ils m'arrêteraient. Ils me feraient monter à l'arrière de leur voiture pour m'emmener au poste. Peut-être appelleraient-ils mon père. Il viendrait me chercher. Je lui dirais enfin que ça n'allait pas bien et qu'il devait s'occuper de moi. Et il le ferait, cette fois-ci, il le ferait.

Mais je passai devant eux sans m'arrêter. Aucun des deux ne leva les yeux vers moi tandis que je ressortais dans la nuit froide. Marlowe m'attendait dehors. Je me glissai à bord de la voiture, une Cadillac volée. Le chauffage fonctionnait à plein régime.

« C'est incroyable ce que les flics peuvent être cons », ricana Marlowe, tout en s'extrayant du parking.

Sauvez-vous, si vous le pouvez encore. Je n'ai pas pu.

Je me suis si souvent trahie et abandonnée moi-même, j'ai renoncé à tant de choses en échange d'une médiocre contrefaçon d'amour… Je n'ai jamais été loyale envers Ophelia ; je l'ai enfermée dans une cage tout au fond de moi, la privant d'air et de lumière, l'empêchant de grandir. Je l'ai niée. Je l'ai tuée. Tout cela parce que je l'avais jugée et décrétée sans valeur. De tous ceux qui ont des torts envers Ophelia, je suis la plus coupable. Mais à présent je dois la retrouver et réparer mes erreurs pour sauver ma fille.

L'ironie de la situation ne m'échappe pas, tandis que je foule d'un pas rapide le trottoir mouillé. Je passe devant les vitrines flamboyantes d'un magasin de disques. Les pochettes rutilantes, éclairées par-derrière et montrant des visages de pop stars trop maigres, au débraillé soigneusement étudié, projettent à mes pieds une lumière jaune. Les gens qui vendent et achètent des disques vivent dans un monde différent du mien ; leur vie me semble frivole, étrangère. J'attends sous la pluie au coin de la rue, tandis que les voitures et les taxis défilent devant moi. Je vois la boutique de mon père, sur le trottoir d'en face, et je me retiens à grand-peine de me jeter dans le flot de la circulation pour l'atteindre. La boutique est fermée, mais j'aperçois la lueur bleutée et mouvante d'un écran de télévision derrière les fenêtres du premier étage.

New York. Comment suis-je arrivée ici ? À dire vrai, je ne le sais pas trop. Déjà, je commence à douter de mes souvenirs – la doline, le bateau, cet homme appelé Dax, la pièce aux parois métalliques et l'Homme en colère. Mais la photo de Victory dans ma poche et le collier à mon cou me laissent penser qu'une partie d'entre eux sont peut-être vrais.

Je me suis réveillée à bord d'un train de banlieue qui entrait en gare à Grand Central. Je portais des vêtements propres que je n'avais jamais vus avant et un long imper noir. Des bottes de cuir. Autour de moi, les gens bavardaient sur leur portable, regardaient fixement de petits écrans au creux de leurs mains, des écouteurs vissés dans leurs oreilles. En contemplant mon reflet dans la vitrine à côté de moi, je découvris que mes cheveux étaient tirés en une queue-de-cheval attachée bas sur la nuque. J'avais des cernes sombres sous les yeux.

Sur le quai, je fus emportée par un flot de gens marchant d'un pas déterminé vers leur destination. J'aperçus une rangée de cabines téléphoniques et me demandai qui je pouvais appeler à présent. J'ai désespérément envie de parler à Gray ou à Vivian, mais c'est impossible. L'enjeu est trop gros, et je ne sais plus à qui me fier.

La circulation s'arrête, et je traverse la rue. Dans l'entrée, j'appuie sur la sonnette de l'appartement de mon père. Cinq ou six fois de suite, avec force, pour qu'il comprenne l'urgence de la situation. J'entends enfin le bruit de ses bottes dans l'escalier.

« Une seconde, bon sang ! French, si c'est toi, je vais te botter le cul. »

Un vieillard, qui ressemble à une version de mon père qui aurait mal vieilli, déboule dans le hall. Il me faut un instant pour admettre que c'est bien lui. Il m'aperçoit alors et se fige sur place. Il s'appuie d'une main contre le mur et ferme les yeux.

« Papa », dis-je d'une voix éraillée, incertaine. Il a une mine épouvantable, l'air dépenaillé, éreinté. Ses vêtements sont chiffonnés et pendent sur son corps comme s'il avait perdu beaucoup de poids récemment et ne s'était pas donné la peine de changer sa garde-robe.

Il tend la main vers la porte et la tire, puis m'étreint avec force. Il ne l'avait jamais fait. Jamais. Même si c'est embarrassant, cela suffit presque à racheter toutes ses fautes, tous ses manquements. Je hume son odeur d'alcool et de cigarette. Il y a presque sept ans que je ne l'ai pas vu.

« Tu ne devrais pas être ici, dit-il. Tu es censée être morte, Ophelia. Morte pour la deuxième fois. »

37

« Je crois que je vais mourir ici. »

Marlowe prononça cette phrase d'un ton désinvolte, comme s'il s'en fichait totalement. J'étais quant à moi incapable d'affronter la seule idée de sa mort. Elle me remplissait d'un espoir et d'une terreur dévastateurs. Nous étions au Nouveau-Mexique, quelque part entre Taos et Santa Fe. De la route, il avait aperçu une vieille église, un minuscule bâtiment d'adobe blanc, scintillant tel un phare. Il s'était arrêté sans un mot et avait quitté la voiture pour se diriger vers l'église. Je le suivis, respirant le parfum de sauge et de genévrier qui flottait dans l'air.

L'édifice était plongé dans l'obscurité, les portes en bois et fer forgé, solidement verrouillées. En regardant par la fenêtre, j'aperçus à l'intérieur des rangées de cierges votifs dont les flammes palpitaient dans le noir comme autant de lucioles. Marlowe s'étendit sur le petit carré de pelouse, à l'intérieur des grilles entourant le bâtiment, et j'allai m'asseoir près de lui. Il croisa les bras derrière sa tête et prit une longue et profonde inspiration, puis expira lentement. L'air du désert était frais, le ciel grouillant d'une multitude d'étoiles. La citadine que j'étais ne savait même pas qu'il en existait autant.

« Si ça tourne mal pour nous, si les flics nous coincent, je vais mourir. »

Ces mots restèrent suspendus dans l'atmosphère, l'espace de quelques respirations. Puis je demandai : « Tu vas te tuer ? »

Il secoua la tête, tourna vers moi son regard noir, et je me détournai. Je ne supportais plus de contempler son visage. Chaque fois j'entendais des cris, je voyais un fleuve de sang.

« Non, dit-il. Je vais faire semblant. Tout le monde me croira mort, mais je serai vivant, bien caché. »

On aurait cru entendre un enfant, un gamin rêvant à sa vie future. Nous étions effectivement des enfants – je l'oublie toujours. Quand je pense à Marlowe, il m'apparaît comme un Titan, une autorité à laquelle je m'étais soumise pour les diverses raisons qui nous poussent à faire ce genre de choses. Mais il n'avait même pas vingt et un ans.

Il posa une main sur ma jambe. « Il faudra rester séparés pendant quelque temps, plusieurs années peut-être. Comme ils n'auront pas retrouvé mon corps, ils te surveilleront, ils attendront que tu ailles me rejoindre ou que je vienne te chercher. Mais le moment venu, je te retrouverai, et tu m'attendras. C'est notre karma, notre pacte.

— Où iras-tu ? m'enquis-je, entrant dans son jeu pour ne pas m'attirer sa colère.

— Je ne peux pas te le dire, répondit-il avec un haussement d'épaules. Ils te tortureront pour te le faire avouer. Tu es faible. Tu craquerais. »

Je me mis à pleurer. Je cachai mon visage dans le creux de mon bras pour qu'il ne le voie pas, mais je ne pouvais empêcher mes épaules de trembler.

« Ne t'en fais pas, Ophelia, dit-il d'une voix douce, en se redressant pour me prendre dans ses bras. Je viendrai te chercher. Je te le promets. »

Mais bien sûr, ce n'était pas la raison pour laquelle j'avais succombé à l'infinie tristesse qui me gonflait le cœur. Si je pleurais, c'est parce que je savais déjà que je ne serais jamais libérée de lui. Que pour le reste de ma vie il resterait dans ma peau, dans mes cauchemars, qu'il me guetterait à chaque coin de rue.

« Quand le moment sera venu, reprit-il, je déposerai mon pendentif dans un endroit où tu n'auras aucun mal à le trouver, et tu sauras que je suis revenu te chercher. Ce sera le signal. »

Le côté dramatique de la situation le mettait en joie, il prenait plaisir à me faire pleurer. Cela lui permettait d'entretenir ses fantasmes sur nous-mêmes, sur ce qui nous arrivait. À cette époque, j'étais aussi malade que lui, aussi hallucinée ; je jouais le rôle qu'il m'avait assigné – celui de la victime.

Nous restâmes assis là pendant un moment, en silence. Mes larmes séchèrent, et j'écoutai un coyote hurler à la lune, quelque part au loin. Et puis…

« Il y a une chose que tu dois savoir, Ophelia. J'ai besoin de le dire à quelqu'un. » Sa voix était bizarre, comme pâteuse.

« Quoi ? »

Il balaya du regard la vaste étendue plate qui nous entourait pendant si longtemps que je crus qu'il avait finalement décidé de se taire. Je n'insistai pas ; en moi-même, je me recroquevillais de peur à l'idée de ce qu'il risquait de m'apprendre.

« Ces femmes, commença-t-il, avec un rire étrange et un hochement de tête. Elles n'avaient aucune importance, tu sais. Elles ne comptaient pour personne.

— Qui ? demandai-je, les épaules contractées au point d'en être douloureuses, les poings si serrés que mes ongles s'enfonçaient dans mes paumes.

— Les femmes que mon père ramenait à la maison. La plupart d'entre elles avaient été abandonnées par leurs propres parents. Personne ne les a vraiment regrettées. »

Je pensai à Janet Parker, hurlant devant la porte de notre caravane. « Ce n'est pas vrai.

— Si, c'est vrai », aboya-t-il en montrant les dents, comme le chien qu'il était.

Je ne répliquai pas, me contentant de l'écouter me redire qu'elles cherchaient un moyen d'échapper à leur vie merdique, qu'elles voulaient être punies comme elles le méritaient. Les tuer était un acte de clémence, on leur accordait davantage d'attention mortes que vivantes.

« Marlowe, murmurai-je quand il se fut tu, en m'efforçant de prendre ma voix la plus douce, celle qu'il aimait. Qu'est-ce que tu es en train de me dire exactement ? »

La nuit parut s'étirer, les secondes devenir des heures, pendant que les coyotes glapissaient dans le lointain.

« C'est pas mon père qui a tué ces femmes », dit-il. Les mots s'élevèrent au-dessus de nos têtes, décrivirent une boucle, puis disparurent dans le ciel nocturne. Son visage était d'une pâleur spectrale, ses yeux pareils à des trous noirs dans un masque de bazar. « Pas toutes.

— Qui, alors ? » demandai-je. Mais, bien sûr, je connaissais déjà la réponse.

« Je l'ai vu la tuer, poursuivit-il, sans répondre à ma question. Je ne te l'ai jamais dit. Elle ne nous a jamais quittés. Elle ne s'est pas enfuie. Elle a laissé brûler le muffin qu'elle lui préparait pour son petit déjeuner. Il l'a giflée si fort qu'elle est tombée en arrière et s'est cogné la tête contre l'angle du comptoir. Il y a eu un bruit horrible, une sorte de craquement sourd. Elle s'est affaissée, le cou tordu avec un angle bizarre... Elle était morte avant de toucher le sol. »

Il s'interrompit, et j'écoutai sa respiration, qui semblait soudain ardue, bien que son visage fût dénué d'expression, ses yeux secs. « Ça n'avait pas l'air réel. J'avais l'impression de regarder un film à la télévision. Ma mère était stupide et faible. Je me rappelle comment elle se faisait toute petite devant mon père, comment elle donnait l'impression de marcher toujours sur des œufs. Mais je l'aimais, malgré tout. Je ne voulais pas qu'elle meure. »

J'avais trop peur pour dire quoi que ce soit, trop peur pour remuer un muscle.

« Après, j'ai menti pour lui. Je ne voulais pas qu'il aille en prison. Quand les gens pour qui elle travaillait ont alerté les flics, il a prétendu qu'elle s'était enfuie. Qu'elle avait retiré de l'argent de la banque et volé la voiture. Ils l'ont cru. Et ils m'ont cru aussi quand je leur ai dit l'avoir vue partir en pleine nuit. Je leur ai raconté qu'elle m'avait dit : "Marlowe, mon chéri, retourne te coucher. Je vais chercher du lait pour ton petit déjeuner." »

Un bruissement se fait entendre non loin de nous. Une créature se frayant un chemin dans les broussailles, un petit animal.

« Mais je ne lui ai jamais pardonné. Quelques années plus tard, il a ramené quelqu'un à la maison. Une blonde au teint gris, un sac d'os couinant et peureux. » Il eut un rire dégoûté, le regard toujours fixé sur le même point dans le lointain. « Pas question que je lui permette de la remplacer. Je ne pouvais pas avoir d'autre mère, alors il n'aurait pas d'autre putain. »

Il entreprit ensuite de me parler, sans la moindre émotion, des femmes qu'il avait tuées, se posant en victime – le petit garçon à qui sa maman manquait tellement et qui voulait la venger. Mais je n'écoutais qu'à moitié. En moi-même, je hurlais.

Frank, taraudé par la culpabilité, aida Marlowe à dissimuler ses crimes et finit même par les endosser, tant il aimait son fils. C'était du moins ce qu'affirmait Marlowe. Je n'avais aucun moyen de savoir s'il disait la vérité, mais ça n'avait guère d'importance. Je n'étais plus là. La voix de Marlowe en fond sonore, je m'étais envolée vers les étoiles et je flottais très haut au-dessus de nos corps. De très loin, je contemplais ces deux personnes assises sur la pelouse d'une petite église blanche, l'une parlant tranquillement de meurtres, l'autre souhaitant être morte.

Je gravis l'escalier à la suite de mon père et entre dans son appartement, qui est exactement pareil que lors de mon dernier passage, juste un peu plus vieux et sale. Il ne ressemble plus du tout à la garçonnière sympa et décontractée qu'il a jadis été, mais plutôt au logement délabré d'un vieil homme incapable de prendre soin de lui-même. Le temps de sa folle jeunesse est passé, et il n'a jamais rien construit de durable, ni famille ni foyer.

Je remarque qu'il a fait l'acquisition d'un fauteuil relax et d'un énorme téléviseur posé sur un meuble en verre et chrome, près de la fenêtre. La table de billard a été repoussée contre le mur du fond pour leur faire de la place. Une canette de bière transpire sur le sol près du fauteuil, une rediffusion d'*Alerte à Malibu* passe à la télé. Toutes les lumières sont éteintes. Il était en train de regarder la télé, là, tout seul, dans le noir.

Il hausse les épaules en voyant que je regarde l'écran. « Je sortais avec elle, autrefois, dit-il en montrant la blonde décolorée à l'image.

— Papa, arrête de mentir. Je t'aime, mais tu as vraiment été au-dessous de tout, comme père. »

Son corps paraît s'affaisser sous le poids de ce reproche, et j'ai l'impression qu'il va se mettre à pleurer. Mais je n'ai pas le temps de le consoler. « J'ai besoin de ton aide. J'aimerais que tu te montres plus à la hauteur en tant que grand-père que tu ne l'as été en tant que père. »

Je sors la photo de ma poche et la lui mets sous les yeux. « Oh, Seigneur ! s'écrie-t-il. Oh, mon Dieu !

— Marlowe Geary est toujours en vie. Des gens sont à sa recherche, ils détiennent Victory, et si je ne les conduis pas à Marlowe, ils vont lui faire du mal. » Les paroles se bousculent hors de ma bouche, et j'ai conscience qu'elles paraissent insensées. J'ai soudain très peur pour Victory, avec des sauveteurs pareils : un menteur pathologique atteint par la limite d'âge et une mère cinglée.

À toute vitesse, je déballe le reste, tout ce qui s'est passé depuis que j'ai vu cette forme sombre sur la plage. « Quelque part au fond de moi, je sais où il se cache, conclus-je. Mais je n'ai pas encore accès à cette information.

— Opie, répond-il avec douceur, ne te vexe pas, mais… es-tu sûre de ne pas avoir perdu l'esprit ? »

Je réfléchis une seconde. « Non, papa, finis-je par avouer. Je n'en suis pas sûre du tout. »

Ses yeux me fixent sous ses sourcils arqués, et il me demande : « Qu'est-ce que tu veux que je fasse ? »

38

Moins d'une semaine après ma disparition, on célébra une messe en ma mémoire dans une petite chapelle près de la plage. Voisins, amis et collègues s'y pressèrent en foule. La chaleur était accablante et la climatisation, insuffisante. Les gens transpiraient, s'éventaient et versaient des larmes tandis que Gray prononçait un éloge sincère, disant combien il m'aimait, comment j'avais transformé sa vie et fait de lui quelqu'un de meilleur. Il déclara aussi que j'avais laissé ici-bas le meilleur de moi-même en la personne de Victory, notre fille.

Tout au fond de l'église, l'inspecteur Harrison surveillait la foule. Vivian, Drew et Victory brillaient par leur absence. *C'est une comédie*, se dit-il. Personne ne célébrerait un office à la mémoire d'une femme toujours considérée officiellement comme disparue, à moins de vouloir absolument faire croire à sa mort. Gray paraissait accablé, vidé ; aux yeux de n'importe quel autre observateur, il avait l'air d'un homme qui vient de subir une perte si cruelle. À ceux de l'inspecteur, il ressemblait plutôt à quelqu'un qui ploie sous le fardeau de terribles mensonges.

Une femme assise au premier rang pleurait sans aucune retenue. Il la reconnut sans peine, même de dos. C'était Ella, impeccable jusque dans son chagrin, évidemment – les cheveux relevés en un chignon parfait, élégamment vêtue d'un simple fourreau noir, les ongles faits.

Après l'office, Harrison demeura en retrait, derrière les arbres, scrutant l'assistance en train de se disperser pour essayer de repérer un solitaire, quelqu'un qui ne semblerait pas à sa place. La plupart des hommes, supposait-il, étaient des collègues de Gray – ils avaient l'allure de paramilitaires, costauds et méfiants, le regard aux aguets. Il reconnut certaines des personnes les plus âgées comme des voisins aperçus la nuit où j'avais signalé la présence d'un intrus. Mais personne qui retînt son intérêt.

« Vous n'avez rien à faire ici, déclara Ella en s'avançant vers lui. Vous n'étiez pas son ami. »

Il sentit sur son haleine une légère odeur d'alcool. Il la dévisagea comme pour la jauger. Elle vivait très mal la situation, tenait à peine sur ses jambes. Ses yeux étaient cerclés de rouge.

« Avez-vous quelqu'un pour vous reconduire ? s'enquit-il gentiment.

— Personne ici n'était son ami », poursuivit-elle d'une voix forte. Les gens se retournèrent pour les regarder tout en regagnant leurs véhicules. « Je ne les ai jamais vus de ma vie.

— Permettez-moi de vous ramener chez vous, madame Singer, dit-il en lui posant une main sur le bras.

— J'ai ma voiture, merci, riposta-t-elle avec raideur.

— Vous la récupérerez plus tard », répondit-il d'un ton plus ferme.

Elle le surprit en ne lui opposant pas d'objections. « Qui diable sont tous ces gens ? Je me le demande », reprit-elle, réduisant sa voix à un chuchotement et s'appuyant de tout son poids contre lui, tandis qu'il la guidait vers son Explorer.

« Où est sa fille ? Où sont Drew et Vivian ? J'ai posé la question à Gray, il m'a répondu que ça ne me regardait pas. Il y a quelque chose qui cloche », déclara-t-elle en secouant la tête.

Il lui ouvrit la portière, et elle monta à bord avec son aide. Il s'installa au volant, démarra et se glissa dans la file des voitures qui sortaient du parking. Le bleu du ciel virait au gris ; de lourds nuages sombres arrivaient de la mer.

« Quelqu'un l'a tuée, c'est ça ? reprit Ella, en regardant par la vitre.

— Qu'est-ce qui vous fait croire une chose pareille ?

— L'homme sur la plage, l'autre nuit. Elle n'était plus la même, depuis. Elle paraissait… je ne sais pas, changée. Peut-être avait-elle peur de quelqu'un ? Je n'en sais rien.

— Vous a-t-elle jamais parlé de son passé ? » lui demanda-t-il, alors qu'ils arrivaient dans notre quartier. Une longue file de voitures s'étirait devant le portail – tous ceux qui avaient assisté à la messe se rendaient chez nous pour la réception. Ella lui indiqua le chemin de sa maison et secoua lentement la tête.

« Eh bien non, figurez-vous. Je savais qu'Annie avait été élevée dans le centre de la Floride et que ses parents étaient décédés. Il ne lui restait aucune famille, à part Gray et Victory. Elle n'évoquait jamais son passé, et j'avais l'impression qu'elle ne voulait pas qu'on l'interroge à ce sujet. Donc, je m'en suis abstenue. »

Il n'eut pas le cœur de lui révéler qu'Annie n'était pas mon vrai nom et que presque tout ce que je lui avais raconté sur moi-même était un tissu de mensonges. Au lieu de cela, il s'enquit : « Comment s'entendait-elle avec ses beaux-parents ?

— Elle adorait Vivian. Mais avec Drew… il y avait de l'eau dans le gaz, si vous voulez mon avis.

— Oh ?

— Il la détestait, du moins elle en était persuadée. Il ne la trouvait pas assez bien pour Gray. Mais elle ne parlait pas beaucoup de ça non plus, alors je n'ai pas insisté.

— De quoi parliez-vous donc ? »

Une pause. « De chaussures », dit-elle, avant de laisser échapper un rire hystérique qui s'acheva en sanglot. Il crut qu'elle allait complètement craquer, mais elle recouvra assez vite son sang-froid. Au bout d'un instant, elle sécha ses larmes, en veillant à ne pas se barbouiller de mascara. « Je faisais une drôle d'amie, hein ? Je ne savais rien d'Annie.

— Vous l'acceptiez pour ce qu'elle était maintenant, madame Singer, répondit-il en se garant dans son allée. Nous ne connaissons des gens que ce qu'ils veulent nous montrer. Vous respectiez sa vie privée et partagiez les bons moments avec elle. Je crois que ça fait de vous une excellente amie. Je le crois sincèrement. »

L'inspecteur Harrison était un sage ; j'aurais dit la même chose à Ella.

Elle prit un mouchoir en papier dans son sac à main et se moucha. « Merci, murmura-t-elle en hochant la tête. Elle l'était également pour moi. »

Ils restèrent un instant assis dans la voiture à l'arrêt. Autour d'eux, le vent soufflait dans les frondes des palmiers, qui chuchotaient entre eux, évoquant des secrets qu'ils refusaient de dire. De gris, le ciel était devenu noir, et l'orage était sur le point d'éclater.

« Cette fameuse nuit, sur la plage… », reprit Ella, se penchant en avant pour regarder le ciel. Harrison remarqua une fois de plus sa beauté, la ligne délicate de sa mâchoire, la longueur majestueuse de son cou.

« Oui ?

— Lors de cette réception, elle a cru voir quelqu'un qu'elle connaissait. Une jeune fille vêtue d'un jean et d'un T-shirt.

— Qui était-ce ?

— Aucune idée, répondit-elle avec un bref haussement d'épaules. Je connaissais tous ceux qui étaient là, même les serveurs, qui avaient déjà travaillé pour moi. Elle avait l'air bouleversée et elle est partie peu après.

— Où voulez-vous en venir ?

— Il n'y avait personne chez moi qui ressemblait à ça. Personne de moins de quarante ans, et certainement personne portant un jean et un T-shirt. »

Il se rappela alors notre entrevue sur l'aire de repos. La façon dont mon regard se portait derrière lui, comme pour observer quelque chose ou quelqu'un. Il avait lu la peur sur mon visage ce soir-là, une peur si visible qu'il avait failli dégainer son arme. « Vous croyez que cette jeune fille n'existait que dans l'imagination d'Annie ? »

L'espace d'une seconde, elle eut l'air surprise, comme si cette pensée ne lui était pas venue.

« Je ne sais pas. Elle avait une expression qui est restée gravée dans ma mémoire. Une expression que j'avais déjà entrevue brièvement, mais jamais aussi clairement. Elle paraissait hantée. Et je crois qu'elle l'était, d'une certaine manière. » Elle sourit timidement et se frotta la joue d'un air gêné. « Je ne sais pas pourquoi je vous raconte ça. Ça ne peut vous être d'aucune utilité, n'est-ce pas ?

— Vous avez bien fait de me le dire. On ne sait jamais ce qui peut être utile. » Il s'interrompit puis ajouta : « Vous a-t-elle jamais parlé de son docteur ?

— Non. Quel genre de docteur ?

— Et d'une organisation appelée SOS Affligés ? »

Elle réfléchit un instant, arquant les sourcils. « Non, répondit-elle en portant à sa tempe un doigt orné d'une énorme bague. Non, je ne l'ai jamais entendue mentionner ce nom.

— Vous faisait-elle l'impression d'une femme susceptible de disparaître du jour au lendemain ? Pour changer de vie, vous voyez ce que je veux dire ? Vous en paraissait-elle capable ? »

Elle secoua vigoureusement la tête, sans la moindre hésitation. « Absolument pas. Elle ne serait jamais partie sans Victory. Elle adore cette gamine. » Un silence, puis : « C'est ce que vous pensez ? Qu'elle s'est tout simplement enfuie ?

— Je tiens simplement à ne négliger aucune piste. Tant que nous n'aurons pas retrouvé de corps, nous devons examiner toutes les hypothèses.

— Eh bien, c'est une hypothèse qui ne tient pas debout. Elle ne serait jamais partie sans sa fille.

— Très bien, dit-il en lui accordant le sourire qu'elle attendait. Vous m'avez été d'un grand secours, réellement. »

Elle lui lança un regard empli de gratitude. « Alors, c'est comme ça qu'on procède, quand on enquête sur un meurtre ? Assister à la messe et tout ça ? N'est-ce pas ce qu'ils font, dans les séries télévisées ?

— J'essaie de ne négliger aucune piste, c'est tout », répéta-t-il, restant délibérément dans le vague.

Elle hocha la tête, parut sur le point d'ajouter quelque chose, mais se contenta de le remercier de l'avoir raccompagnée. Puis elle descendit et courut vers la maison car une grosse averse s'était mise à tomber. Il la suivit des yeux jusqu'à ce qu'elle ait refermé la porte d'entrée derrière elle.

Ensuite, il remonta la rue et se gara à proximité de chez moi. Tout en observant les allées et venues des invités, il pensa à moi, à Marlowe Geary, à tous les actes désespérés que les gens accomplissent par amour. Tandis que la pluie se transformait en grêle, obligeant les gens à se ruer de la maison vers leur voiture, ou inversement, en s'abritant sous leur veste ou leur sac à main, il commença à prendre conscience que, s'il voulait progresser dans son enquête, il lui faudrait d'abord remonter dans le passé.

Je raconte à mon père comment je me suis enfoncée sous terre, comment j'ai suivi mon « moniteur de plongée » à l'intérieur d'un tunnel calcaire long et étroit pendant une éternité, pour émerger enfin dans une autre doline. Là, un homme, dont le nom me demeura inconnu et dont j'aperçus à peine le visage, m'attendait dans une Jeep Grand Cherokee. J'ôtai ma combinaison, me séchai et j'enfilai les vêtements qu'il m'avait apportés. Je vérifiai le contenu du sac qu'il avait récupéré à la consigne, au moyen de la clé que j'avais donnée à Gray. Je me couchai sur le plancher à l'arrière du véhicule et restai ainsi, ankylosée par cette position inconfortable et rongée par le doute, tout au long d'un trajet interminable. Je sombrai par intermittence dans une sorte de torpeur, pour en être aussitôt tirée en sursaut par un brusque cahot ou par la pensée que j'avais abandonné ma fille et que dans quelques heures tous ceux qui me connaissaient croiraient que j'avais péri dans un accident de plongée.

À la nuit tombée, je me trouvais dans le port de Miami, à bord d'un cargo à destination de Mexico, où j'étais censée attendre la venue de Gray.

« Quels que soient tes poursuivants, dit mon père, ils n'ont pas mis beaucoup de temps à te trouver.

— C'est vrai. » Je ne tiens pas en place et marche de long en large dans la petite pièce, le corps électrisé par la tension nerveuse, par cette souffrance physique qui m'habitera jusqu'à ce que je puisse à nouveau tenir Victory dans mes bras. Toutes les mères éprouvent cette sensation en entendant leur enfant pleurer. Vous avez mal dans chaque terminaison nerveuse, chaque cellule de votre corps tant vous avez besoin de le consoler. C'est cette douleur que je ressens en ce moment, amplifiée par une sorte de terreur, de désespoir sous-jacents.

« Il y a quelque chose qui cloche là-dedans », poursuit mon père. Je ne peux m'empêcher de le dévisager, avec son teint grisâtre, sa barbe hirsute, les profondes rides autour de ses yeux qui semblent s'être enfoncés dans leurs orbites. Ses longs cheveux gris, attachés par un élastique, ont un aspect sec et cassant. Je me demande s'il est malade, mais je ne me sens pas la force de lui poser la question. Je ne veux pas connaître la réponse.

« Ce que je veux dire, reprend-il, c'est : qui savait où tu allais ? Qui savait que tu étais à bord de ce bateau ?

— Personne, à part Gray et les employés de sa société, qui avaient pour mission de me protéger et de me conduire saine et sauve à destination.

— Alors, comment ce type, celui que tu appelles l'Homme en colère, a-t-il fait pour te dénicher si facilement ? Sur un bateau, en pleine mer ?

— Il a dû nous surveiller ou nous suivre…

— C'est possible », convient-il en penchant la tête de côté. Il semble réfléchir, mais n'ajoute rien d'autre.

C'est une question qui ne m'était pas venue à l'esprit jusqu'à présent : comment se fait-il que l'Homme en colère m'ait retrouvée si rapidement ? Je n'ai même pas été surprise en apercevant l'autre bateau, cette nuit-là. C'était presque comme si je l'attendais, tant j'étais persuadée que Marlowe était à mes trousses.

« J'ai besoin d'un ordinateur, dis-je à mon père.

— Il y en a un dans l'atelier. »

Il m'emmène au rez-de-chaussée, et je m'installe derrière le bureau de la réceptionniste pour surfer sur le Web et tenter de découvrir l'identité de l'Homme en colère. Je tape : « Familles des victimes de Frank Geary », et commence à passer au crible les résultats. Je n'arrive pas à me départir d'un sentiment d'urgence ; dans ma tête, j'entends le tic-tac d'une horloge, l'angoisse me serre la gorge. Je me demande où est l'Homme en colère en ce moment et comment il fait pour suivre ma trace. Je sais que la technologie est tellement perfectionnée aujourd'hui qu'il peut, lui ou la personne chargée de me suivre, se trouver à plusieurs rues d'ici ou même à des kilomètres, et ne perdre cependant aucun de nos gestes et de nos paroles grâce à des appareils de surveillance audiovisuels. Je n'arrive toutefois pas à comprendre pourquoi ils m'auraient laissé une telle latitude de mouvement. Peut-être savent-ils qu'ils me tiennent par une chaîne reliée à mon propre cœur. Je ferai ce qu'ils veulent ; je ne conçois même pas d'agir autrement.

Mais, de tous les endroits où ils auraient pu me laisser, pourquoi m'avoir déposée ici ? Ils devaient savoir que j'irais demander secours à mon père. Était-ce précisément ce qu'ils voulaient ?

Je cherche des images de l'homme que j'ai vu sur le bateau, dans l'espoir que son nom sera mentionné. Mais je ne trouve rien d'autre que les vieux articles que j'ai déjà lus cent fois, ou peut-être mille. Je fixe l'écran, en réprimant mon envie de le jeter sur le sol et de le piétiner en hurlant de rage et de frustration.

Mon père s'approche et dépose un gros album devant moi. La lumière de l'écran le teinte d'une sinistre lueur bleue. L'album est ouvert à la page contenant une photo 20 × 25 du tatouage de Marlowe. Sa seule vue me fait frissonner. J'ai vu si souvent cette image dans mes rêves, dans mes chimères les plus noires. Mais contempler la photo de ce tatouage sur sa peau me rappelle qu'il n'était qu'un homme, fait de chair et de sang, pas un monstre sorti d'un cauchemar. Il est réel, et peut-être toujours en vie.

Je fixe les contours sombres du dessin. Je vois une mer bouillonnante se fracasser contre un promontoire rocheux ; je vois mon visage caché dans cette image. Un loup est gravé sur l'un des rochers. Deux oiseaux tournoient au-dessus de ce paysage. Le tatouage est aussi beau, aussi détaillé que dans mon souvenir. Dans mes rêves, il palpite et s'agite, les vagues déferlent avec fracas, les oiseaux poussent des cris lugubres. Mais sur la page, il est plat et sans vie, comme une carte routière, un plan d'accès à l'esprit de Marlowe.

« Pourquoi me montres-tu ça ?

— Regarde de plus près », répond mon père en tapotant la photo du bout de son doigt.

Et au bout de quelques secondes, je vois ce que seul un examen attentif permet de déceler. Une autre image est dissimulée parmi les lignes tourmentées des rochers escarpés : la grange du ranch de Frank.

39

Au fond des sombres et sauvages marais de Floride, parmi la végétation luxuriante d'un vert presque noir, au-dessus des eaux immobiles et grouillantes de vie, poussent des orchidées sauvages. Tout au long du siècle dernier, chasseurs d'orchidées, horticulteurs et braconniers ont enfilé leurs cuissardes et violé ces marécages pour leur ravir ces fleurs délicates, remplissant des camions entiers de ces plantes alors abondantes pour les expédier aux quatre coins du monde et réaliser ainsi d'énormes profits. Aujourd'hui, elles sont devenues si rares à l'état sauvage qu'elles sont considérées comme une espèce protégée, et d'autant plus recherchées par certains. La plus légendaire de toutes est l'insaisissable orchidée fantôme. D'une blancheur de neige, avec des pétales délicatement enroulés sur eux-mêmes, cet épiphyte dépourvu de feuilles ne touche jamais le sol et semble flotter dans l'air à la façon d'un spectre, d'où son nom. De tout temps, en Floride, des gens ont menti et volé, se sont battus et sont morts dans leur quête de l'orchidée fantôme, qui ne fleurit qu'une fois l'an.

Cette idée avait toujours plu à l'inspecteur Harrison – des hommes risquant leur vie pour s'emparer de l'unique et fragile objet de leur passion. Dans ses bons moments, il se comparait même à eux. Dans la jungle des mensonges, le bourbier putride du meurtre, il traquait la chose blanche et pure qui s'élevait au-dessus de la fange, tirant sa subsistance de l'air.

À l'instar des chasseurs d'orchidées, peu lui importait de patauger dans des lieux sombres et sinistres, de s'enfoncer dans des territoires où des personnes moins motivées n'auraient pas osé pénétrer, mû par son idée fixe. Il pouvait rester assis devant son ordinateur jusqu'à en avoir la tête douloureuse et les yeux qui piquent ; il pouvait passer d'innombrables coups de fil sans aucun résultat, parcourir des centaines de kilomètres, parler à des dizaines de larbins mal embouchés et peu coopératifs, sans envisager un seul instant de renoncer. Il ne lui venait tout simplement pas à l'idée qu'il pourrait peut-être ne jamais trouver ce qu'il cherchait.

C'est dans cet état d'esprit qu'il se trouvait ce soir-là, après la messe commémorative et sa conversation avec Ella. Il était seul dans son bureau au commissariat. Tous ses collègues étaient rentrés chez eux. Quelque part, il entendait un téléphone sonner, ailleurs une radio passait un de ces groupes de hip-hop merdiques sur lesquels il était incapable de mettre un nom. Quelqu'un faisait des haltères dans la salle de gym au-dessus ; il entendait les poids retomber avec fracas sur le sol.

Il ne disposait que de bien peu d'indices : l'adresse d'un site Web, le nom d'un psy assassiné qui exerçait sans y être autorisé, les notes méticuleusement rédigées par un chasseur de primes et sa collection d'articles de presse, une femme disparue qui vivait sous une fausse identité et se trouvait également être l'ancienne petite amie (ou prisonnière, selon d'autres versions) d'un tueur en série. Et puis, bien sûr, il y avait son mari, un ex-soldat, aujourd'hui propriétaire d'une société militaire privée, et qui, pour une raison quelconque, s'était introduit dans la chambre de motel de Briggs une heure à peine après le meurtre de celui-ci.

Harrison avait appelé son épouse, Sarah, pour lui dire de ne pas l'attendre et de bien fermer les portes à clé, et lui promettre qu'il la verrait dans la matinée. Puis il s'était connecté à Internet et avait entamé sa longue marche solitaire à travers le marécage, en quête de son orchidée fantôme.

Il adorait Internet, cette façon de débusquer une information dans un terrier de lapin et de la pourchasser tout au long de tunnels sinueux, pour aboutir finalement dans un endroit qu'on n'aurait jamais imaginé au départ.

Il commença par le site vaincrelapeur.biz. La page d'accueil n'était pas élaborée – rien qu'un écran noir avec cette citation : « Aucune passion n'est aussi efficace que la peur pour priver l'esprit de toutes ses capacités d'agir et de raisonner. » En cliquant sur la phrase, il accéda à une autre page, où l'on voyait un homme entourant de ses bras une femme en pleurs, et ce texte :

Peut-être avez-vous perdu quelqu'un à la suite d'un acte de violence, ou peut-être avez-vous vous-même été victime d'un crime. Quoi qu'il en soit, votre vie en a été bouleversée, et un trou béant s'est ouvert dans votre univers. C'est par cette brèche que s'introduit le plus malfaisant et le plus destructeur de tous les monstres : la

PEUR. Plus brutale que n'importe quel criminel, plus cruelle que n'importe quel tueur, la peur vous dépouillera de ce qu'il reste de votre vie. Il n'existe qu'un seul moyen pour sortir de cette forêt hantée : la traverser. Vous devez affronter ce que vous redoutez le plus. Nous pouvons vous y aider.

Un numéro de téléphone était indiqué en dessous de ce texte, et Harrison fut surpris de constater que les premiers chiffres correspondaient à un code local. Il essaya de trouver une adresse, mais il n'y avait rien dans les pages jaunes en ligne, ni dans l'annuaire inversé, et il ne tarda pas à comprendre que le numéro était celui d'un portable. Il composa le numéro sur le sien, dont l'identité était masquée ; une messagerie s'enclencha avant même la première sonnerie.

« Félicitations. Vous avez effectué le premier pas. Laissez votre nom et votre numéro, et quelqu'un vous contactera. Si vous n'êtes pas prêt à ça, vous n'êtes pas prêt pour le reste.

— Allô, dit-il, en s'efforçant de prendre une voix tremblante et hésitante. Je m'appelle Ray et j'aimerais en apprendre plus sur votre programme. » Puis il mit fin à l'appel, avec une sensation bizarre au creux de l'estomac.

Après avoir cherché en vain des informations supplémentaires sur l'organisation, il envoya un mail à Mike Keene, un de ses amis qui travaillait au FBI, pour savoir s'il y avait un dossier sur SOS Affligés. Aux alentours de minuit, après deux ou trois heures de plus à boire du café, se fatiguer les yeux, s'ankyloser les épaules, parcourir des couloirs virtuels et ouvrir des portes à la recherche de gens qui n'avaient pas envie qu'on les trouve, l'image romantique du chasseur d'orchidées avait perdu beaucoup de son attrait.

Il se rappela la pensée qui lui était venue en sortant de l'église : pour pouvoir progresser, il allait devoir remonter dans le passé. Il entra donc le nom de Marlowe Geary dans le moteur de recherche. Tandis que défilaient devant ses yeux les articles relatant le procès de Frank et sa condamnation à mort, la croisade entreprise par ma mère, le nouveau procès et l'acquittement, puis le meurtre de Frank par Janet Parker, il imagina le cauchemar qu'avait dû être ma vie.

Cette piste le mena à un vieux papier du *South Florida Sun-Sentinel,* à propos d'un nouveau test ADN prouvant sans l'ombre d'un doute que Frank Geary était coupable d'au moins deux des meurtres dont il avait été initialement accusé.

L'auteur de ces lignes révélait ensuite que les tests ADN éclairaient l'affaire sous un nouvel angle : il était possible que Marlowe Geary ait trempé dans certains des autres meurtres ou qu'il en soit lui-même l'auteur. Les traces qu'il avait laissées derrière lui au cours de son équipée sanglante à travers le pays concordaient avec les preuves recueillies sur les scènes des meurtres attribués à Frank.

Il citait également une déclaration d'Alan Parker, mari de Janet et père de la victime Melissa Parker : « Ces nouveaux éléments sont troublants. Dans une affaire comme celle-ci, vous souhaitez que justice soit faite. Vous avez envie d'être confronté à celui qui a tué votre fille. »

En poursuivant sa lecture, Harrison découvrit qu'Alan Parker était le fondateur de l'association des Familles des victimes de Frank Geary, qui faisait campagne pour que l'on réexamine les preuves recueillies au cours de l'enquête en utilisant les technologies nouvelles.

C'est alors que la sonnerie du téléphone retentit, le faisant sursauter. En décrochant d'un geste brusque, il fit tomber sa tasse vide sur le sol, mais elle ne se cassa pas. L'écran du combiné lui indiqua qu'il s'agissait d'un appel masqué.

« Allô ? » fit l'inspecteur.

Il n'entendit que des grésillements. « Allô », répéta-t-il, tandis que son cœur se mettait à battre plus vite. Il n'avait pas réfléchi à ce qu'il dirait si un membre de SOS Affligés le rappelait.

« Harrison ? dit enfin une épaisse voix masculine. C'est Mike Keene. Je viens juste de lire ton e-mail. »

Profondément soulagé, l'inspecteur regarda la pendule. Presque une heure du matin. « Tu bosses tard, hein ?

— Oui, toujours. Toi aussi ?

— Eh oui », répondit-il en se frottant les yeux. Ils échangèrent quelques politesses, puis Harrison s'enquit : « Alors, SOS Affligés ?

— Ce nom me disait quelque chose, donc je me suis livré à quelques recherches. L'association est enregistrée dans l'État de Floride, mais comme adresse, il n'y a qu'une boîte postale.

— Qui en est le fondateur ? » demanda Harrison, tout en notant le numéro de la boîte.

Il entendit Mike tapoter sur un clavier d'ordinateur. « Un dénommé Alan Parker. Il a créé cette association il y a environ cinq ans. Elle est déclarée comme un service d'aide psychologique aux personnes en deuil. Aucune plainte n'a jamais été déposée contre eux. Et ils n'en tirent aucun bénéfice. Ils ne font l'objet d'aucune surveillance – officiellement du moins.

— Officiellement ?

— Eh bien, il y a un ou deux ans de ça, il s'est produit un incident dans le sud de la Floride. Un homme accusé d'avoir abusé de deux jeunes garçons – l'entraîneur de l'équipe de foot de leur école, qui venait de purger six ans de prison pour ces faits – a été retrouvé mort chez lui. Sauvagement assassiné, castré, le crâne en bouillie… enfin, tu vois le tableau.

— Et les flics ont enquêté du côté des victimes et de leur famille, conjectura Harrison.

— Exactement. Mais ils n'ont rien trouvé, et personne n'a jamais été inculpé. Il est toutefois apparu que le père d'une des victimes avait contacté SOS Affligés six mois avant la libération de l'agresseur. L'homme a déclaré qu'il avait besoin d'un soutien psychologique pour surmonter sa colère et sa peur pour la sécurité de son fils. Il n'existait aucune preuve du contraire.

— Donc…

— Ce qu'il y avait de bizarre, dans l'histoire, c'est que l'effraction s'était déroulée dans les règles, comme si on avait suivi à la lettre les instructions d'un manuel militaire, et que la victime avait été ligotée et bâillonnée comme on l'enseigne aux militaires pour maîtriser un ennemi. Il y avait donc, d'un côté, cette minutie dont on avait fait preuve pour s'introduire dans la maison et réduire la victime à l'impuissance, et de l'autre, ce meurtre accompli sous l'emprise d'une fureur incontrôlée. Oui, c'était sacrément bizarre. » Mike s'interrompit, et Harrison l'entendit mastiquer. Ce bruit de mandibules se prolongea plus longtemps que la politesse ne le permettait, selon l'inspecteur, qui reprit :

« Je ne comprends pas. Quel est le rapport entre SOS Affligés et l'armée ?

— Hmm, fit Mike, la bouche encore pleine. Désolé, je n'ai rien mangé de toute la journée. Alan Parker est un ancien officier des Navy SEAL. L'une de ses filles a été victime d'un tueur en série du nom de Frank Geary. Lui et sa femme, Janet Parker, ont fondé une association appelée les Familles des victimes de Frank Geary, après son acquittement à l'issue d'un procès que beaucoup considéraient comme une parodie de justice. Puis Janet Parker a pété les plombs, tué Frank Geary et incendié sa maison. »

Harrison était tellement captivé par ce récit qu'il eut presque l'impression de percevoir une odeur de brûlé.

« L'association a été dissoute, poursuivit Mike, mais Alan Parker a continué à faire campagne pour le réexamen des preuves. Finalement, il est apparu que ça pouvait être en réalité Marlowe Geary, le fils de Frank, qui avait tué la fille de Parker. Après ça, Parker a disparu pendant quelque temps, pour reparaître en tant que fondateur de SOS Affligés.

« Étant donné son passé militaire, plus le fait que sa femme avait tué Frank Geary, la police craignait que cette association ne serve de paravent à une milice d'autodéfense, et le FBI en a donc été informé. Une enquête rapide n'a permis de relever aucun élément étayant cette hypothèse, et elle a vite été abandonnée. »

Brusquement, l'inspecteur Harrison s'extirpa de la jungle touffue pour déboucher dans une clairière où des rayons de soleil brillaient à travers la canopée. Et dans cette clarté, il aperçut, comme suspendue dans l'air, blanche et palpitante, l'orchidée fantôme – là où elle l'attendait depuis toujours.

Je vois une jeune fille, étendue sous un champ d'étoiles. Comme elle voudrait planer tout là-haut dans le ciel, elle aussi, être une explosion datant d'un millénaire, aussi blanche et intouchable qu'elles ! Un jeune homme est allongé près d'elle. Une créature d'une beauté absolue, aux traits finement ciselés, au corps sculpté dans le marbre. Ses yeux sont des supernovae, rien ne leur échappe. Ils sont amants, oui. Elle l'aime. Toutefois, il serait plus juste de dire qu'elle est sa prisonnière. Ce qui la lie à lui, c'est ce terrible vide en elle, cette crainte maladive de n'avoir pas d'autre refuge que lui – et cela lui suffit.

Ils abandonnent le havre temporaire de la petite église du Nouveau-Mexique, remontent dans la voiture volée, roulent sur une route sombre et déserte qui serpente à travers les montagnes. Elle appuie sa tête lasse contre la vitre, écoute le vrombissement du moteur, le crissement des pneus sur l'asphalte, la chanson à la radio. *I'm crazy for lovin'you*, chante Patsy Cline. Je suis folle de t'aimer.

Elle prend peu à peu conscience qu'ils sont suivis. Loin derrière, elle distingue la lueur orangée des feux d'un autre véhicule dans le rétroviseur. S'il les aperçoit également, il ne semble pas s'en inquiéter. Mais c'est seulement parce qu'il ne sait pas ce qu'elle sait. Il ignore l'existence de cet homme qui a laissé tomber un message sur la table du restaurant, l'autre jour.

Sauvez-vous, si vous le pouvez encore.

Les effroyables confessions du garçon se sont frayé un chemin jusqu'à son cerveau, et elle constate, contre toute attente, qu'elle en est encore capable, oui, même si ce n'est que de manière passive : elle ne dit rien.

Je ne me rappelle pas avoir tiré sur Gray. Ce souvenir ne m'est, miséricordieusement, jamais revenu. En fait, j'ai tout oublié du Texas. Mais je me souviens parfaitement de ma deuxième rencontre avec Briggs, même si j'ignorais son nom à l'époque.

Un autre hôtel minable, en bordure d'une autre autoroute, toujours au Nouveau-Mexique. C'est en sortant de la douche que je le découvris assis au bord du lit, en train de fumer un cigare. Marlowe était parti depuis plus d'une heure. Où était-il allé et quand reviendrait-il, je n'en avais aucune idée. Mais je l'attendrais, et il le savait.

« Vous ne lui avez pas parlé du message, dit l'homme en arrondissant la bouche pour exhaler une série de ronds de fumée grise et pestilentielle. Vous m'en voyez aussi étonné que ravi. »

Je restai plantée sur le seuil, me demandant s'il était réel ou pas. J'avais reçu d'autres « visites » avant ça – de ma mère, de mon père et d'une des filles assassinées par Marlowe. Elle portait une barrette ornée de petites roses en soie, et on voyait qu'elle adorait ce colifichet à la façon dont elle l'effleurait sans cesse, dans l'espoir d'attirer les regards. Mais le mien ne pouvait se détacher de la plaie rouge et béante qu'elle avait à la gorge. Elle me demanda, en répandant son sang sur le lit, comment je pouvais le laisser faire une chose pareille. Je fermai les yeux et, quand je les rouvris, elle avait disparu. Depuis, j'avais cessé de me fier à ma vue et à mon ouïe quand des gens apparaissaient dans ma chambre.

« Quelqu'un m'a payé un bon paquet de fric pour retrouver Geary avant la police, reprit-il, en fixant le mur en face de lui. Et je toucherai encore plus quand je le livrerai. »

Il se retourna pour me regarder. Ses yeux étaient profondément enfoncés en dessous de son front proéminent, comme deux cavernes sous une corniche rocheuse. Son nez était un pic de chair et de cartilage, tout bosselé et cassé. Ses lèvres épaisses et pleines étaient d'une singulière couleur rose bonbon, et il avait de longs cils de fille. J'aurais voulu détourner mon regard, mais j'étais fascinée par le paysage accidenté offert par ce visage à la peau grêlée.

« Le hic, c'est qu'il me le faut vivant. Et pour être franc, je n'ai rien d'un guerrier, moi, je suis un tendre. Je veux le capturer proprement, sans verser de sang. Mais c'est un grand gaillard, plus costaud que moi, et en meilleure forme, ajouta-t-il, en tapotant sa panse énorme et en toussant un peu pour souligner son propos. Il faudra que je le prenne par surprise, ou pendant son sommeil. C'est là que vous interviendrez, si vous décidez de m'aider. Et je vais vous rendre la décision plus facile. »

Il sortit un gros pistolet et le déposa précautionneusement sur ses genoux. « Nous nous rendrons mutuellement service. Je vous donnerai une partie de ma prime et je vous aiderai à vous enfuir. Si vous ne m'aidez pas, poursuivit-il, avec un haussement d'épaules et une petite inclinaison de la tête, j'attraperai quand même Geary. Et je vous livrerai à la police. Vous passerez le reste de votre vie en prison. »

Il souffla un copieux nuage de fumée dans ma direction, puis parut m'examiner vraiment pour la première fois.

« Qu'est-ce que vous faites de votre vie, de toute façon, hein ? Vous êtes cinglée, ou quoi ? Vous n'avez pas l'air d'avoir toute votre tête, Ophelia. C'est pour ça que je suis disposé à vous aider. Personne ne veut qu'il vous arrive du mal – enfin, plus de mal qu'on ne vous en a déjà fait. »

Je resserrai la serviette autour de mon corps et me plaquai plus étroitement contre le mur, ne sachant comment réagir.

« Je guetterai le moment propice », reprit-il. Il se leva, faisant gémir le lit, et décrocha le panneau NE PAS DÉRANGER suspendu à la porte pour le poser sur la table. « Tout ce que vous aurez à faire, c'est de déverrouiller la porte et d'accrocher cette pancarte à l'extérieur une fois qu'il sera endormi. Ensuite, allez dans la salle de bains et couchez-vous dans la baignoire. Je frapperai à la porte quand il n'y aura plus de danger. » De sa main libre, il tira de sa poche une épaisse liasse de billets. « Je vous donnerai tout ça, et je vous déposerai dans une gare routière.

— Qu'est-ce qui vous fait croire que je vais accepter ? me décidai-je enfin à lui demander. Qu'est-ce qui m'empêche de tout lui raconter et d'accrocher ensuite ce panneau à la porte, pour que ce soit *lui* qui vous surprenne ?

— Elle parle ! » s'exclama-t-il, un lent sourire étirant ses lèvres. Il tira une longue bouffée de son cigare, et poursuivit : « Parce que vous le haïssez, Ophelia. Je l'ai lu sur votre visage, dans le restaurant. Vous croyez l'aimer, mais vous *savez* à quel point il est mauvais, vous savez qu'un jour il vous tuera vous aussi. Que vous deviendrez un cadavre qu'on découvrira dans une chambre de motel pareille à celle-ci. »

Je fus parcourue d'un frisson.

« Ou alors, la police finira par vous arrêter, un employé d'hôtel qui ne sera pas défoncé à la méthamphétamine vous reconnaîtra et préviendra les flics. Sans compter qu'il y a quelqu'un d'autre qui vous suit.

— Qui ?

— Je n'en ai pas la moindre idée, mais il y a un type qui vous cherche. Je ne sais pas qui il est ni ce qu'il veut, et ça importe peu. Ce que vous devez comprendre, c'est que c'est maintenant ou jamais. Si vous ne coopérez pas, le prochain qui franchira cette porte, ou une autre, ne vous laissera peut-être pas le choix. »

C'était mon corps tout entier qui tremblait, à présent.

« Habillez-vous, lança-t-il en se dirigeant vers la porte. Vous allez prendre froid. » Avant de sortir, il se retourna pour soupirer : « Seigneur, ma petite, où sont donc vos *parents* ? »

« Elle va s'en sortir, il n'y a rien à craindre », déclare mon père, me ramenant au présent. Mais la gravité de sa voix me fait soupçonner qu'il n'en pense rien.

Je me retourne pour le dévisager. Il roule à toute allure sur la voie express de Long Island en direction d'un petit aérodrome privé. Il y connaît quelqu'un, prétend-il, qui possède un avion et qui lui doit un service. À un moment donné, dans l'atelier, il a passé un coup de fil que je n'ai pas entendu, et la seconde d'après, nous étions déjà en route. Je ne savais même pas qu'il avait une voiture. Encore plus incroyable, c'est une belle Lincoln d'un modèle récent. Sans doute y a-t-il beaucoup de choses que j'ignore au sujet de mon père.

— On faisait de la moto ensemble, ce type et moi, quand on était gamins, m'a-t-il expliqué avant de partir. Il s'est rangé et a trouvé un boulot. Aujourd'hui, c'est un promoteur bourré de fric. Il m'a dit que si j'avais besoin de l'avion, à n'importe quelle heure du jour ou de la nuit, je pouvais le prendre.

— Voilà un ami bien généreux, ai-je répliqué d'un ton sceptique.

— Crois-moi, ce n'est rien, comparé au service que je lui ai rendu.

— Épargne-moi les détails. » Je ne suis pas d'humeur à entendre une de ses histoires insensées. Je ne sais même pas si un avion nous attend réellement dans ce prétendu aérodrome. Mais je n'ai pas le choix. J'ai l'impression qu'un acide me ronge l'estomac ; l'image de ma fille ligotée et bâillonnée reste gravée dans mon esprit.

Je regarde de nouveau mon père. Je vois qu'il meurt d'envie de me raconter son histoire, mais il réussit à se taire. J'appuie ma tête contre la vitre et regarde défiler les arbres. Je m'interroge sur les voitures que nous croisons, j'envie les préoccupations banales de leurs conducteurs – ils se rendent à leur travail de nuit, ou en reviennent, ils rentrent d'une soirée chez des amis ou d'un rendez-vous amoureux. Il ne m'a jamais été donné de vivre ce genre de vie, pas vraiment. Même ma vie « normale » dans la peau d'Annie était enlaidie par tous mes mensonges. Vous pouvez dissimuler vos actes passés, les enterrer profondément, les faire disparaître de votre vie quotidienne, mais ils ne vous quittent pas pour autant. Je le sais aujourd'hui, mais c'est trop tard. On ne peut pas mettre ses démons en cage, ils ne font que secouer leurs barreaux, hurler et se démener, et il devient vite impossible de les ignorer. Tôt ou tard, il faut bien les affronter. Ils l'exigent.

Nous quittons l'autoroute pour emprunter une voie d'accès sombre et déserte. J'aperçois des hangars sur un vaste terrain, de petits avions soigneusement alignés ; plus loin, une tour de contrôle et des rangées de lumières signalant la piste. Je suis soulagée de constater que l'aérodrome existe réellement.

« Il a dit qu'une des grilles resterait ouverte », dit mon père en ralentissant.

Et c'est exact.

« Comment savais-tu que je n'étais pas vraiment morte ? » Je m'entends poser cette question sans savoir pourquoi elle me vient tout à coup à l'esprit. Il y a des sujets plus urgents dont nous devons discuter. Je vois des lumières devant nous, la silhouette d'un homme effectuant des allées et venues entre un petit avion et un hangar.

« Gray a envoyé quelqu'un pour m'en informer. Un gamin, qui m'a remis un message où il m'expliquait ce qui s'était passé. Il ne voulait sans doute pas que je l'apprenne d'une autre manière. »

Cela ressemble bien à Gray de penser à tout, de parer à toutes les éventualités. Comme j'aimerais l'avoir près de moi en ce moment ! Mais je sais qu'il vaut mieux être seule. Mon père s'arrête, et nous restons une minute assis là, dans le noir. L'homme interrompt son travail pour nous regarder.

Mon père garde les yeux fixés droit devant lui pendant une seconde, puis il baisse la tête et lâche un long soupir. Nous savons tous deux qu'il ne m'accompagnera pas. J'en ignore la raison, mais je sais qu'il est incapable d'aller plus loin. Il connaît ses limites et il s'y est toujours tenu. Peut-être est-ce vrai de chacun de nous. Mais, quand il s'agit de vos parents, ces insuffisances sont infiniment plus navrantes.

« Écoute, petite », commence-t-il, sans finir sa phrase. J'espère qu'il ne va pas se lancer dans un monologue pour me dire combien il est désolé d'avoir manqué à son devoir paternel. Je n'ai ni le temps ni l'envie de l'écouter. Le silence se prolonge, puis il prend son courage à deux mains et dit : « Nous ne sommes pas obligés de nous y prendre ainsi, tu sais ? Si on prévenait plutôt la police ?

— Ils détiennent ma fille.

— Ophelia… » Il s'interrompt de nouveau, et semble se raviser. « Je sais. Tu as raison. Va chercher ta fille. Mais sois prudente. »

Je contemple son visage, le muscle tressautant sur sa mâchoire, la veine battant sur sa tempe. Comme toujours, je suis incapable de deviner la nature du conflit qui se déroule en lui.

« Je t'aime, Opie. Je t'ai toujours aimée, dit-il sans me regarder.

— Je sais, papa. » Et c'est vrai. Entièrement vrai.

Il n'y a pas d'embrassades, pas d'adieux larmoyants, pas de conseils ni d'encouragements. Je descends de la voiture et, quinze minutes plus tard, je me retrouve à bord d'un Cirrus Design SR20, qui me ramène vers le point de départ de ce périple – le ranch de Frank.

Je suis assise à l'arrière, ma ceinture attachée, un casque sur les oreilles. Le pilote, un type râblé aux cheveux ras, m'a saluée et m'a donné quelques consignes de sécurité, mais n'a pas prononcé un mot depuis. Il n'a pas l'air de s'intéresser à moi, ni à mon histoire ; il est payé pour faire ce qu'on lui a demandé de faire, sans poser de questions. Je remarque qu'il a évité de regarder mon visage, comme s'il préférait ne pas être en mesure de m'identifier par la suite.

Le bruit des moteurs est étrangement hypnotique, reposant par sa monotonie. Quand l'appareil s'élance sur la piste et s'élève dans les airs, je pense à Victory.

J'ai accouché de manière entièrement naturelle, sans anesthésie. Je voulais assister à sa venue au monde, je voulais la sentir sortir de moi. Ces vagues de douleur écrasantes m'ont emportée vers un autre lieu, quelque part en moi-même. C'est ainsi que, geignant et ahanant, j'ai compris ce que cela signifiait de devenir mère. J'ai senti ma fille se frayer un chemin hors de mon corps pour commencer sa vie. Nos regards se sont rivés l'un à l'autre quand je l'ai posée sur mon sein, et nous nous sommes reconnues. Nous nous connaissions depuis toujours.

Je n'avais jamais vu Gray pleurer avant ce jour. Il l'a pourtant fait quand il l'a tenue dans ses bras pour la première fois. Dès cet instant, elle a été sa fille. Que ce soit le sang de Marlowe qui coule dans ses veines n'a jamais compté pour lui, ni pour moi. Elle était à nous. Elle nous appartenait et, plus encore, elle appartenait à elle-même. Je voyais sa pureté, son innocence, toutes les possibilités qui s'offraient à elle. Sa personnalité se construirait sur la famille que nous formions, pas sur les actes abominables perpétrés par Marlowe et Frank. Je me suis juré qu'elle n'aurait jamais à en souffrir – ni d'Ophelia et de son passé honteux.

« Comment allons-nous l'appeler ? me demanda Gray.

— Victory », répondis-je, car cette naissance était une victoire pour chacun de nous. J'avais le sentiment qu'Ophelia, Marlowe, Frank et ma mère étaient loin derrière moi désormais. J'étais devenue Annie Powers, la femme de Gray et, par-dessus tout, la mère de Victory. Je m'étais débarrassée de mon passé hideux, je l'avais oublié, au sens propre du terme comme au figuré. Mon corps tout entier tremblait sous l'effet de l'épuisement, de la montée hormonale et de l'émotion.

« Victory, murmura-t-il avec un sourire radieux, en contemplant le minuscule visage d'un air fasciné. Elle est parfaite. »

Il s'assit près de moi, notre enfant dans les bras. « Victory », répéta-t-il encore. Et c'est ainsi qu'elle fut baptisée.

J'essaie de retrouver l'émotion que j'éprouvai ce jour-là, ce sentiment de puissance que me donnait la maternité, la certitude que je serais capable de protéger ma fille des abominations du passé. Mais je n'y parviens pas. Tandis que l'avion prend de l'altitude et que le monde en dessous de moi devient de plus en plus petit, je me dis que ma vie a toujours suivi le même chemin – un effroyable et hideux labyrinthe. J'ai beau courir aussi vite que je le peux, m'efforcer désespérément de sortir de ce dédale, il finit toujours par me ramener à mon point de départ.

40

Sarah avait lu quelque chose dans un bouquin, un livre de diététique ou un truc de ce genre, qui l'avait convaincue qu'ils devaient arrêter de manger de la viande rouge. Alors, on faisait beaucoup de cuisine au wok chez les Harrison, du tofu, du poisson et des volailles accompagnés de légumes et de riz complet. Mais, quels que soient les ingrédients, tout semblait avoir le même goût de sauce soja, et la maison commençait à s'imprégner de cette odeur. Toutefois, Harrison ne se plaignait jamais et mangeait de bon cœur ce que son épouse lui préparait, en lui prodiguant force compliments. Il appréciait qu'elle se donne la peine de cuisiner, qu'elle se fasse un point d'honneur d'avoir toujours quelque chose de prêt à lui servir, qu'elle l'attende et mange avec lui la plupart du temps, sauf quand il rentrait vraiment très tard.

Ce soir-là, il l'avait appelée pour lui dire de dîner sans lui, mais il la trouva assise sur le canapé du séjour. Elle regardait un film, le son baissé, pelotonnée sous une couverture. Sur l'écran, Brad Pitt et Angelina Jolie dévastaient une maison en se canardant avec d'énormes pistolets. Il aperçut le haut de la tête blonde de Sarah et l'entendit soupirer tandis qu'il fermait la porte et réactivait le système d'alarme.

Elle se redressa vivement, l'air effaré, comme si elle s'était assoupie.

« Pourquoi n'es-tu pas encore couchée ? lui demanda-t-il.

— Le bébé a eu du mal à s'endormir, répondit-elle en bâillant et en étirant ses longs bras gracieux au-dessus de sa tête. Je me suis dit que, tant qu'à faire, j'allais t'attendre un peu. »

Il alla s'asseoir près d'elle et la prit dans ses bras, savourant la tiédeur de son corps alangui. Elle sentait la framboise, le parfum du shampooing dont elle se servait.

« J'ai fait du riz sauté. Tu veux que je le réchauffe ? » Il perçut un tremblement dans sa voix.

« Non, merci. J'ai déjà mangé. Un gros hamburger bien juteux et dégoulinant de graisse, avec du ketchup et de la mayonnaise. » Il écarta les mains pour montrer la taille du plat. « Et des frites baignant dans l'huile. »

Elle fronça le nez d'un air dégoûté. « Si tu savais, soupira-t-elle en lui tapotant la joue, c'est un véritable poison.

— Au moins, je mourrai content », répliqua-t-il en ôtant sa veste.

C'est alors que ses yeux s'arrêtèrent sur une liasse de relevés bancaires posée sur la table basse à côté du canapé. À cette vue, son estomac se serra. Il se retourna, et vit qu'elle l'observait avec attention.

« Je ne regarde jamais ces trucs-là, tu sais ? » dit-elle avec un petit rire. Elle se massa les tempes, puis croisa les bras autour de son torse, et se mordit la lèvre, comme elle le faisait quand elle était sur le point de pleurer. « Mais j'ai vu une interview sur CNN, un expert financier qui disait que les femmes mariées sont réduites à l'impuissance si elles ignorent tout des finances de leur ménage. C'est une évidence, pourtant je ne m'étais pas rendu compte jusqu'alors que je ne connaissais même pas le montant de notre compte en banque. »

Elle inspira profondément et reprit : « Et j'ai pensé : nous avons une fille, maintenant, et je ne veux pas lui apparaître comme une ignorante, même pas capable de payer ses factures en ligne. Si jamais il t'arrivait quelque chose, je ne saurais même pas où en sont nos finances. Et il se trouve que tu es un flic, et qu'il peut bel et bien t'arriver quelque chose. »

Il vit ses yeux s'agrandir et se mouiller de larmes.

« Sarah…

— Nous étions si jeunes quand nous nous sommes mariés, reprit-elle vivement, lui coupant la parole. Je suis passée directement de la maison de mes parents à celle-ci. Il y a toujours eu quelqu'un pour veiller sur moi, Ray. Mais à présent, il y a quelqu'un ici qui a besoin de moi, besoin que je veille sur elle. »

Il ouvrit la bouche pour parler, mais elle leva la main pour l'en empêcher.

« Je ne comprends pas pourquoi tu as retiré de telles sommes de notre compte épargne. Et puis ce dépôt », poursuivit-elle en ramassant les documents sur la table. Il vit son écriture, des chiffres surlignés au marqueur. Les papiers tremblaient dans sa main. Dans le moniteur de surveillance, il entendit sa fille soupirer et remuer dans son sommeil. « Peux-tu m'expliquer, Ray ? »

Mentalement, il passa en revue la centaine de mensonges qu'il pouvait lui débiter, la centaine de techniques qu'il pouvait employer pour la manipuler et inverser les rôles, faire en sorte que ce soit elle qui se sente coupable de lui avoir cherché querelle. C'était un art dans lequel il excellait, après tout – amener les gens à faire, à dire et à penser ce qu'il voulait, lui. Mais il n'avait plus le cœur à mentir, à dissimuler. Pendant qu'il lui confessait chacun des actes répréhensibles qu'il avait commis, là, dans cet intérieur douillet, ne se réjouissait-il pas en secret, tout au fond de lui ? Ne se réjouissait-il pas que, pour le meilleur ou pour le pire, elle sache enfin tout de lui ?

L'avion survole un océan de noirceur, tout juste éclairé par une rangée de minuscules lumières, en bordure de ce que j'espère être la piste. Il y a eu beaucoup de turbulences, et, quand nous amorçons la descente, je ne sais si mon estomac pourra en supporter davantage. L'appareil tangue et remonte par à-coups, et je me demande si c'est normal, et si nous n'allons pas finalement nous écraser au sol. Qu'adviendrait-il alors de Victory ? Je m'agrippe si fort à mon siège que les jointures de mes doigts en deviennent livides et j'essaie de ne pas y penser. Mais quand l'avion atterrit enfin, c'est avec une douceur surprenante.

« On m'a dit qu'il y aurait quelqu'un pour vous accueillir, m'informe la voix du pilote dans les écouteurs. Que quelqu'un vous attendrait.

— Qui ? »

Il hausse les épaules, sans se retourner, et je me dis une nouvelle fois qu'il ne veut pas voir mon visage, à moins qu'il ne veuille pas me montrer le sien. Et de fait, si l'on me demandait de le reconnaître parmi une dizaine d'autres hommes dans une séance d'identification judiciaire, j'en serais incapable.

« Je n'en sais rien », répond-il d'une voix sèche, comme pour couper court à toute nouvelle question.

Quand les moteurs s'arrêtent, je le remercie et descends de l'avion pour m'enfoncer dans la nuit chaude et moite. Les rainettes chantent et les moustiques commencent à me piquer dès que j'enlève mon manteau, devenu inutile. Je sens déjà des gouttes de sueur se former sur mon front.

À quelque distance, j'aperçois la silhouette mince d'un homme à côté d'une voiture. Les feux du véhicule sont la seule lumière à éclairer les ténèbres environnantes, avec celle de la petite tour de contrôle, qui semble déserte.

Je me dirige vers la voiture, puisque je n'ai pas d'autre choix, et reconnais alors l'Homme en colère.

« Savez-vous qui je suis ? » s'enquiert-il à mon approche.

Je secoue la tête. La situation prend tout à coup un caractère irréel. « Je me souviens de vous, mais je ne connais pas votre nom.

— Je suis Alan Parker, le père de Melissa et le mari de Janet. »

Il me lance ces mots avec force, comme autant de pierres. J'ai l'impression que cette révélation devrait m'apporter l'illumination, me permettre enfin de comprendre ce qui m'arrive. Mais il n'en est rien.

« Autrefois, reprend-il, nous étions persuadés, mon épouse et moi, que Frank Geary avait tué notre fille. »

Il porte un pantalon de couleur sombre, avec une chemise de flanelle épaisse et un blouson. Des vêtements beaucoup trop chauds pour le climat, mais cela ne semble pas l'incommoder. Au contraire, il se recroqueville sur lui-même, comme pour se protéger du froid. J'ai même l'impression qu'il tremble un peu. Sa présence en un tel moment me paraît incongrue, déplacée.

« La colère a été notre seule raison de vivre, des années durant. Elle nous a consumés. » Il émet une toux rauque, puis sort de sa poche un paquet de Marlboro, en allume une au moyen d'un Zippo et tire une longue bouffée. Il a le teint gris d'un fumeur invétéré et les traits tirés.

« Vous comprenez, j'étais un très mauvais père. Absent la plupart du temps, distant quand j'étais à la maison. Je n'ai jamais serré ma fille dans mes bras, je ne lui ai jamais dit que je l'aimais de son vivant. Je subvenais à tous ses besoins, bien sûr – un toit au-dessus de sa tête, de beaux vêtements, des études supérieures. Ça, je savais le faire et je croyais qu'un père n'avait pas à en faire davantage. Le problème, c'est que je ne lui ai jamais consacré beaucoup de moi-même, jusqu'à ce qu'on me l'enlève. Par la suite, je me suis lancé comme un fou furieux dans la croisade contre Frank Geary. Je crois que mon dévouement à la cause aurait étonné Melissa. Je crains qu'elle ne soit morte en pensant que je ne l'aimais pas. »

Je ne sais que lui dire. Je ne comprends pas très bien pourquoi il me raconte tout cela, ni ce que nous faisons ici. Mais j'écoute, parce que je n'ai pas d'autre choix et que je me dis que, tant qu'il parle, ma fille ne risque rien. J'ai des fourmis dans le corps, tant j'aimerais m'en aller d'ici, me trouver n'importe où ailleurs.

« Évidemment, reprend-il, la situation était encore plus pénible pour Janet. La relation entre une mère et sa fille, on n'imagine pas ce que c'est. J'étais habité par la rage, le désir de vengeance, ils coulaient dans mes veines à la place du sang. Mais quand Melissa a été assassinée, Janet est morte également. C'est aussi simple que ça. Elle était toujours là, mais elle n'a plus jamais été vraiment vivante. Ce qu'elle a fait n'aurait pas dû me surprendre. Pourtant, je ne m'y attendais pas, je ne l'en aurais jamais crue capable. »

Il est soudain saisi d'une quinte de toux si violente qu'elle en devient gênante à regarder. Il sort de sa poche une poignée de mouchoirs en papier et s'en couvre la bouche jusqu'à ce que la toux s'apaise. Quand il écarte la main, je vois que les mouchoirs sont tachés de sang. Les souvenirs affluent à ma mémoire à présent, les souvenirs de cette nuit où Janet Parker a tué Frank, avant de se suicider. J'entends les détonations, je sens la fumée. Je ne me suis jamais demandé qui avait allumé cet incendie, mais j'imagine que c'était Marlowe. Sans doute espérait-il que ma mère périrait elle aussi dans les flammes. Il n'avait pas prévu que j'irais la secourir. Voilà à quoi je pense, tandis qu'Alan Parker reprend son récit.

« La mort de Janet m'a énormément peiné mais, d'une certaine manière, j'étais content pour elle. J'imaginais le soulagement qu'elle avait dû éprouver en appuyant sur la détente. Je sais qu'elle est morte apaisée. » Un petit sourire triste passe sur son visage, et je me rappelle l'expression de Janet Parker cette nuit-là, celle de quelqu'un qu'on vient de soulager d'un fardeau énorme. Je m'abstiens de le lui dire. Il ignore peut-être que j'ai vu mourir sa femme, et il vaut sans doute mieux qu'il ne l'apprenne pas.

« Mais ce n'est pas Frank Geary qui a tué Melissa, dis-je, même si je ne suis pas tout à fait sûre de ce que j'avance.

— C'est possible, admet-il. J'ai fait exhumer le corps de Melissa, quand nous avons obtenu gain de cause pour le réexamen des preuves. L'empreinte génétique obtenue à partir des traces d'ADN était similaire à celle de Frank Geary sans être tout à fait identique. On en a donc conclu que Marlowe Geary avait participé aux actes de torture et au meurtre. »

Un éclair troue les nuages au-dessus de nous et un roulement de tonnerre se fait entendre au loin, mais il ne pleut pas. Le ciel s'illumine par intervalles, puis redevient noir, comme si quelqu'un s'amusait avec un interrupteur.

« À vrai dire, reprend-il, je le soupçonnais depuis le début. J'ai connu suffisamment de tueurs au cours de ma vie – au Vietnam – pour les reconnaître au premier regard. Au procès, Marlowe avait l'air aussi mort à l'intérieur que son père. Comme on dit, tel père, tel fils. »

C'est à ce moment que la lumière se fait en moi, éclairant des zones si longtemps plongées dans le noir. « Briggs travaillait pour vous. C'est vous qui l'avez chargé de retrouver Marlowe. »

Il acquiesce. « Je n'étais pas sûr que Marlowe avait trempé dans le meurtre de Melissa. Mais je savais qu'il s'était servi de Janet pour tuer son père. Et quand j'ai vu qu'il tuait d'autres femmes, qu'il enlevait d'autres filles à leur père, j'ai voulu l'arrêter. J'étais rempli d'une fureur démente, comme possédé. Je ne voulais pas qu'il aille en prison, non, ce n'était pas cette justice-là que je souhaitais. Je voulais qu'il souffre. Qu'il souffre et qu'il meure de la même façon que ses victimes. Et je connaissais beaucoup de gens disposés à m'aider – les militaires n'ont aucun mal à se transformer en tueurs impitoyables.

— Pourquoi ne vous êtes-vous pas lancé vous-même à notre poursuite ?

— Après la mort de Janet, j'ai commencé à cracher du sang. On ne peut pas porter longtemps en soi ces maladies que sont la peur et la colère. Elles finissent par vous tuer, d'une manière ou d'une autre. Un cancer, dans mon cas. »

Encore cette horrible toux. Il m'inspire autant de haine que de répulsion et de pitié.

« Quand vous êtes “morts” tous les deux dans cet accident de voiture, Marlowe et vous, j'ai eu une sorte de révélation. J'ai pris conscience que notre colère et notre soif de vengeance, à Janet et à moi, nous avaient coûté tout ce que nous avions. Nous aurions pu passer encore quelques années ensemble, peut-être même connaître de nouveau le bonheur, si seulement nous avions pu surmonter nos peurs, nos regrets, notre haine envers Frank Geary. Au lieu de cela, nous nous sommes laissé aspirer par ce gouffre qu'il avait ouvert dans notre vie comme par un trou noir. Nous l'avons laissé nous détruire tous les trois. »

Il me regarde comme pour s'assurer que j'écoute. Ce qu'il lit sur mon visage amène un petit rictus au coin de sa bouche.

« J'ai décidé de me battre contre le cancer et de survivre pour Janet et Melissa, plutôt que de mourir pour elles. Et c'est en menant ce combat que j'ai compris que la haine que je portais à Frank et Marlowe Geary était avant tout dirigée contre moi-même, que je m'en voulais d'avoir failli à mes devoirs de père et d'époux. Si j'avais été plus proche d'elles quand elles étaient en vie, j'aurais peut-être éprouvé moins de regrets quand elles sont mortes. »

Son immobilité m'étonne. Il y a tellement d'angoisse, tellement d'adrénaline bouillonnant en moi que je ne peux m'empêcher de m'agiter, de danser d'un pied sur l'autre, de m'éloigner de quelques pas, puis de revenir vers lui. Mais lui semble figé sur place. Ses mains sont enfoncées dans ses poches, ses yeux fixés au loin. C'est comme s'il n'y avait aucune vie en lui, à part sa voix râpeuse et l'histoire qu'il raconte.

« J'ai profité d'une rémission de ma maladie pour monter, avec quelques-uns de mes amis, une association que j'ai appelée SOS Affligés, afin d'aider d'autres victimes et leurs familles à affronter leur peur et à guérir. »

Je réprime une exclamation. Un souvenir vient de se réveiller en moi. « Je suis allée sur votre site, après vous avoir vu à la télévision.

— C'est ainsi que nous avons obtenu votre adresse IP, dit-il en hochant la tête. Il ne nous a fallu que quelques jours pour découvrir que c'était celle de Gray Powers, et un peu plus longtemps pour établir un lien avec vous. Il a suffi d'une seule visite pour avoir la confirmation que vous étiez bien Ophelia March. »

Je contemple son visage blême et songe qu'il a l'air très malade. Son regard a quelque chose de lointain, comme s'il était déjà en route vers un autre monde.

« Naturellement, j'ai commencé à me poser des questions. Si Ophelia avait survécu, pourquoi pas Marlowe Geary ? Et dans ce cas, où se cache-t-il ?

— Mais n'aviez-vous pas renoncé à la vengeance ? » dis-je en m'appuyant d'une main sur le capot de sa voiture. Je suis prise de faiblesse tout à coup, j'ai les jambes en coton. L'énergie frénétique qui m'animait semble à présent épuisée.

« Je ne vous ai jamais oubliée, Ophelia, répond-il, un mince sourire jouant sur ses lèvres. Jamais je n'avais vu une enfant à l'air aussi triste. Je vous voyais entrer et sortir de cette ferme, les yeux cernés, les épaules voûtées, la tête basse. Vous viviez dans une fosse remplie de serpents. Je ne savais pas lequel d'entre eux vous étoufferait le premier dans ses anneaux avant de vous avaler tout entière. J'aurais dû deviner que ce serait Marlowe. »

Aucune réponse ne me vient à l'esprit, et je reste muette.

« L'homme que vous connaissiez sous le nom de Dr Brown croyait que, quelque part au fond de vous, vous saviez où se trouvait Marlowe Geary. Il pensait que vos fugues étaient en fait des tentatives d'Ophelia pour aller le retrouver. Il avait également l'impression que vous étiez sur le point de vous rappeler tout ce que vous aviez oublié, et il a conçu différents stratagèmes pour accélérer le processus.

— Attendez, fais-je en levant la main. Le Dr Brown travaillait également pour vous ? Alors, la rencontre sur la plage, le pendentif – tout cela faisait partie d'une mise en scène destinée à me faire recouvrer la mémoire ? Afin que vous puissiez mettre la main sur Marlowe Geary et exercer votre vengeance ?

— Il ne s'agit pas seulement de moi.

— Ah non ?

— Non. Il s'agit de nous deux. J'essaie de vous aider. »

Je m'étais confiée à mon médecin, et il s'était servi de ces confidences pour manipuler ma mémoire. Un préjudice certes mineur comparé au reste, mais je sens mes joues s'enflammer de rage – ce qui ne m'était pas arrivé depuis longtemps. Ophelia s'emportait fréquemment, se laissait aller aux cris et aux pleurs. Annie, elle, ne perd jamais son calme.

« Mais c'est *Vivian* qui m'a emmenée chez le Dr Brown. » Je me rappelle alors que Gray m'a révélé que le médecin était une relation de Drew. Et la nausée me prend soudain, quand tout se met en place dans ma tête.

Parker m'adresse une petite grimace de sympathie ; l'espace d'une seconde, il paraît sur le point de me tapoter l'épaule pour me consoler, mais je me recule promptement. « Ils ne cherchaient qu'à vous aider, Ophelia. Vous aider à affronter vos peurs, afin de guérir. Pour Victory. »

Veut-il dire par là que Gray est impliqué lui aussi dans ce complot ? Non, cela ne lui ressemble pas. Il est trop droit, trop honnête. Il m'aime trop. Je ne l'imagine pas faisant une chose pareille. Et puis, si c'était le cas, pourquoi aurait-il tué Briggs ?

« Gray ne savait rien de tout cela, dis-je à voix haute. Il craignait lui aussi que Marlowe, ou une autre personne connaissant mon passé, ne soit à mes trousses. C'est pour ça qu'il a tué Briggs. »

Parker acquiesce lentement, l'air attristé. « Vous avez raison. Il n'aurait jamais accepté de participer à ça. Il ne vous mentirait ni ne vous ferait de chagrin pour rien au monde. En fait, à sa façon, mais seulement parce qu'il vous aime, il vous a fait du tort. Peut-être, au fond de lui-même, n'a-t-il pas vraiment envie que vous retrouviez la mémoire.

— Mais de qui parlez-vous, alors ? Qui sont ces gens qui cherchent à m'aider, comme vous dites ? » J'élève la voix, je hurle presque, et ma propre véhémence m'effraie. Il semble surpris lui aussi, comme s'il ne s'attendait pas à une telle réaction de ma part.

« Vos beaux-parents, Drew et Vivian, répond-il, avec un geste apaisant de la main. Un des membres de notre association a contacté Vivian et lui a raconté que vous nous aviez demandé de l'aide et ensuite changé d'avis. Drew et elle ont accepté de collaborer à notre plan pour vous aider à affronter votre passé. »

Je repense à Vivian me conduisant chez le Dr Brown, à sa peur quand je lui ai expliqué ce qui m'arrivait. J'ai le plus grand mal à me la représenter dans ce rôle de menteuse et de manipulatrice. Je préfère croire qu'elle ne cherchait effectivement qu'à m'aider – en espérant que cette partie-là de l'histoire est vraie, au moins. « Non, dis-je, en inspirant profondément pour essayer de me calmer. Ça ne tient pas debout. Ils ne vous laisseraient jamais faire de mal à Victory, ils préféreraient mourir. » S'il y a une certitude à laquelle je peux me raccrocher, c'est bien celle-là.

« J'avoue qu'ils ignoraient jusqu'où nous sommes prêts à aller pour atteindre notre but, rétorque-t-il avec un petit haussement d'épaules. Personne n'en a la moindre idée. »

Son regard semble vide, et je me rends compte que c'est un homme que la colère et le chagrin ont littéralement vidé de son âme ; il n'est plus habité que par un désir de vengeance qu'il n'a jamais pu satisfaire entièrement, même s'il a aujourd'hui conscience de son erreur. Un sanglot monte en moi, comme une énorme vague déferlante.

« Ils étaient convaincus que ce que vous aviez vécu vous avait tellement perturbée que vous ne pourriez jamais retrouver votre intégrité psychique. Ils ont consenti à ce stratagème pour vous venir en aide. Ou plutôt, pour venir en aide à Victory, je pense, pour que leur petite-fille ait une mère solide et saine d'esprit. Quelle ironie, n'est-ce pas, que ce soit vous à présent qui deviez les aider ! »

Je sens une nouvelle fois l'adrénaline affluer dans mes veines, et mon cœur bat à tout rompre.

« De quoi parlez-vous ?

— Tout dépend de vous à présent, Ophelia.

— Je ne comprends pas, dis-je d'une voix implorante, en me rapprochant de lui. Où sommes-nous ? Où est ma fille ? »

De toute ma vie je ne me suis sentie aussi effrayée, aussi désespérée. Il s'écarte de la voiture, et je comprends qu'il va me laisser ici. « Les clés sont sur le contact. Il y a un revolver dans la boîte à gants. Au bout de la route, tournez à droite. Vous saurez très vite où vous êtes. »

Il commence à s'éloigner en direction des arbres bordant la piste. « Vous devez être forte à présent, Ophelia. Plus forte que vous ne l'avez jamais été. Pour vous-même, pour votre fille, pour moi.

— Vous n'avez jamais eu besoin de moi pour vous conduire à Marlowe ! Vous saviez où il était. Pourquoi faites-vous ça ? »

Je le vois porter à sa bouche un tampon de mouchoirs en papier, les épaules secouées par une nouvelle quinte de toux. Le sanglot qui m'emplissait la poitrine s'échappe enfin de ma gorge.

« *Que voulez-vous de moi ? Que dois-je faire pour que vous me rendiez ma fille ?* »

À cet instant, les lumières de la tour de contrôle s'éteignent. Je lève les yeux, et les lumières en bordure de piste s'éteignent à leur tour. L'avion n'est plus là. Le pilote a dû le ranger dans le hangar, puisque je ne l'ai pas entendu décoller. La nuit n'est plus éclairée que par la lueur des phares de la voiture.

« *Répondez-moi !* » Mon cri résonne en vain dans l'obscurité. L'Homme en colère a disparu. Je suis seule, entourée d'un silence épais. Mue par un désespoir absolu, je monte dans la voiture et démarre. Il disait vrai : dès que je rejoins la route, je sais où je suis. La ferme n'est qu'à une quinzaine de kilomètres d'ici.

« Ils ne sont pas là, déclara Esperanza à l'inspecteur Harrison, en le fixant d'un air inquiet par l'entrebâillement de la porte.

— Vous devez me dire où ils sont, répondit-il d'un air sévère. Je ne suis pas venu ici pour une visite de politesse. »

Elle le regarda sans comprendre et ouvrit un peu plus largement la porte, en secouant la tête. Elle était visiblement au bord des larmes.

« Mlle Victory est avec son *abuela.* M. Gray, il est parti *en la noche*, sans rien dire. Mme Annie, elle… Ils sont tous partis, termina-t-elle, en se mettant à pleurer pour de bon.

— Laissez-moi entrer, Esperanza », reprit l'inspecteur d'un ton radouci, en posant sur elle un regard empreint d'une compassion feinte, un regard qui disait : « Je suis un brave type et je veux seulement vous aider. » Et ça marcha à merveille : elle lui ouvrit la porte en grand, et il entra dans notre maison. Les mots se bousculaient à présent dans la bouche d'Esperanza, et ses larmes ruisselaient sur son visage.

« M. Gray, il me téléphone l'autre jour, il dit que Victory va rentrer à la maison, est-ce que je peux revenir tout de suite ? Je reviens, mais pas de Victory. »

Harrison la prit par le coude, la guida jusqu'au canapé et la fit asseoir, puis il demeura planté près d'elle jusqu'à ce que ses pleurs se tarissent et qu'elle relève la tête vers lui.

« Nous attendons, attendons, reprend-elle. En pleine nuit, M. Gray reçoit un coup de téléphone et il s'en va. Il me dit de rentrer chez moi et de ne pas m'inquiéter. Mais je voyais bien qu'il avait très peur, expliqua-t-elle en montrant son visage. Alors je reste ici, et j'attends qu'ils reviennent.

— Et ça se passait quand ? s'enquit l'inspecteur.

— Il y a deux nuits.

— Et vous n'avez aucune nouvelle depuis ?

— Non, répondit-elle en secouant la tête. Rien. J'appelle M. Drew. Pas de réponse ; personne ne rappelle. »

Harrison s'empara du combiné et fit défiler sur l'écran la liste des appels, sans avoir une idée précise de ce qu'il cherchait. « On l'a appelé sur ce téléphone ?

— Non. Sur son portable. »

L'inspecteur avait l'impression de s'accrocher à une poignée de sable ; plus il resserrait sa prise, plus le sable lui filait entre les doigts. Les promesses qu'il avait faites à sa femme ajoutaient encore à son désarroi. Elle se fichait de l'argent, avait-elle déclaré. Elle acceptait son addiction au jeu. Ce qu'elle n'arrivait pas à comprendre, et qu'elle n'était pas sûre de pouvoir lui pardonner, c'étaient les mensonges, le chantage, les dissimulations. La façon dont il s'était comporté envers moi.

« Pourquoi, Ray ? Pourquoi ne m'en as-tu pas parlé ? Nous aurions pu demander de l'argent à mes parents, faire un emprunt. Comment as-tu pu tomber si bas ? Cela ne te ressemble pas. »

C'était en cela qu'elle se trompait. Cela lui ressemblait tout à fait. Une partie de lui-même était capable des pires bassesses. Il était obsédé par le fric et par les choses que celui-ci permettait de se procurer – pas nécessairement des biens matériels, mais la liberté, l'aisance, un certain pouvoir dont il avait été privé toute sa vie durant. C'est pour ça qu'il avait risqué le peu qu'ils possédaient dans l'espoir de le faire fructifier, qu'il nous avait fait chanter, pas seulement pour rembourser ses dettes de jeu, mais pour empocher une centaine de milliers de dollars en plus. Et Gray avait payé sans rien dire, parce qu'il m'aimait, parce qu'il voulait me protéger.

« Tu dois réparer tes torts, Ray, avait dit Sarah.

— Comment ? Comment veux-tu que je les répare ? » avait-il demandé, en avançant la main vers elle. Mais elle s'était dérobée, s'était repliée dans l'angle du canapé, les bras serrés autour de son torse comme pour se protéger.

« Pour commencer, tu peux lui rendre tout ce que tu n'as pas donné à ton bookmaker, et convenir d'un plan de remboursement pour le reste. »

Cette pensée l'avait empli de terreur. Il ne supportait pas l'idée de vider leur plan épargne, de vivre dans l'attente du prochain chèque de paye. De se ronger les sangs si la voiture tombait en panne, si le réfrigérateur se mettait à fuir. Il n'était pas sûr d'en être capable.

« Sarah..., avait-il bredouillé, sans parvenir à aller plus loin.

— Trouve un moyen de réparer tes fautes, Ray. » Elle n'avait brandi ni menaces ni ultimatum ; elle ne lui avait pas demandé de quitter les lieux. Mais il avait perçu dans son ton un avertissement inexprimé : *Trouve un moyen de réparer tes fautes, Ray, sinon je ne pourrai plus jamais te regarder de la même manière.*

Elle avait dû lire le désespoir sur son visage, car elle s'était rapprochée de lui et avait posé une main sur sa jambe. Il n'avait même pas réussi à la regarder en face.

« Tout le monde commet des erreurs, Ray, avait-elle murmuré tout bas, d'une voix très douce, celle qu'elle prenait pour parler au bébé. Tout le monde peut faire un faux pas. Ce qui compte, c'est la manière dont on réagit ensuite. C'est la manière dont on rebondit après la chute qui nous permet de donner notre vraie mesure. »

Il s'était alors levé et avait quitté la pièce ; elle l'avait appelé tout bas, mais il ne s'était pas retourné. Il était sorti sur la véranda et avait contemplé le ciel. Il ne pouvait pas rester près d'elle une minute de plus ; il n'aurait pas supporté qu'elle le voie pleurer.

« Que se passe-t-il ? » La voix d'Ella ramena l'inspecteur au moment présent. Elle se tenait face à lui sur le seuil et elle lui parut légèrement différente – un peu en colère peut-être. Elle avait l'air en pleine forme dans son jean et son T-shirt noir, des tennis aux pieds. Il ne l'avait jamais vue aussi peu apprêtée et se surprit à la dévisager pour essayer de trouver ce qui avait changé en elle. Elle fronça les sourcils et s'avança vers Esperanza.

« Où est Gray ? demanda-t-elle en la prenant par les épaules.

— Parti, répondit la jeune femme, qui se remit à pleurer. Je ne sais pas où.

— Que fait-il ici ? reprit Ella, avec un geste du menton en direction de Harrison.

— Cela ne vous regarde pas, madame Singer. Rentrez chez vous », répliqua-t-il.

Elle lui lança un regard noir et lâcha Esperanza pour se rapprocher de lui, au point que leurs visages se touchèrent presque. « Vous n'avez pas d'ordres à me donner. D'abord, Annie disparaît. Puis Vivian et Drew s'en vont je ne sais où avec Victory. On célèbre une messe à la mémoire d'Annie – de façon quelque peu prématurée, à mon avis, puisque sa disparition ne remonte qu'à deux semaines. Et maintenant Gray semble lui aussi s'être évanoui dans la nature. J'exige de savoir ce qui se passe. Ça me regarde, quoi que vous en pensiez. Il s'agit de mes amis.

— Rentrez chez vous, madame Singer », répéta l'inspecteur en se dirigeant vers la porte, qu'il ouvrit en grand. Il vit le rouge monter aux joues d'Ella, mais elle ne bougea pas.

« Je peux vous faire entrer dans son bureau, déclara-t-elle, après un silence. Peut-être y trouverez-vous certaines des réponses que vous cherchez. »

Il se rappela la porte munie d'une serrure à code, qu'il avait remarquée lors de ses précédentes visites. « Vous connaissez le code, dit-il, sans chercher à dissimuler son scepticisme.

— Ophelia l'a laissé échapper par inadvertance.

— Vraiment ? fit-il en plissant les yeux. Ça ne me paraît guère vraisemblable.

— Peut-être avait-elle tendance à trop faire confiance à ses amis », rétorqua Ella en haussant les épaules.

Il ne la crut pas vraiment, mais il n'avait pas de temps à perdre, et c'était sa seule chance.

« D'accord, alors, indiquez-moi le code.

— Expliquez-moi ce qui se passe, et je vous le donnerai. »

Il poussa un soupir et leva les yeux au ciel. « Vous ne l'aidez pas en me mettant des bâtons dans les roues, vous savez.

— Expliquez-moi. »

Il était suffisamment désespéré pour lui céder. Il lui raconta donc tout ce qu'il savait, en commençant par ma fausse identité et mon histoire avec Marlowe Geary, pour finir par Alan Parker et SOS Affligés.

« Vous croyez qu'elle est toujours en vie ?

— Oui. Et qu'elle a besoin d'aide, mais je ne sais pas comment m'y prendre. »

Ella hocha la tête, et il crut lire une certaine tristesse dans son expression. « C'est VICTORY, avec un cinq pour le V et un zéro pour le O. »

Il monta l'escalier, Ella sur ses talons, et composa le code. La porte s'ouvrit sans difficulté. La pièce était sombre, et, au moment où il y pénétrait, il prit brusquement conscience d'un détail qu'il n'avait pas relevé sur le coup, et son estomac se contracta.

« Vous l'avez appelée Ophelia, dit-il en se retournant.

— Désolée, inspecteur Harrison. Je n'ai rien contre vous. Vous auriez dû prendre le fric et disparaître. »

Elle tenait à la main un objet qu'il ne put tout d'abord identifier ; puis les électrodes touchèrent son corps et une puissante décharge le traversa. Un hurlement d'effroi lui échappa, et c'est à peine s'il reconnut sa propre voix. Autour de lui, la pièce parut tournoyer et la douleur s'intensifia, jusqu'à ce qu'il ne soit plus en mesure de former une pensée cohérente. Avant de sombrer dans le néant, il se rappela sa femme, surgissant derrière lui sur la véranda et l'entourant de ses bras pendant qu'il pleurait. Il se rappela le mélange terrible de honte et de gratitude qu'il avait alors éprouvé et son espoir fervent de redevenir digne d'elle.

« Tu peux réparer ce que tu as fait, Ray, avait-elle dit en l'étreignant avec force. Je sais que tu en es capable. »

Je roule jusqu'à la vieille grille qui barre l'entrée du ranch. Je suis une vraie loque, transpirant de peur dans ma hâte à faire ce que Parker attend de moi, même si je ne sais pas exactement de quoi il s'agit. Je gare la voiture sur le bas-côté de la route, sous le couvert des arbres. Quand je coupe le moteur, les bruits nocturnes m'assaillent de toutes parts. Le domaine n'est qu'une bouche de ténèbres béante, et, l'espace d'une seconde, je crains de ne pas avoir la force de me jeter dans cette gueule menaçante. Mais je dois le faire, bien sûr. Ma fille a besoin de moi. C'est cette pensée qui m'arrache à mon siège et me propulse vers la grille cadenassée.

Le cadenas semble ancien et rongé par la rouille, comme s'il n'avait pas été utilisé depuis des années. Mais ce n'est pas le cas, je le sais. Je ramasse une pierre et commence à frapper dessus de toutes mes forces, dans l'espoir de le voir voler en miettes, comme dans les films. Mais je n'arrive pas à l'ouvrir. Je vais devoir abandonner la voiture ici et contourner la grille, qui ne sert qu'à empêcher les véhicules de pénétrer dans la propriété mais n'est guère efficace contre les intrus.

À l'idée de parcourir seule cette longue route obscure, le courage me manque. Je me souviens de l'arme dans la boîte à gants et retourne la chercher. C'est un .38 Special, le modèle standard. Il fera l'affaire. Le poids du revolver dans ma main me rassure un peu. Je n'ai plus l'impression d'être une petite fille qui a peur du noir, mais celle que je dois être : une femme déterminée à faire tout ce qui est en son pouvoir pour sauver sa fille, même au prix de sa vie.

Je contourne la grille et m'engage sur le chemin qui mène au ranch. La dernière fois que je l'ai suivi, j'avais dix-sept ans, et plus rien à perdre. Que ne donnerais-je pas, aujourd'hui, pour être aussi inconsciente qu'alors, aussi ignorante des conséquences de mes actes !

Les souvenirs m'envahissent à mesure que je progresse. Je me souviens de la voiture de Janet Parker me dépassant dans l'obscurité. Des cliquetis du moteur en train de refroidir quand je l'ai revue un peu plus tard. Je me souviens de l'odeur de fumée, du bruit de la détonation. Je revois le halo de cheveux blonds trempés de sang, quand j'ai découvert que Marlowe était un tueur. J'entends à nouveau ses aveux, sous le ciel du Nouveau-Mexique. Et soudain, je pense à Gray.

Je ne revis jamais Briggs après la proposition qu'il me fit ce soir-là au motel – ou, si je le revis, je ne m'en souviens plus. Je ne crois pas avoir eu le temps d'obéir à ses instructions : Gray nous rattrapa un ou deux jours après. Tout ce que je me rappelle, c'est avoir tout à coup aperçu sa silhouette massive dans l'encadrement de la porte d'une autre chambre sordide. Je l'avais déjà vu, de cela je suis certaine. Mais pour une raison quelconque, un profond soulagement se mêla à ma peur en le voyant surgir. Il entra dans la pièce, et ce fut alors seulement que je vis la seringue qu'il tenait à la main.

« Je ne vous ferai aucun mal, dit-il en m'enfonçant l'aiguille dans le bras. C'est votre père qui m'envoie. »

Je crois que je ne me débattis même pas.

« Ce n'est qu'un sédatif, m'informa-t-il, son visage s'estompant à mesure que la substance se répandait dans mes veines. Je ne peux quand même pas vous laisser me tirer dessus une seconde fois, n'est-ce pas ? »

Je revins vaguement à moi l'instant d'après, pour me retrouver ligotée à l'arrière de sa voiture. D'un bond, il s'installa au volant. J'eus le temps d'entrevoir la cathédrale St Francis avant de perdre de nouveau conscience.

De ce qui se passa cette nuit-là, je ne connais que la version de Gray. Comment il retourna au motel et attendit dans le noir le retour de Marlowe. Comment il le surprit, ainsi que Briggs avait eu l'intention de le faire. Comment ils se battirent, et comment Gray parvint à l'assommer et à le ligoter. À l'origine, son plan consistait à abandonner notre voiture devant le commissariat, de l'autre côté de la place, avec Marlowe à l'intérieur, de regagner la Suburban garée quelques rues plus loin et de prévenir la police par un appel anonyme d'une cabine publique quand nous serions suffisamment loin.

Mais il commit une double erreur, comme il le comprit par la suite, en n'injectant pas de sédatif à Marlowe, parce qu'il croyait l'avoir mis K-O, et en le déposant sur la banquette arrière plutôt que dans le coffre du véhicule. Marlowe revint à lui en cours de route, se libéra de ses liens et attaqua Gray. À l'issue du combat qui suivit, Gray tira une balle dans le visage de Marlowe et sauta du véhicule juste avant que celui-ci ne quitte la route pour dégringoler dans la vallée du Rio Grande, quelques dizaines de mètres plus bas.

J'ai entendu ce récit tant de fois, j'ai si souvent demandé à Gray de me le répéter qu'il a fini par ressembler à un mythe, un conte pour enfants. Alors que je parviens au bout de la route et que j'aperçois le toit de la maison à travers les arbres, je me demande ce qu'il y avait de vrai dans cette version des faits. Je n'en sais rien. Après ma conversation avec Alan Parker, tout me semble sujet à caution.

Quand je débouche dans la clairière, face à la maison, à la grange et à l'écurie vide, je suis surprise de les trouver dans un tel état de délabrement. Je m'imaginais que les bâtiments avaient été réparés après l'incendie, qu'ils avaient été entretenus par les femmes que ma mère était censée héberger tandis qu'elles menaient campagne pour sauver leurs maris, fils ou amants condamnés à mort. Mais deux des fenêtres à l'étage ont perdu leurs vitres et, bien qu'il fasse nuit, je distingue un trou dans le toit. La porte d'entrée pend sur ses gonds, les marches du perron se sont affaissées. J'entends l'appel lugubre d'un hibou au loin et un chœur de grenouilles. La grange semble intacte, mais l'endroit a l'air d'être abandonné depuis des années.

Je sens la tension monter en moi ; j'ai l'impression que les ténèbres m'emprisonnent. Comment suis-je arrivée ici ? Tout cela est-il réel ? Alan Parker n'était-il qu'un produit de mon imagination ? De désespoir, je me mets à hurler.

« Marlowe ! »

Je crie son prénom encore et encore, ma voix s'évanouissant chaque fois dans l'air lourd et humide.

Les chants nocturnes se taisent, et toutes les créatures de la forêt écoutent mes appels, mes aboiements déchirants de bête blessée. Je tombe à genoux dans la poussière.

Je comprends alors qu'il n'est pas ici. Personne ne pourrait vivre en un lieu aussi horrible, aussi désolé que celui-ci, pas même lui. Le désespoir qui me submerge est si total qu'il me terrasse physiquement. Je pose mon front sur le sol.

Et c'est là, prosternée sur la terre desséchée, mon passé et mon présent enfin réunis, que je me souviens. Je sais où se cache Marlowe. Alan Parker a raison : je l'ai toujours su. Il avait effectivement besoin de moi pour le retrouver, parce que je suis la seule personne au monde qui connaisse sa cachette. Il ne me traquait pas. Il m'attendait, là où je savais le trouver.

Je me relève et m'enfonce dans la forêt. Je n'ai aucun mal à me rappeler le chemin et je me fraie un passage à travers les épaisses broussailles, sans me soucier des serpents qui s'y dissimulent, des moustiques qui vrombissent à mes oreilles et se repaissent de ma peau. Je courrais si je le pouvais, mais je ne peux progresser que lentement, en écartant les branches et en me tordant les chevilles sur le sol meuble. Enfin, au bout de cette marche qui me paraît durer des heures, j'entends le babil du ruisseau. Je m'arrête sur la berge et je la vois devant moi – la caravane. Une lumière brille derrière la fenêtre.

« Avec des provisions, on peut vivre là une éternité », m'avait dit Marlowe, dans une autre vie. Jamais je n'aurais imaginé revenir ici dans de telles circonstances.

De la berge, je l'appelle. Ma voix emplit la nuit. Seul le silence me répond. Je m'apprête à recommencer quand il émerge des arbres, derrière la remorque.

Bien qu'il ne soit qu'une forme indistincte dans l'obscurité, je le reconnais. Ce n'est plus l'homme dont je me souviens. Il s'avance vers moi, en s'appuyant lourdement sur une canne ; tout son côté droit semble paralysé. Il se déplace lentement, comme si chaque pas lui était douloureux. Quand il se rapproche, je découvre qu'il est défiguré de manière hideuse, le côté gauche de son visage n'est qu'une masse de chair explosée. J'ai un mouvement instinctif de recul et je bats en retraite à mesure qu'il avance. Ses yeux sont toujours les mêmes trous d'eau noire où je me suis noyée tant de fois.

Je m'aperçois que je tremble de tout mon corps. Tous mes muscles se raidissent, toutes mes terminaisons nerveuses s'électrisent. Je n'arrive pas à croire que je suis en train de le regarder, que c'est bien lui, en chair et en os, qui se tient devant moi. Pendant toutes ces années, ce n'était qu'un spectre, hantant les recoins obscurs de ma psyché. En se matérialisant, il perd tout son pouvoir.

« Ophelia », dit-il. Sa voix me semble changée, bizarrement déformée, mais mon nom a toujours la même musicalité dans sa bouche – *O-feel-ya.* « Tu es revenue. »

Je me rappelle avoir cru qu'il était mon seul refuge, le seul foyer que je connaîtrais jamais. Il fallait que je me sente bien seule et désemparée pour penser une telle chose ! Je sais à présent ce qu'est un vrai foyer. Le mien est auprès de Gray et de Victory, et je ferais n'importe quoi pour le retrouver.

« Non », dis-je, incapable de détacher mon regard de ce visage horrible, de cette peau qui ressemble à de la cire fondue. C'est une copie mutilée de celui dont j'ai gardé le souvenir. Pourtant, étonnamment, je ressens encore son pouvoir d'attraction, je me rappelle combien je désirais lui plaire, combien j'étais assoiffée de son amour.

« Comment as-tu survécu ? Comment es-tu arrivé ici ? » fais-je d'une voix qui est à peine un murmure.

Sa bouche se tord d'une manière horrible, déformant son visage davantage, et je comprends qu'il sourit.

« Là-bas, au Nouveau-Mexique, quelqu'un m'a trouvé sur le bord de la route, à demi mort. J'avais reçu une balle en pleine figure, mais j'avais quand même réussi à sauter de la voiture avant qu'elle ne tombe dans le ravin. » Il paraissait avoir des difficultés à parler ; les mots sortaient de sa bouche avec lenteur, un à un. « On m'a emmené à l'hôpital et admis en tant que blessé non identifié. J'étais méconnaissable et j'ai simulé l'amnésie. Une fois rétabli, j'ai appelé ta mère. Elle est venue me chercher et m'a ramené ici. Elle s'est occupée de moi jusqu'à sa mort, l'année dernière. »

Cette nouvelle me cause un choc et un chagrin inattendu. Au fond de moi, j'espérais la retrouver en vie et en bonne santé, toujours dévouée à la cause des condamnés à mort. Je suppose que l'enfant maltraité et négligé attend toujours une reconnaissance, une réparation, une réconciliation qui n'arrive jamais. Ce sentiment laisse vite place à la douleur et la colère, quand je pense qu'elle s'est consacrée à Marlowe pendant toutes ces années, après ce qu'il m'avait fait.

« Comment est-elle morte ?

— Dans un accident de voiture, répond-il en haussant les épaules. Elle était ivre. Heureusement, j'avais suffisamment de provisions pour tenir le coup. »

Je suis frappée par son indifférence, son ingratitude à l'égard de ma mère. Elles ne devraient pourtant pas m'étonner. Le Dr Brown m'avait dit un jour : « C'était un psychopathe de la pire espèce. Ils n'aiment personne, Annie. Ils en sont incapables. »

Je n'ai aucun moyen de savoir s'il dit la vérité. Peut-être l'a-t-il tuée, comme il en a tué tant d'autres. Peut-être n'est-elle pas morte. Je n'en sais rien et je n'ai pas le temps d'y réfléchir.

J'entends sa respiration haletante, je sens son regard sur moi. Quand je contemple son visage, il ne me semble même pas humain, tant il est vide. Je fais un autre pas en arrière. L'idée me traverse l'esprit qu'il simule peut-être son infirmité, que c'est ainsi qu'il leurre les gens, maintenant que sa beauté s'est envolée – en faisant appel à leur pitié. J'imagine sa vie, seul dans ce vaste domaine, rôdant dans les pièces, errant dans les bois, et cette pensée me glace.

« Qui s'occupe de toi à présent ? » J'ignore ce qui me pousse à poser cette question. Pour une raison quelconque, j'ai envie de savoir comment il arrive à survivre dans ces ruines, ces terres en friche de ma mémoire. Je me demande s'il a trouvé quelqu'un pour l'aider, si, malgré son aspect, il peut encore attirer des gens, les manipuler et les plier à sa volonté.

« Je me débrouille, répond-il. Ce sera plus facile, maintenant que tu es revenue. Tu m'as tellement manqué, Ophelia. »

Ses paroles semblent creuses, comme des répliques si souvent répétées qu'elles en ont perdu toute signification. Je ne crois pas qu'il ait pensé à moi, sinon de manière tout à fait passagère. C'est moi qui étais obsédée par lui, moi qui ai pensé à lui jour et nuit, inventé des stratagèmes pour revenir vers lui. Il est ma maladie, il me dévore vivante, comme le cancer qui ronge Alan Parker.

« Tu m'as tellement manqué », répète-t-il.

Il croit que je suis revenue vivre près de lui. Ma main se resserre sur le revolver. La sueur ruisselle le long de mon dos, et j'entends le sang battre dans mes oreilles. Je prends conscience qu'il me terrifie, comme s'il pouvait par je ne sais quel moyen me forcer à rester ici, comme s'il pouvait de nouveau m'engluer telle une mouche dans sa toile, comme si je n'étais qu'une proie sans défense, trop faible pour lui échapper.

« Non, dis-je, en plongeant mon regard dans ces yeux morts. Non.

— Tu m'appartiens, Ophelia », murmure-t-il en se rapprochant, la main tendue vers moi.

Cela a été la vérité pendant bien trop longtemps. Depuis le jour où je l'ai rencontré, je n'ai cessé de m'accrocher à lui ou de le fuir. Je l'ai laissé prendre le contrôle de mon cœur et de mon esprit. Je l'ai follement aimé et j'ai vécu dans la terreur de son retour. Et, oui, je l'ai haï. Les paroles de Briggs me reviennent à l'esprit : *Parce que vous le haïssez, Ophelia. Je l'ai lu sur votre visage, dans le restaurant. Vous croyez l'aimer, mais vous savez à quel point il est mauvais, vous savez qu'un jour il vous tuera vous aussi. Que vous deviendrez un cadavre qu'on découvrira dans une chambre de motel pareille à celle-ci.*

Marlowe Geary m'avait bel et bien tuée, et j'avais été, de mon plein gré, complice de ce meurtre. Gray avait trouvé mon corps dans cette chambre du Nouveau-

Mexique et m'avait ramenée à la vie. À présent, j'ai le devoir de retrouver mon intégrité, de guérir, afin d'être la mère que ma fille mérite, la femme que je mérite d'être.

Je me souviens qu'il est le père de Victory, qu'elle est née de notre union. De cette union qui m'a rendue si faible a résulté l'union qui m'a rendue plus forte. C'est la vérité toute crue, et c'est tellement bizarre que cela en devient presque drôle. L'univers a le sens de l'humour et le goût de l'ironie. Mais c'est une plaisanterie à mon usage exclusif, et je ne la partage pas avec lui. Il n'a pas le droit de connaître Victory ; il n'a rien à voir avec elle.

« Tu m'appartiens, Ophelia.

— Plus maintenant. » Je découvre que je n'ai rien d'autre à lui dire. Je n'ai pas un seul instant d'hésitation, pas le moindre problème de conscience, bien qu'il soit infirme et sans arme. Je fais exactement ce pour quoi je suis venue ici, ce qu'Ophelia a essayé de faire pendant des années. J'extrais le revolver de ma ceinture et ouvre le feu. Je vois son corps tressauter sous l'impact des balles. Je continue à tirer jusqu'à ce que le barillet soit vide. Quand c'est fini, il est étendu sur le sol, bras et jambes écartés, totalement immobile, une flaque de sang s'élargissant sous lui. Je m'avance jusqu'à lui et regarde ses yeux fixes. Un flot de sang coule de sa bouche. Je reste là à le contempler pendant un temps indéfini, jusqu'à ce que je sois absolument sûre qu'il est enfin mort.

À cet instant, je me rappelle toutes ces filles qu'il a tuées sous mes yeux – je revois leurs pendentifs en forme de cœur, leurs ongles couverts de vernis pailleté, leurs minijupes et leurs tatouages bon marché. J'entends leurs cris, je les entends appeler leur mère.

Je ne pouvais pas les aider, à l'époque. Je ne peux pas les aider aujourd'hui. Il n'y a qu'une petite fille que je peux sauver. Qu'un appel au secours auquel je puis répondre. Je ressens une douleur aiguë dans le cou. Elle gagne ma tête, une clarté vive et blanche emplit mon champ de vision, et je m'évanouis.

41

Quand on retrouva l'inspecteur Harrison, tout le monde fut profondément choqué. Un homme si honnête, qui avait rendu de si grands services à la collectivité, bon mari et bon père, excellent policier… Personne n'arrivait à croire qu'il avait ramassé une prostituée mineure le long d'un boulevard, pris de l'héroïne en sa compagnie, puis s'était écroulé raide dans sa voiture, où la police l'avait découvert après avoir été alertée par un coup de fil anonyme.

Quelle horreur ! dirent les braves gens. Le bruit courut que sa femme l'avait flanqué à la porte. Il devait être en pleine dépression ; jamais il ne se serait conduit ainsi dans son état normal. Il n'avait jamais pris de drogue, ses amis en étaient certains. Ce n'était pas non plus un gros buveur. Mais à en croire la rumeur, il s'adonnait au jeu. Et il y avait eu des versements suspects sur son compte en banque. Tout cela était bien triste.

On l'emmena au poste, écumant et vociférant, et il fut traité comme n'importe quel délinquant. Les flics qui avaient été ses amis évitèrent de le regarder en face. Il leur raconta toute l'histoire – ses dettes de jeu, ma fausse identité, ce qu'il avait appris sur SOS Affligés et Alan Parker, comment Ella Singer l'avait neutralisé au moyen d'un Taser, dans la maison des Powers. C'était un coup monté, hurlait-il, pour l'empêcher de poursuivre ses investigations. Mais cela ressemblait aux divagations d'un fou furieux, et personne ne l'écouta. Il avait tout simplement pété les plombs, se racontèrent ses collègues à voix basse, dans les vestiaires et les bars, à la fin de leur service. Trop de stress accumulé – l'addiction au jeu, les problèmes conjugaux, la venue du bébé…

Le juge se montra indulgent : cure de désintoxication et travaux d'intérêt général. Il avait recouvré ses esprits et reconnu qu'il avait un problème de drogue, comme le délégué de l'Association des policiers le lui avait conseillé, et qu'il était également accro au jeu. Il fut admis dans un établissement appelé la Ferme, une clinique située en dehors de la ville, destinée aux flics toxicomanes. Il fut suspendu sans solde, sa réintégration dépendant du résultat du traitement. D'après le délégué, on ne pouvait pas le virer, car l'administration considérait l'addiction comme une maladie qu'il convenait de soigner et non de punir. Mais bien entendu, sa carrière était terminée, tout le monde le savait.

Harrison s'aperçut néanmoins qu'il était capable de supporter tout ça – l'humiliation, la cure de désintoxication dont il n'avait nul besoin, toutes ces semaines où il n'avait rien d'autre à faire que réfléchir à sa vie gâchée et à la perte inévitable du seul boulot qu'il ait jamais eu envie d'exercer. Alors même qu'il était en proie aux affres du désespoir, sur son lit inconfortable, souffrant de l'absence de sa femme et de son bébé et se reprochant de leur avoir fait faux bond, il découvrit qu'il était capable d'endurer sa situation parce que Sarah le croyait. Elle l'avait regardé au fond des yeux et compris qu'il disait la vérité. Et elle gardait la conviction que, d'une manière ou d'une autre, tant qu'ils restaient ensemble, tout finirait par s'arranger.

42

Je sens un petit corps tiède tout contre le mien, je respire l'odeur familière du shampooing pour bébé. Je crains que ce ne soit qu'un rêve, puis je la sens remuer, tousser un peu, et mon cœur s'emplit d'espoir.

« Maman, tu dors encore ? »

Je suis dans une pièce remplie d'une lumière si vive que tout d'abord je ne vois rien. Je ferme et rouvre les paupières jusqu'à ce que mes yeux s'y soient adaptés. J'aperçois Gray affalé sur une chaise, le regard tourné vers la fenêtre. J'entends le bip-bip régulier d'un moniteur cardiaque.

« Maman.

— Maman dort, Victory, dit Gray d'une voix triste et tendue.

— Non, réplique ma fille d'un ton agacé. Ses yeux sont ouverts. »

Il tourne vivement la tête, puis se lève d'un bond et s'avance vers le lit.

« Annie », murmure-t-il, en posant une main sur mon front. Il pousse un lourd soupir, et je vois des larmes jaillir de ses yeux, avant qu'il ne les couvre, l'air embarrassé. Je respire avec difficulté et j'ai mal à la tête, mais je n'ai jamais été aussi heureuse de voir quelqu'un.

« Il est mort. » Ma gorge est serrée, douloureuse, et ma voix ressemble à un croassement. « Il n'est plus là. »

Il secoue la tête et prend un air perplexe, comme s'il ne savait pas de quoi je parle. « Essaie de te détendre », dit-il en m'embrassant sur le front.

« Maman, tu as dormi pendant très très longtemps, m'informe Victory. Pendant des jours, même. »

Je contemple son minois parfait – ses yeux grands comme des soucoupes, sa bouche en cœur, sa peau laiteuse, ses boucles d'or soyeuses – et je lève faiblement les bras vers elle. Le soulagement déferle en moi telle une énorme vague. Elle est à moi, elle est saine et sauve. Victory. Ma victoire.

« Tu vas bien, ma chérie ? » dis-je quand je me résous enfin à la lâcher. Je l'examine, cherchant des traces de blessures ou d'un quelconque traumatisme. Mais elle semble plus heureuse et en bonne santé que jamais.

Par-dessus sa tête, je demande à Gray : « Que s'est-il passé ? Comment l'as-tu récupérée ? »

Mais à cet instant, la chambre s'emplit de médecins et d'infirmières. Gray m'enlève Victory, et ils restent en retrait près de la fenêtre pendant qu'on m'ausculte et me palpe.

« Comment vous sentez-vous, Annie ? » s'enquiert le médecin, une Asiatique au visage avenant. Elle est jolie et menue, avec un soupçon de fard lavande sur les paupières et de rose sur les lèvres.

« J'ai l'impression d'avoir un poids sur la poitrine.

— C'est parce que vous avez inhalé une grande quantité de fumée, répond-elle, en appuyant son stéthoscope sur mon torse. Respirez à fond. »

Après avoir inspiré et expiré avec difficulté, je répète :

— De la fumée ?

— La fumée de l'incendie, explique-t-elle, une main sur mon bras. Je crains qu'il ne nous faille un certain temps pour déterminer si les lésions pulmonaires seront ou non permanentes.

— Je ne m'en souviens pas », dis-je en regardant Gray, qui me répond par un sourire. Mais je discerne quelque chose d'étrange dans son expression, comme une sorte d'inquiétude, une anxiété. Je connais cet air-là et je me sens soudain très mal à l'aise.

« Ça vous reviendra. Ne vous tracassez pas, déclare la doctoresse en me tapotant le bras. Rien ne presse. Il faut d'abord vous remettre sur pied. »

Les heures qui suivent ne sont qu'une suite de tests et d'examens divers. Je crois comprendre que j'ai été intoxiquée par l'inhalation de fumées d'incendie. Mais je n'ai aucun souvenir de l'incendie en question. Chaque fois que je pose une question, on me répond de manière elliptique. Finalement, on me donne quelque chose pour m'aider à me « relaxer », et je m'assoupis. À mon réveil, il fait nuit. Une petite lampe luit faiblement à mon chevet, et je vois Gray somnolant sur une chaise, à côté du lit. Je tends la main vers lui ; il sursaute, puis se penche vers moi et m'étreint avec force.

Je lui raconte tout ce qui s'est passé, bien que parler me soit douloureux. Les hommes tués à bord du bateau, Dax, mon enlèvement, mon père, mon envol vers la Floride, l'Homme en colère, ma confrontation avec Marlowe. Il m'écoute en silence, d'un air concentré, sans jamais m'interrompre.

« Où est Victory ? dis-je tout à coup. Je ne comprends pas. Comment l'as-tu retrouvée ?

— Annie… », commence Gray, en posant une main sur mon front. Mais déjà, je l'interromps par une nouvelle question, en me redressant au prix d'un énorme effort.

« Est-ce qu'elle va bien ? Je veux dire : *vraiment* bien. Je ne pense pas qu'il aurait pu lui faire du mal, mais… Et comment vont Drew et Vivian ?

— Tout le monde va bien, répond-il, en venant s'asseoir près de moi et en m'obligeant doucement à me rallonger.

— Tu as dû te faire tellement de souci, dis-je, remarquant les nouvelles rides sur son visage, les cernes sous ses yeux. Je suis désolée.

— Annie, s'il te plaît, déclare-t-il d'un ton si impérieux qu'il me réduit au silence. Il faut que tu m'écoutes. »

Je m'agrippe très fort au drap et je prends soudain conscience que tout mon corps s'est raidi, comme pour se préparer à un choc. En voyant l'expression de Gray – front plissé, lèvres serrées, regard fuyant – je comprends que quelque chose ne va pas, mais je ne trouve même pas le courage de lui demander ce que c'est.

Il prend une profonde inspiration, puis : « Victory n'a jamais disparu, Annie, elle n'a jamais été en danger. Elle était partie en croisière avec Drew et Vivian. Elle est restée tout le temps avec eux.

— Non, dis-je, en sentant mon cœur se contracter, tant j'ai besoin qu'il comprenne, qu'il me croie. Écoute-moi. Drew et Vivian étaient dans le coup. Ils ont aidé Alan Parker. Sans doute croyaient-ils le faire pour mon bien. Mais Parker est allé trop loin, et, pour leur sauver la vie, il a fallu que je le conduise jusqu'à Marlowe. »

Gray baisse la tête et se frotte les yeux avant de placer ses mains sur mes épaules et de me regarder dans les yeux. « Non, Annie. Rien de tout cela n'est arrivé. »

Prise de colère, je m'exclame : « Si ! Drew et Vivian ont agi à ton insu, parce qu'ils savaient que tu n'accepterais jamais de t'associer à cette machination. »

Il secoue lentement la tête, en soutenant mon regard. « Non, répète-t-il doucement.

— Alors, explique-moi comment tous ces hommes sont morts, sur le bateau. Et Dax, celui qui a essayé de me sauver, qu'est-il devenu ? »

Il secoue de nouveau la tête, comme si les mots lui manquaient. Une sensation proche de la panique m'envahit. J'entends une infirmière rire dans le couloir et je prends brusquement conscience du bourdonnement d'une centaine de machines de surveillance et de maintien des fonctions vitales. D'une autre chambre de l'étage me parviennent les échos assourdis d'une musique d'orchestre. Ma voix s'étrangle dans ma gorge.

« Je les ai *vus*. »

Il me prend la main et la regarde, joue avec mon alliance. « Tu n'es jamais montée à bord de ce bateau. Tu as disparu après avoir plongé. Tu as faussé compagnie à l'homme qui était censé t'accompagner au port de Miami. »

Je l'écoute, consternée. Il ne me croit pas !

« Et aucun homme du nom de Dax n'a jamais travaillé pour moi, Annie. »

Les bips du moniteur cardiaque s'accélèrent – 107, 108, 109. Je tends les bras devant moi, pour lui montrer les meurtrissures que j'ai récoltées en me débattant contre mes ravisseurs.

« Et comment me suis-je fait ces marques ? »

Il me caresse les bras d'un geste empreint de tendresse. « Je n'en sais rien, ma chérie. J'ignore ce qui t'est arrivé. Mais tu n'es jamais parvenue jusqu'au bateau. Je t'ai cherchée comme un fou, depuis ta disparition. Finalement, c'est la police du district dont dépend le ranch de Frank Geary qui m'a prévenu. On t'avait retrouvée inconsciente dans la grange, intoxiquée par les inhalations de fumée. Toute la ferme était en feu. Elle était inhabitée depuis des années. Les gens du coin pensent qu'elle est hantée. Des gamins qui avaient fait le pari d'y entrer ont vu les flammes et ils ont appelé la police.

— La maison brûlait ?

— C'est toi qui as mis le feu.

— Non. J'ai tué Marlowe Geary. Et ensuite... » Ensuite quoi ? Je ne me souviens de rien, sinon d'un éclair blanc surgissant devant mes yeux, tandis que je contemplais le corps de Marlowe baignant dans son sang.

« A-t-on retrouvé son corps ? Il était défiguré, estropié. Il marchait à l'aide d'une canne.

— Non, Annie. Tu étais toute seule. Il n'y avait pas de cadavre.

— Mais il n'était pas à la ferme ! Il vivait dans une caravane au fond des bois. Personne au monde n'en connaissait l'existence, à part moi. C'est pour ça qu'ils avaient besoin de moi, ne comprends-tu pas ? »

Gray a l'air atterré ; il me serre la main en murmurant d'un ton apaisant : « Tout va bien, Annie.

— Alan Parker a dû s'arranger pour faire enlever son corps. » Devant l'air triste et apeuré de Gray, je comprends tout à coup que mes propos ressemblent aux divagations d'une démente.

« Tu ne me crois pas », dis-je, accablée de désespoir.

Il me caresse les cheveux, me masse la nuque et approche son visage du mien. Je noue mes bras autour de ses larges épaules.

« Je crois que tu le crois », chuchote-t-il. Je m'accroche à lui, pose ma tête sur son épaule.

Je fais une nouvelle tentative, d'une voix où perce ma détresse. « Mon père. C'est lui qui a deviné où se cachait Marlowe. »

Il me serre plus fort contre lui. « Ton père a dit que quelqu'un s'était introduit dans sa boutique et avait sorti tous ses catalogues. Celui où se trouvait la photo du tatouage de Marlowe était resté ouvert sur le bureau. Il m'a téléphoné immédiatement.

— Non, dis-je en m'arrachant à ses bras, pour l'obliger à me regarder en face. Il m'a aidée à retourner en Floride, à bord d'un petit avion qui appartient à un de ses amis. »

Gray ne dit rien, mais baisse de nouveau la tête. Je me mets à pleurer.

« Pourquoi me fais-tu ça ? » Je me sens si faible, tout à coup… La tête me tourne, chaque sanglot me donne l'impression de me déchirer la gorge. Gray me tend les bras, et je m'effondre sur sa poitrine.

« Tout va bien, Annie, me rassure-t-il, et ses mots s'enroulent autour de moi comme les anneaux d'un serpent. Tout va s'arranger. »

Un épisode psychotique, diagnostique le médecin, déclenché par le retour de tous les souvenirs traumatisants, une réaction au désir de réunir les deux parties de moi-même, la lumineuse et l'obscure, peut-être même l'envie de me venger de la personne qui a saccagé mon enfance et ma vie. Un fantasme créé de toutes pièces par mon esprit malade pour retrouver son intégrité. Où étais-je, pendant toutes ces semaines où l'on m'a considérée comme disparue ? Comment me suis-je retrouvée dans cette ferme au beau milieu de la Floride ? Nul ne le sait.

Mon nouveau psy – une jolie blonde aux lèvres boudeuses, dotée d'un léger accent britannique – pense que ce fantasme a germé en moi quand j'ai vu ma mère à la télévision, et que j'ai entendu parler de SOS Affligés. Leur message, exhortant les victimes à affronter leurs peurs, a trouvé en moi une résonance profonde, et j'ai alors élaboré un scénario compliqué, dans lequel je me conformais à leurs recommandations : fuir cette vie artificielle que je m'étais construite, traquer l'homme qui était à mes trousses, l'affronter et le tuer. Ce fantasme est demeuré à l'état latent pendant quelque temps, une issue de secours psychologique, comme les objets que je gardais sous mon sommier, les coordonnées d'Oscar, toutes mes pierres de touche. Selon le docteur, c'est le meurtre dont on a tellement parlé dans la presse, celui qui s'est produit à quelques kilomètres seulement du ranch de Frank Geary, qui a déclenché mes récentes attaques de panique. Et quand Vivian m'a appris que Drew et elle m'avaient menti, qu'on n'avait jamais retrouvé le corps de Marlowe, il s'est produit une réaction en chaîne dans mon cerveau.

« La mort d'Annie Powers vous entraînant dans un voyage, dans une quête pour retrouver Marlowe et le détruire afin de sauver votre fille, explique-t-elle de sa voix calme et pensive. C'était la seule façon pour vous de récupérer Ophelia, de la sauver de Marlowe, comme personne n'avait été capable de le faire. C'était seulement après avoir accompli cela que vous pourriez sauver votre fille. »

Elle est enthousiasmée par sa propre théorie ; je le vois à sa façon de se pencher en avant et de me regarder avec de grands yeux brillants. « Vous n'avez jamais cru à sa mort. Et nous n'y croyons jamais vraiment, vous savez, nous ne *pouvons* pas y croire tant que nous n'avons pas vu le corps. C'est pour cela que nous procédons à des funérailles, pour nous convaincre que la mort est réelle, que les gens ont disparu pour de bon. Notre instinct nous dit que les gens ne peuvent pas mourir ainsi ; qu'ils ne peuvent pas disparaître comme ça en l'espace d'une seconde. Vos proches ont cependant réussi à vous en persuader. Quand vous avez découvert qu'ils vous avaient menti, vous avez acquis la conviction que c'était vous qui aviez raison depuis le début. Les menaces de Marlowe restaient présentes dans votre inconscient. Elles ont servi de déclencheur à tout cet épisode. »

Je n'essaie pas de la contredire. Cela ne servirait qu'à me donner l'air d'une folle.

« À mon avis, malgré le traumatisme que ces événements ont représenté pour vous, vous vous sentez mieux à présent que depuis des années. Ai-je raison ? »

Et elle a raison, effectivement. Ma vie a été purifiée de toute la laideur que Marlowe y avait apportée.

Même si je l'ai laissé entrer dans la maison de ma mère, que je lui aie permis de tout déchirer et de tout mettre en pièces, à la fin je lui ai tenu tête et je l'ai vaincu. Il est – enfin – mort.

« C'est curieux, toutefois, qu'il vous soit apparu blessé et défiguré lors de cette confrontation, reprend-elle pensivement. Comme si l'influence qu'il exerçait sur vous avait déjà commencé à s'affaiblir. Il ne vous restait plus qu'à lui porter le coup final.

— Je pense que vous avez raison », dis-je en hochant lentement la tête.

Si elle détecte le manque de sincérité dans ma voix, elle n'en montre rien, et griffonne quelque chose dans son carnet. Visiblement, elle me considère comme un cas des plus intéressants.

Comme il est facile de trouver une explication à tout ! Simon Briggs ? Un prédateur qui avait découvert, d'une manière ou d'une autre, qu'Ophelia était toujours en vie. Il ne travaillait pour personne, et il avait besoin d'argent. Il était revenu pour nous faire chanter, sachant que nous tenions à garder mon identité secrète. Qui l'a tué ? Bien sûr, nous savons que c'est Gray. Mais pour la police, il pourrait s'agir de n'importe lequel de ses nombreux ennemis ou clients mécontents. Quand on mène ce type de vie, il n'y a pratiquement pas d'autre façon de mourir que d'une balle dans la tête, sous un pont.

Et ce pauvre Dr Brown ? Il exerçait de manière illégale, et les autorités étaient sur le point de le coincer. Il risquait une lourde amende et une peine de prison, et avait préféré vider les lieux et prendre le large, comme il l'avait déjà fait à New York et en Californie. Ce que j'avais vu ? Ma foi… On ne pouvait guère y accorder crédit, n'est-ce pas ? Et qui aurait bien pu le tuer ? Un patient contrarié, peut-être – qui sait le genre d'individus qu'un homme comme lui pouvait fréquenter ?

Quant à l'inconnu qui m'avait suivie sur la plage, il pouvait s'agir de Briggs cherchant à m'effrayer, pour mieux préparer le terrain en vue du chantage. À moins que ce n'ait été tout simplement qu'un tour de mon imagination. J'ai vu un promeneur innocent marchant tranquillement dans l'herbe, et mon cerveau malade a fait le reste. Le pendentif que je prétendais avoir trouvé ? Personne d'autre que moi ne l'a vu, et il a disparu. L'autre moitié du cœur, que j'avais conservée pendant toutes ces années, s'est elle aussi envolée de l'écrin de velours caché sous le matelas. Ce qui incite mon médecin, et tous les autres, à croire que je n'ai jamais découvert le moindre médaillon sur la plage.

« C'était un symbole pour vous, un symbole important, m'explique la psy. Vous avez été coupée en deux par Marlowe, séparée de votre moi véritable. En croyant avoir trouvé l'autre moitié du pendentif, vous vous engagiez dans le processus qui vous permettrait de récupérer l'intégrité de votre personnalité. »

Elle semble très contente de sa théorie.

Toutefois, ma mère est bien morte, il y a juste un peu plus d'un an de cela, dans un accident de la circulation dont elle était entièrement responsable – elle conduisait en état d'ivresse. Alors, comment se fait-il que, dans mon fantasme, Marlowe m'ait transmis cette information ? J'avais dû l'entendre quelque part, la lire peut-être sur Internet et, incapable de l'accepter, l'avais refoulée tout au fond de ma psyché. Elle avait refait surface, avec tous les autres démons, au cours de ma dernière crise.

Et, pour finir, qu'en est-il de SOS Affligés ? Rien de plus qu'un service d'aide psychologique aux victimes et à leurs familles, connu pour ses méthodes controversées, telles que l'hypnose, la thérapie par immersion et autres pratiques peu conventionnelles – obliger les victimes à retourner sur le lieu du trauma, rendre visite à leurs agresseurs en prison, assister aux exécutions, mais certainement pas recourir à l'enlèvement, à la torture ou au meurtre. Et, oui, cette organisation a bel et bien été fondée, et dirigée jusqu'à une date récente, par Alan Parker, père de Melissa et mari de Janet. Mais il vit à l'étranger depuis des années, se battant contre le cancer et bien trop mal en point pour voyager. Une autre information que j'ai dû assimiler lors de mes recherches obsessionnelles sur Internet, et mettre de côté avant qu'elle ne ressorte au plus fort de mon délire.

La bonne nouvelle, c'est que ma psy ne pense pas que je sois vraiment atteinte d'une maladie mentale – pas de façon chronique ni permanente, en tout cas. Elle n'a pas l'impression que je souffre d'un déséquilibre chimique qui exigerait un traitement à vie. Elle croit qu'il s'agit seulement d'un syndrome de stress post-traumatique, dont l'origine remonte à la nuit où j'ai vu Janet Parker tuer Frank Geary. Les horreurs dont j'ai été le témoin durant mon équipée avec Marlowe ont aggravé le traumatisme. L'adoption d'une fausse identité et mon désir de me débarrasser d'Ophelia n'ont fait qu'empirer les choses. Elle est convaincue que si je m'étais livrée à la police, si j'avais affronté le châtiment, cherché à me faire soigner, et essayé de reprendre le cours de ma vie en tant qu'Ophelia March, j'aurais moins souffert des séquelles.

Bien entendu, j'acquiesce à tout ce qu'on me dit. Je fais le nécessaire pour survivre dans la situation actuelle. Je m'adapte, comme je l'ai toujours fait.

Puisque je suis dans de si bonnes dispositions, on m'autorise à rentrer chez moi. Je ne serai pas poursuivie pour avoir mis le feu à la ferme de Frank Geary. Techniquement, elle m'appartenait, de toute façon. C'est l'une des raisons pour lesquelles ma psy pense que je l'ai effectivement incendiée – elle était le dernier lien me rattachant à Frank et Marlowe Geary.

« Le feu est purificateur », déclare-t-elle. Elle a raison. Je suis contente que cette bâtisse soit réduite en cendres. J'espère que quelqu'un rasera toute la propriété pour y bâtir un centre commercial.

J'ai accepté que le comté mette le domaine en vente et garde la somme qu'il en obtiendra. En échange, je ne ferai l'objet d'aucune inculpation. La transaction s'est déroulée dans la plus parfaite cordialité.

De même, Ophelia March ne sera pas inculpée pour sa complicité dans les meurtres perpétrés par Marlowe Geary. C'est du ressort des autorités fédérales, puisque ces faits se sont déroulés dans différents États. Et jusqu'à présent, personne, au FBI ou au ministère de la Justice, n'est suffisamment motivé pour m'inculper. Je suis généralement considérée comme une victime plutôt qu'une complice. On me plaint, au lieu de me vilipender. Jusqu'à présent, la nouvelle de la « résurrection » d'Ophelia n'a pas fait les gros titres, et je m'en félicite, même si ce n'est sans doute qu'une question de jours.

En outre, grâce aux relations de Drew et de Gray, je ne serai pas non plus poursuivie pour avoir usurpé l'identité de la véritable Annie. Tout va donc pour le mieux.

Je retourne à mon existence paisible et vide. Ella vient me tenir compagnie le matin, après le départ de Victory pour l'école. Je lui parle de tout, et je trouve en elle une auditrice plus obligeante que Gray. Lui ne peut se départir d'une certaine anxiété, du besoin de réparer et de contrôler, de réconforter et d'apaiser, surtout en ce qui concerne des événements qui, croit-il, ne se sont produits que dans mon imagination. Ce n'est pas de cela que j'ai besoin. Il me faut quelqu'un qui m'écoute et qui admette que ces événements ont une importance et une signification pour moi, qu'ils se soient passés dans ma tête ou pas. Ella semble le comprendre. C'est une auditrice patiente et intéressée, un peu comme ma psy.

« Dois-je t'appeler Annie ou Ophelia ? » s'enquiert-elle ce matin, tandis que nous prenons le café au bord de la piscine, étendues sur de confortables chaises longues recouvertes de serviettes de plage bariolées. Une légère brise rafraîchit l'air tiède. Au-dessus des vagues bruissantes, des mouettes se disputent un poisson en poussant des cris stridents. Il y a maintenant trois semaines que je suis rentrée.

« Plutôt Annie. » Évidemment, je ne l'ai pas attendue pour me poser la question. « J'ai décidé, après mûre réflexion, de prendre le nom d'Annie Ophelia Powers. Je ne suis plus cette fille, mais elle fait toujours partie de moi. »

Elle hoche la tête d'un air compréhensif. « Tu sais quoi, Annie ? dit-elle en souriant. Tu as l'air en forme. Plus en forme que tu ne l'as jamais été. Plus solide, plus concentrée.

— Entière.

— Oui. »

Marlowe Geary est mort. J'ai déchargé mon arme sur lui et j'ai assisté à son agonie. Finalement, j'ai sauvé Ophelia. Elle est saine et sauve, au sein d'une famille aimante. Mais je ne dis rien de tout cela. Ce n'est pas nécessaire.

Nous nous taisons pendant un moment, en dégustant notre café à petites gorgées. Dans la cuisine, j'entends la nouvelle employée de maison faire tomber un verre qui se brise sur le carrelage. Il s'agit d'une jeune femme du nom de Brigit, que Gray a engagée quand Esperanza a donné sa démission. Elle est aussi froide qu'Esperanza était chaleureuse, aussi mince qu'Esperanza était ronde, aussi taciturne qu'Esperanza était exubérante. Elle n'est pas désagréable, simplement différente. Je voulais appeler Esperanza, mais apparemment elle est rentrée au Mexique pour s'occuper de sa mère mourante, et elle n'a pas le téléphone là-bas. Elle a promis à Gray de revenir après le décès de sa mère. Mais je crains qu'elle n'ait démissionné à cause de moi. Elle nous manque énormément, à Victory et à moi. Mais d'une certaine manière, son absence nous a permis de nous rapprocher.

Je vais voir si Brigit ne s'est pas blessée. Elle n'a rien, elle est seulement un peu nerveuse et se répand en excuses. J'essaie de la mettre à l'aise, en songeant avec regret à Esperanza, une fois de plus.

À mon retour, je trouve Ella plongée dans la lecture du journal.

« As-tu entendu parler de ce qui est arrivé à cet inspecteur de police, celui qui est venu cette fameuse nuit ? me demande-t-elle.

— Ray Harrison ?

— Oui. »

J'ignore si elle sait qu'il nous a fait chanter et je n'arrive pas à décider si je dois l'en informer. Cela fait un certain temps que je n'ai pas pensé à l'inspecteur. Je me rappelle notre dernière rencontre, au sortir de ma leçon de plongée, et comment cette conversation m'a menée tout droit chez Vivian, qui m'a enfin avoué la vérité. Elle prétend aujourd'hui n'avoir jamais rien dit sur le Dr Brown, ni formulé de déclaration sibylline du genre : « C'est ce qu'on m'a demandé de te raconter. » Elle se serait laissé abuser par lui, comme tout le monde. Inutile de dire que notre relation s'est singulièrement refroidie. Elle paraît mal à l'aise en ma présence. Nous préservons les apparences, dans l'intérêt de Victory. Quant à Drew, il m'évite purement et simplement.

« Eh bien, que lui est-il arrivé ? »

Elle me tend le journal, et je lis l'article sur le policier déchu – la prostituée, l'héroïne, l'addiction au jeu, les versements mystérieux sur son compte en banque. Sur la photo accompagnant le texte, Ray Harrisson a l'air défait, hébété. Je remarque que la mèche blanche au-dessus de l'oreille a disparu. Bizarre. Peut-être est-ce dû à un jeu de lumière…

Je lève les yeux vers Ella, et la vois qui m'observe. Elle fronce les sourcils quand nos regards se croisent.

« Dingue, non ? » dit-elle, une lueur étrange dans la prunelle, comme si le côté sensationnel de l'histoire l'émoustillait.

Je replie le journal, ferme les yeux et renverse la tête en arrière. Je sens le soleil sur mon visage et je suis prise d'une soudaine angoisse. Il y a quelque chose qui cloche, dans cette histoire… Mais je ne peux pas me permettre de penser à Harrison, pour le moment, ni de me préoccuper de ses problèmes, et je me contente d'acquiescer : « Oui, c'est complètement dingue. »

43

On ne me laisse jamais seule, ainsi que je commence à m'en apercevoir une semaine à peu près après mon retour. Il y a toujours quelqu'un près de moi, Gray, Ella ou Brigit. On ne me laisse même pas seule avec Victory, sauf le matin, quand je la conduis à l'école. Ce n'est pas qu'ils soient tout le temps sur mon dos, mais il y a toujours quelqu'un à la maison ou pour m'accompagner quand je fais des courses. Étant donné l'opinion qu'ils ont de moi, je ne peux pas les en blâmer. Je supporte donc la situation un moment, mais elle finit par me lasser. Je me conduis pourtant de façon exemplaire, en faisant ce qu'il faut pour vivre avec ma famille au lieu d'être enfermée dans une chambre capitonnée.

« Maman, dit Victory dans la voiture, tandis que nous roulons vers son école.

— Oui, ma chérie ?

— Tu vas mieux ? » Elle me regarde dans le miroir du rétroviseur, en fronçant légèrement les sourcils.

« Oui, je vais mieux. Beaucoup mieux. »

Je la vois sourire, et reporte mon attention sur la route. C'est alors qu'elle reprend :

« Je ne veux plus jamais partir en voyage avec papy et mamie. »

Surprise, je la regarde dans le miroir, et constate qu'elle a toujours cette expression soucieuse.

« Pourquoi donc, mon bébé ?

— Je ne veux plus, c'est tout. Je veux rester avec toi et papa. Vous n'avez qu'à ne plus jamais partir, comme ça ils ne pourront plus jamais m'emmener. » Je comprends qu'elle a longuement réfléchi à la question, et ressens un petit pincement au cœur.

Je lui souris, et décide de ne pas chercher à en savoir plus pour le moment. « Je ne vais nulle part, et tu n'es pas obligée d'aller où que ce soit si tu n'en as pas envie. D'accord ?

— D'accord », répond-elle, sans se départir de sa mine inquiète.

Pendant le reste du trajet, j'observe son visage, en me demandant si je dois insister pour qu'elle m'en dise plus. Mais quand nous arrivons devant l'école, elle est redevenue elle-même et babille joyeusement. Aujourd'hui, chacun devait apporter son objet préféré et expliquer aux autres les raisons de son choix. Elle a pris Claude et Isabel, et je suis sûre qu'ils vont faire un tabac.

Après l'avoir déposée, je ne rentre pas tout de suite à la maison. Aucune envie de passer le reste de la journée à marcher sur la pointe des pieds pour ne pas attirer l'attention de Brigit, qui, soit dit en passant, est encore moins douée que moi pour la cuisine et le ménage. Je commence à la suspecter d'être en réalité une employée de Gray et d'avoir été engagée pour me surveiller.

Je me retrouve au cybercafé de la plage. Je commande un *latte* et m'installe dans une cabine au fond de la salle, puis me mets à naviguer sur le Web. J'ai envisagé un temps d'essayer de découvrir une preuve de ce qui s'est passé. Mais en fait, je n'ai pas besoin qu'on me croie. Je sais ce qui est arrivé. Je sais que je ne suis pas folle. Je sais que j'ai affronté Marlowe Geary, et que je l'ai définitivement éliminé de ce monde. Cette certitude m'apporte la guérison, et cela devrait me suffire. Quoi qu'aient fait Alan Parker et SOS Affligés pour dissimuler les faits, cela ne me concerne pas. J'ai tenté de contacter mon père pour lui parler de cette nuit-là, mais sans résultat. Je commence à m'inquiéter à son sujet.

Mes doigts hésitent au-dessus du clavier. Je songe tour à tour à essayer de contacter Alan Parker, à chercher des témoignages de personnes ayant eu affaire à SOS Affligés, ou à tenter une fois de plus de joindre mon père, hors de la présence de Gray. Il y a une cabine téléphonique près des toilettes. Mais en fin de compte, je ne fais rien de tout ça, parce que j'ai la sensation d'être épiée. Tout le monde est tellement satisfait de mes « progrès » ! Je ne veux pas les alarmer. Je dois rester à la maison, pour ma fille.

« Ils ne veulent pas que vous restiez seule, hein ? » Je me retourne et découvre une jeune femme assise à la table derrière moi ; à côté d'elle, un bébé dort béatement dans sa poussette. Ses cheveux blond cendré sont tirés en queue-de-cheval, et son teint est si pâle qu'il en paraît presque gris. Des cernes de fatigue bordent ses yeux. Elle m'est totalement inconnue.

« Je vous demande pardon ?

— Cela fait des jours que j'essaie de vous voir seule à seule, dit-elle.

— Est-ce que je vous connais ?

— Non, vous ne me connaissez pas, madame Powers. Je m'appelle Sarah Harrison. Je suis la femme de Ray Harrison. »

Je la dévisage, en essayant de deviner ses intentions. S'agit-il d'une nouvelle tentative de chantage ? d'une femme désespérée qui a besoin d'argent ? Non, ce n'est pas ce que je lis sur ses traits. Son regard est grave, et l'on sent en elle une force, une présence. Elle n'a rien d'une criminelle. Elle semble apeurée, et son regard se tourne sans cesse vers la porte avant de revenir vers son bébé. L'enfant ressemble beaucoup à Ray Harrison, mais je sais que c'est une fille parce qu'elle est habillée de rose. Je me souviens de l'époque où Victory était aussi petite et fragile qu'elle. C'est plus fort que moi – je me penche et effleure le duvet au sommet de son crâne. Elle pousse un soupir, mais ne se réveille pas.

« Il faut que je vous parle », reprend Sarah.

Je lui tourne le dos. Si quelqu'un nous épie, je veux lui faire croire que je me contentais d'admirer le bébé. Je fixe l'écran de mon ordinateur. « Que puis-je pour vous, madame Harrison ?

— Vous savez ce qui est arrivé à mon mari ?

— Oui. Je suis navrée », dis-je en hochant la tête. Et c'est vrai, je le suis, pour eux tous, surtout la petite fille.

« C'est arrivé parce qu'il essayait de vous aider.

— Je ne comprends pas. » J'ai conscience de paraître froide et distante, mais je ne peux me permettre d'agir autrement, dans la situation présente. Sans se décourager, elle entreprend de me relater les événements, la version que j'en ai lue dans les journaux, plus tout ce que l'inspecteur a appris au cours de son enquête.

« Ils pensent qu'il a fait une dépression nerveuse, liée à son addiction au jeu. Personne ne veut le croire quand il raconte ce qu'il a découvert sur SOS Affligés, ni quand il affirme avoir été victime d'une agression au Taser. On le prend pour un fou.

— Le Taser devrait avoir laissé des marques sur son corps, si ce qu'il dit est vrai.

— Il y avait effectivement des marques, mais ils ont refusé de croire qu'elles provenaient d'un pistolet paralysant. Ils ont interrogé votre amie, Ella Singer, mais purement pour la forme. » Elle s'interrompt et fait entendre un petit rire âpre. « Ils étaient scandalisés, son mari et elle. Elle avait fait le maximum pour l'aider dans son enquête, et c'était ainsi qu'elle en était récompensée ! Apparemment, son mari joue au golf avec le maire », ajoute-t-elle, d'un ton chargé d'amertume.

Je me souviens de la lueur dans les yeux d'Ella quand elle m'a tendu le journal. Elle s'est bien gardée de me parler des allégations de l'inspecteur, évidemment. Et l'article n'y faisait pas allusion. Si je la mettais en face des faits, elle me dirait sûrement qu'elle voulait m'épargner toute contrariété, que j'avais mes propres problèmes. Et c'est peut-être la vérité. J'ai du mal à imaginer Ella en train de brandir un Taser ; pourtant, d'une certaine façon, ce n'est pas tout à fait inimaginable.

« Admettons que je vous croie, dis-je à Sarah. Que puis-je y faire ?

— Vous ne comprenez pas. Je ne vous demande pas de m'aider, j'essaie au contraire de vous venir en aide. Ils veulent vous faire croire que vous êtes folle. C'est faux. Mon mari vous a fait du tort, il le sait à présent. Il veut réparer cette erreur, et moi aussi.

— Bon, c'est peut-être vrai. Que croyez-vous pouvoir faire pour m'aider, Sarah ? »

Le bébé lâche un petit soupir. Du coin de l'œil, je vois remuer le petit paquet rose.

« Rien, peut-être. Mais j'ai cru bon de vous informer que vous vivez dans un nid de vipères. Votre époux, votre meilleure amie et vos beaux-parents, tout le monde vous ment. Ils vous retiennent pratiquement prisonnière, dans la plus agréable des cages. »

Sans répondre, je bois une gorgée de café, en espérant qu'elle ne verra pas que ma main tremble.

« Mon mari a découvert une chose très intéressante, c'est d'ailleurs pour cette raison qu'il s'est rendu chez vous. Il a appris que SOS Affligés est un client de Powers et Powers. »

Comme je garde le silence, elle poursuit :

« Un ami de Ray, qui travaille au FBI, lui a transmis une liste de tous leurs clients. Le gouvernement surveille de près ces milices privées, pour des raisons évidentes. Laissez-moi vous poser une question : quel genre de prestations une société militaire peut-elle fournir à une association d'aide aux victimes ? »

Bonne question. Tellement bonne que je ne suis pas sûre de vouloir connaître la réponse. Je vide ma tasse.

« Si tout cela est vrai, vous vous mettez en danger en venant ici, Sarah. Vous devriez penser à votre fille.

— C'est en pensant à elle que je le fais, réplique-t-elle sèchement. Je veux qu'elle sache que la vie implique parfois de prendre des risques. Que, si l'on fait des erreurs, on ne peut aller de l'avant qu'en les corrigeant, dans la mesure du possible. Mon mari en a commis beaucoup, dont certaines vous concernent de près. Mais il a essayé de les réparer, et ça lui a coûté cher – sa carrière, sa réputation. Nous ne pouvons pas y changer grand-chose. Mais nous avons tous deux le sentiment que nous vous devons la vérité. Voici mon conseil : Prenez votre fille et partez le plus loin possible de cette famille. Fuyez à toutes jambes. »

Je me lève brusquement. Je ne veux pas en entendre davantage. Je ramasse mon sac, le passe à mon épaule.

« Vous avez accès à l'ordinateur de Gray, n'est-ce pas ? Trouvez la liste des clients de la société Powers et Powers. Vous verrez bien si je dis la vérité. »

Je dépose de l'argent sur la table, un pourboire destiné à récompenser un service inexistant. Et je me dirige vers la porte.

« Si vous ne voulez pas le faire pour vous-même, Annie, faites-le pour votre fille. »

Je m'éloigne sans me retourner.

Dans une topographie karstique, il existe un phénomène appelé perte de rivière, ou capture souterraine. À un moment, la rivière s'infiltre à travers le calcaire poreux du substrat et poursuit son trajet sous terre, par un réseau compliqué de grottes et de cavernes. Comme n'importe quel cours d'eau, elle peut en rejoindre d'autres et coule à un rythme rapide et régulier, mais dans le noir, très loin sous nos pieds. Puis, comme si elle surgissait du néant, elle refait surface, parfois à des centaines de kilomètres de son lieu d'origine.

Dans ce milieu souterrain prolifèrent des créatures appelées troglobies, des animaux parfaitement adaptés à cet environnement humide et obscur – araignées et mouches, mille-pattes et lézards. Au fil de l'évolution, ils ont perdu leurs yeux et leur peau est devenue translucide. La moindre exposition à la lumière leur serait fatale.

Ophelia a disparu sous terre, pour reparaître sous l'identité d'Annie. Comme deux cours d'eau, leurs vies se sont mélangées et ont continué à s'écouler, avant de replonger dans le noir. Je croyais avoir refait surface une fois pour toutes. Mais peut-être est-il vrai que je ne sais même plus faire la différence entre la lumière et l'obscurité. Peut-être suis-je parfaitement adaptée à ma vie actuelle.

Je roule au hasard pendant un moment, le cœur battant la chamade, la gorge sèche et douloureuse. Mes poumons ne sont pas encore guéris, et j'ai du mal à respirer à fond. Je remonte le long de la plage, fais demi-tour, et circule à travers les rues de cette pittoresque petite ville de bord de mer, en observant les touristes et leurs terribles coups de soleil ; les adolescents au corps lisse et parfait, se pavanant en maillot de bain, pieds nus ; les retraités aux cheveux argentés s'appuyant sur leur canne. Quelque temps après, je recouvre mon calme, mais les paroles de Sarah Harrison résonnent encore dans ma tête. Je voudrais rentrer à la maison et faire comme si je ne l'avais jamais vue. J'essaie de me persuader qu'elle n'est qu'un produit de mon esprit malade, un autre fantasme. Mais je n'y parviens pas, car ses mots ont trouvé un écho en moi : *Je veux qu'elle sache que la vie implique parfois de prendre des risques. Que, si l'on fait des erreurs, on ne peut aller de l'avant qu'en les corrigeant, dans la mesure du possible.* Une vérité élémentaire, mais qui me fait du mal. Je prends conscience que je suis à nouveau en train de me trahir – par amour pour ma fille, cette fois.

44

Ce soir, nous avons prévu de dîner chez Drew et Vivian, et cette perspective me rend nerveuse. Depuis mon retour, je suis mal à l'aise en présence de Vivian et je n'ai pas échangé un mot avec Drew. Dîner chez eux est bien la dernière chose dont j'ai envie. Mais Gray m'a convaincue que c'était nécessaire pour revenir à la normale et retrouver une vraie vie de famille. J'en arriverais presque à le détester.

Je lui ai parlé d'un ton brusque à deux reprises pendant que nous nous préparions, et à présent il m'évite. Victory est maussade et se montre inhabituellement capricieuse. Sans doute ma mauvaise humeur est-elle contagieuse – à moins qu'elle ne soit contrariée pour des raisons personnelles. Elle ne veut pas nous accompagner et l'a clairement fait savoir ; elle préférerait rester ici et manger une pizza en regardant un film. Je lui demande pourquoi en l'aidant à enfiler la robe que je lui ai achetée aujourd'hui, après ma rencontre avec Sarah Harrison. Cet achat est le prétexte dont je me suis servie auprès de Brigit, afin d'expliquer pourquoi je n'étais pas rentrée directement après avoir déposé Victory à l'école.

« Tu as toujours aimé aller chez mamie », dis-je en attachant les boutons en forme de cœur de la robe en vichy rose qu'elle porte par-dessus des collants sans pieds de la même couleur. Elle relève ses cheveux pour me faciliter la tâche, et réplique d'un air têtu : « Non. J'aime mieux la pizza et la vidéo. »

Dans le miroir en face de nous, je vois les coins de sa bouche s'abaisser dans une moue chagrinée. Je la force doucement à se retourner face à moi. Il n'y a rien de Marlowe en elle ; son visage est le reflet du mien.

« Qu'est-ce qui ne va pas, ma chérie ? » Je pose cette question à voix basse, presque en chuchotant.

« Rien », me répond-elle en baissant les yeux. Puis elle s'appuie contre mon épaule et passe ses petits bras autour de mon cou. Je la serre contre moi et m'apprête à répéter ma question quand Gray apparaît sur le seuil.

« Vous pouvez me faire une place ? » demande-t-il en souriant.

Victory court vers lui, avec un visage rayonnant, d'où toute trace de tristesse a disparu. Il la soulève du sol et la prend dans ses bras. Nous nous sourions par-dessus sa tête tandis qu'elle glousse de plaisir. Il la repose et dit : « Tout le monde est prêt ? Papa vient de téléphoner. Les steaks sont déjà sur le gril. »

Le sourire s'efface aussitôt de nos lèvres à toutes deux. Mais, s'il le remarque, il ne fait aucun commentaire.

Cette farce me rend malade. Sarah Harrison pourrait aussi bien être assise en face de moi, à cette longue table autour de laquelle nous sommes réunis. Le large disque orangé du soleil descend à toute vitesse sous l'horizon bleu et rose, au-dessus du golfe. Nous nous régalons de filet de bœuf, de pommes de terre au four, et de gros épis de maïs. Drew et Gray boivent des Corona, Vivian et moi, du chardonnay et Victory, du lait dans une tasse en plastique Hello Kitty. N'importe qui, en nous voyant, éprouverait un pincement d'envie devant cette famille riche et heureuse, partageant un bon repas dans une luxueuse maison avec vue sur l'océan.

« Annie, dit Drew, rompant le silence gêné qui s'est installé sitôt épuisés les échanges de civilités et les questions badines adressées à Victory, vous avez l'air en forme. »

Il me sourit comme il ne l'avait encore jamais fait, d'un air empli de satisfaction bienveillante, tel un roi contemplant ses sujets. Je le remercie, parce que ça me semble la meilleure chose à faire dans ce contexte.

« Je m'en réjouis, poursuit-il. C'est une bénédiction de nous retrouver enfin réunis. Mais le chemin a été long – pour nous tous.

— Oui, acquiesce Vivian, en regardant son assiette. Une vraie bénédiction. » Elle lève les yeux vers moi et me prend la main. J'éprouve une violente envie de me dégager, mais je m'en abstiens. Je lui souris, puis me tourne vers Victory, assise à côté de moi, qui m'observe avec attention.

« Je dois avouer, reprend Drew, d'une voix un peu trop forte, un peu trop enjouée, que lorsque je vous ai vue pour la première fois, j'ai pensé que vous n'étiez pas l'épouse qu'il fallait à mon fils. Vous n'alliez pas bien, et je craignais que Gray n'essaie de vous venir en aide comme il n'avait pas pu le faire pour sa mère. »

C'est comme s'il avait assené un coup de poing sur la table ; les gestes se figent, chacun s'interrompt pour le regarder. Jamais il n'avait tenu pareils propos ; leur franchise brutale me fait monter le rouge aux joues.

« Papa », dit Gray en se rembrunissant et en se penchant en avant. Il lance un regard significatif en direction de Victory, et je vois ses épaules et ses biceps se contracter.

« Laisse-moi finir », rétorque Drew d'un ton brusque, en levant la main.

Je m'aperçois qu'il est ivre. Il a descendu au moins quatre bouteilles de bière depuis que nous avons pris place à table et il avait probablement commencé à boire avant notre arrivée. D'où cette loquacité et cette désinvolture incongrues.

Gray me lance un regard gêné, mais se renfonce dans son siège, l'air toujours aussi tendu, dans l'expectative. Ce n'est pas qu'il ait peur de tenir tête à son père, mais la moindre discussion peut dégénérer en bagarre, et il préfère attendre le moment propice.

« Mais vous ne ressemblez pas à la mère de Gray, reprend Drew. Il y a en vous un courage que je n'aurais jamais soupçonné. Vous rendez mon fils heureux et vous êtes une bonne mère. »

Il y a seulement un an, j'aurais fondu de gratitude en entendant cette déclaration. Aujourd'hui, j'ai tout bonnement envie de lui faire sauter ses belles dents blanches d'un grand coup de poing. Les paroles de Sarah Harrison tournent en boucle dans ma tête, et mon cœur bat sur un tempo de plus en plus rapide. Je dois faire un gros effort pour dissimuler mon agitation.

Vivian se lève soudain, repoussant sa chaise si vivement qu'elle manque la renverser. Elle voit venir l'orage.

« Victory, si nous montions voir ta maison de poupée ? » lance-t-elle en se dirigeant vers la porte. Je m'attends à voir Victory bondir de son siège pour la rejoindre, mais elle ne fait pas le moindre geste.

« Non, dit-elle d'un air boudeur. Je veux rester ici, ajoute-t-elle en me prenant la main.

— Victory, insiste Vivian, d'un ton si sévère que je tressaille, viens avec moi ! »

Quelque chose se rompt en moi, et je crie : « Je vous interdis de lui parler sur ce ton ! »

Tout le monde se tourne vers moi, comme si j'étais un pantin qui se serait mis tout à coup à bouger sans l'intervention du marionnettiste.

« Je ne veux plus jouer à tes jeux, mamie. Je n'aime pas ça. »

Je la regarde, en me disant qu'elle est déjà plus dure et plus forte que je ne l'ai jamais été.

« De quels jeux parles-tu, Victory ? » Elle ne répond pas, mais leurs regards s'affrontent. Dans celui de Vivian, il y a un avertissement et, dans celui de ma fille, de la peur. La colère se met à bouillonner en moi, et je m'interpose entre elles, répétant ma question.

« De quels jeux parles-tu ? »

Cet après-midi, je suis entrée dans l'ordinateur de Gray et j'ai découvert que Sarah n'avait pas menti. Il existe bien un lien entre Powers et Powers et SOS Affligés. Depuis, mon esprit confus s'efforce en vain de rassembler les morceaux du puzzle. Le regard qu'échangent Vivian et Victory, pour une raison inconnue, provoque un déclic, et tout se met en place.

« Que se passe-t-il ? » s'enquiert Gray, qui incline le buste en avant, comme s'il était sur le point de se lever.

Victory secoue la tête et baisse les yeux vers ses genoux. Tout son corps se raidit ; elle a lâché ma main et s'agrippe aux bras de son siège. Je place une main sur son épaule, me penche vers elle et chuchote : « Tu n'es pas obligée d'y aller, si tu n'en as pas envie. » Je la vois aussitôt se détendre.

Le silence retombe pendant un instant, puis je dis d'une voix calme : « La photo. » Tout devient soudain très clair, et je sens la rage monter en moi. Pourtant, ma voix n'est guère plus qu'un murmure. « Vous l'avez ligotée et vous avez pris une photo, en lui faisant croire qu'il s'agissait d'un jeu. »

Victory me regarde d'un air surpris, puis ses larmes se mettent à couler. « *Ne fais pas de mal à ma maman !* » hurle-t-elle tout à coup, en fixant Drew. Une telle terreur se reflète sur son visage que mon cœur fait un bond dans ma poitrine. Elle s'empare de ma main et entreprend de se hisser sur mes genoux. « *Je lui ai rien dit ! Je lui ai rien dit !* »

Elle s'accroche à moi, en sanglotant comme elle le faisait quand elle était bébé. Je la serre sur ma poitrine et j'enfouis mon visage dans ses cheveux.

« Personne ne va me faire du mal, Victory », dis-je tout bas.

Gray regarde son père ; sur son visage, la perplexité le dispute à la déception. « Papa, qu'as-tu fait ? »

Drew inspire profondément, plusieurs fois de suite, comme pour s'armer de courage. « J'ai fait ce qu'il fallait faire pour notre bien à tous, pour que la famille soit enfin réunie comme elle l'est ce soir. »

Gray se lève si vite que toute la table en tremble. Un verre tombe sur le sol et se fracasse en mille morceaux ; du vin et des éclats de verre arrosent nos chevilles. Personne n'esquisse le moindre geste pour le ramasser ; tout le monde reste figé sur place, comme pétrifié. Le visage de Gray est tout rouge, une veine palpite à son cou. Je ne l'ai jamais vu aussi furieux.

« Que veux-tu dire, papa ? » rugit-il.

Drew s'empourpre à son tour, mais garde le silence.

« Bordel, réponds-moi ! »

Drew prend sa bouteille de bière et boit à longs traits. Manifestement, il n'est pas disposé à lui donner satisfaction.

« SOS Affligés est un de vos clients », dis-je finalement à Gray. J'ai envie de me mettre en colère, comme lui, de prendre la porcelaine et les verres et de les envoyer voltiger rien que pour les entendre se briser, mais ma fille se cramponne à moi, au bord de l'hystérie. J'ai le sentiment que je dois à tout prix rester calme, que c'est mon devoir envers elle. « J'ai vérifié la liste de vos clients sur ton ordinateur, cet après-midi. Leur nom y figure. »

Le regard de Gray se pose sur moi, puis se tourne de nouveau vers son père. Visiblement, il ne sait plus que croire.

Tous les yeux sont à présent fixés sur Drew, qui n'a toujours rien dit, se bornant à gonfler le torse et rejeter les épaules en arrière – l'image même de l'arrogance et de l'autosatisfaction, de l'homme persuadé d'être dans son bon droit.

« Et alors ? dit-il simplement. Qu'est-ce que ça prouve ? »

Le visage de Gray se décompose, et toute colère semble le quitter. Je me rappelle lui avoir déjà vu cette expression, il y a longtemps, quand il venait me voir à la clinique psychiatrique et me parlait de son père, m'expliquant combien il se sentait impuissant face à la volonté de celui-ci, à ses ambitions pour lui. Comment il avait essayé toute sa vie de plaire à cet homme qui n'était jamais satisfait. Nous n'en avions jamais reparlé depuis, absorbés comme nous l'étions dans mes propres drames. Je constate que rien n'a changé. Peut-être

Gray s'est-il trahi lui-même, comme moi, vivant une vie factice dans ce qu'il croyait être notre intérêt à tous. Peut-être n'avait-il jamais souhaité retourner travailler dans l'entreprise paternelle, peut-être s'y était-il seulement senti obligé, pour pouvoir bâtir un foyer.

« Tu as passé toute ton enfance à essayer de sauver ta mère, reprend Drew, s'emparant de sa fourchette et de son couteau pour découper son steak. Je ne voulais pas que tu consacres ta vie d'adulte à un autre cas désespéré. Je ne voulais pas qu'un autre enfant placé sous ma responsabilité grandisse auprès d'une mère instable. Nous avons fait ce qu'il fallait faire pour aider Annie. Mais son salut ne dépendait en fin de compte que d'elle-même. Certes, nos méthodes étaient peu orthodoxes, mais il fallait qu'il en soit ainsi. Annie le sait bien. »

Il s'exprime d'un ton si posé, si neutre, qu'il pourrait être en train de parler de n'importe quoi – une entreprise audacieuse, un investissement dans des valeurs à risque qui aurait finalement rapporté gros. Mais c'est de moi qu'il parle, de ma vie, de ma fille. Nous le contemplons avec des yeux ronds, Gray et moi, tandis qu'il se remet à manger. Victory continue à pleurer tout bas entre mes bras. Vivian est debout à la tête de la table, les mains posées sur le dossier de sa chaise. Le soleil a disparu sous l'horizon, et une lueur orange et bleu s'est répandue sur l'océan. Un si bel endroit, pour une vie si laide…

« Tu étais hantée, Annie, déclare Vivian d'une voix douce et grave. Il t'aurait hantée à jamais. » Mais personne ne semble l'entendre.

J'observe mon mari, je le vois en train d'analyser les données du problème, de réfléchir à ce que je lui ai raconté, de se souvenir des accusations que j'ai lancées contre Drew et Vivian, toute cette histoire qui, selon lui, n'était qu'un rêve. « Alan Parker, SOS Affligés, tout ce qu'il lui a dit… C'était donc vrai ? » Il parle d'une voix basse, dénuée de colère, seulement… triste.

Drew découpe soigneusement un autre morceau de viande et le porte à sa bouche, puis se met à le mastiquer. Gray et moi le contemplons, abasourdis par tant de calme et d'indifférence, comme si notre stupeur et notre colère n'étaient rien de plus qu'une brise passant à travers les branches d'un vieux chêne géant sans même les faire frémir.

« Écoute, dit-il enfin, en reposant son couvert avec bruit. Alan Parker a conduit Annie là où elle devait aller, et Annie a fait le reste. N'est-ce pas, ma fille ? »

Le regard de Gray se pose alternativement sur son père et sur moi, sans parvenir à se fixer. « Es-tu en train de dire qu'il était là-bas ? Marlowe Geary ? Qu'elle l'a *tué* ? » Sa voix est dure, tendue ; il crispe les poings le long de ses flancs. « Non. C'est impossible, bordel. »

Un large sourire s'étale lentement sur le visage de Drew. Un sourire presque bienveillant, démenti par son regard froid. Cette jubilation a quelque chose de si monstrueux que je me surprends à reculer.

« Qu'en pensez-vous, Annie ? me demande-t-il, avec un hideux clin d'œil de connivence, comme pour me faire partager une bonne blague. Marlowe Geary est-il enfin mort ? »

Et c'est alors que je comprends. Il existe effectivement une connivence entre lui et moi, car nous sommes les seuls à avoir conscience qu'il fallait que ce soit *moi* qui tue Marlowe Geary. Aucun témoignage, aucun récit, aucun article trouvé sur Internet n'auraient jamais pu me convaincre de sa mort. Il me fallait le tuer et le regarder mourir. C'était le seul moyen de me libérer définitivement de lui.

Ma colère contre Drew s'évapore, et je suis de nouveau envahie par cette torpeur familière qui m'a permis de survivre à tant d'horreurs. Ma rage et ma peur s'éteignent d'un coup, le vide se fait en moi. Je découvre pourtant que je ne supporte plus la vue de Drew et de Vivian. Je me lève, tenant Victory dans mes bras, et me dirige vers la porte. Il reste encore beaucoup de questions, mais je ne veux pas entendre les réponses. Pas de la bouche de Drew et Vivian, en tout cas.

« Annie, je t'en prie, essaie de comprendre », plaide Vivian. Je vois une fois de plus la peur sur son visage, mais je ne suis déjà plus là. Derrière moi, j'entends Gray déclarer, en s'efforçant de maîtriser sa voix :

« J'ai besoin de comprendre ce que tu as fait, papa. J'ai besoin que tu me dises la vérité.

— Mieux vaut en rester là, fiston », répond Drew, d'un air aussi inébranlable qu'un mur de brique.

J'attends dans le vestibule, l'oreille tendue, en berçant Victory qui s'est enfin apaisée.

« Je ne peux pas.

— Si, tu le peux, si tu sais ce qui est bon pour ta famille. Ta femme ne va pas bien. Pas assez, à mon avis, pour s'occuper de cette enfant. Et nous savons tous que tu n'es pas le père biologique de Victory. Qu'arriverait-il à cette gamine si sa mère se retrouvait enfermée dans une cellule capitonnée ?

— S'agit-il d'une menace ? » demande Gray.

Personne n'était censé savoir que Victory est l'enfant de Marlowe, sauf Gray et moi. Ainsi que mon père… Tout à coup, je me sens faible, et je suis obligée de déposer Victory à terre, et de m'agenouiller près d'elle sur le sol de marbre froid. Je la regarde pour voir si elle a entendu, mais elle se contente de s'appuyer sur moi en se frottant les yeux.

« On rentre à la maison ?

— Tout de suite. Mais il faut attendre papa.

— D'accord. Il peut se dépêcher ? Je n'ai pas envie de rester ici.

— Moi non plus. »

La voix de Drew s'élève alors, tonitruante. « Je n'ai pas besoin de te faire un dessin, ni de te parler de mes relations. Ton boulot, ta maison, ta femme, même ta fille, ne t'appartiennent que parce que je t'y ai autorisé. Il me suffit de passer quelques coups de fil, et tu n'auras plus rien.

— Drew… » La voix de Vivian, implorante.

« *Qu'as-tu fait ?* » Quelque chose s'écrase sur le sol avec fracas. Victory et moi nous cramponnons l'une à l'autre. Je voudrais me réfugier dans la voiture, mais je ne peux pas laisser Gray seul ici. Nous nous recroquevillons comme pour nous protéger de l'orage.

« J'ai fait le nécessaire pour que nous formions une vraie famille, pour que Victory ait une mère en bonne santé, pour que tu ne passes pas le reste de ta vie à tenter de sauver une malade incurable. Tu ne saisis pas ? »

Je n'entends pas la réponse de Gray. Mais, étrangement, je comprends le point de vue de Drew. Sans doute parce que je suis aussi cinglée que lui.

« C'était en train de recommencer, reprend-il. Ces attaques de panique, comme avant la naissance de Victory. Ça débutait toujours ainsi. Et la minute d'après, elle avait disparu pour grimper dans un bus à destination d'on ne sait où. Et si elle avait emmené Victory avec elle ? Ou pire, si elle l'avait abandonnée quelque part ? Ça allait encore, tant qu'elle ne représentait un danger que pour elle-même, mais…

— Tu es malade, papa, l'interrompt Gray, d'un ton empli de dégoût. Tu ne peux pas te servir des gens ainsi, les manipuler et les contrôler pour qu'ils deviennent conformes à tes souhaits. Tu n'y es pas parvenu avec maman, et tu n'y parviendras pas non plus avec ma famille et moi. Je suis revenu ici avec l'espoir que nous pourrions apprendre à nous aimer et à nous accepter l'un l'autre, malgré nos différences. Mais cela n'arrivera jamais, n'est-ce pas ?

— Je t'aime vraiment, fiston, murmure Drew, d'une voix soudain faible, et infiniment triste.

— Tu ne sais même pas ce que c'est qu'aimer, papa. Tu ne l'as jamais su. »

Puis les pas de Gray résonnent derrière moi, lourds et rapides. Il s'accroupit près de nous, m'aide à me relever et prend Victory dans ses bras.

Elle se laisse aller contre lui, épuisée, molle comme une poupée de chiffons. « On peut partir maintenant ? »

Il pose sur moi ses yeux couleur d'orage. « Je suis désolé, Annie. Tellement désolé…

— Sortons d'ici », dis-je en posant une main sur son bras. Je n'ai plus envie de parler, je veux juste quitter cette maison pour ne plus jamais revenir.

« J'aurais dû te croire.

— Tu n'avais aucune raison de le faire.

— C'est faux. Simplement, je n'avais pas *envie* d'entendre la vérité.

— Ne t'inquiète pas, dis-je, alors que nous franchissons la porte. À partir de maintenant, tu vas pouvoir commencer à me croire. »

45

Je parcours la maison en écoutant les échos de notre vie passée. Les fenêtres sont ouvertes et laissent entrer l'air humide. J'entends l'océan et je respire son odeur saline. C'est ce que je regretterai le plus, la proximité de la mer, le sable sur nos pieds, les cris des oiseaux, le tintement du carillon éolien sur la véranda. Mais New York possède aussi sa beauté. Et d'une certaine façon, j'y suis davantage à ma place que je ne l'ai jamais été en ce lieu, si magnifique soit-il.

Les quelques meubles que nous emportons sont déjà en route vers notre nouvelle demeure – une maison d'un prix ridiculement élevé, une de ces vieilles constructions en grès rouge, sur le côté est de Tompkins Square. Un quartier pas vraiment résidentiel, c'est sûr. Rien à voir avec cette luxueuse villa, mais ce sera vraiment à nous – un endroit que nous aurons choisi nous-mêmes, selon nos propres critères. Notre foyer. Tout le reste, nous le laissons derrière nous.

Je passe de pièce en pièce pour m'assurer que tout est propre et que nous n'avons rien oublié. Je ressens une profonde nostalgie que je ne m'explique pas. Gray et Victory sont partis faire des courses ensemble – clôturer le compte en banque, acheter à Victory une petite valise en prévision du voyage de demain.

Quand j'ai fini d'inspecter la maison, je m'attarde devant les portes en verre du rez-de-chaussée et contemple le golfe, jusqu'à ce que je sente une présence derrière moi. Je me retourne vivement et découvre l'inspecteur Harrison planté au milieu du séjour.

« La porte était ouverte », dit-il d'un ton d'excuse.

Il a l'air pâle et amaigri, mais étrangement serein, comme apaisé. Je me sens reconnaissante envers lui et envers sa femme, et je suis contente de le voir. J'ai envie de le serrer dans mes bras, mais je ne le fais pas et me contente de lui sourire, en espérant ne pas lui paraître froide et distante.

« Un café ?

— Volontiers. »

Je lui en verse une tasse, sans m'en servir une. Je suis déjà suffisamment énervée, et je sens poindre une migraine. Je m'assieds sur le canapé, mais il préfère rester debout.

« Votre famille va bien ?

— Ça va, répond-il en hochant la tête. Je crois que nous allons nous en sortir. J'ai accroché une plaque à ma porte : "Ray Harrison, Détective privé". J'ai même réussi à trouver des gens qui ne voient pas d'inconvénient à confier une enquête à un camé possédant un casier judiciaire. » Il laisse échapper un petit rire, qui ôte à ses propos un peu de leur amertume.

« Quoi qu'il en soit, je suis venu vous apporter ceci », reprend-il, en s'approchant de moi. Il me tend un morceau de papier plié en deux. Je le déplie et le fixe un instant sans comprendre. C'est un chèque du montant exact de la somme qu'il nous a extorquée.

« Gardez-le, dis-je en le lui rendant. Vous nous rembourserez quand la situation se sera améliorée.

— Non, réplique-t-il, levant la main en signe de refus. Il faut que je le fasse. J'ai promis à ma femme de réparer mes torts envers vous. »

Je hoche la tête et pose le chèque à côté de moi. Nous observons un petit silence embarrassé, aucun de nous ne sachant que dire. Notre relation est tellement bizarre qu'il nous est difficile de trouver un sujet de conversation.

« Il y a certaines choses que je pourrais vous révéler, reprend-il soudain, en se balançant à sa manière coutumière, les mains enfoncées dans les poches. Mais vous n'avez peut-être pas envie de les connaître. Peut-être préférez-vous repartir de zéro et faire table rase du passé. »

Je n'ai pas reparlé à Drew ni à Vivian depuis l'autre soir. Gray a demandé à son père de lui racheter ses parts de la société Powers et Powers, et Drew a accepté. Mais il a refusé d'en dire plus sur ses liens avec SOS Affligés, de révéler comment il avait appris que Gray n'était pas le père de Victory ou d'expliquer plus précisément ce qui m'est arrivé. Gray a bien essayé de trouver des explications par ses propres moyens, mais il s'est heurté à un mur. Nous avons décidé d'un commun accord que, pour le bien de notre famille, pour protéger Victory, nous devions nous résoudre à ne jamais savoir toute la vérité.

« Je croyais que j'allais rester dans le noir le reste de ma vie, poursuit Harrison, qui s'est mis à marcher de long en large. Mais quelqu'un est venu me voir l'autre jour, dans mon nouveau bureau.

— Qui était-ce ?

— Une vieille amie à vous, rétorque-t-il avec un sourire sarcastique. Je ne peux pas en dire autant, évidemment. Mais elle m'a remis ceci.

— Ella ? Où est-elle ? Les volets anti-ouragans de sa maison sont baissés, elle est partie depuis des semaines, sans me téléphoner ni m'envoyer d'e-mail. Je vais m'en aller sans même avoir pu lui dire au revoir. »

Il secoue la tête d'un air énigmatique. « J'ignore quels sont ses projets. Mais je suis persuadé que vous entendrez parler d'elle un jour ou l'autre, Annie. »

Il sort de sa poche un autre bout de papier, me le donne, et je sens ma migraine s'aggraver. Cette fois, c'est une photo, un cliché un peu flou en noir et blanc de deux jeunes gens en treillis, se tenant par les épaules, l'un souriant, l'autre sévère. Il me faut un instant pour les identifier. L'espace d'une seconde, je crois reconnaître Gray, avant de me rendre compte qu'il s'agit en fait de Drew Powers et d'Alan Parker, beaucoup plus jeunes et plus minces, quasiment méconnaissables. Dans un angle, quelqu'un a griffonné : *Sur les rives du Bassac, 1967, Vietnam.*

« Je ne comprends pas, dis-je, avec l'impression que le sol est en train de se dérober sous moi. Qu'est-ce que ça signifie ?

— Ils ont servi ensemble dans les SEAL, au Vietnam. Ils se connaissent depuis toujours. »

J'essaie d'assimiler cette information, de comprendre ses implications. Mais ma tête me fait tellement mal que je n'arrive pas à me concentrer.

« J'ai une théorie, ajoute-t-il. Voulez-vous l'entendre ? »

Je ne le désire pas vraiment, mais j'acquiesce néanmoins, presque malgré moi.

« Je crois que, il y a quelques années de cela, quand Alan Parker a voulu venger le meurtre de sa fille, il a contacté Drew, son vieux copain de régiment. À cette époque, Drew avait déjà créé sa société, et les affaires étaient prospères. En me fondant sur le résultat de mes recherches, je pense pouvoir affirmer que Drew a loué à Parker les services d'un de ses hommes, un certain Simon Briggs, qui avait pour mission de retrouver Marlowe Geary. Par la suite, quand Parker a créé SOS Affligés, Powers et Powers lui ont prêté leurs gros bras et fourni l'assistance nécessaire pour permettre aux victimes ou à leurs proches d'affronter leurs agresseurs. Autrement dit, pour constituer des groupes d'autodéfense. »

Je réfléchis un instant. Il me semble logique que ces deux-là se connaissent. Je les vois d'ici, ces deux hommes arrogants et dominateurs, arguant de l'amour qu'ils portent à leurs enfants pour justifier leurs actes, incapables de comprendre qu'aimer quelqu'un ne veut pas dire le contrôler.

« Alors, ce n'était pas une simple coïncidence si mon père avait fait appel à Gray pour me venir en aide ? Non, n'est-ce pas ? »

Harrison baisse la tête, et semble délibérer en lui-même. Puis il dit : « Votre père, Teddy March, également connu sous le surnom de Nounours, a servi avec eux au Vietnam. »

Je me mets à rire. « Non. Non, pas mon père. »

Et puis je me souviens de toutes les histoires qu'il racontait sur le Vietnam et les Navy SEAL, et que je prenais pour des mensonges. Pas un seul instant je n'avais accepté d'y croire…

L'inspecteur me montre une autre photo. On y voit mon père, en compagnie de Drew et de quelques hommes que je ne connais pas, assis à bord d'un bateau descendant un fleuve gris cerné par la jungle. Ils ont la mine grave, tendue, inquiète. Mon père n'est qu'un gamin à la barbe naissante, une cigarette aux lèvres, le corps délié et musclé, les yeux noirs et la mâchoire carrée. Drew ressemble à une version plus lourde et moins séduisante de mon mari – un jeune bouledogue au front sévère et au regard méchant.

« Tous ces hommes, ces pères, à la recherche de leurs enfants, poursuit Harrison, en se dirigeant vers les portes de verre donnant sur la terrasse. Alan Parker, dont la fille a été assassinée par Frank Geary, Teddy March, dont la fille était sous la coupe de Marlowe Geary, Drew Powers, brouillé avec son fils… Ils avaient tous le même objectif : faire de leur mieux pour réparer les choses. »

Je songe à toute la préparation qu'il leur a fallu pour atteindre ce but, toutes les manœuvres tortueuses et les tromperies…

« Et comment se fait-il que Melissa et vous ayez toutes deux été victimes des Geary ? Une coïncidence, peut-être. Ou alors, le karma, le lien unissant le père et le fils. Je l'ignore, mais c'est poétique, d'une certaine manière, non ? »

Les paroles de Marlowe me reviennent en mémoire : *C'est notre karma, notre lien.*

« La seule chose qu'ils n'avaient pas prévue, c'était que Gray tombe amoureux de vous.

— Ça ne tient pas debout, dis-je. Il y a trop de variables, trop de coïncidences. Mon père est-il allé chercher de l'aide auprès de Drew lui aussi ? Est-ce ainsi qu'il est entré en contact avec Gray ? Ils se sont servis de moi pour appâter Gray, sachant qu'il ne pourrait refuser de voler au secours d'une jeune fille en détresse ?

— Paul Broward, votre Dr Brown, avait une grande expérience dans l'art de manipuler les esprits. Vous êtes mieux placée que quiconque pour le savoir. »

Mes émotions – un horrible amalgame de colère impuissante, d'incrédulité et de peur – doivent se lire sur mon visage, car soudain Harrison semble regretter d'être venu. Son regard se tourne en direction de la porte, puis revient se poser sur moi, et il écarte les mains.

« Je suis désolé, Annie. Vous savez quoi ? Ce n'est qu'une théorie. Un ramassis de conneries.

— Et Briggs ? » La question jaillit de mes lèvres, tandis que je continue à retourner ses paroles dans ma tête, à essayer de trouver des failles dans sa théorie.

« Un des plus anciens employés de la société Powers et Powers, ça, c'est un fait avéré. Peut-être Gray l'ignorait-il. Comme il n'arrivait pas à savoir pour qui Briggs travaillait, il l'a tué afin de vous protéger. »

Je me sens épuisée, et la douleur me vrille le crâne à présent, accompagnée d'un terrible bourdonnement. J'essaie de réfléchir à la signification de tout cela. Avons-nous donc été contrôlés et manipulés par ces hommes – y compris mon père – depuis le début, Gray et moi ? Mais cela me fait trop mal d'y penser, et je me sens gagnée par une torpeur miséricordieuse, comme anesthésiée.

« Quant à moi, ils me considéraient comme un emmerdeur et ils ont bousillé ma vie », déclare Harrison.

Je repense à Sarah, affirmant qu'Ella avait attaqué Ray au moyen d'un Taser. Cette révélation m'a plongée dans un abîme de perplexité. J'avais l'intention d'en parler carrément à Ella, de lui poser la question de front, mais elle est partie. Qui était-elle, cette femme que je prenais pour une amie ? Ma poitrine se contracte. Depuis que j'ai inhalé ces fumées d'incendie, mes poumons me font mal dès que je suis contrariée. J'essaie de respirer plus lentement. Harrison semble percevoir mon malaise.

« Écoutez, dit-il en se dirigeant vers la porte, vous feriez peut-être mieux de vous dire que vous avez eu de la chance, Annie, et de passer à autre chose. Ma vie est foutue, mais vous, vous avez exorcisé vos démons. Vous avez gagné. Vous pouvez partir avec votre famille et recommencer de zéro. »

Je ris, et mon rire se répercute contre les murs, âpre et amer. « Vous me conseillez de tout oublier, c'est ça ? Nous avons vu ce que ça donnait, non ?

— Il ne s'agirait pas d'un déni, cette fois, Annie. Mais d'une renaissance. »

Je me lève et m'avance vers les portes de verre pour regarder les vagues lécher le rivage. Je respire profondément, m'emplissant les poumons d'air salin. Et s'il avait raison, en fin de compte ?

« Croyez-vous que ce soit possible ? dis-je. Possible de tout laisser derrière moi et de renaître – une nouvelle Annie, en mieux ? Ou le passé me retombera-t-il sournoisement dessus le jour où je m'y attendrai le moins ? »

J'entends ma voix résonner dans la pièce vide. Harrison ne me répond pas.

Je continue à fixer le rivage, me perdant un moment dans ma réflexion. Je m'aperçois que ma migraine commence à se dissiper.

« Peut-être que c'est possible, dis-je, répondant à ma propre question.

— Annie ? »

Je me retourne et découvre Gray derrière moi, une expression mi-amusée mi-inquiète sur le visage. Nous sommes seuls dans la pièce.

« À qui parlais-tu ? »

La migraine a disparu, pour faire place à une vague de panique. Je me rue vers le canapé. Gray tente de me saisir le bras, mais je l'esquive. Je prends les trois bouts de papier posés sur le siège et les examine : deux tickets de caisse et une photo de Victory quand elle était bébé. Pas de chèque, pas de vieilles photos du Vietnam.

J'inspecte la pièce du regard, m'attendant presque à voir l'inspecteur Harrison sortir de la cuisine, une tasse de café à la main. Mais non. Je froisse les papiers et les fourre dans ma poche. Je vais jusqu'à la fenêtre de devant, et constate que la voiture de Gray est rangée dans l'allée, bloquant le passage. Je ne peux me résoudre à lui demander s'il y avait une autre voiture garée dans la rue quand il est arrivé.

« Annie, dit Gray en s'approchant de moi. À qui parlais-tu ? » répète-t-il, d'un ton plus pressant.

Je m'aperçois qu'il m'est impossible de lui répondre. Je ne trouve pas mes mots. Je suis dans un tunnel, au bout duquel la lueur m'apparaît peu à peu. Avec un détachement glacial, je comprends tout à coup le fonctionnement de ma psyché tordue. Ray Harrison n'était rien d'autre que ce que je voulais qu'il soit.

D'un ton que je m'efforce de maîtriser, je demande à Gray : « Te souviens-tu de Ray Harrison ? » Je n'ose pas croiser son regard, et m'appuie contre le rebord de la fenêtre pour ne pas chanceler.

Il prend un air déconcerté et semble fouiller dans sa mémoire. « Le flic ? Celui qui est venu quand on a appelé les secours et qui n'arrêtait pas de poser des questions ?

— Est-ce que tu l'as revu, après sa deuxième visite ?

— Moi ? Non, répond-il en fronçant les sourcils. Pourquoi ça ? »

J'entends mon sang battre dans mes oreilles. « Lui as-tu donné de l'argent ?

— Non, dit-il avec un petit rire surpris. Bien sûr que non. »

Je retourne vers le fond de la pièce, contemple l'océan et le sable blanc. Le sol sous mes pieds me paraît mou et instable.

« Annie, qu'y a-t-il ?

— Le soir… » Je m'interromps aussitôt. Je m'apprêtais à lui dire : *Le soir où tu as tué Briggs*, mais je me refuse à prononcer ces mots à voix haute. « Quand tu as dit que toutes les menaces avaient été neutralisées, tu voulais parler de Briggs. »

Gray m'a rejointe, et il pose ses mains sur mes épaules. « Est-il nécessaire de parler de ça ?

— Réponds-moi. »

Je l'entends soupirer, puis il acquiesce : « Oui, c'est ce que je voulais dire. »

Je m'appuie contre lui, mon dos contre sa poitrine. « Que s'est-il passé ? » chuchote-t-il à mon oreille.

Je ne trouve pas le courage de le lui dire. De lui parler du Ray Harrison que j'ai connu. Je ne peux pas lui faire ça maintenant, alors qu'il commence à me considérer comme saine d'esprit, pour la première fois peut-être. « Annie », reprend-il avec plus d'insistance, en m'obligeant à me retourner face à lui. Il a l'air effrayé, et c'est une expression que je n'ai pas l'habitude de lui voir. « Que se passe-t-il ? À qui parlais-tu quand je suis entré ? »

Je me force à sourire, un sourire éclatant et empli de bonheur, et je vois sa peur se dissiper, ses yeux s'illuminer.

« Je ne sais pas, dis-je d'un ton léger, teinté d'autodérision. Je crois bien que je me parlais à moi-même. »

Épilogue

Victory et moi sortons de notre maison et descendons la 11e Rue en direction de l'école. C'est une belle journée d'automne à New York, le ciel ressemble à un dessin d'enfant, bleu vif avec des nuages blancs et floconneux. Les chauffeurs de taxi jouent du klaxon, les oiseaux chantent dans les arbres bordant les rues, les enfants crient dans la cour de récréation quand nous atteignons notre destination. Victory me dit à quel point elle aime ses nouvelles chaussures et son cartable. « Est-ce qu'on te donne aussi un goûter, dans ton école ? Est-ce que tu fais la sieste ? me demande-t-elle.

— Non. Profites-en tant que tu le peux », dis-je en secouant la tête. La sieste est l'un des nombreux privilèges qu'on nous retire à l'âge adulte.

Nous nous séparons devant les grandes portes peintes en vert vif, et je la regarde se ruer dans le hall égayé de fresques murales pour rejoindre son institutrice, Mlle Flora – une adorable dame aux cheveux grisonnants et à la peau café au lait, qui parle avec l'accent chantant de la Jamaïque. Elle accueille ma fille d'un sourire chaleureux et s'exclame : « Victory ! J'adore tes nouvelles chaussures !

— Merci », répond Victory, en lançant dans ma direction un regard ravi. Je ne ressens plus ce terrible pincement au cœur que j'éprouvais naguère chaque fois que je la laissais. Il y a maintenant un an que nous avons quitté la Floride, et j'ai le sentiment que la vie que nous menons ici nous appartient vraiment, que nous en sommes enfin les maîtres. Je ne mourrai plus – pas avant que mon heure définitive n'ait sonné. Ce qui ne se produira pas avant longtemps, du moins je l'espère.

Je continue à descendre la 11e et, parvenue à University Place, je tourne à gauche pour me rendre à mes cours. Je me fonds sans difficulté dans la foule de touristes, de gens qui font leurs courses et d'étudiants, de New-Yorkais de toutes les tailles, toutes les couleurs et tous les genres. Je me sens chez moi ici, bien plus qu'en Floride. J'aime l'air froid et les feuilles qui jaunissent, l'odeur des noix caramélisées à l'étal des vendeurs ambulants, le grondement du métro sous mes pieds.

Nous avons laissé Gray à la maison – que nous surnommons affectueusement le gouffre financier. Nous ne l'avons pas payée cher, par rapport aux prix du marché local, mais il va nous falloir un temps fou pour la rénover, pour tout démolir à l'intérieur et la reconstruire à notre goût, la faire nôtre. En attendant, Gray a installé son agence d'enquêtes privées au premier étage. Il a déjà quelques clients. Je prie pour que son bureau ne traverse pas le plafond pour atterrir sur notre lit, qui se trouve juste en dessous.

Je pénètre dans le bâtiment universitaire et j'attends l'ascenseur. J'ai dû me battre pour pouvoir m'inscrire aux cours, mais les bons résultats obtenus aux tests, une dissertation convaincante et mon insistance implorante ont fini par compenser mon dossier scolaire incomplet. Je prépare une maîtrise de psychologie, en même temps que j'effectue un stage à la fondation Ophelia (croyez-le ou pas), qui a pour but d'aider les jeunes filles victimes de maltraitance, d'abandon et de traumatismes divers. Ce travail me fait un bien indescriptible. Avec la vaste expérience qui est la mienne dans ce domaine, je me considère comme hautement qualifiée pour cette profession.

Mêlée à la foule, j'entre dans la salle de cours et avise une place libre au dernier rang. Je sors de mon sac un carnet et un stylo neuf, cadeau de Gray. Aujourd'hui, il va être question du trauma et des diverses façons dont la personnalité cherche à se défendre et à guérir. L'autre jour, le professeur a émis un commentaire intéressant : « On parle toujours des troubles dissociatifs, des fugues ou des épisodes psychotiques sous le jour le plus négatif qui soit, sans jamais dire que ce sont les moyens auxquels recourt la personnalité pour se protéger, se sauver, et combien ils sont efficaces. »

Je dois reconnaître que je partage cette opinion. J'ai un nouveau thérapeute, avec lequel je me montre d'une totale franchise, et nous avons d'innombrables fois ressassé ensemble les événements qui se sont succédé dans ma vie, les disséquant sans porter de jugement, ce que j'ai fait, ce qu'on m'a fait, et comment je suis parvenue à me sauver. Nous avons parlé de tous les acteurs – les archétypes, réels ou imaginaires – et du rôle qu'ils ont joué dans ma maladie et ma guérison. La Mauvaise Mère. Le Père absent. Le Sauveur. Le Destructeur. La Fille perdue.

La vérité, c'est que je ne serai peut-être jamais en mesure de discerner les événements ou les personnages réels des rêves créés par ma psyché pour trouver la guérison. Parfois, je me dis que ça n'a pas tellement d'importance. Prenez Ella, par exemple : en dehors de Gray, c'est la seule véritable amie que j'aie jamais eue. Mais, naturellement, sa soudaine et totale disparition a de quoi susciter la suspicion. Il se peut que, à l'instar de Ray Harrison, elle ne soit qu'une personne que j'ai croisée un jour, une vague connaissance, et que la relation que j'ai établie avec elle ne soit qu'une création de mon esprit, un fantasme destiné à combler un besoin profond de ma psyché. Il se peut aussi qu'elle ait été à la solde de Drew et que celui-ci l'ait chargée de me surveiller. Gray en est convaincu, même s'il ne possède aucune preuve pour étayer cette théorie. Quelquefois, je fouille dans ma mémoire, à la recherche d'indices qui me démontreraient que cette amitié était un fantasme – comme la mèche blanche de mon Ray Harrison imaginaire ou les atroces migraines qui suivaient inévitablement mes rencontres avec lui. Mais je ne trouve rien. Quoi qu'il en soit, l'amitié d'Ella Singer me manque énormément. Dans le monde où nous vivons, c'est quelque chose qui compte.

Je suis un peu moins dure envers moi-même, ces derniers temps. J'essaie de me traiter comme je traite ma fille – avec patience et compréhension. Et je m'efforce de manifester la même indulgence pour les souvenirs de la jeune fille que j'ai été. Ophelia était une jeune femme très perturbée qui a fait de son mieux pour survivre. Chaque jour, à la clinique, je vois de nouvelles versions de cette malheureuse gamine, la tête baissée, les bras croisés autour de la poitrine, le regard terne. Je les vois se mutiler, s'affamer, se taillader les poignets, s'empoisonner avec des drogues ou de l'alcool. Je sais que Victory ne risque pas de devenir l'une d'entre elles. Je lui ai appris à se connaître et à prendre conscience de sa propre valeur, à se respecter et à se protéger. J'espère faire suffisamment de progrès pour lui donner l'exemple.

Je parcours des yeux la salle de cours, je regarde les autres étudiants pianoter furieusement sur leur ordinateur portable ou bavarder avec leurs amis en attendant le début du cours. Une fille flirte avec le garçon assis derrière elle, une autre les observe avec une envie non dissimulée. Deux jeunes gens discutent ardemment dans un coin, l'un d'eux fait de grands gestes, l'autre écoute, le menton dans la main. Tous paraissent parfaitement équilibrés, bien habillés et en bonne santé. J'imagine leur enfance idyllique, leurs relations affectueuses avec leurs parents et leurs frères et sœurs. Mais j'ai conscience que ce n'est qu'un fantasme de plus. Nul ne connaît la part d'ombre des autres, nul ne connaît la souffrance, banale ou horrible, qui leur a été infligée.

Le mois dernier, je suis allée réclamer les cendres de ma mère. Elle avait été incinérée, et l'urne avait été entreposée à la morgue du comté, avec ses effets personnels. Nous avons emporté ses cendres à Rockaway Beach, dimanche dernier, et les avons dispersées au moment où le soleil commençait à se lever. Si j'ai choisi ce lieu, c'est parce que c'est là que se situe le seul souvenir heureux que j'aie gardé de mon enfance, le seul moment de bonheur avec mes deux parents. J'aime à penser qu'elle aussi se rappelait cette époque, et que parfois, le soir, seule dans son lit, il lui arrivait de me regretter, comme je l'ai si souvent regrettée, moi. J'aimais ma mère. Et je crois qu'elle m'aimait également, à sa façon.

Je n'ai toujours pas revu mon père. Dès notre arrivée, je suis allée chez lui, dans l'intention de lui demander ce qu'il savait et quel avait été son rôle exact dans les événements. Mais la boutique était fermée. Sa propriétaire dit que la banque lui envoie chaque mois un chèque pour le loyer. Elle m'a autorisée à entrer dans l'appartement et m'a attendue devant la porte. J'en ai fait le tour, en quête d'un indice qui me révélerait où il a pu se rendre. Mais je n'en ai trouvé aucun. Rien n'a changé dans l'appartement depuis la dernière fois, excepté que tous ses vêtements ont disparu. J'y passe à peu près une fois par semaine pour voir si la propriétaire a reçu des nouvelles. L'absence de mon père a créé un vide dans mon cœur. Toute ma vie, je lui ai couru après, et cela n'est sans doute pas près de s'arrêter. Gray pense qu'il représente notre dernière chance, et la meilleure, de connaître la vérité. Mais je sais que, même s'il revient, il mentira, comme il l'a toujours fait.

Je sais qu'il voulait m'aider, me sauver de Marlowe et de moi-même. Il a fait ce qu'il a pu. Je suppose que, à sa manière, il est finalement venu à mon secours. Mais ensuite, il est reparti. Peut-être est-ce plus fort que lui.

Le professeur entre par une porte sur le devant de la salle. En fait, il s'agit plutôt d'un amphithéâtre, avec une estrade équipée d'un micro et des rangées de gradins. C'est un homme grand et maigre avec une épaisse tignasse noir d'encre et des yeux bleu glacier. Sa voix est forte et porte loin ; il pourrait presque se passer de micro. Son cours s'intitule « La vie secrète du trauma », et il est très suivi, il n'y a pratiquement plus de place libre. Il parle de choses qui me sont extrêmement familières : les mécanismes de défense mis en place par la psyché pour survivre à l'impensable. Je suis la meilleure étude de cas que je pourrais jamais trouver.

Aujourd'hui, il veut nous montrer des diapos, des travaux artistiques réalisés par des patients. Il demande à un étudiant d'éteindre les lumières. Juste avant que l'obscurité ne se fasse, je l'aperçois soudain, du coin de l'œil, assise de l'autre côté de l'allée – la fille qui attendait une aide qui n'est jamais venue et qui a finalement entrepris de se sauver elle-même. Je la vois enfin telle que la voyait Janet Parker : une belle jeune femme, avec tout l'avenir devant elle. Il émane d'elle une sorte de lumière, quelque chose de puissant qui irradie de l'intérieur et qu'aucune des horreurs qu'elle a connues n'a réussi à éteindre. Elle s'estompe à mesure que l'obscurité envahit la salle, mais, juste avant de disparaître, elle se retourne pour me regarder, et me sourit, enfin apaisée.

Note de l'auteur

Les romanciers se sentent parfaitement à l'aise sur le territoire de l'imaginaire, mais ils ont fréquemment besoin de s'aventurer au-dehors, pour glaner des connaissances sur le monde réel. J'ai eu la chance de rencontrer quelques personnes fascinantes et extrêmement compétentes qui, malgré leur planning surchargé, m'ont accordé un peu de leur temps pour rendre mon univers fictif plus crédible.

Raoul Berke, docteur en psychologie, a très aimablement attiré mon attention sur une erreur commise dans un précédent roman. Je l'en ai remercié en le harcelant de questions sur les diverses formes de maladie mentale. Merci pour ses observations et ses aperçus si intéressants sur la fugue et autres troubles dissociatifs.

K.C. Poulin, P-DG, et Craig Dundry, vice-président des projets spéciaux de Critical Intervention Services, à Clearwater, en Floride, m'ont consacré un après-midi entier et fait bénéficier de leurs vastes connaissances sur les sociétés militaires privées. Je ne les remercierai jamais assez pour leur générosité, leur franchise, leur sens de l'humour et leur prodigieuse compétence. Mais je les en préviens loyalement : ils n'ont pas fini d'entendre parler de moi !

Mike Emmanuel, spécialiste de la plongée souterraine, a pris le temps de répondre à un nombre effarant de questions sur les grottes de Floride et sur ce sport lui-même. Son site Web (www.mejeme.com) comporte des photos remarquables qui m'ont été d'une grande inspiration. Et c'est une bonne chose, car pour rien au monde je ne descendrais moi-même !

Marion Chartoff et son mari, Kevin Butler, tous deux de bons amis et des juristes hors pair, m'ont apporté leur expertise sur les voies de recours des condamnés à mort et la jurisprudence en ce domaine.

Comme toujours, mon grand ami l'agent spécial Paul Bouffard, de l'Agence de protection de l'environnement, a été ma source d'information sur toutes choses légales ou illégales. Il ne se lasse jamais de répondre à mes questions – ou, si cela lui arrive, il le cache parfaitement.

Les livres suivants m'ont été d'une grande utilité dans la rédaction de ce roman :

The Inner World of Trauma : Archetypal Defenses of the Personal Spirit (Le Monde interne du traumatisme : défenses archétypiques de l'esprit personnel) (Routledge, 1996), de Donald Kalsched, un ouvrage tour à tour émouvant, dérangeant et éclairant.

Corporate Warriors : The Rise of the Privatized Military Industry (La Privatisation de la guerre : l'essor de l'industrie militaire privée) (Cornell University Press, 2004), de P.W. Singer, à mon avis l'ouvrage le plus informatif qui existe à ce jour sur les sociétés militaires privées et leur rôle dans les guerres modernes.

Naturellement, j'assume l'entière responsabilité des erreurs que j'ai pu commettre et des libertés que j'ai pu prendre pour les besoins du récit.

Remerciements

Il existe un certain nombre de gens sans lesquels il me serait impossible de faire ce que je fais. Leur présence est pour moi une véritable bénédiction, et je saisis cette occasion pour les remercier de leur soutien et de leur aide.

Je remercie ma bonne étoile de m'avoir fait rencontrer mon mari, Jeffrey. Sans son amour et ses encouragements, je ne serais ni qui je suis, ni où je suis aujourd'hui. Et je serais également condamnée à une mort lente par inanition car, depuis la naissance de notre fille, je n'arrive plus à cuisiner. Ma fille, Ocean Rae, a illuminé ma vie, et éclairé des endroits sombres dont j'ignorais jusqu'à l'existence. Depuis son arrivée, je suis devenue meilleure en tant qu'écrivain et en tant que personne. À eux deux, Jeffrey et Ocean forment le socle inébranlable sur lequel est bâtie ma vie.

Je serais perdue sans mon agent, Elaine Markson. Tous les ans, j'essaie de trouver une nouvelle façon de lui dire tout ce qu'elle représente pour moi, à la fois sur les plans personnel et professionnel. Elle m'a aidée à réaliser le seul rêve que j'aie jamais eu, m'a arrachée à une maison en feu (métaphoriquement parlant), conseillée, corrigée, soutenue, encouragée – bref, elle a été le meilleur agent et la meilleure amie qu'on puisse rêver. Son assistant, Gary Johnson, est pour moi une véritable planche de salut. Les services qu'il me rend jour après jour sont trop nombreux pour être énumérés ici. Merci, G.

Ma merveilleuse et brillante éditrice, Sally Kim, a vraiment trouvé sa vocation et ce pour quoi elle est douée. Chaque nouveau roman me donne l'occasion d'apprécier davantage son énorme talent et son enthousiasme. C'est une personne extraordinaire et une éditrice hors pair – sage, perspicace, douce, mais une véritable tigresse quand il s'agit de défendre ses auteurs. Si j'écris mieux, c'est grâce à elle.

Je l'ai déjà dit, mais je ne le répéterai jamais assez : une maison d'édition telle que Crown/Shaye Areheart Books est le rêve de tous les auteurs. Je n'imagine pas d'endroit plus agréable, chaleureux et accueillant. Mes sincères remerciements à Jenny Frost, Shaye Areheart, Philip Patrick, Jill Flaxman, Whitney Cookman, David Tran, Jacqui LeBow, Andy Augusto, Kira Walton, Donna Passannante, Shawn Nicholls, Christine Aronson, Katie Wainwright, Linda Kaplan, Karin Schulze et Anne Berry… pour n'en nommer que quelques-uns. Bien sûr, je n'oublie pas les représentants qui ont inlassablement vendu mes livres dans tout le pays. Chaque fois que je me rends dans une librairie, on me vante leurs efforts continuels. Toutes ces personnes ont mis leur compétence et leur talent au service de mon œuvre et je ne leur en serai jamais assez reconnaissante.

Ma famille et mes amis m'applaudissent dans les bons moments et m'aident à traverser les mauvais. Ma mère et mon père, Virginia et Joseph Miscione, mon frère, Joe, et sa femme, Tara, sont des supporters infatigables. Mon amie Heather Mikesell a lu chaque ligne que j'ai écrite depuis que nous nous connaissons. Je compte sur sa perspicacité et son œil d'aigle quand il s'agit de traquer l'erreur. Mes plus vieilles amies, Marion Chartoff et Tara Popick, m'apportent, chacune à sa manière, leur sagesse, leur soutien et leur humour. Je leur voue une profonde gratitude pour une infinité de raisons.